ACCOUNTABILITY DEMOCRÁTICA E O DESENHO INSTITUCIONAL DOS TRIBUNAIS DE CONTAS NO BRASIL

MARIANNA MONTEBELLO WILLEMAN

Diogo de Figueiredo Moreira Neto
Prefácio

Adriano Pilatti
Apresentação

ACCOUNTABILITY DEMOCRÁTICA E O DESENHO INSTITUCIONAL DOS TRIBUNAIS DE CONTAS NO BRASIL

2ª edição revista e ampliada
1ª reimpressão

Belo Horizonte

FÓRUM
CONHECIMENTO JURÍDICO
2020

FÓRUM
CONHECIMENTO JURÍDICO

Luís Cláudio Rodrigues Ferreira
Presidente e Editor

Coordenação editorial: Leonardo Eustáquio Siqueira Araújo
Aline Sobreira de Oliveira

Av. Afonso Pena, 2770 – 15º andar – Savassi – CEP 30130-012
Belo Horizonte – Minas Gerais – Tel.: (31) 2121.4900 / 2121.4949
www.editoraforum.com.br – editoraforum@editoraforum.com.br

Técnica. Empenho. Zelo. Esses foram alguns dos cuidados aplicados na edição desta obra. No entanto, podem ocorrer erros de impressão, digitação ou mesmo restar alguma dúvida conceitual. Caso se constate algo assim, solicitamos a gentileza de nos comunicar através do *e-mail* editorial@editoraforum.com.br para que possamos esclarecer, no que couber. A sua contribuição é muito importante para mantermos a excelência editorial. A Editora Fórum agradece a sua contribuição.

Dados Internacionais de Catalogação na Publicação (CIP) de acordo com a AACR2

W699a	Willeman, Marianna Montebello
	Accountability democrática e o desenho institucional dos Tribunais de Contas no Brasil / Marianna Montebello Willeman. 2. ed. 1. reimpr. – Belo Horizonte : Fórum, 2020.
	373p.; 14,5cm x 21,5cm
	ISBN: 978-85-450-0683-1
	1. Direito Constitucional. 2. Direito Financeiro. 3. Ciência Política. I. Título.
	CDD: 341.2
	CDU: 342

Elaborado por Daniela Lopes Duarte - CRB-6/3500

Informação bibliográfica deste livro, conforme a NBR 6023:2018 da Associação Brasileira de Normas Técnicas (ABNT):

WILLEMAN, Marianna Montebello. *Accountability democrática e o desenho institucional dos Tribunais de Contas no Brasil*. 2. ed. 1. reimpr. Belo Horizonte: Fórum, 2020. 373p. ISBN 978-85-450-0683-1.

Aos amores do meu universo muito particular: meu marido, Flavio, companheiro incansável de todas as horas, por quem nutro inesgotável admiração e orgulho e a quem agradeço por existir e fazer parte da minha vida; meu "lord" Gabriel e minha "pequena notável" Giovanna, meus filhos amados e minhas preciosidades, que me tornam uma pessoa melhor a cada dia.

Aos meus queridos pais, Thiers e Gilma, pessoas absolutamente lindas e generosas, com os quais eu tenho o privilégio e o orgulho de conviver em família. A cada passo que dou em direção a uma conquista profissional ou acadêmica, reporto-me ao acolhimento e à confiança que tenho de vocês, em todos os momentos, sempre e incondicionalmente.

À minha amada irmã, Martha, simplesmente a melhor amiga que eu poderia ter e a pessoa mais gentil, meiga e carinhosa que conheço.

AGRADECIMENTOS

Na longa jornada desde o ingresso no curso de doutorado em Direito na PUC-Rio até a publicação deste livro, muitos foram aqueles que me ajudaram, em diversos sentidos e variados momentos. É finalmente chegada a hora em que posso agradecer e retribuir o apoio de todos aqueles que participaram da longa gestação da minha tese de doutorado, que agora se transforma em livro.

Agradeço, em primeiro lugar, aos meus pais, Thiers e Gilma, pela harmonia em família, pela educação e pela formação moral que me propiciaram, fundamentos de vida que espero conseguir transmitir para meus filhos. Amo e admiro profundamente vocês dois! Obrigada por tudo e espero não os decepcionar.

Agradeço, igualmente, à minha querida irmã, Martha, parceira insuperável de todas as horas e a melhor amiga de todos os tempos.

Agradeço ao meu orientador, Professor Adriano Pilatti, pela autonomia e liberdade na condução da pesquisa e pela generosidade, respeito e confiança em suas análises críticas. O Doutor Adriano Pilatti foi o primeiro grande responsável pela minha aproximação com o direito público, quando, ainda no início da década de 1990, foi meu professor de Teoria do Estado e de Direito Constitucional na PUC-Rio (graduação). Desde então, minha admiração e respeito por seu trabalho somente se intensificaram, e tenho, hoje, grande orgulho por ter sido sua aluna e orientanda.

Aos estimados Professores Doutores José Ribas Vieira, Gustavo Binembojm, Charles Pessanha e Manoel Messias Peixinho, agradeço por terem participado da banca de aferição da tese de doutorado e, em especial, por terem compartilhado comigo, naquele momento tão representativo da experiência acadêmica, suas ricas impressões a respeito do tema por mim explorado.

Dirijo, igualmente, um agradecimento muito especial ao estimado Professor Diogo Figueiredo Moreira Neto, cuja vivacidade e alegria em transmitir o conhecimento são inesgotáveis fontes de inspiração. Registro, com emoção, que é uma grande honra ter meu trabalho prefaciado e validado por tão ilustre e reconhecido administrativista.

In memoriam, agradeço ao querido e inesquecível Professor Francisco Mauro Dias. Palavras definitivamente não são suficientes para expressar sua singular importância em minha formação acadêmica. Seu estímulo e confiança foram decisivos para que eu conseguisse realizar o sonho de ser Professora de Direito Administrativo da PUC-Rio, e suas lições, de vida e de sala de aula, inspiram-me continuamente.

Agradeço os ensinamentos recebidos dos professores que tive durante o curso de doutorado: Professores Giselle Citadino, Nadia de Araújo, Francisco de Guimaraes, José María Gomez e Fabio Carvalho Leite. A todos, o meu sincero reconhecimento pelo aprendizado e pela interlocução sempre produtiva e generosa.

Aos queridos amigos da PUC-Rio, agradeço por todo o incentivo e ajuda prestados ao longo de mais esta jornada da minha vida e dirijo um reconhecimento especial aos Professores Firly Nascimento, Caitlin Mulholand e Augusto Werneck.

Aos colegas e amigos do Tribunal de Contas do Estado do Rio de Janeiro, agradeço a todos na pessoa da minha querida amiga Aline Assuf, companheira de momentos difíceis e adversariais no Ministério Público e que acabaram resultando em uma bela e sólida amizade.

Por fim, um agradecimento muito especial pela compreensão e pela paciência daqueles que tiveram suas vidas mais diretamente afetadas quando decidi, há quatro anos, enfrentar o desafio do doutorado: Flavio, Gabriel e Giovanna. A decisão, é bem verdade, foi compartilhada com o Flavio, até porque, sem o seu apoio, a empreitada seria impossível. Ao olhar em retrospectiva, sei que tive de renunciar a alguns momentos importantes de convivência familiar. Mas, por mais difícil que tenha sido, vocês sempre compreenderam a transitoriedade do projeto e sua importância para minha caminhada profissional. Assim, ao Flavio, agradeço por ser, simplesmente, o amor da minha vida; e aos meus filhos, Gabriel e Giovanna, dedico o momento e espero, de coração, que um dia possam compreender o seu significado e se orgulhar do meu esforço e dedicação.

SUMÁRIO

PREFÁCIO
Diogo de Figueiredo Moreira Neto 11

APRESENTAÇÃO
Adriano Pilatti 17

CAPÍTULO 1
INTRODUÇÃO 19
1.1   Premissas teóricas e metodológicas 19
1.2   Escopo da temática 35
1.2.1   Objetivos gerais e específicos 35
1.2.2   Relevância e atualidade do tema 38

CAPÍTULO 2
ENQUADRAMENTO TEÓRICO DAS INSTITUIÇÕES SUPERIORES
DE CONTROLE DAS FINANÇAS PÚBLICAS 41
2.1   Democracia e *accountability* pública 43
2.2   As Instituições Superiores de Controle (ISCs) e a *accountability*
        horizontal e diagonal da gestão pública financeira 60
2.3   A tradição republicana como componente teórico da *accountability*
        pública e das Instituições Superiores de Controle 75
2.3.1   O aporte teórico da democracia contestatória de Philip Pettit para
        as instituições de *accountability* 76
2.3.2   O fundamento republicano das Instituições Superiores de Controle
        no campo do direito constitucional 87
2.4   A responsabilidade garantidora do Estado-Administração e a
        lógica do resultado: as ISCs sob o influxo do direito fundamental
        à boa administração 93

CAPÍTULO 3
MODELOS DE *ACCOUNTABILITY* HORIZONTAL DAS
FINANÇAS PÚBLICAS: A PERSPECTIVA COMPARADA E A
TRAJETÓRIA DOS TRIBUNAIS DE CONTAS NO BRASIL 105
3.1   Desenhos institucionais relevantes na experiência internacional 107
3.1.1   A experiência francesa: *Cour de Comptes* 117
3.1.2   O *Government Accountability Office* (GAO) norte-americano 122
3.1.3   A reforma estrutural no modelo argentino e suas debilidades 125
3.1.4   O exemplo chileno 128
3.1.5   Balanço final 133
3.2   A matriz francesa e republicana para o modelo de controle das
        finanças públicas no Brasil e sua trajetória no curso das mudanças
        constitucionais 135
3.3   Os debates sobre o controle externo financeiro durante a
        Assembleia Nacional Constituinte de 1987-1988 156
3.4   Conclusão parcial 177

CAPÍTULO 4
A CONFIGURAÇÃO JURÍDICO-INSTITUCIONAL DOS
TRIBUNAIS DE CONTAS NA CONSTITUIÇÃO DA REPÚBLICA
DE 1988 181
4.1   A conformação de um "sistema nacional dos Tribunais de Contas"
       e suas particularidades federativas 185
4.1.1 O controle das contas municipais 192
4.2   Os Tribunais de Contas e o controle externo financeiro no contexto
       dos "poderes neutrais": consolidação de sua independência e
       autonomia em relação aos demais poderes orgânicos do Estado 198
4.3   A composição dos Tribunais de Contas e o histórico de resistência
       à implementação do modelo constitucional 213
4.3.1 Os atributos constitucionais para a escolha dos membros dos
       Tribunais de Contas e os limites de sua sindicabilidade 223
4.4   A posição institucional incerta do Ministério Público de Contas 237

CAPÍTULO 5
A ARQUITETURA FUNCIONAL DOS TRIBUNAIS DE CONTAS:
EXTENSÃO E ALCANCE DAS COMPETÊNCIAS DE CONTROLE
EXTERNO NA CONSTITUIÇÃO DA REPÚBLICA DE 1988 249
5.1   Divisão dicotômica da atuação dos Tribunais de Contas:
       competências de apoio ao controle parlamentar e competências
       autônomas 251
5.1.1 A atuação coadjuvante em apoio ao controle parlamentar 252
5.1.2 A intervenção dos Tribunais de Contas em matéria contratual 260
5.1.3 Competências autônomas *ex propria autoritate* 269
5.1.3.1 O controle externo sobre a gestão de pessoal 274
5.1.3.2 O grande observatório da Administração Pública: inspeções e
       auditorias 279
5.1.4 A dualidade de competência para o julgamento das contas da
       chefia do Poder Executivo 285
5.2   Parâmetros do controle externo: a legalidade e a legitimidade da
       gestão pública financeira 292
5.2.1 Controle de constitucionalidade pelos Tribunais de Contas:
       o debate em torno do Enunciado nº 347 da jurisprudência do
       Supremo Tribunal Federal 293
5.2.2 Limites e possibilidades de atuação dos Tribunais de Contas no
       controle de políticas públicas: função pedagógica e dimensão
       dialógica 302
5.2.3 O papel dos Tribunais de Contas nos acordos de leniência 319
5.3   A função regulatória do Estado e sua interface com os Tribunais
       de Contas 323
5.4   Estratégias de reforço da efetividade das decisões adotadas pelos
       Tribunais de Contas 331

CAPÍTULO 6
CONCLUSÃO 339
6.1   Síntese conclusiva 339
6.2   Encerramento 350

REFERÊNCIAS 355

PREFÁCIO

Recebi como uma especial e carinhosa distinção o convite de Marianna Montebello Willeman para prefaciar esta obra – *Accountability democrática e o desenho institucional dos Tribunais de Contas no Brasil* –, tese doutoral que defendeu na Pontifícia Universidade Católica do Rio de Janeiro e que, agora, vem de se destacar na ainda restrita bibliografia nacional sobre o controle a cargo dos Tribunais de Contas e suas funções nas democracias pós-modernas.

Com o privilégio da antiga e sólida amizade com seu ilustre pai, Thiers Vianna Montebello, venho acompanhando de perto e com particular interesse os sucessivos progressos de Marianna, desde o seu bacharelado, em 1999, perpassando importantes áreas de atuação profissional no Direito a que se dedicou; em todas, sempre com o mesmo entusiasmo, dedicação e brilho, o que, sempre mais, tem confirmado as inúmeras qualidades que a exornam, como pessoa e como jurista destacada de sua geração.

Nessas circunstâncias, explica-se o fato de não serem surpresas, senão que eloquentes reafirmações, as sucessivas marcas vitoriosas de seu currículo, como, destacadamente, agora, vem de se inserir esta obra, pensada e amadurecida sob a nova percepção jusdemocrática do controle dos atos funcionais públicos de gestão e enriquecida pela experiência amealhada por sua Autora na atenta e diuturna vivência das rotinas próprias do sistema de controle de contas no País.

Pois bem: poucas obras envolvendo essa rica temática, que compreende os Tribunais de Contas, órgãos afins e suas respectivas funções, têm surgido tão opulentas de questões bem lançadas, de indagações pertinentes, de fundamentações refletidas e de conclusões apontadas para esse futuro previsível do irreversível fenômeno contemporâneo da *expansão policrática de funções e de entes estatais*, como se nos oferece Marianna.

Ela própria, desde logo, sintetiza-o sublinhando a importância dos assuntos em estudo (1.2.2), que "Compreender a atuação dos Tribunais de Contas no Brasil e investigar suas potencialidades para a concretude do direito fundamental à boa administração pública é tema indiscutivelmente dotado de relevância e atualidade".

Comprovando sua assertiva, basta acompanhar os abundantes noticiários políticos produzidos pela mídia do País, para concluir-se que, não obstante o lastimável abandono da educação por mais de uma década, ainda assim, tem surpreendentemente aumentado a *sensibilidade política* das pessoas, alçando-se ao nível de indicador democrático, pois que não mais pode ser relegada a segunda importância essa *responsividade popular*, um progresso democrático devido a não mais que poucas décadas de imprensa livre.

Esses dados concorrem para abonar a arguta afirmação de Marianna de que "a opinião pública tem seus olhos cada vez mais voltados para a atuação do Estado-Administração, e os Tribunais de Contas têm protagonizado a adoção de medidas amplamente debatidas no que tange à execução de políticas governamentais", asseveração esta que já prenuncia a possibilidade de criação de *novos instrumentos de controle preventivo* – possibilidade que se desenha no horizonte democrático das *políticas públicas* no País, em todos os três níveis de governança, vislumbrada a médio prazo, mesmo sofrendo a lastimável perda de qualidade da classe política brasileira, que se observa, em seu conjunto, nos três níveis federativos da Administração Pública.

Este é um dos pontos em que o extenso e intenso trabalho desenvolvido por nossa Autora, desde quando iniciou sua proveitosa dedicação à temática do *controle*, se revela e ainda mais se patenteará de crescente importância para que o País readquira muito da seriedade perdida em sua vida política nesses últimos anos de empobrecimento ético e, com isso, logre recuperar o crônico atraso de que ora padece quanto ao correto enquadramento juspolítico das *políticas públicas*, para que, afinal, deixem de ser um exercício de voluntarismo político, grosseiramente disfarçado de interesse público, como infelizmente se constata em todos os níveis político-administrativos do País.

Não existissem tantas outras razões para sentir-me feliz dedicando-lhe este Prefácio, sobrepaira esta, autêntica e essencial, de secundá-la entusiasmado em seu objetivo transbordante de civismo, que é o visado pela querida Autora, tal como ela própria o define na seguinte passagem: "A rigor, a maior parte da atenção acadêmica devotada ao assunto situa-se na esfera da ciência política, em investigações acadêmicas que não chegam a dialogar fortemente com as construções jurídicas sobre o tema. Isso faz com que o estudo aqui pretendido, que valoriza e promove o diálogo entre distintos campos do saber, tenha caráter inédito".

Pode estar certa, Marianna, em seu ineditismo de avançar, entre nós, por esses espaços interdisciplinares ou multidisciplinares, não obstante a renitência de um positivismo tardio e teimoso, pois certamente o seu esforço contribuirá – e muito – para se conceber e se praticar abordagens universalizantes e nexialistas, que se fazem cada vez mais importantes para entender e bem atuar nesse novo contexto, em que, particularmente, Política, Administração Pública e Direito Público se articulam e se interdependem intensamente, evidenciando, no processo, inúmeras disfunções veladas, notadamente no que se refere ao manejo dos controles recíprocos – pedra de toque nas democracias avançadas.

A Autora, a propósito, encerrando a obra (6.2), particulariza a existência de duas ordens distintas dessas disfunções na atuação dos Tribunais de Contas: no nível micro, aquelas devidas "a práticas e fatores internos ao seu próprio ambiente institucional" e, no macro, a "interferências externas, mais precisamente das relações travadas com os Poderes Executivo e Legislativo e de compreensões firmadas pelo Poder Judiciário".

Mutatis mutandis, essas conclusões gerais de Marianna, aplicáveis ao sistema dos Tribunais de Contas, estão em sintonia com aquelas outras, que tive ocasião de sustentar em março de 2003, no Encontro Luso-Brasileiro de Tribunais de Contas, no Estoril, Portugal, quanto à inevitável aproximação legitimatória das cortes de contas com sua mandatória destinatária – a sociedade – que se somou em reforço da consequente afirmação, também então deixada naquele evento, de se constituírem essas instituições, como órgãos da sociedade no Estado, ubicação esta, então exposta com o mesmo sentido jurídico que hoje se reconhece como o *status* constitucional das funções essenciais à justiça, assim como o de mais outros órgãos estatais independentes, que não mais se enquadram na clássica tripartição de poderes constitucionais positivados, tais como já o são entre nós os Conselhos Nacionais da Magistratura e do Ministério Público e a Ordem dos Advogados do Brasil, assim como, em outros países, também como exemplos da atualidade, encontram-se os Bancos Centrais, os Conselhos Cidadãos e outros.

Com efeito, nossa era, da policracia, apresenta características que não mais partem do que seria uma suposta univocidade do universo jurídico, um conceito posto pela Modernidade, gravitando em torno da lei e que, em razão disso, se apoiava, como o seu único referencial no critério isolado, da legalidade.

Com efeito, além da lei, em nossos dias, atende-se ao referencial da democracia, ressurgido no Segundo Pós-Guerra, e, complementarmente, também pela consideração da moralidade na Administração Pública, passando-se a considerar a real plurivocidade do universo jurídico, tal como nos vem desafiadoramente proposto com o advento da Pós-Modernidade. Portanto, um conceito que, além de partir do referencial singular da lei, contempla a evidente pluralidade do Direito, ou seja: com a carga de seu próprio referencial de compatibilidade e incompatibilidade, sinteticamente expresso na juridicidade.

Estas considerações suscitam, em consequência, uma final observação sobre a pertinência do emprego que se tem dado à voz inglesa *accountability*, um tema recorrentemente tratado por publicistas brasileiros, como, aqui lembrando, por todos, por sua minudência informativa, o artigo "*Accountability*: já podemos traduzi-la para o português?", da lavra de José Antonio Gomes de Pinho e de Ana Rita Silva Sacramento (*RAP – Revista de Administração Pública*, Rio de Janeiro, v. 43, n. 6, p. 1343-1368, nov.-dez. 2009).

Pois bem, se o tradicional conceito de legalidade, até então univocamente referido à lei, era o bastante durante a Modernidade, hoje necessitaria ser completado com o de legitimidade, como expressão de valor referida à democracia e, em acréscimo, para algumas ordens jurídicas como a nossa própria, ainda se integra com um terceiro conceito – o de licitude – como distinta expressão de valor referida à moralidade, resultando, assim, do conjunto destas três referências, esse conceito compósito síntese da juridicidade, ostentando esse tríplice conteúdo de valor que o distingue e caracteriza em nossa era: legalidade, legitimidade e licitude.

Observa-se, portanto, no amplo panorama teórico que se desvendou com a incorporação à ordem jurídica dos valores democráticos, inspirados pela Lei Básica de Bonn, bem como a dos valores morais – como exposto, ambos ínsitos no conceito síntese de juridicidade – que o mero dever de observância da lei – portanto, a simples responsabilidade – conceito que, até então, bastava ao Direito da Modernidade, se mostrou insuficiente, quando se tornou necessário configurar, em mais amplo conjunto valorativo, o que se deveria entender com o conceito da boa administração.

Com efeito, essa superior qualidade exigível da gestão administrativa pública, além da legalidade; passou a ser constitucionalmente mandatória entre nós, a partir de 1988, na linha das doutrinas que haviam despontado quase meio século antes, portanto, ainda em plena Segunda Guerra Mundial, com vistas à realização desse conceito integrado – tal como, por todos que se seguiram, a partir do clássico trabalho pristinamente desenvolvido por Raffaele Resta em seu revolucionário "L'onere di buona ammimistrazione", artigo inserto em *Scriti giuridici in onore a Santi Romano* (Pádua: CEDAM, 1940. v. III, p. 128).

Daí decorre que, em regimes constitucionais democrática e moralmente orientados, como o entendemos o nosso – uma vez que se faz necessário, na Pós-Modernidade, observar os valores jurídicos referidos à democracia, assim como, em alguns específicos aspectos, também os referidos à moralidade na ação pública – se apresentaria, até com um bom lastro etimológico latino, a alternativa do emprego em vernáculo do correlato conceito da responsividade, uma tradução apropriada, penso que até mais lógica e historicamente adequada que o que desoladamente nos tem restado – a de manter o anglicismo *accountability*...

Portanto, retornando, como síntese do exposto, aos valores referidos: se, até recentemente, só tínhamos os sucessivos referenciais lei – legalidade – responsabilidade, que nos serviram, por toda a Modernidade, até então apenas juridicamente conotados, eis que ora podemos contar, também, ampliada e complementarmente, com nova tríade de correspondentes referenciais democracia – legitimidade – responsividade, que nos chegam a partir da Pós-Modernidade, ampliada e juspoliticamente conotados.

Cumpre destacar que essa íntima aproximação, acima sublinhada, entre a democracia e a *accountability*, não passou ao largo e despercebida por Marianna em seu cuidado estudo, senão que, ao revés, essa relação nele aparece muitas vezes referida, como, exemplificando, por todas as menções, com o exposto em seu item 2.1, intitulado "Democracia e *accountability* pública", em que atesta essa clara afirmação de pertinência com a seguinte consideração: "De outro lado, contudo, a ausência e/ou a intermitência de instrumentos de *accountability* transformaram-se em importantes indicadores de *déficit* democrático".

Valeu-se ainda, a Autora para reafirmar essa relação, entre outras fontes consultadas, de acatados textos, como o do Professor de Oxford Craig T. Borowiak, *Accountability and democracy: the pitfalls and promise of popular control*, e o do mestre argentino Guillermo O'Donnell, que, como ela própria destacou, identifica claramente a representação e a *accountability* como as "dimensões republicanas da democracia".

Com esses comentários e achegas, que, entre tantos outros temas abordados, caberiam ser suscitados à proveitosa leitura deste livro, espero ter posto em devida evidência essa qualidade, relevante em obras científicas, qual a de levantar, igualmente fundadas, tanto as dúvidas como as certezas, sempre cuidando de despertar a curiosidade e, quiçá, provocar a complementaridade dos leitores, nessa vantajosa expectativa de acompanhar os reptos intelectuais de Marianna, esta jovem doutora que, abraçando com decisão o complexo, crítico e nevrálgico tema do controle, vem de trilhar as ilustres pegadas, de mais de meio século, do pioneiro do tema no Brasil: o nosso grande mestre de gerações Miguel Seabra Fagundes.

Teresópolis, dezembro de 2016.

Diogo de Figueiredo Moreira Neto
Professor Titular de Direito Administrativo da Universidade Cândido Mendes. Professor Emérito da Escola de Comando e Estado-Maior do Exército. Ex-Procurador Geral do Estado do Rio de Janeiro. Advogado.

APRESENTAÇÃO

Peço licença para deixar de lado as premissas de praxe e ir direto ao que mais interessa: este livro, sem qualquer favor, está destinado a ser uma referência fundamental para a reflexão e a pesquisa sobre o controle das contas e do desempenho da administração pública pelas cortes de contas em nosso sistema constitucional. Nele, Marianna Montebello Willeman alia a competência e a acuidade da pesquisadora, a clareza da professora e a experiência da procuradora e da conselheira para nos oferecer uma densa e praticamente exaustiva problematização do modelo brasileiro de controle da gestão e das contas públicas, à luz de pressupostos teórico-normativos essenciais, do exame dos modelos "canônicos", do estudo comparado de sistemas contemporâneos relevantes e das contribuições históricas, doutrinárias e jurisprudenciais necessárias à detalhada compreensão da gênese, das virtudes e das limitações do nosso modelo.

Com uma escrita cristalina e agradável, Marianna nos convida inicialmente a refletir sobre as instituições superiores de controle da administração pública e a *accountability* na tradição republicana, primeiro, e, ao depois, em sua conexão com o direito fundamental à boa administração, direito este que a autora sustenta e demonstra estar implicitamente consagrado no sistema da Constituição de 1988. Em seguida, nos apresenta os modelos clássicos de controle e nos leva a percorrer um relevante conjunto de modelos comparados: o norte-americano, o argentino, o chileno e, especialmente, o francês, matriz do nosso. Compartilhado conosco todo este instrumental teórico-normativo-comparativo, a autora nos conduz ao exame crítico do modelo brasileiro desde a sua criação, atravessando os sucessivos delineamentos que recebeu desde o alvorecer de nossa experiência republicana até os trabalhos da Assembleia Nacional Constituinte de 1987-1988, de que resultou o "sistema nacional dos Tribunais de Contas" que temos.

O que se segue é uma detalhada análise da distribuição de competências, da composição dos tribunais de contas e dos atributos exigíveis de seus membros, além da necessária problematização da anômala posição institucional do Ministério Público de Contas. Este percurso culmina com uma aprofundada e minuciosa discussão da natureza, da extensão, do alcance e dos limites da atuação dos tribunais de contas e da efetividade de suas decisões. Tudo isto tendo sempre como referencial a jurisprudência do Supremo Tribunal Federal, examinada com admirável precisão crítica.

Nesta República que teima em não se consolidar nas suas expressões mais democráticas, nesta democracia formal de dirigentes e representantes bem pouco republicanos, a questão da efetiva garantia do devido desempenho da administração e da legítima realização das despesas públicas permanece como um desafio em aberto. E o adequado controle é condição indispensável para que tal garantia se realize. Este amplo e denso estudo de Marianna Montebello Willeman (versão definitiva de sua tese de doutoramento em Direito Público na PUC-Rio, que tive muita alegria e pouco trabalho em orientar, eis que a brilhante autora tem luz própria) representa uma grande contribuição para qualificar as discussões e balizar as decisões que ainda temos por enfrentar. Que seja lido, discutido e levado em consideração é algo que só poderá fazer bem a quantos prezam as virtudes republicanas.

Adriano Pilatti
Doutor em Ciência Política pelo Instituto Universitário de Pesquisas do Rio de Janeiro (IUPERJ), com Pós-Doutorado em Direito Público Romano pela Universidade de Roma I – La Sapienza. Mestre em Teoria do Estado e Direito Constitucional pela Pontifícia Universidade Católica Rio de Janeiro (PUC-Rio). Graduado pela Faculdade de Direito da Universidade Federal do Rio de Janeiro (UFRJ). Professor de Direito Constitucional da PUC-Rio.

CAPÍTULO 1

INTRODUÇÃO

1.1 Premissas teóricas e metodológicas

A condução dos assuntos de interesse público pelo Estado demanda a existência de mecanismos de controle que viabilizem a formação de vínculos de confiança no desempenho das autoridades públicas. Essa preocupação encontra-se reconhecida na Declaração de Direitos do Homem e do Cidadão de 1789, que estabeleceu, em seu artigo 15, de maneira emblemática e peremptória, o princípio da responsabilidade política e pessoal de todos aqueles que exercem qualquer parcela de poder, aduzindo que "a sociedade tem o direito de exigir a prestação de contas por parte de todo agente público integrante de sua administração".

A caracterização da desconfiança democrática[1] como elemento do sistema político faz com que a *accountability*[2] corresponda a uma

---

[1] A respeito da relação ambígua e multifacetada que se estabelece entre a desconfiança democrática e a *accountability* pública, veja-se: GREILING, Dorothea. Accountability and trust. In: BOVENS, M.; SCHILLEMANS, T.; GOODIN, R. (Ed.). *The Oxford Handbook of Public Accountability*. Oxford: Oxford University Press, 2014. *Kindle edition*, posições 15.981-16.357.

[2] O termo *accountability* não comporta uma tradução específica para o português. Em espanhol, a locução tem sido usualmente traduzida como "rendición de cuentas", o que equivaleria, em português, à prestação de contas. De fato, a sujeição ao dever de prestar contas a respeito da tomada de uma decisão ou da adoção de um certo comportamento é o componente central que se encontra subjacente à noção de *accountability*, embora, como será abordado posteriormente, não seja exaustivo da concepção. A respeito dessa

versão renovada do princípio revolucionário estampado na Declaração de 1789, tornando-se um dos temas mais recorrentes na agenda política contemporânea, identificado como fator essencial para a avaliação de uma "boa" democracia ou de uma poliarquia.[3]

O descontentamento e o exponencial déficit de confiança dos cidadãos em suas instâncias representativas – associado a fatores como a ambição pessoal de lideranças políticas, a ausência de responsividade, a condução descompromissada dos assuntos de interesse público, a demanda da sociedade por eficácia e eficiência na gestão da coisa pública, entre outros – conspiram para impelir as democracias existentes a novas e variadas experiências que não mais comportam enquadramento em um modelo estritamente eleitoral-representativo.

Os pilares dessas experiências democráticas contemporâneas, que começaram a ganhar crescente reforço nas últimas décadas, são o controle e o monitoramento constante do exercício do poder político, a partir de díspares fontes de legitimação, fundadas em critérios de imparcialidade, proximidade, reflexividade e tecnicidade.[4] Acentua-se a suspeição em relação a todos que exercem qualquer parcela de poder e que não prestam contas e, por conseguinte, os cidadãos representados

---

impossibilidade de tradução do termo e, mais profundamente, para as práticas democráticas no Brasil, confira-se: CAMPOS, Anna Maria. *Accountability*: quando poderemos traduzi-la para o português? *Revista de Administração Pública*, n. 24, p. 30-50, fev./abr. 1990.

[3] É bastante conhecida a formulação de Robert Dahl a respeito das poliarquias, termo reservado pelo autor para identificar aqueles regimes que seriam usualmente até considerados democráticos, mas que, à luz da sua caracterização, não passam de pobres ou incompletas aproximações desse ideal democrático. São regimes que estariam em um processo para alcançar esse ideal. Nas palavras do próprio autor: "As poliarquias podem ser pensadas então como regimes relativamente (mas incompletamente) democráticos, ou, em outros termos, as poliarquias são regimes que foram substancialmente popularizados e liberalizados, isto é, fortemente inclusivos e amplamente abertos à contestação pública" (DAHL, Robert. *Poliarquia*: participação e oposição. Tradução de Celso Mauro Paciornik. São Paulo: Ed. Universidade de São Paulo, 1997. p. 31).

[4] Após diagnosticar o colapso da democracia dual, fundada no eixo das eleições, o sociólogo e historiador francês Pierre Rosanvallon identifica a imparcialidade, a reflexividade e a proximidade como os novos fundamentos de legitimação de um governo democrático. A imparcialidade associa-se ao distanciamento de posições político-partidárias e de interesses particulares, institucionalizando-se a partir da adesão ao fenômeno das autoridades independentes, mediante a criação de corpos independentes de regulação e controle, tais como os bancos centrais, as agências reguladoras, os conselhos técnicos etc. A reflexividade articula-se com o reconhecimento das expressões plurais de bem comum, mediante o estabelecimento de instituições destinadas à regulação da maioria, cuja tradução mais cristalina reside na competência das cortes constitucionais. Por fim, a legitimidade pela proximidade vincula-se ao reconhecimento de todas as singularidades e tem como expressões emergentes as teorias da identidade, do reconhecimento e o apelo à "política da presença" (ROSANVALLON, Pierre. *Democratic Legitimacy*: Impartiality, Reflexivity, Proximity. Tradução de Arthur Goldhammer. Princeton: Princeton University Press, 2011).

tomam cada vez mais consciência de que devem manter os olhos atentos ao exercício do poder por parte de seus representantes. Observa-se, empregando a adjetivação utilizada por Pierre Rosanvallon[5] para esse contexto específico, a emergência de uma *watchdog democracy*.[6]

Busca-se, de um lado, o desenvolvimento de mecanismos que visam a aumentar a qualidade do regime eleitoral e, ao mesmo tempo, compensar a corrosão da confiança depositada nas lideranças políticas, dando origem a um complexo de medidas práticas por meio das quais os diversos atores políticos e sociais exercem pressão e cobram

---

[5] Rosanvallon endereça o assunto no cenário do que denomina "contrademocracia", com forte ênfase nos processos de vigilância e monitoramento do exercício do poder político. Segundo o autor, o objetivo da desconfiança democrática é assegurar que as autoridades eleitas mantenham suas promessas e abrir caminhos para que se pressione o governo a servir o bem comum. Essa desconfiança dirigida às elites e instituições políticas, de acordo com sua perspectiva, expressa-se, contemporaneamente, de três maneiras que, em conjunto, conformam aquilo que identifica por contrademocracia: (i) poderes de vigilância (*la surveillance* ou *powers of oversight*); (ii) formas de obstrução ou veto (*l'empêchement* ou *forms of prevention*); e finalmente (iii) submissão a julgamentos (*le jugement* ou *testing of judgments*). Os poderes de vigilância pressupõem um conjunto de órgãos, instituições e cidadãos cívicos que mantenham em constante observação e monitoramento os atos dos governantes, colocando-se em verdadeiro estado de alerta que viabiliza sua vigilância sistemática. Essa expressão da contrademocracia reflete o que comumente se designa por *watchdog democracy* e seus mecanismos têm sido extremamente robustecidos e ampliados com a proliferação e o aperfeiçoamento de instituições e aparatos híbridos que se voltam precisamente à tutela da confiança democrática. Nesse contexto, por exemplo, incluem-se desde instrumentos informais de controle do exercício do poder político – por meio dos atores da sociedade civil e de movimentos articulados por meio da rede mundial de computadores – até a vigilância oficial e idealmente neutra realizada por instituições legalmente organizadas – como as autoridades administrativas independentes e os organismos governamentais de auditoria e avaliação (*Counter-Democracy*: Politics in an Age of Distrust. Tradução de Arthur Goldhammer. New York: Cambridge University Press, 2008).

[6] O Professor de Política da Universidade de Sydney, John Keane, cunhou o termo democracia monitória (ou monitorada) para identificar o fenômeno: "(...) a democracia começa a ser considerada de modo muito mais pragmático, como uma arma acessível e indispensável contra concentrações de poder irresponsável e contra os efeitos danosos desse poder. Na nova era da democracia que está surgindo, o próprio mundo passa a ter um novo significado. Este se refere ao escrutínio e ao controle público dos tomadores de decisões. (...) instrumentos de monitoração de poder e de controle de poder começaram a se estender para os lados e para baixo através de toda a ordem política. (...). Essas instituições extraparlamentares de monitoração de poder incluem – para mencionar aleatoriamente apenas umas poucas – comissões de integridade pública, ativismo judiciário, tribunais locais, tribunais no lugar do trabalho, conferências de consenso, parlamentos para minorias, litígios de interesse público, júris de cidadãos, assembleias de cidadãos, inquéritos públicos independentes, grupos de especialistas na solução de problemas, relatórios de peritos, orçamentos participativos, vigílias, *blogging* e outras formas de escrutínio da mídia. Todos esses instrumentos têm o efeito de potencialmente trazer maior humildade ao modelo estabelecido de governo representativo partidário e à política" (KEANE, John. *A Vida e a Morte da Democracia*. Tradução de Clara Colloto. São Paulo: Edições 70, 2010. p. 26-27).

responsividade de seus governantes.[7] Essa sofisticação que tem sido vivenciada, em distintos graus e intensidade, pelas democracias representativas confirma a advertência feita por Adam Przeworski, Susan Stokes e Bernard Manin, ainda na década de noventa, ao assentarem que, em um regime eleitoral-representativo, o controle dos cidadãos sobre os políticos é, no melhor dos casos, altamente imperfeito, desenvolvendo a necessidade de que, ao voto, sejam agregados outros mecanismos de controle. Confira-se:

> (...) a conclusão desta análise deve ser que o controle dos cidadãos sobre os políticos é, no melhor dos casos, altamente imperfeito na maioria das democracias. As eleições não são mecanismos suficientes para assegurar que os governantes farão tudo o que puderem para maximizar o bem-estar dos cidadãos.
>
> Esse não é um argumento contra a democracia, mas por uma reforma e uma inovação institucional. Nós necessitamos de instituições eleitorais que aprimorem a transparência da responsabilidade e facilitem para os cidadãos recompensar ou punir os responsáveis. Precisamos de condições morais e econômicas nas quais o serviço público usufrua de respeito assim como de recompensas materiais apropriadas. Adicionalmente, precisamos de instituições que forneçam informações independentes sobre o governo aos cidadãos: *"accountability agencies"*, nos termos da Comissão Australiana de Reforma Governamental (Dunn e Uhr, 1993). Tais instituições devem incluir (1) um conselho independente para garantir a transparência das contribuições de campanha, com poderes próprios de investigação; (2) uma instância auditora independente do Estado, um auditor geral (Banco Mundial, 1994:32), no estilo da *controladoría* chilena; (3) uma fonte independente de informações estatísticas sobre o estado da economia; e (4) um espaço privilegiado para que a oposição vigie as mídias públicas.[8]

---

[7] A responsividade é uma noção-chave para a democracia representativa, correspondendo à aptidão do governo para fazer frente e corresponder às preferências dos cidadãos representados. Um governo responsivo é capaz de identificar os desejos e aspirações dos seus representados e oferecer respostas por meio da adoção de comportamentos apropriados. Para uma abordagem mais aprofundada da noção, veja-se: PETTIT, Philip. Varieties of public representation. *In*: SHAPIRO, I; STOKES, S; WOOD, E. J.; KIRSHNER, A. (Ed.). *Political Representation*. New York: Cambridge University Press, 2009. p. 61-89. É importante registrar, porém, que existem autores que consideram a responsividade uma virtude populista e, dessa forma, vislumbram-na como um critério incoerente para que sejam avaliadas as instituições democráticas. Essa ressalva consta de: FEREJOHN, John. Accountability and Authority: toward a theory of political accountability. *In*: PRZEWORSKI, A; STOKES, S.; MANIN, B. (Ed.). *Democracy, Accountability, and Representation*. New York: Cambridge University Press, 1999. p. 131-153.

[8] Elections and Representation. *In*: PRZEWORSKI, A; STOKES, S.; MANIN, B. (Ed.). *Democracy, Accountability, and Representation*. New York: Cambridge University Press, 1999. p. 50.

A *accountability* surgiu como uma questão central nas investigações a respeito do período de pós-transição na América Latina, conferindo-se grande destaque à necessidade de serem tornados mais efetivos os seus mecanismos, apontados como um grande desafio para a consolidação e o aprimoramento da qualidade democrática. Por mais que, especialmente a partir do final da década de oitenta e início dos anos noventa, no Brasil e em seus vizinhos latino-americanos tenham sido razoavelmente implementadas as condições mais básicas de um regime democrático,[9] é amplamente sabido que ainda persistem graves distorções reveladoras das deficiências e fragilidades de tais democracias. Casos de corrupção que permanecem impunes, opacidade na condução dos assuntos de interesse da sociedade, uso impróprio de recursos públicos, tentativas de censura à imprensa livre, entre outros, continuam sendo graves problemas vivenciados no Brasil e em vários países da América Latina.

Esses problemas evidenciam, justificam e reforçam a faceta da desconfiança enquanto elemento que integra o regime democrático,[10] demandando enfrentamento por meio da institucionalização e pulverização de instrumentos de controle e monitoramento. Nessa perspectiva, a *accountability* é central, seja na sua vertente política ou social.

A atração que o tema da *accountability* exerce no Brasil e nos países latino-americanos decorre especialmente de sua insuficiência ou fragilidade, o que vulnerabiliza a qualidade democrática de tais países. Nessa temática, assumem especial relevo os estudos desenvolvidos por Guillermo O'Donnell, cientista político que se debruçou sobre a qualidade democrática da realidade latino-americana e destacou a

---

[9] Pode-se pensar nas condições básicas elencadas por Robert Dahl, baseadas em dois grandes eixos: eleições livres e idôneas, de um lado, e um conjunto de liberdades públicas básicas, de outro. De maneira sistematizada, segundo o autor, as oito condições institucionais necessárias para garantir a responsividade do governo para com as preferências de seus cidadãos são: (i) liberdade de formar e aderir a organizações; (ii) liberdade de expressão; (iii) direito de voto; (iv) elegibilidade para cargos públicos; (v) direito de líderes políticos disputarem apoio; (vi) fontes alternativas de informações; (vii) eleições livres e idôneas; e (viii) instituições para fazer com que as políticas governamentais dependam de eleições e de outras manifestações de preferência (DAHL, Robert. *Poliarquia*: participação e oposição. Obra citada, p. 27).

[10] Apenas a título ilustrativo, vale mencionar os resultados de pesquisas divulgadas no Informe 2011 da Corporação Latinobarômetro, tendo como objeto de análise a confiança institucional dos latino-americanos. De acordo com os dados disponíveis no sítio eletrônico da entidade, apenas 40% (quarenta por cento) dos latino-americanos confiam em seus governos; 31% (trinta e um por cento) confiam na Administração Pública; e 32% (trinta e dois por cento) depositam confiança no Parlamento. Disponível em: http://www. latinobarometro.org/latino/latinobarometro.jsp. Acesso em: 08 nov. 2012.

importância da solidificação de mecanismos de *accountability*, concebendo-a de maneira bidimensional (*accountability* vertical e *accountability* horizontal). Posteriormente, inspirado pelas elaborações teóricas de Catalina Smulovitz e Enrique Peruzzotti,[11] O'Donnell acolheu a cisão da *accountability* vertical nas vertentes eleitoral e social.[12]

Atualmente, o sistema normativo brasileiro contempla importantes instrumentos de *accountability* horizontal, inclusive com a organização de instituições ou agências que não comportam enquadramento na tríade convencional da separação funcional de poderes – o que corrobora a problematização feita por Karl Loewenstein ao considerar tal teoria "antiquada" e preconizar uma nova tripartição de funções estatais em que o *controle* é elevado à categoria autônoma.[13] [14] Destacam-se, nesse

---

[11] Social Accountability: an introduction. *In*: SMULOVITZ, C.; PERUZZOTTI, E. (Ed.). *Enforcing the rule of Law*: social accountability in the new Latin American democracies. Pittsburgh: University of Pittsburgh Press, 2006. *Kindle edition*, posições 68-483. Para os autores, é um equívoco limitar a concepção da *accountability* vertical às eleições, pois essa visão restritiva ignora a sua versão social, que exerce função de destaque nas democracias contemporâneas. Nessa linha de pensamento, a *accountability* social seria um mecanismo vertical, porém não eleitoral, de controle da autoridade política baseado nas ações de múltiplos formatos de associações de cidadãos e movimentos da mídia.

[12] Nesse sentido: Notes on Various Accountabilities and their Interrelations. *In*: O'DONNELL, Guillermo. *Dissonances*: democratic critiques of democracy. Notre Dame: University of Notre Dame Press, 2007. p. 105-107; Horizontal Accountability: The Legal Institutionalization of mistrust. In: O'DONNELL, Guillermo. *Dissonances*. Obra citada, p. 90.

[13] LOEWENSTEIN, Karl. *Teoría de la Constitución*. Traducción y estudio sobre la obra por Alfredo Gallego Anabitarte. Barcelona: Editorial Ariel S.A, 1970.

[14] No Brasil, a necessidade de uma releitura da divisão de poderes também não é nenhuma novidade. Em 1955, Vitor Nunes Leal já sinalizava para sua superação em notável ensaio em que questiona as bases daquela fórmula que acabou sendo erigida a "oráculo do estado liberal". Dizia ele: "A teoria da divisão de poderes está, pois, condenada no mundo contemporâneo. Mas ela nasceu para atender a um reclamo profundo da consciência humana, que é a proteção das liberdades do homem e do cidadão. O problema, pois, que se arma nos dias de hoje é o de se descobrir uma nova técnica de proteção das liberdades humanas. (...) e tudo indica, nos dias de hoje, que há de ser descoberta através da organização do próprio povo, isto é, o povo a descobrir, por si mesmo. Com a sua própria experiência e ajuda de seus líderes autênticos, a maneira de se organizar para resistir a todas as tentativas de usurpação de suas liberdades" (LEAL, Vitor Nunes. A divisão de poderes no quadro político da burguesia. *In*: CAVALCANTI, T; MEDEIROS SILVA, C; LEAL, V.N. *Cinco estudos*. Rio de Janeiro: Fundação Getúlio Vargas, 1955. p. 112). Em momento mais recente, é sempre válido lembrar a arguta crítica de Paulo Bonavides: "Esse princípio – que nas origens de sua formulação foi, talvez, o mais sedutor, magnetizando os construtores da liberdade contemporânea e servindo de inspiração e paradigma a todos os textos de Lei fundamental, como garantia suprema contra as invasões do arbítrio nas esferas da liberdade política – já não oferece, em nossos dias, o fascínio das primeiras idades do constitucionalismo ocidental. Representou seu papel histórico. O constitucionalismo democrático tem por ele a mais justa e irresgatável dívida de gratidão. Merece, com efeito, a homenagem e o reconhecimento dos que, na doutrina política, consagram sua luta aos ideais de liberdade e democracia. Ajudou a implantar na consciência ocidental o sentimento valorativo dos direitos e garantias individuais, de que foi, no combate aos

cenário, o robustecimento das competências e das garantias institucionais outorgadas pela Constituição de 1988 ao Ministério Público e aos Tribunais de Contas, bem como a adesão ao projeto de regulação por meio de autoridades independentes, com a expansão e a proliferação de agências reguladoras especialmente a partir da década de noventa.

Esta obra dedica-se ao estudo de uma das representações contemporâneas de organismo que exerce função estatal de controle, especificamente no campo da gestão financeira. Objetiva-se examinar o desenho institucional dos Tribunais de Contas no Brasil e lançar um olhar renovado sobre sua atuação, a fim de que se possa contribuir para o seu fortalecimento e consolidação como órgãos vocacionados para a conformação de um sistema de integridade das finanças públicas.

Esse olhar renovado que se pretende lançar na temática vincula-se ao reconhecimento do *direito fundamental à boa administração pública* como vetor a exigir a atualização dos modelos de controle da gestão financeira estatal. Com efeito, a atividade administrativa do Estado contemporâneo vem sofrendo transformações tão radicais e profundas que tornam ultrapassados e insuficientes os mecanismos tradicionais de controle.

No Brasil, a Constituição da República de 1988 consagra um Estado Democrático de Direito no qual a ordem administrativa deve estar necessariamente orientada à concretização dos objetivos fundamentais estatuídos em seu artigo 3º, incorporando a *lógica do êxito*, em que a atuação dos poderes públicos, além de legitimar-se por sua origem democrática, busca também legitimação na obtenção de resultados satisfatórios no atendimento das necessidades sociais e no exercício da função promocional do bem de todos.[15]

---

déspotas do absolutismo, a arma mais eficaz. Quando cuidamos dever abandoná-lo no museu da Teoria do estado queremos, com isso, evitar apenas que seja ele, em nossos dias, a contradição dos direitos sociais, a cuja concretização se opõe, de certo modo, como técnica dificultosa e obstrucionista, autêntico tropeço, de que inteligentemente se poderiam socorrer os conservadores mais perspicazes e renitentes da burguesia, aqueles que ainda supõem possível tolher e retardar o progresso das instituições no rumo da socialdemocracia" (BONAVIDES, Paulo. *Do Estado Liberal ao Estado Social*. 7. ed. São Paulo: Malheiros, 2001. p. 64).

15 A esse respeito, é válido invocar a feliz expressão utilizada por Juarez Freitas para caracterizar o Estado Constitucional como o Estado das "escolhas administrativas legítimas". Em suas próprias palavras: "O Estado Constitucional, numa de suas mais expressivas dimensões, pode ser traduzido como o Estado das escolhas administrativas legítimas. Assim considerado, nele não se admite discricionariedade pura, intátil, sem limites. Em outras palavras, impõe-se controlar (ou ao menos mitigar) os contumazes vícios forjados pelo excesso degradante, pelos desvios ímprobos ou pela omissão desidiosa. Faz-se cogente, sem condescendência, enfrentar todo e qualquer demérito ou antijuridicidade das escolhas e

O atual estágio de desenvolvimento do direito administrativo no Brasil e nas democracias ocidentais contemporâneas considera ultrapassada qualquer concepção de protagonismo do poder público e de autocentrismo estatal. A pessoa humana está na centralidade do direito administrativo, e a atuação administrativa pública deve estar plena e exclusivamente posta à sua disposição.[16] Essa nova perspectiva encontra-se bem traduzida na Carta Europeia dos Direitos Fundamentais de Nice, de 07 de dezembro de 2000, que veio a consagrar, em seu artigo 41,[17] o denominado direito fundamental à boa administração pública, com conteúdo e contornos próprios e específicos do direito comunitário.

Embora a Constituição de 1988 não faça referência, de forma explícita, ao direito fundamental à boa administração pública, trata-se de norma implicitamente reconhecida no sistema constitucional e dotada de eficácia geral e imediata.[18] Em realidade, apesar de o *nomen*

---

políticas públicas, para além do exame adstrito a aspectos meramente formais" (FREITAS, Juarez. *Discricionariedade administrativa e o direito fundamental à boa administração pública*. 2. ed. São Paulo: Malheiros, 2009. p. 09).

[16] A abordagem de Jaime Rodriguez-Araña é precisa: "O Direito Administrativo moderno parte da consideração central da pessoa e de uma concepção aberta e complementária do interesse geral. Os cidadãos já não são sujeitos inertes que recebem, única e exclusivamente, bens e serviços do poder. Agora, por meio de sua inserção no Estado social e democrático de direito, convertem-se em atores principais da definição e da avaliação das diferentes políticas públicas" (El derecho fundamental a la buena administración en la Constitución española y en la Unión Europea. *Revista de Direito Administrativo e Constitucional*, v. 10, n. 40, p. 117-149, abr./jun. 2010).

[17] Eis sua redação: "1. Todas as pessoas têm direito a que seus assuntos sejam tratados pelas instituições, órgãos e organismos da União de forma imparcial, equitativa e num prazo razoável. 2. Este direito compreende, nomeadamente: a) o direito de qualquer pessoa a ser ouvida antes de a seu respeito ser tomada qualquer medida individual que a afecte desfavoravelmente; b) o direito de qualquer pessoa a ter acesso aos processos que se lhe refiram, no respeito pelos legítimos interesses da confidencialidade e do segredo profissional e comercial; c) a obrigação, por parte da administração, de fundamentar as suas decisões. 3. Todas as pessoas têm direito à reparação, por parte da União, dos danos causados pelas suas instituições ou pelos seus agentes no exercício das respectivas funções, de acordo com os princípios gerais comuns às legislações dos Estados-Membros. 4. Todas as pessoas têm a possibilidade de se dirigir às instituições da União numa das línguas dos Tratados, devendo obter uma resposta na mesma língua."

[18] Desde a promulgação da Constituição de 1988 inúmeras reformas foram empreendidas no texto constitucional com o evidente propósito de assegurar a posição central do indivíduo diante do Estado-Administração. Destaca-se, nesse contexto, a Emenda Constitucional nº 19/98, conhecida como "reforma administrativa", que consagrou a eficiência como princípio explícito aplicável à administração pública, estabelecendo, igualmente, a necessidade de edição de lei para disciplinar os direitos dos usuários de serviços públicos (artigo 37, §3º, da CRFB). Em momento seguinte, a Emenda Constitucional nº 45/2004 – "reforma do judiciário" – previu expressamente o direito do cidadão à duração razoável do processo, tanto na esfera judicial, como perante as instâncias administrativas.

juris aqui empregado inspirar-se na Carta Europeia, o conteúdo desse direito fundamental na ordem constitucional brasileira é bastante específico e, inclusive, mais abrangente do que aquele que lhe serve de inspiração. O que se extrai, portanto, do modelo europeu, é a necessidade em si de *abordar a atividade administrativa estatal desde a perspectiva central do indivíduo*, reconhecendo-lhe a titularidade de um direito de boa governança oponível à administração pública.[19]

O conteúdo do direito fundamental à boa administração pública na Constituição Brasileira de 1988 é tema que ainda demanda investigação mais aprofundada e cuidadosa – até mesmo porque a literatura jurídica a seu respeito, na comunidade acadêmica brasileira, não é tão extensa.[20] Parece seguro extrair da norma do artigo 37 da Constituição da República e de seus incisos, que o direito fundamental à boa administração pública incorpora o direito à administração proba, transparente, imparcial, responsável e comprometida, eficaz e eficientemente, com a promoção do bem da coletividade.

Especificamente este último ponto merece um maior aprofundamento, na medida em que o compromisso da administração pública

---

[19] As discussões em torno das práticas de boa governança no setor público e de sua importância para o desenvolvimento econômico intensificaram-se a partir do início da década de 90, inclusive com a identificação, por parte do Banco Mundial, em 1992, de critérios de boa governança pública que traduziam expectativas a serem observadas por países em busca de assistência financeira. De acordo com o documento produzido pelo Banco Mundial, a boa governança define-se como a boa gestão administrativa do setor público fundada em quatro pilares: (i) marco legal claro, estável e seguro para a resolução de conflitos em um contexto jurídico independente; (ii) responsabilização dos agentes públicos por seus atos (*accountability*); (iii) informação confiável sobre as condições econômicas, o orçamento e sobre o planejamento do governo, à disposição dos agentes econômicos; e (iv) transparência da atividade administrativa e combate à corrupção com vistas a assegurar um diálogo aberto e confiável entre os agentes públicos e os operadores econômicos. Sem embargo da precisão com que o termo se encontra sistematizado pelo Banco Mundial, afigura-se bastante pertinente a crítica do sociólogo uruguaio François Graña de que a observância de tais critérios equivaleria a uma "etiqueta de boa governança (...) como instrumento de política econômica mundial em mãos da poderosa instituição financeira que os construiu" (GRAÑA, François. *Diálogo social y gobernanza en la era del 'Estado mínimo'*. Montevideo: CINTERFOR-OIT, 2005. p. 28-30).

[20] A seu respeito, a obra de referência é: FREITAS, Juarez. *Discricionariedade administrativa e o direito fundamental à boa administração pública*. 2. ed. São Paulo: Malheiros, 2009. Inspirando-se na construção teórica de Juarez Freitas, os seguintes trabalhos posteriores foram desenvolvidos: VALLE, Vanice Regina Lírio do. *Direito fundamental à boa administração e governança*. Belo Horizonte: Fórum, 2011; OLIVEIRA, Gustavo Justino de. Administração Pública brasileira e os 20 anos da Constituição de 1988: momento de predomínio das sujeições constitucionais em face do direito fundamental à boa administração pública. *Fórum Administrativo – Direito Público – FADM*, n. 95, ano 9, jan. 2009. Disponível em: http://www.editoraforum.com.br/sist/conteudo/lista_conteudo.asp?FIDT_CONTEUDO=56600. Acesso em: 10 mar. 2015.

para com a obtenção de resultados satisfatórios lança luzes sobre a denominada responsabilidade garantidora do Estado-Administração, impondo-lhe o fortalecimento da capacidade de direção e mobilização de recursos públicos econômico-financeiros. Paralelamente, essa vertente do direito fundamental à boa administração pública – o direito à gestão eficaz, eficiente e econômica (os famosos três Es) dos recursos públicos no âmbito de uma administração pública à qual se imputa a responsabilidade por resultados[21] – exige uma renovada apreciação dos mecanismos de controle da gestão financeira administrativa, que não mais se coadunam com métodos restritos à análise de mera regularidade formal ou, simplesmente, de aspectos relativos à legalidade.

Os sistemas políticos contemporâneos adotam variados modelos de instituições de controle da gestão pública financeira – denominadas Instituições Superiores de Controle, *Supreme Audit Institutions* ou *Entidades Fiscalizadoras Superiores*[22] (órgãos colegiados, modelos monocráticos, auditorias independentes, Cortes vinculadas ao Poder Legislativo etc.).[23] A fórmula brasileira segue, desde a instauração da República, a tradição napoleônica da *Cour de Comptes* na França, que assiste tecnicamente o Poder Legislativo no controle das finanças públicas.[24]

---

[21] CANOTILHO, José Joaquim Gomes. Tribunal de Contas como instância dinamizadora do princípio republicano. *Revista do Tribunal de Contas de Portugal*, n. 49, p. 23-39, jan./jun. 2008, p. 32.

[22] Essa denominação segue a nomenclatura utilizada pela literatura estrangeira que se dedica ao estudo das instituições externas de auditoria pública e baseia-se nos termos adotados pela INTOSAI – *International Organization of Supreme Audit Institutions*, organização internacional criada em 1953, que reúne as Entidades Fiscalizadoras Superiores de 191 países membros e que goza de *status* especial junto ao Conselho Econômico e Social das Nações Unidas. Disponível em: http://www.intosai.org/fr/actualites.html . Acesso em: 30 nov. 2012.

[23] Para uma análise mais aprofundada das variadas estruturas, vejam-se: SANTISO, Carlos. *The political economy of government auditing*: financial governance and the rule of Law in Latin America and beyond. New York: Routledge, 2009; DYE, K.; STAPENHURST, R. *Pillars of Integrity*: The Importance of Supreme Audit Institutions in Curbing Corruption. Washington: The Economic Development Institute of the World Bank, 1998. p. 04-10. Confiram-se, ainda, os dados constantes da página oficial da INTOSAI na rede mundial de computadores: http://www.intosai.org/.

[24] O Tribunal de Contas da União foi criado em 1890, por meio do Decreto nº 966-A, sob a inspiração de Ruy Barbosa, que, na qualidade de Ministro da Fazenda do Governo Provisório, argumentava que a reforma do controle das finanças públicas era uma das pedras angulares para a edificação republicana. Em suas palavras: "Convém levantar, entre o Poder que autoriza periodicamente a despesa e o Poder que quotidianamente a executa, um mediador independente, auxiliar de um e de outro, que, comunicando com a Legislatura, e intervindo na Administração, seja, não só o vigia, como a mão forte da primeira sobre a segunda, obstando a perpetuação das infrações orçamentárias por um veto oportuno aos atos do Executivo, que direta ou indireta, próxima ou remotamente, discrepem da linha rigorosa das leis de finanças" (BARBOSA, Ruy. *Relatório do Ministro da Fazenda*. Rio de Janeiro: Imprensa Oficial, 1891. p. 453).

A Constituição de 1988 avançou significativamente ao estabelecer as competências do Tribunal de Contas da União (TCU), atribuindo-lhe papel de destaque que veio a romper drasticamente com a concepção de um órgão de controle externo vinculado ou subordinado hierarquicamente ao Congresso Nacional.[25] Muito ao contrário, os artigos 70 a 75 da CRFB evidenciam a instauração de verdadeiro mecanismo de colaboração e cooperação mútua e integrada no que diz respeito ao controle externo da atividade financeira estatal, estabelecendo as bases para a sua integridade e confiabilidade, situando os Tribunais de Contas como órgãos independentes e autônomos, responsáveis pelo controle de toda atividade que importe gestão de recursos públicos, bem como da performance da estrutura estatal.

Embora historicamente os Tribunais de Contas no Brasil guardem com o Poder Legislativo relação baseada no modelo de delegação fundado na *teoria da agência*,[26] é fora de dúvida que a Constituição de 1988 trouxe expressivo avanço nesse segmento, uma vez que foram fortemente valorizadas as competências reservadas àquelas Cortes sem qualquer dependência para com o Legislativo. Dessa forma, é absolutamente equivocado, à luz da ordem constitucional de 1988, caracterizar os Tribunais de Contas como órgãos auxiliares de qualquer dos Poderes da República. Conquanto ainda haja determinadas funções exercidas em auxílio ao controle externo titularizado pelo Legislativo – especialmente a emissão de parecer prévio sobre as contas anuais da chefia do Poder Executivo para posterior julgamento pelo Parlamento –, é inegável que em inúmeros outros aspectos o controle exercido pelas Cortes de Contas assume vida própria e autônoma.

Com efeito, a Constituição de 1988 outorgou ao TCU e, por simetria, aos Tribunais de Contas subnacionais, uma série de competências

---

[25] O Supremo Tribunal Federal (STF) reconhece, sem qualquer dificuldade, que os Tribunais de Contas são órgãos de extração constitucional dotados de autonomia e independência em relação aos demais Poderes da República. Sobre o tema, é bastante elucidativa a decisão adotada pelo Plenário do STF nos autos da ADI nº 4.190/DF (STF, ADI nº 4.190/DF, Pleno, relator ministro Celso de Mello, julgado em 10.03.2010).

[26] O ingrediente central da teoria da agência reside na existência de um ator (ou de um grupo de atores), denominado agente, que adota decisões e assume posturas em nome de outro ator (ou grupo de atores), denominado principal. O principal, por sua vez, pode tomar decisões que afetam os incentivos disponíveis ao agente para que paute sua conduta, sendo que esse processo de estruturação de incentivos é um foco central da teoria da agência. Aplicando esse modelo à *accountability* horizontal realizada pelas Instituições Superiores de Controle no contexto nacional, o Tribunal de Contas seria o agente, que atuaria por delegação do Poder Legislativo, o qual, por sua vez, assumiria a posição de principal nessa relação. Nesse sentido, o Legislativo delegaria parte de sua função de controle para o Tribunal de Contas, órgão que dispõe de *expertise* técnica necessária para subsidiar a fiscalização levada a efeito pelo Parlamento.

preventivas, corretivas e repressivas a serem exercidas de maneira absolutamente autônoma. Assim, por exemplo, o TCU dispõe de competência para (i) julgar, ele próprio, as contas dos ordenadores de despesas e demais responsáveis pela guarda ou utilização de recursos públicos;[27] (ii) adotar medidas cautelares visando a prevenir lesão ao erário e garantir a efetividade de suas decisões;[28] (iii) imputar débito, com força executiva, aos responsáveis por danos causados ao erário;[29] (iv) aplicar multa e outras sanções legalmente previstas em caso de irregularidades;[30] (v) determinar a adoção das medidas necessárias em caso de atos ilegais e, em hipótese de não atendimento, promover a sua sustação, entre outros.[31]

Além disso, a Constituição definiu, de maneira precisa, os vetores que devem pautar a atividade de fiscalização a cargo do Tribunal de Contas da União: *legalidade, legitimidade e economicidade*. Assim, a fiscalização exercida pelas Cortes de Contas no Brasil vai muito além do confronto ou da análise de conformidade de atos de execução orçamentária. Ao estabelecer como parâmetros de controle a legalidade, a legitimidade e a economicidade, a própria Constituição aponta decisivamente para novos padrões de controle e supervisão. E, também de maneira inovadora, amplia o objeto de controle dos Tribunais de Contas, cuja atividade fiscalizadora incide não apenas sobre a gestão financeira, contábil, patrimonial e orçamentária, mas abrange, também, a *gestão operacional* do Estado.

Esse ponto especificamente demanda reflexão bastante cuidadosa na pesquisa. Ao Tribunal de Contas compete, no exercício do controle externo, supervisionar e fiscalizar a evolução global das contas públicas e da qualidade das políticas implementadas. De fato, a boa gestão pública financeira não pode ser dissociada da boa política pública. Mas quais os limites de atuação das Cortes de Contas no que tange à avaliação das políticas públicas? Quais medidas podem ser adotadas quando, no exercício da sua missão constitucional, os Tribunais de Contas detectam a ausência de uma estratégia coerente no estabelecimento das políticas públicas e, com isso, identificam contradições que comprometem a boa gestão dos recursos públicos?

---

[27] Artigo 71, inciso II, da CRFB.
[28] STF, MS 24.510/DF, Pleno, relatora ministra Ellen Gracie, julgado em 19.11.2003.
[29] Artigo 71, §3º, da CRFB.
[30] Artigo 71, inciso VIII, da CRFB.
[31] Artigo 71, incisos IX e X, da CRFB.

Segundo o próprio texto constitucional, além da legalidade, as Cortes de Contas avaliam a legitimidade, a economicidade e a eficácia da gestão pública financeira. Ainda assim, não parece ser possível concluir, a partir disso, que os Tribunais de Contas possam se substituir ao administrador público na definição das escolhas estatais legítimas, analisando a conveniência e a oportunidade (mérito) de uma determinada medida. A linha divisória é tênue: qual o sentido e o alcance que se pode conferir à análise global – especialmente de legitimidade e eficiência – das finanças públicas sem que se comprometa o núcleo político da atuação administrativa?

Essa investigação encontra-se no centro dos debates da comunidade acadêmica francesa dedicada às finanças públicas. A Reforma Constitucional de 23 de julho de 2008 – considerada uma das mais importantes desde 1958, não só pelo elevado número de artigos que alterou, mas também em razão da amplitude material das modificações implementadas – conferiu nova redação ao artigo 24 da Constituição para enfatizar a função de controle exercida pelo Poder Legislativo e estabeleceu que o Parlamento francês, além de votar a lei, também controla a ação do governo e avalia as políticas públicas, atribuindo à *Cour de Comptes* a competência para assisti-lo nesse mister.

A revisão constitucional francesa, à semelhança do que já fizera a Constituição brasileira em 1988, inaugurou uma nova cultura de controle da boa gestão financeira orientada pela lógica do resultado, que busca apreciar a eficácia, a eficiência e a correção econômico-financeira das opções políticas materializadas pela Administração Pública. Mas o que significa exatamente avaliar uma política pública? Quais os limites e as potencialidades dessa avaliação? É possível estabelecer, de maneira clara e objetiva, a fronteira entre a avaliação de uma política pública e a formulação de um juízo quanto à sua pertinência, em termos de conveniência e oportunidade? Esses também são questionamentos ainda não definitivamente resolvidos pela doutrina francesa.[32]

A formulação teórica a ser desenvolvida neste livro admite o controle externo dos Tribunais de Contas sobre a performance e os resultados de escolhas políticas e administrativas, inclusive com consequências que não reduzem tais órgãos a meras instâncias de

---

[32] Jean-Pierre Camby, por exemplo, defende que o controle de regularidade jurídica evoluiu para um controle de oportunidade. Em suas próprias palavras: "Passa-se, assim, de um simples controle de regularidade para um controle de oportunidade e, enfim, a uma avaliação exaustiva das políticas públicas" (La commission des finances: du contrôle à l' évaluation. *Revue Française de Finances Publiques*, n. 113, p. 45-52, fev. 2011).

dissuasão. Contudo, a ampliação do espectro de sindicabilidade que se pretende desenvolver e defender ao longo do trabalho exige, de outro lado, profunda avaliação acerca do seu perfil institucional. Afinal, a elaboração de uma teoria que reforça a atividade de controle externo de tais órgãos somente se justifica, pragmaticamente, se eles gozarem, acima de tudo, de autoridade moral na fiscalização e na supervisão das finanças públicas. E, especificamente nesse setor, alguns importantes aspectos merecem ser revisitados.

Em que pese os inegáveis avanços verificados nos últimos anos, ainda existem fragilidades estruturais no sistema das Instituições Superiores de Controle (ISCs) no Brasil que abalam sua contribuição no sentido da efetiva diminuição da desconfiança dirigida às instâncias políticas e à administração pública. Não é incomum, por exemplo, que diante da notícia de casos de corrupção, sejam levantados questionamentos quanto à suposta incapacidade de os órgãos de controle detectarem sua ocorrência e prevenirem seus efeitos.

Nesse cenário, os critérios de composição das instâncias deliberativas das Cortes de Contas no Brasil é preocupação que inevitavelmente deve permear qualquer discussão em torno do desenho de tais instituições. Embora o modelo concebido pela Constituição de 1988 seja altamente compreensível e justificável do ponto de vista jurídico, o fato é que a experiência histórica tem revelado graves distorções em sua aplicação prática, fazendo com que, não raro, as nomeações para integrar tais colegiados sejam pautadas por critérios que ainda revelam traços da formação sociopolítica brasileira, ainda marcada pelo legado patrimonialista.

É verdade que a Constituição de 1988 também trouxe evolução nesse aspecto. De acordo com o regime constitucional anterior, os membros do Tribunal de Contas da União eram integralmente escolhidos e nomeados pelo Presidente da República, instaurando verdadeiro monopólio do Poder Executivo em relação à definição daqueles que iriam integram o órgão responsável pela fiscalização das contas públicas.[33] O modelo atual contempla compartilhamento entre o Poder Executivo e o Poder Legislativo nessa definição, cabendo ao Presidente da República a escolha de três ministros do TCU, e ao Poder Legislativo a definição dos outros seis. A discricionariedade do Presidente da República, porém, é diminuída na medida em que, de suas três "vagas", duas necessariamente devem recair sobre procuradores do Ministério Público de

---

[33] Artigo 73, §3º, da Constituição de 1967.

Contas e auditores-substitutos, que são membros de carreiras técnicas do TCU, cujo ingresso ocorre à luz da meritocracia.[34]

Ocorre, porém, que esse modelo de definição do corpo deliberativo dos Tribunais de Contas não tem se revelado capaz de evitar a captura política e práticas clientelistas em tais órgãos, colocando em xeque a própria credibilidade do sistema de controle. Nesse cenário, parece relevante pesquisar os antecedentes parlamentares que conduziram à definição do atual modelo de composição das Cortes de Contas, bem como cotejá-lo com diferentes critérios adotados em experiências estrangeiras para, ao final, formar uma convicção a respeito da sua adequação ou, inversamente, apresentar possíveis propostas de aprimoramento.

Outro importante aspecto a ser enfrentado em prol da vocação dos Tribunais de Contas para a conformação de um sistema de integridade repousa sobre as condições de efetividade do controle exercido por tais órgãos. Esse tema aprofunda discussões relacionadas, basicamente, a três eixos fundamentais. O primeiro deles concerne à extensão da fiscalização empreendida, colocando em evidência as dificuldades de conciliação entre o controle de conformidade (*compliance control*) e o controle de performance (*performance audits*). Em segundo lugar, destaca-se o debate a respeito do momento em que o controle deve ser exercido e a eventual caracterização dos Tribunais de Contas como um potencial *veto player*. E, finalmente, em terceiro lugar, destacam-se os embates quanto às prerrogativas sancionatórias das instituições de controle e a capacidade de exigir o cumprimento de suas decisões (capacidade de *enforcement*).

Questão delicada que também requer cuidadosa análise diz respeito à *accountability* no âmbito dos próprios Tribunais de Contas, que não podem ser identificados como órgãos infensos ao controle. Muito ao contrário, impõe-se que tais entidades estejam sempre abertas ao diálogo com os destinatários de sua atividade – por meio de ouvidorias e da realização de audiências públicas –, prestem contas de sua atuação finalística e divulguem os resultados de suas fiscalizações. Essa circunstância demanda reflexão a respeito da denominada *accountability* diagonal e as promessas que apresenta em relação ao fortalecimento da articulação entre atores da sociedade civil e as instituições estatais de controle e fiscalização.

O último ponto de inquietação associa-se à chamada sobrecarga de *accountability* (*accountability overload*) e os efeitos adversos que pode

---

[34] Artigo 73, §2º, da CRFB.

produzir. Essa sobrecarga ocorre quando os arranjos institucionais visando ao exercício das atividades de controle e supervisão tornam-se disfuncionais e acabam desencorajando inovações. Trata-se de perspectiva analítica que se encontra na pauta dos debates travados pela literatura especializada, que tem se dedicado a investigar estratégias que reduzam os atributos defensivos e a linha adversarial da *accountability* para privilegiar rumos colaborativos e dialógicos.[35]

Por fim, tratando-se de pesquisa sobre desenho institucional, importa advertir que o emprego de tal locução expressa a preocupação com a modelagem intencional das instituições e com a busca de estratégias que possam promover resultados valiosos em um dado contexto que serve de base para a ação. Como anota Robert Goodin,[36] as teorias sobre desenho institucional incidem sobre a modificação das instituições sociais como produto de uma intervenção deliberada e, portanto, transpor essa perspectiva para o arranjo dos Tribunais de Contas significa explorar possíveis intervenções deliberadas que possam orientá-los ao reforço dos ideais democrático e republicano, bem como buscar estratégias que os vincule à diretriz de boa administração pública.

Recorrendo, uma vez mais, às colocações de Robert Goodin,[37] existem alguns princípios que devem guiar a busca pelo desenho institucional ótimo, os quais servirão de diretriz para o esforço realizado nesta obra. São eles: (i) princípio de revisão, que orienta no sentido de se desenhar uma instituição de maneira tal que seja flexível em certos aspectos, a fim de admitir a possibilidade de aprendizado com a experiência; (ii) princípio de solidez, segundo o qual as instituições devem ser resistentes à manipulação; (iii) princípio de sensibilidade à complexidade motivacional, que sugere que se dispense a devida atenção para a convivência de atores sociais movidos por impulsos individuais e atores movidos por motivações nobres ou altruístas; e, finalmente, (iv) princípio de variabilidade de desenhos institucionais, que sinaliza para a experimentação com estruturas diferentes em contextos distintos,

---

[35] Thomas Schillemans, por exemplo, enfatiza a necessidade de uma "virada" de propósito nas abordagens acadêmicas a respeito da *accountability*: ao invés de as preocupações se voltarem para os *déficits*, as pesquisas deveriam centrar-se no *design* da *accountability* efetiva (BOVENS, M.; SCHILLEMANS, T. Meaningful accountability. *In*: BOVENS, M.; SCHILLEMANS, T.; GOODIN, R. (Ed.). *The Oxford Handbook of Public Accountability*. Obra citada, *kindle edition*, posições 17325-17568).

[36] GOODIN, Robert E. Las instituciones y su diseño. *In*: GOODIN, Robert R. (Org.). *Teoría del diseño institucional*. Barcelona: Gedisa Editorial, 2003. p. 49.

[37] Las instituciones y su diseño. *In*: GOODIN, Robert R. (Org.). *Teoría del diseño institucional*. Artigo citado, p. 59-63.

bem como para a disposição de serem aceitas experiências externas que apresentem resultados adequados e exitosos.

Ainda no campo do desenho institucional, há uma última observação importante a ser feita: a abordagem a ser realizada envolve aspectos de "pequena escala" – ou, empregando os termos de Adrian Vermeule, este livro versa sobre desenho institucional "*writ small*".[38] A aposta é no sentido de que algumas pequenas ou despretensiosas variações nas condições iniciais do desenho de uma instituição podem ter profundas e significativas implicações para seus resultados.[39]

1.2 Escopo da temática

1.2.1 Objetivos gerais e específicos

A pesquisa realizada neste trabalho direciona-se para análise das Instituições Superiores de Controle – ISCs (*Supreme Audit Institutions*) no Brasil, tendo por referencial o reconhecimento do direito fundamental à boa administração pública como vetor a exigir a atualização dos modelos de controle da gestão pública financeira e do desenho de seus organismos. A hipótese central deste livro considera tais instituições – que, em nosso país, seguem o modelo de Tribunal de Contas – como constitutivas do regime democrático e republicano. Paralelamente a essa qualificação, porém, reconhece a existência de fatores internos e externos que interferem diretamente no exercício de sua vocação, inibindo a efetividade do controle realizado pelas Cortes de Contas a ponto de comprometer sua credibilidade e integridade.

Além da introdução e da conclusão, o trabalho desenvolvido estrutura-se em quatro capítulos. O primeiro tenciona apresentar o enquadramento teórico das Instituições Superiores de Controle das Finanças Públicas (ISCs) como constitutivas do regime democrático e republicano. Inicialmente, apresentam-se as formulações da ciência política relacionadas ao tema da *accountability* democrática, especialmente a partir dos estudos empreendidos por Guillermo O'Donnell e Andreas Schedler, autores que se notabilizaram pelo enfrentamento da matéria, particularmente a partir de preocupações envolvendo a América Latina

---

[38] VERMEULE, Adrian. *Mechanisms of Democracy*: Institutional Design Writ Small. New York: Oxford University Press, 2007.

[39] Essa é também a aposta de Bruce Talbot em seu ensaio "Las teorias del segundo mejor y sus implicaciones para el diseño institucional". *In*: GOODIN, Robert R. (Org.). *Teoría del diseño institucional*. Obra citada, p. 119-134.

e os desafios gerados pelo fenômeno da corrupção. Em seguida, a cumplicidade das ISCs com a tradição republicana é desenvolvida a partir de dois eixos complementares: (i) no âmbito da teoria constitucional, através de reflexões em torno do princípio republicano e de seu significado para as relações constituídas no espaço público; (ii) no campo da filosofia política, por meio do resgate dos ideais republicanos com base na teoria de Philip Pettit, cujas preocupações centrais dirigem-se ao bom funcionamento das instituições do estado republicano. Por fim, o primeiro capítulo ainda destaca a emergência de um novo paradigma a informar o controle das finanças públicas, inspirado no reconhecimento do direito fundamental à boa administração pela Constituição da República de 1988. Essa abordagem baseia-se primordialmente em fontes do direito administrativo de países da Comunidade Europeia, além do exame de sua apropriação pela doutrina nacional.

O segundo capítulo explora os modelos de *accountability* horizontal das finanças públicas a partir das perspectivas comparativa e histórica. Nesse sentido, examinam-se os mais relevantes arranjos institucionais no direito comparado, partindo da tríade convencionalmente adotada pela literatura especializada da ciência política, que identifica três sistemas básicos de ISCs para fins de macrocomparação: (i) o modelo judicial ou napoleônico; (ii) o modelo de controladoria ou de *Westminster*; e, finalmente, (iii) o modelo de *Audit board* ou colegiado. Após a identificação das semelhanças e diferenças entre cada um desses sistemas, aprofundam-se pontos específicos – microcomparação – dos modelos adotados por determinados países como forma de obter dados relevantes para o aprimoramento da experiência nacional. Além disso, o capítulo ainda promove a recuperação histórica da construção dos Tribunais de Contas no Brasil e pontua os caminhos trilhados desde sua criação no início da república até o advento da Constituição de 1988. Nesse contexto, são também investigados os antecedentes parlamentares que conduziram à conformação do sistema tal como previsto na atualidade, resgatando os debates ocorridos na Assembleia Nacional Constituinte com duas preocupações centrais: (i) as propostas relativas aos traços estruturais dos Tribunais de Contas (sua caracterização como órgão independente, a forma de escolha dos membros das instâncias deliberativas, a atribuição de vitaliciedade aos ministros etc.) e (ii) as propostas relacionadas ao alcance do controle externo, na tentativa de identificar quais fatores conduziram à ampliação de suas competências no novo marco constitucional.

O terceiro capítulo é dedicado à configuração jurídico-institucional dos Tribunais de Contas na Constituição de 1988, enfatizando o exame de seus traços estruturais. Inicialmente, tais órgãos são contextualizados no sistema jurídico nacional, em abordagem que supera o esquema tradicional de tripartição funcional de poderes empregando a formulação contemporânea da teoria dos "poderes neutrais", a qual revela grande utilidade para a compreensão da natureza das Cortes de Contas. Essa abordagem doutrinária faz-se acompanhar do exame da jurisprudência do Supremo Tribunal Federal a respeito do assunto, extraída especialmente de decisões adotadas em sede de controle concentrado de constitucionalidade incidente sobre leis estaduais aprovadas em circunstâncias marcadas por conflitos entre instâncias legislativas e Tribunais de Contas no plano regional. Além disso, aprofundam-se os temas pertinentes à composição dos Tribunais de Contas e as dificuldades encontradas até hoje para a implementação do modelo constitucionalmente estabelecido. Essa temática também tem intensa repercussão prática, razão por que a jurisprudência formada em casos paradigmáticos sobre o assunto é fortemente trabalhada, acompanhada da devida análise crítica. Ainda em relação à estrutura das Cortes de Contas, especial atenção é dedicada à posição do Ministério Público que atua junto ao Tribunal e aos desafios levantados à sua afirmação institucional em decorrência da estreita interpretação constitucional sedimentada no STF a propósito da denominada "cláusula de extensão" prevista no artigo 130 da CRFB.

O quarto capítulo tem por objeto a arquitetura funcional dos Tribunais de Contas, identificando a extensão e o alcance do controle exercido com base nas competências estabelecidas pela Constituição de 1988. Analisam-se os vetores que pautam o controle externo, devotando especial atenção ao exame dos limites e possibilidades de sua intervenção em matéria de políticas públicas e no campo da atividade regulatória do Estado. Ainda no terreno das competências funcionais, destacam-se alguns temas polêmicos que revelam significativo alcance prático, a saber: (i) a atribuição para o julgamento das contas do chefe do Poder Executivo que atua na qualidade de ordenador de despesa; (ii) os limites para que os Tribunais de Contas exerçam controle de constitucionalidade, assunto que envolve a discussão em torno do Enunciado nº 347 do STF; e (iii) a necessidade de reforço da capacidade de *enforcement* das decisões adotadas em sede de controle externo.

O terceiro e o quarto capítulos apresentam indiscutível carga jurisprudencial, uma vez que expõem e analisam criticamente a interpretação do STF a respeito do exercício do controle externo pelos Tribunais de Contas e sua contribuição para a estruturação de um sistema de integridade da gestão pública financeira. A esse respeito, pode-se antecipar que, na maioria dos casos, a posição perfilhada pela Corte Suprema tem prestigiado a atuação dos órgãos de controle externo financeiro, embora ainda existam aspectos que merecem ser revisitados.

Ao final do trabalho, pretende-se produzir um retrato mais preciso das Instituições Superiores de Controle no Brasil, estimando-se apresentar suas potencialidades em prol do direito fundamental à boa administração pública, sem, contudo, negligenciar a necessidade de profunda reflexão a respeito de inibições institucionais, culturais e políticas que podem comprometer sua autoridade. Embora o trabalho a ser desenvolvido não ambicione ser marcadamente prescritivo, ainda assim tem a intenção de estabelecer uma agenda para discussão. A partir dos enfrentamentos e das problematizações aqui lançadas, acredita-se, modestamente, ser possível sistematizar as questões que provavelmente moldarão o desenvolvimento dos Tribunais de Contas no país. Não raro, estaremos diante de escolhas estratégicas, com significativas implicações para o futuro das Cortes de Contas no Brasil, as quais certamente poderão se beneficiar de um debate mais amplo e consciente a seu respeito.

1.2.2 Relevância e atualidade do tema

Compreender a atuação dos Tribunais de Contas no Brasil e investigar suas potencialidades para a concretude do direito fundamental à boa administração pública é tema indiscutivelmente dotado de relevância e atualidade.

As instituições de controle externo vêm, nos últimos anos, assumindo postura cada vez mais ativa na fiscalização da atividade administrativa do Estado, inclusive com a adoção de decisões que, não raro, colocam em xeque importantes programas de governo. Essa intervenção mais recorrente e muitas vezes drástica dos órgãos de controle externo em determinadas políticas de governo, por outro lado, provoca um compreensível aumento de tensão entre controladores e controlados, com riscos para o sistema como um todo.

Paralelamente a isso, a opinião pública tem seus olhos cada vez mais voltados para a atuação do Estado-Administração, e os Tribunais de Contas têm protagonizado a adoção de medidas amplamente debatidas no que tange à execução de políticas governamentais. Além disso, o direito à boa administração, a busca pela ética, pela responsabilidade e pela transparência na gestão dos recursos públicos – viabilizando-se o acesso fácil e oportuno dos atores sociais a informações fidedignas, completas e compreensíveis[40] – são assuntos que se encontram na ordem do dia e que levantam uma série de desafios a serem superados, em grande parte, pelos órgãos de controle.

A abordagem proposta é dotada de originalidade. O arcabouço teórico desenvolvido pela doutrina brasileira a respeito das Instituições Superiores de Controle é relativamente recente e não tem sido devidamente privilegiado no campo das ciências jurídicas. A rigor, a maior parte da atenção acadêmica devotada ao assunto situa-se na esfera da ciência política, em investigações acadêmicas que não chegam a dialogar fortemente com as construções jurídicas sobre o tema. Isso faz com que o estudo aqui pretendido, que valoriza e promove o diálogo entre distintos campos do saber, tenha caráter inédito.

---

[40] Registre-se, nesse sentido, a edição da Lei nº 12.527, de 18 de novembro de 2011, que regulamenta o acesso a informações perante os órgãos públicos.

CAPÍTULO 2

ENQUADRAMENTO TEÓRICO DAS INSTITUIÇÕES SUPERIORES DE CONTROLE DAS FINANÇAS PÚBLICAS

But what is government itself, but the greatest of all reflections on human nature? If men were angels, no government would be necessary. If angels were to govern men, neither external nor internal controls on government would be necessary. In framing a government which is to be administered by men over men, the great difficulty lies in this: you must first enable the government to control the governed; and in the next place oblige it to control itself. A dependence on the people is, no doubt, the primary control on the government; but experience has taught mankind the necessity of auxiliary precautions.[41]

---

[41] MADISON, James. *The Federalist Papers*, n. 51. 1788. Disponível em: http://www2.hn.psu. edu/faculty/jmanis/poldocs/fed-papers.pdf. Acesso em: 20 mar. 2012. Em português, a passagem tem o seguinte conteúdo: "Mas o que é o governo, senão o maior dos reflexos da natureza humana? Se os homens fossem anjos, nenhum governo seria necessário; se anjos governassem os homens, não seriam necessários controles externos ou internos sobre os governos. Ao se moldar um governo que deve ser administrado por homens, a maior dificuldade reside no seguinte: primeiro é necessário capacitar o governo para controlar os governados; e, em seguida, forçá-lo a controlar a si próprio. A dependência

O objetivo deste capítulo é apresentar o enquadramento teórico das Instituições Superiores de Controle das finanças públicas – ISCs – qualificando-as como constitutivas do regime democrático e republicano. Para tanto, serão, em um primeiro momento, apresentadas formulações teóricas da ciência política relacionadas ao tema da *accountability* democrática, especialmente a partir dos estudos realizados por Guillermo O'Donnell e Andreas Schedler, autores que se notabilizaram pelo enfrentamento da matéria, particularmente a partir de preocupações envolvendo a América Latina e desafios gerados pelo fenômeno da corrupção.

De certa forma, pretende-se desmistificar o conceito de *accountability*, mediante a apresentação das visões doutrinárias prevalecentes a respeito do tema, com destaque especial para as noções de *accountability* vertical, horizontal, social, diagonal e externa, conforme classificação que tem sido contemporaneamente adotada pela ciência política. A esse respeito, cumpre notar que os estudos acadêmicos sobre *accountability* são extremamente fragmentados e monológicos, circunstância que dificulta sobremaneira o enfrentamento do tema. Isso ocorre porque, na realidade, a *accountability* é objeto de análise em diversas áreas do conhecimento e, em cada campo do saber, as investigações acadêmicas são realizadas de maneira isolada em relação aos avanços obtidos em outras áreas. Nesse ponto, o trabalho aqui empreendido pretende promover um diálogo entre as abordagens do direito constitucional e da administração pública com a ciência política, precisamente com o objetivo de promover uma conexão entre as diversas visões que essas disciplinas têm sobre o tema.

Em seguida, visando a aprofundar o eixo teórico do livro, o capítulo irá ressaltar a profunda cumplicidade das Instituições Superiores de Controle com a tradição republicana. O componente republicano constitui valioso referencial para as investigações a respeito das experiências de *accountability* e da função desempenhada pelas ISCs: (i) no âmbito da teoria constitucional, o tema comportará abordagem a partir das reflexões em torno do princípio republicano e de seu significado para as relações constituídas no espaço público; (ii) no campo da filosofia

---

para com o povo é, sem dúvida, o controle primário que se exerce sobre o governo; mas a experiência também adverte para a necessidade de algumas precauções auxiliares". Por se tratar de um dos trechos mais conhecidos e reproduzidos do projeto federalista, optou-se por mantê-lo no original, excepcionalizando o padrão adotado no restante do livro, em que os trechos em língua estrangeira já são citados no corpo do trabalho em versão livremente traduzida pela autora.

política, o resgate dos ideais republicanos far-se-á com base na teoria de Philip Pettit, cujas preocupações centrais dirigem-se ao bom funcionamento das instituições do estado republicano, culminando com a formulação de uma concepção de democracia que descreve como "contestatória". A intenção, em tal momento, será integrar a *accountability* com os desafios levantados quanto ao desempenho das instituições democráticas e às exigências de participação e contestação.

Para finalizar o segmento teórico do trabalho, o último tópico do capítulo será dedicado à conformação da "boa administração pública" como diretiva a nortear e a dinamizar o funcionamento das instituições de *accountability*. Essa abordagem inspira-se no reconhecimento do direito fundamental à boa administração pela Carta de Nice (2000) e pelo Tratado de Lisboa (2009) na Comunidade Europeia e aprofunda a forma como a temática tem sido apropriada pela doutrina do direito administrativo no Brasil. Nesse cenário, destaca-se que os critérios de eficiência, eficácia e racionalidade econômica enquanto dimensões constitutivas do direito à boa administração pública no domínio específico da gestão financeira estatal colocam em evidência a necessidade de revisão urgente dos parâmetros de atuação do controle externo financeiro no quadro da teoria do Estado, sinalizando para esforços tendentes a revisitar a posição ocupada pelas Instituições Superiores de Controle no Brasil.

2.1 Democracia e *accountability* pública

O desafio central da política e da boa governança é a forma como a autoridade e o poder são alocados e exercidos na vida pública. A própria epígrafe deste capítulo já retrata que a desconfiança dos cidadãos em relação às suas lideranças políticas não é um fenômeno recente, dela já se ocupando os federalistas ao enunciarem que os homens não são governados por anjos e que, por isso, mecanismos de controle são imprescindíveis.

O termo contemporâneo que expressa a preocupação constante de controle e de constrições institucionais voltadas para o exercício do poder é *accountability*. Poucas ideias são tão centrais para a democracia: o governo que não a tenha como característica transforma-se em tirania, porque em uma democracia é basilar que os governantes respondam e prestem contas aos governados. Paradoxalmente, porém, a *accountability* tem simbolizado tanto as aspirações quanto as disfunções democráticas. De um lado, o princípio é hoje amplamente aceito como critério de legitimidade política, sendo assim reconhecido internacionalmente, gerando expectativas de rompimento com estruturas abusivas de poder e criação de incentivos para canais públicos cujas energias sejam efetivamente vocacionadas para o bem público. De outro lado, contudo, a ausência e/ou a intermitência de instrumentos de *accountability* transformaram-se em importantes indicadores de *déficit* democrático.[42]

A ciência política, especialmente a partir da década de noventa,[43] passou a dedicar cada vez mais atenção à *accountability* pública.[44] Duas circunstâncias contribuem decisivamente para o destaque cada vez maior que tem sido direcionado ao tema: (i) o crescente protagonismo do Estado na regulação da vida pública e da vida privada e (ii) a emergência da democracia como o mais popular e aspirado modelo de governo.[45] Nada obstante a sua importância normativa na política contemporânea e sua centralidade para a governança democrática, a verdade é que a noção de *accountability* ainda não foi plenamente

---

[42] BOROWIAK, Craig T. *Accountability and democracy*: the pitfalls and promise of popular control. New York: Oxford University Press, 2011. p. 03. A referência à *accountability* como indicadora da qualidade democrática de um país integra uma das principais passagens da obra de O'Donnell, precisamente aquela em que o autor cunhou os termos *accountability* vertical e horizontal. Em suas palavras: "O meu interesse por aquilo que chamo de *accountability* horizontal advém de sua ausência. Muitos países, na América Latina e em outros lugares, tornaram-se recentemente democracias políticas ou poliarquias. Por isso entenda-se que satisfizeram as condições estipuladas por Robert Dahl para a definição desse tipo de regime. Satisfazer essas condições não é uma garantia: alguns países continuam sob regras autoritárias, e outros, nada obstante realizem eleições, não satisfazem as condições de eleições justas e competitivas pressupostas no conceito de poliarquia. Mas neste capítulo eu não abordarei esses casos; o meu foco reside naqueles países que são poliarquias, no sentido então definido, mas que apresentam fraca ou intermitente *accountability* horizontal" (Horizontal Accountability in New Democracies. *In*: O'DONNELL, Guillermo. *Dissonances*: Democratic Critiques of Democracy. Notre Dame: University of Notre Dame Press, 2007. p. 49).

[43] Dentre as obras seminais sobre o assunto, é importante fazer referência às seguintes: PRZEWORSKI, A; STOKES, S.; MANIN, B. (Ed.). *Democracy, Accountability, and Representation*. New York: Cambridge University Press, 1999; O'DONNELL, Guillermo. Democracia delegativa? *Novos Estudos CEBRAP*, n. 31, p. 25-40, out. 1991; SCHEDLER, A.; DIAMOND, L; PLATTNER, M. (Ed.). *The Self-Restraining State*: power and accountability in new democracies. London: Lynne Rienner Publishers, 1999.

[44] A adjetivação de *accountability* realizada neste trabalho tem por base o objeto específico sobre o qual ela recai: sua preocupação central volta-se a assuntos de interesse público, tais como a gestão de recursos públicos, o exercício de atribuições públicas, a condução de instituições públicas etc. Não se limita a organizações públicas, podendo estender-se para entidades privadas que exerçam prerrogativas públicas ou que recebam recursos públicos. O que importa para atrair a *accountability*, nessa perspectiva, é a condução de assuntos de interesse da coletividade, ou, como afirma Mark Bovens, trata-se da "*accountability* no, e sobre, o domínio público" (BOVENS, M.; SCHILLEMANS, T.; GOODIN, R. Public Accountability. *In*: BOVENS, M.; SCHILLEMANS, T.; GOODIN, R. (Ed.). *The Oxford Handbook of Public Accountability*. Oxford: Oxford University Press, 2014).

[45] PELIZZO, Riccardo; STAPENHURST, Frederick. *Government Accountability and Legislative Oversight*. New York: Routledge, 2014. *Kindle Edition*, posição 196.

desenvolvida em termos conceituais, sendo comumente criticada por se tratar de uma formulação amorfa e imprecisa.

Os dois principais autores que se esforçaram em teorizar sobre o tema foram Guillermo O'Donnell e Andreas Schedler. O primeiro destacou-se pela elaboração das categorias de *accountability* vertical e horizontal no contexto de seus estudos sobre as chamadas "democracias delegativas".[46] O segundo autor, a seu turno, preocupou-se em explorar o terreno conceitual e buscou construir uma teoria que efetivamente pudesse oferecer maior precisão à noção. As formulações de ambos os autores, fortemente dominadas pela aproximação da *accountability* com fundamentos de controle – as denominadas "precauções auxiliares" referidas por Madison em seu famoso Federalista nº 51 –, são até hoje referências inafastáveis na matéria e tem sido constantemente revisitadas por acadêmicos da atualidade.[47]

Guillermo O'Donnell identifica a representação e a *accountability* como as "dimensões republicanas da democracia",[48] que operam uma cuidadosa distinção entre as esferas dos interesses públicos e privados dos ocupantes de cargos públicos. O autor articula o conceito de *accountability vertical* à responsividade das políticas governamentais em relação às preferências dos eleitores, estando intimamente conectada à democracia eleitoral-representativa. Assim, os mecanismos institucionais que viabilizam a realização de eleições livres, justas e periódicas exercem função central na *accountability* vertical e constituem um componente básico da democracia contemporânea, oportunizando aos cidadãos a possibilidade de, ao menos periodicamente, premiarem ou punirem, por meio do voto, os governantes.

---

[46] Segundo O'Donnell, as "democracias delegativas" remontam a uma premissa básica: aquele que sai vencedor em uma disputa eleitoral é autorizado a governar o país como lhe parecer conveniente e, na medida em que as relações de poder assim o permitam, até o fim de seu mandato. Nos regimes presidenciais, então, o presidente é o principal fiador do interesse nacional, a quem compete decidir o futuro da nação. Nesse cenário, outras instituições como o Legislativo e o Judiciário são embaraços e a necessidade de se prestar contas a tais entidades aparece como um incômodo, como um impedimento desnecessário à autoridade daquele que recebeu uma delegação a exercer. (O'DONNEL, Guillermo. *Democracia delegativa?* Artigo citado, p. 30). O autor cunhou o termo "democracia delegativa" para diferenciar o tipo de poliarquia em que *accountability* vertical se faz presente, mas em que a *accountability* horizontal é extremamente fraca ou ausente, da "democracia representativa", em que tanto a *accountability* vertical, quanto a horizontal, estão presentes.

[47] Para uma visão detalhada das disputas conceituais envolvendo o tema da *accountability* na esfera pública, confira-se: MAINWARING, Scott. Introduction: Democratic Accountability in Latin America. *In:* MAINWARING, S; WELNA, C. (Ed.). *Democratic Accountability in Latin America*. Oxford: Oxford University Press, 2003. p. 3-33.

[48] O'DONNELL, Guillermo. *Democracia delegativa?* Artigo citado, p. 32.

Além disso, a noção de *accountability* vertical também engloba a atuação dos meios de comunicação e da sociedade civil em geral que importem a divulgação e a exposição de ações contrárias ao interesse público praticadas por autoridades públicas e que possam ter influência na formação da convicção e das preferências eleitorais. Daí a importância dos mecanismos assecuratórios de um conjunto de liberdades de participação que incluem a liberdade de opinião e de associação, bem como o acesso a fontes variadas e razoáveis de informações.[49]

Porém, como amplamente reconhecido, a responsividade puramente eleitoral apresenta debilidades e insuficiências, o que torna necessário o desenvolvimento de mecanismos paralelos. Assim, complementar a ela, tem-se a dimensão *horizontal* da *accountability*, que, conforme a elaboração de O'Donnell, refere-se à capacidade e à disposição de agências estatais legalmente autorizadas para controlar e sancionar ações ou omissões de agentes públicos ou de outras instituições estatais consideradas ilícitas.[50] Nesse sentido, a *accountability* horizontal é a expressão institucionalizada da desconfiança na esfera política,[51] mirando em duas direções fundamentais, quais sejam, a corrupção (*corruption*) e as interferências ou intromissões indevidas de uma instituição estatal sobre a autoridade de outra (*encroachment*). E para que essa dimensão da *accountability* seja efetiva, pressupõem-se:

> instituições estatais que estejam autorizadas e dispostas a vigiar, controlar, corrigir e/ou sancionar ilícitos praticados por outras instituições estatais. As primeiras devem não apenas ter a autoridade legal para assim proceder, mas devem ter também, de fato, suficiente autonomia em relação a outra. Esse é, claro, o antigo tema da separação de poderes e do sistema de freios e contrapesos. Incluem-se aqui as instituições clássicas do executivo, legislativo e judiciário; mas nas poliarquias contemporâneas, estende-se também para várias outras instituições de controle, *ombudsmen*, auditorias, *fiscalías*, dentre outros.[52]

---

[49] O'DONNELL, Guillermo. Horizontal Accountability in New Democracies. *In*: O'DONNELL, Guillermo. *Dissonances*. Obra citada, p. 50.

[50] O autor define textualmente a *accountability* horizontal como a "existência de instituições estatais que têm o direito e o poder legal e que estão factualmente dispostas e capacitadas para realizar ações, que vão desde a supervisão de rotina à aplicação de sanções legais ou até o impeachment contra ações ou omissões de outras instituições estatais que possam ser qualificadas como ilícitas" (O'DONNELL, Guillermo. Horizontal Accountability in New Democracies. *In*: O'DONNELL, Guillermo. *Dissonances*. Obra citada, p. 60).

[51] Esse ponto especificamente encontra-se desenvolvido em um trabalho de 2003 do autor, intitulado "Horizontal Accountability: the legal institutionalization of mistrust". *In*: MAINWARING, S; WELNA, C. (Ed.). *Democratic Accountability in Latin America*. Oxford: Oxford University Press, 2003. p. 34-54.

[52] O'DONNELL, Guillermo. Horizontal Accountability in New Democracies. *In*: O'DONNELL, Guillermo. *Dissonances*. Obra citada, p. 62.

Como se extrai do conceito apresentado por O'Donnell, a *accountability* horizontal aperfeiçoa-se dentro das estruturas estatais. Essa compreensão é importante porque evidencia uma correspondência entre os planos vertical e horizontal de *accountability* e as demarcações entre estado e sociedade. Assim, a *accountability* vertical é exercida por atores da sociedade em relação a agentes estatais, ao passo que a horizontal é exercida dentro do próprio estado, por diferentes agências estatais. Além disso, a visão de O'Donnell é restritiva em relação ao escopo da *accountability* horizontal: ela é limitada ao campo da ilicitude.[53]

Os mecanismos de *accountability* horizontal remontam e se apropriam das clássicas e tradicionais fórmulas de freios e contrapesos – caracterizados por *balance horizontal accountability* –, mas absolutamente nelas não se exaurem e, muito pelo contrário, vão bem além. Agregam-se, assim, os denominados instrumentos de *mandated horizontal accountability*, que incluem variadas instituições (*ombudsmen*, auditorias, controladorias, *fiscalías*, conselhos de estado etc.) legalmente investidas da competência para controlar, prevenir, evitar e, se necessário, sancionar condutas ilícitas praticadas por outras instituições intraestatais. Tais estruturas, ao contrário das tradicionais instâncias de poder, foram concebidas tendo em mente, de forma mais específica, os riscos de corrupção e de interferências indevidas no exercício da autoridade pública.[54]

Embora exista efetivamente uma aproximação entre os mecanismos de *accountability* horizontal e os instrumentos de *checks and balances*, é importante notar que a *balanced accountability* apresenta determinadas limitações que, conforme o caso e a disposição democrática, podem ser mais facilmente superadas no âmbito das instituições de *mandated accountability*. Em primeiro lugar, os instrumentos de freios e contrapesos tendem a atuar de maneira reativa e intermitente em relação a possíveis transgressões de outros órgãos de poder. Além disso, no caso de conflitos institucionais, as ações tendem a apresentar elevada carga de dramaticidade, fazendo com que as disputas institucionais tenham alta visibilidade e gerem custos para as próprias instituições estatais. Não se pode ignorar, ademais, que as divergências entre as instituições

---

[53] Esse ponto é especialmente destacado por KENNEY, Charles D. *Reflections on Horizontal Accountability:* democratic legitimacy, majority parties and democratic stability in Latin America. Disponível em: http://www3.nd.edu/~kellogg/faculty/research/pdfs/Kenney.pdf. Acesso em: 16 jul. 2014.

[54] Para o endereçamento mais detalhado da distinção entre *accountability* horizontal *balance* e *mandate*, veja-se: O'DONNELL, Guillermo. Horizontal Accountability: the legal institutionalization of mistrust. *In*: O'DONNELL, Guillermo. *Dissonances*. Obra citada, p. 88.

representativas da tradição dos freios e contrapesos geralmente envolvem atores que possuem legitimidade eleitoral e, também, vínculos
motivados por razões partidárias, o que dificulta ainda mais a solução
de eventual divergência.[55]

A respeito das vantagens que as instituições *mandated* de *accountability* oferecem em comparação com as *balanced*, assevera O'Donnell:

> Em princípio, as instituições *mandated* apresentam inúmeras vantagens
> sobre as *balanced*. Uma vantagem é que elas podem ser proativas e
> regulares em suas atividades. Outra vantagem é que, além disso, elas
> podem ser efetivas na prevenção e na sustação de atuações ilícitas
> por parte das instituições que controlam. Ainda mais uma vantagem
> é que elas podem se utilizar de critérios profissionais ao invés de
> critérios partidários ou "políticos". Finalmente, essas instituições
> podem desenvolver capacidades que lhes permitam examinar
> questões complexas em matéria de políticas. Dito isto, eu me adianto
> para acrescentar que, idealmente, instituições *mandated* não devem
> ser concebidas como substitutas das *balanced* – uma democracia
> que funciona de maneira razoável vislumbra na primeira um útil
> complemento e reforço da segunda.[56]

Essa relação de complementaridade tem sido crescentemente
enfatizada pela ciência política, com destaque para a importância
das chamadas redes (*webs*) de *accountability*. Para que a *accountability*
horizontal efetivamente funcione, não basta que existam órgãos ou
instituições legal e faticamente aptas a exercê-la; é importante que
exista toda uma rede de instituições estatais dotadas do compromisso
constitucional ou legal de preservá-la e/ou eventualmente executar suas
medidas, ainda que tenha como adversárias as instâncias estatais mais
poderosas. Se assim não for, os trabalhos realizados por instituições
de controle servirão apenas para alimentar uma opinião pública ávida
por notícias sensacionalistas envolvendo desvios de comportamento
no setor público, mas dificilmente conseguirão produzir resultados
concretos satisfatórios.

A distinção formulada por O'Donnell quanto às noções de
verticalidade e horizontalidade da *accountability* domina, efetivamente, a agenda das discussões contemporâneas relativamente ao tema.

---

[55] Essas são limitações listadas por O'Donnell. Veja-se: Horizontal Accountability: the legal
institutionalization of mistrust. *In*: O'DONNELL, Guillermo. *Dissonances*. Obra citada, p. 87.

[56] O'DONNELL, Guillermo. Horizontal Accountability: the legal institutionalization of
mistrust. *In*: O'DONNELL, Guillermo. *Dissonances*. Obra citada, p. 88.

O discurso acadêmico, como não poderia deixar de ser, revisita tais conceitos e propõe novas formas de desenvolvimento da matéria, mas sem romper com a distinção fundamental elaborada pelo autor.

David Stark e Laszlo Bruszt igualmente contribuem para o debate ao introduzirem a categoria da *accountability* estendida – ou, em tradução para o português, "responsabilidade política estendida". Na mesma linha do pensamento de O'Donnell, os autores exploram a existência de mecanismos institucionais de controle dos governantes ao longo de todo o mandato, e não apenas restrito ao momento eleitoral. Enfatizam a presença de uma pluralidade de atores políticos não apenas dentro do Estado, mas também na sociedade, que compartilham os processos decisórios. Dialogando com o pensamento de O'Donnell, esclarecem:

> Por responsabilidade política estendida nos referimos à imbricação dos centros de tomada de decisões em redes de instituições políticas autônomas que limitam a arbitrariedade dos governantes no poder. Responsabilidade política estendida difere, primeiro, da responsabilidade "vertical" das eleições periódicas, pois ela *estende a responsabilidade "horizontalmente"* em um conjunto de relações através das quais os executivos são forçados à responsabilidade política por outras instituições estatais. Expondo a política a maior vigilância, a responsabilidade política estendida reduz a possibilidade de os executivos cometerem enormes erros de cálculo em políticas extremas e sem consideração para com outros atores. A responsabilidade política estendida se diferencia, em segundo lugar, da simples responsabilidade eleitoral porque, ao contrário do caráter episódico desta última, ela é *estendida no tempo*. Estendendo a responsabilidade como um processo contínuo, em curso, ela reduz as possibilidades de que o executivo possa apelar para a "crise" como tentativa de legitimar a expansão de sua autoridade eleitoral delegada. Como nossas análises dos casos tcheco e alemão sugerem, longe de impedir a coordenação estatal, esta deliberação estendida na rede de instituições autônomas que acompanham a formulação e implementação das políticas na verdade aumenta as possibilidades de coordenação *a priori* entre elas.
>
> Nestas primeiras duas dimensões (vertical e temporal), a responsabilidade política estendida carrega óbvias semelhanças com o conceito de "responsabilidade horizontal" empregado por Guillermo O'Donnell em sua crítica das recentemente estabelecidas, mas pouco consolidadas, democracias na América Latina. Rejeitando o círculo vicioso de frenesi decisório que erode a confiança na mesma medida em que pede cada vez mais autoridade para um executivo central curiosamente onipotente e impotente ao mesmo tempo, O'Donnell defende a responsabilidade horizontal entre instituições estatais. *Nossa noção de responsabilidade política estendida engloba esta característica do modelo de O'Donnell mas*

avança para estender a responsabilidade em escopo, *ao incluir não apenas instituições internas ao Estado, mas também outras instituições políticas, em particular os outros agentes organizados da sociedade, em redes de responsabilidade.*[57] (Os grifos não são do original)

Esse é, efetivamente, um ponto em que há acentuada divergência teórica. Scott Mainwaring, por exemplo, perfilha concepção restritiva para a *accountability*, identificando-a como um fenômeno legal e intra-estatal. Da forma como o autor a aborda, a *accountability* pressupõe uma relação institucionalizada e legalmente fundamentada de se demandarem respostas de agentes estatais. Sua definição é claramente excludente dos meios de comunicação e de organizações da sociedade civil que investigam e denunciam comportamentos abusivos e ilícitos praticados por agentes públicos.[58]

De acordo com a concepção de Mainwaring, apenas dois tipos de atores exercem *accountability* política: (i) agentes públicos eleitos, que respondem perante os eleitores; e (ii) agências estatais formalmente encarregadas de controlar, supervisionar e/ou sancionar agentes públicos e estruturas burocráticas, caracterizando uma relação que o autor denomina de *accountability* intraestatal – correspondente à categoria horizontal de O'Donnell – e que envolve, a título exemplificativo, as comissões legislativas de investigação, as agências de monitoramento (controladorias e auditorias), as comissões anticorrupção, ombudsman etc.[59]

---

[57] STARK, David; BRUSZT, Laszlo. Enabling constraints: fontes institucionais de coerência nas políticas públicas no pós-socialismo. *Revista Brasileira de Ciências Sociais*, v. 13, n. 36, fev. 1998. Disponível em: http://www.scielo.br/scielo.php?script=sci_arttext&pid=S0102-69091998000100002&lng=en&nrm=iso. Acesso em: 10 abr. 2016.

[58] Segundo o autor, a inexistência de balizas mais precisas – como a exigência de uma atribuição formal/legal – para conceituar a *accountability* torna a noção demasiado elástica e, portanto, inútil. Em sentido contrário, Philippe Schmitter questiona a compreensão de que a *accountability* deve estar restrita ao exercício por agências estatais e exclusivamente em relação a atos ilícitos. Em relação ao primeiro ponto, sustenta que atores não estatais como a mídia, partidos políticos, sindicatos, movimentos sociais e até mesmo o empresariado devem ser incluídos dentre aqueles capazes de exercer *accountability* horizontal. Argumenta que "ao menos em países com forte tradição estatal, há fundada razão para se suspeitar que agências estatais, ainda que dotadas de considerável grau de independência, tenderão a atuar em conluio – tudo em nome do interesse nacional ou simplesmente para atender aos interesses corporativos da burocracia estatal". Quanto ao segundo ponto, entende que limitar a *accountability* ao campo da ilicitude implica promover uma simplificação em relação às suas funções democráticas, operando uma equivalência entre o legal e o legítimo (SCHMITTER, C. The limits of horizontal accountability. *In*: SCHEDLER, A.; DIAMOND, L; PLATTNER, M. (Ed.). *The Self-Restraining State*: power and accountability in new democracies. London: Lynne Rienner Publishers, 1999. p. 59-62).

[59] MAINWARING, Scott. Introduction: Democratic Accountability in Latin America. *In*: MAINWARING, S; WELNA, C. (Ed.). *Democratic Accountability in Latin America*. Obra citada, p. 08.

É importante registrar que Mainwaring não menospreza a importância das organizações da sociedade civil e do monitoramento realizado pelos meios de comunicação para o fortalecimento da governança democrática. O que o autor rejeita é a sua caracterização enquanto mecanismos de *accountability*, especificamente porque, na sua construção teórica, o elemento sanção é constitutivo da noção de *accountability*. E, nesse aspecto, somente duas categorias de atores potencialmente exercem capacidade sancionatória: (i) os eleitores, no momento em que se manifestam eleitoralmente, especialmente quando negam a reeleição de um governante; e (ii) os órgãos e instituições estatais legalmente encarregados da função de controle e monitoramento. Em relação a estes últimos, cumpre observar que, para Mainwaring, a *accountability* não estará descaracterizada caso a capacidade sancionatória apenas se configure indiretamente, como acontece com instituições estatais que detêm competência para provocar a atuação do Poder Judiciário em hipóteses de comportamento abusivo ou de improbidade praticados por agentes públicos.[60] Tais instituições, embora não tenham a capacidade de diretamente impor sanções, são competentes para endereçar o resultado de suas investigações para outras esferas, estas sim dotadas de competência sancionatória.

A centralidade da capacidade sancionatória para o conceito de *accountability* também foi agudamente explorada por Andreas Schedler em estudo que se tornou referência sobre o tema[61] e que, juntamente

---

[60] Mainwaring ilustra essa capacidade sancionatória indireta invocando o caso do Ministério Público no Brasil que, embora careça de competência para aplicar sanções diretamente em hipóteses de desvio de conduta, tem atribuição para ajuizar a ação criminal correspondente, ação civil de improbidade administrativa, bem como para a adoção de medidas no âmbito da Justiça Eleitoral. Outro exemplo utilizado pelo autor refere-se ao *ombudsman*, tipicamente encarregado de investigar as denúncias e reclamações oferecidas por cidadãos relativamente a comportamentos impróprios adotados nas estruturas estatais. O *ombudsman* enquadra-se perfeitamente na categoria de *accountability* intraestatal adotada por Mainwaring: detém atribuição formal de supervisão e controle sobre agentes públicos e, embora não possa diretamente impor sanções, sua atuação reforça uma necessidade de resposta em relação à situação noticiada. Na maioria dos países, a expectativa é no sentido de que o *ombudsman* não apenas investigue as denúncias de desvio de conduta na esfera pública, mas também de que adote providências para endereçar os casos que lhe são reportados a instâncias do sistema administrativo ou do sistema judiciário que possam sancionar os ilícitos investigados (MAINWARING, Scott. Introduction: Democratic Accountability in Latin America. *In*: MAINWARING, S; WELNA, C. (Ed.). *Democratic Accountability in Latin America*. Obra citada, p. 13).

[61] SCHEDLER, Andreas. Conceptualizing Accountability. In: SCHEDLER, A.; DIAMOND, L; PLATTNER, M. (Ed.). *The Self-Restraining State*: power and accountability in new democracies. London: Lynne Rienner Publishers, 1999. p. 13-28. Como se pode observar a partir do próprio título da obra organizada por Schedler, o autor trabalha com uma ideia de *accountability* inserida em um Estado que se autoimpõe restrições e controle.

com a classificação organizada por O'Donnel, passou a influenciar praticamente todas as investigações acadêmicas na matéria. Schedler identifica duas irredutíveis dimensões para a *accountability*, quais sejam, a *answerability* e o *enforcement*. Por *answerability* compreende-se a sujeição de todo aquele que exerce alguma parcela de poder político a exigências de transparência e motivação. Já o *enforcement* associa-se à capacidade de as agências de *accountability* aplicarem sanções aos agentes que tenham violado seus deveres públicos.[62]

Como visto, a dimensão da *answerability* como caracterizadora da *accountability* bifurca-se em dois atributos: informação e motivação. Envolve, assim, o direito de exigir informações confiáveis e compreensíveis acerca de decisões adotadas na esfera pública e, também, o direito de receber explicações e o correspondente dever de autoridades públicas justificarem, a partir de válidas razões, suas condutas. Há, portanto, um atributo informacional e um atributo argumentativo ou discursivo na *accountability*, os quais realçam sua faceta de antítese à autoridade monológica, estabelecendo uma relação dialógica entre os atores que a exercem (*accounting actors*) e aqueles que a ela se sujeitam (*accountable actors*). Como observa Schedler, "isso faz com que ambas as partes dialoguem e se engajem no debate público. É, portanto, o oposto do poder mudo e, também, de formas unilaterais de controle".[63]

A segunda dimensão enfatizada por Schedler vincula-se aos elementos de *enforcement*, englobando a potencial aplicação de sanções a maus comportamentos públicos e a valorização e premiação a boas posturas. Corresponde à ideia de que a *accountability* não pressupõe apenas a possibilidade de demandar informações e explicações de autoridades públicas, mas também a aplicação de eventuais punições a condutas impróprias. Segundo o autor, instâncias de *accountability* que apenas exponham desvios de comportamento, mas que não tenham

---

Ou seja, como indica o nome do livro, a sua abordagem direciona-se aos mecanismos de autorrestrição estatal, não havendo um enfoque tão específico em relação ao momento eleitoral de *accountability* vertical. Ver, nesse mesmo sentido: ANDRADE MOTA, Ana Carolina Yoshida Hirano. 2006. *Accountability no Brasil*: os cidadãos e seus meios institucionais de controle dos representantes. Tese de Doutorado. Faculdade de Filosofia, Letras e Ciências Humanas – Departamento de Ciência Política da Universidade de São Paulo, São Paulo, 2006.

[62] SCHEDLER, Andreas. Conceptualizing Accountability. *In*: SCHEDLER, A.; DIAMOND, L; PLATTNER, M. (Ed.). *The Self-Restraining State*: power and accountability in new democracies. Artigo citado, p. 14.

[63] SCHEDLER, Andreas. Conceptualizing Accountability. *In*: SCHEDLER, A.; DIAMOND, L; PLATTNER, M. (Ed.). *The Self-Restraining State*: power and accountability in new democracies. Artigo citado, p. 15.

a atribuição para aplicar consequências materiais, aparecem como formas *soft* ou *light* e que, na prática, não merecem ser categorizadas como tais na medida em que *"accountability* sem consequências não é, absolutamente, *accountability"*.[64]

Note-se, porém, que há uma certa ambiguidade na formulação de Schedler a esse respeito: ao mesmo tempo que enuncia explicitamente que a capacidade sancionatória é uma dimensão essencial da *accountability*, Schedler deixa de especificar com maior precisão o que exatamente entende por sanções para essa finalidade. Assim, por exemplo, o autor admite expressamente que, na esfera política, a destruição da reputação por meio da exposição pública representa uma das principais ferramentas de *accountability* e invoca as comissões da verdade constituídas no Chile e na África do Sul para investigar violações a direitos humanos como exemplos de agências de *accountability* cujos resultados limitam-se a formas "soft" de punição – precisamente a exposição pública. Esse ponto é problemático: ao agregar uma série de sanções e consequências não institucionalizadas à dimensão de *enforcement*, Schedler acaba por oferecer um conceito amplo demais – e isso ocorre em um contexto adverso, pois a imprecisão terminológica ainda domina o ambiente acadêmico e o discurso do senso comum.

Ainda assim, a abordagem de Schedler tem um grande mérito: aponta claramente para o caráter radial do conceito, destacando a existência de subtipos ou de expressões secundárias de *accountability* que podem não compartilhar todos os elementos comuns identificados para a categoria principal ou primária.[65] Essa constatação é particularmente importante para que se possa compreender e aceitar a existência de um catálogo de diversas espécies de *accountability* a que a ciência política contemporânea faz referência, assunto que será desenvolvido ainda neste capítulo. Além disso, o enfoque de Schedler é bastante equilibrado ao advertir sobre os riscos de eventuais excessos cometidos por agências de *accountability*.

Com efeito, o fundamento que norteia a ideia de *accountability* é a necessidade de se controlar o exercício do poder político, e não o objetivo de eliminá-lo e ou de se substituir a ele. Instituições de

---

[64] SCHEDLER, Andreas. Conceptualizing Accountability. *In*: SCHEDLER, A.; DIAMOND, L; PLATTNER, M. (Ed.). *The Self-Restraining State*: power and accountability in new democracies. Artigo citado, p. 17.

[65] SCHEDLER, Andreas. Conceptualizing Accountability. *In*: SCHEDLER, A.; DIAMOND, L; PLATTNER, M. (Ed.). *The Self-Restraining State*: power and accountability in new democracies. Artigo citado, p. 18.

accountability buscam limitar, disciplinar e restringir o exercício da autoridade política, prevenindo arbitrariedades e procurando assegurar que sua atuação ocorra de maneira alinhada a regras e procedimentos previamente estabelecidos. Isso absolutamente não significa determinar a forma ou o conteúdo de determinadas decisões políticas, tampouco eliminar graus de discricionariedade próprios de burocracias estatais.[66] Demais disso, é fundamental que as agências de *accountability* saibam conviver e praticar a transparência e a publicidade que elas próprias procuram impingir em seus destinatários: a *accountability* exercida às portas fechadas, em caixas pretas, tende a ser corretamente percebida como uma caricatura, como uma farsa. Nesse sentido, "instituições de *accountability* são como vampiros ao reverso: elas somente sobrevivem se atuam à luz do dia da esfera pública, e desmoronam e morrem à medida em que ingressam na escuridão da privacidade e do sigilo".[67]

Pois bem. A partir do resgate das principais disputas teóricas travadas em torno da caracterização da *accountability* pública, percebe-se que três são os aspectos fundamentais a serem enfrentados para que se possa desenvolver um conceito mínimo do fenômeno: (i) identificar quais são os sujeitos ativos da *accountability*; (ii) explorar em que consiste o seu exercício (controle, sanção, *impeachment*, dentre outros); (iii) e definir em respeito a quais tipos de ações e omissões ela pode ser exercida.

Tendo por base a natureza radial do conceito tal como retratada por Schedler, pode-se abordar a *accountability* pública – que seria, então, a categoria primária – como a capacidade legal ou política de se assegurar que agentes públicos, eleitos ou não, sejam responsáveis e responsivos em sua atuação, sujeitando-se a exigências de justificação e informação aos destinatários acerca de suas posturas e das decisões que adotam e, igualmente, submetendo-se a julgamentos em decorrência de sua boa performance ou em virtude de desvios ou má condutas, suportando as respectivas consequências diretas ou indiretas (desde resultados eleitorais adversos a sanções legalmente previstas).

Ainda que aderindo a esse conceito mínimo de *accountability*, a noção pode ser refinada mediante o estabelecimento de classificações

---

[66] SCHEDLER, Andreas. Conceptualizing Accountability. *In*: SCHEDLER, A.; DIAMOND, L; PLATTNER, M. (Ed.). *The Self-Restraining State*: power and accountability in new democracies. Artigo citado, p. 20.

[67] SCHEDLER, Andreas. Conceptualizing Accountability. *In*: SCHEDLER, A.; DIAMOND, L; PLATTNER, M. (Ed.). *The Self-Restraining State*: power and accountability in new democracies. Artigo citado, p. 21.

que variam conforme critérios que levam em conta os *standards* a partir dos quais a *accountability* é exercida; em que fóruns ela ocorre; quem são os sujeitos, grupos ou instituições que a ela se submetem etc. Não existe consenso doutrinário a respeito das possíveis tipologias, o que mais uma vez reflete o cenário fragmentado do tema no ambiente acadêmico. Por tal razão, como forma de melhor sistematizar sua abordagem, adota-se nesta pesquisa a classificação formulada por Ricardo Pelizzo e Frederick Stapenhurst,[68] autores que partem da distinção fundamental elaborada por O'Donnell e promovem sua atualização. Nesse contexto, ao lado dos tipos clássicos e amplamente difundidos de *accountability* vertical e horizontal, os autores vislumbram também uma dimensão social, diagonal e externa ou mútua de *accountability*.

A *accountability* vertical, como se sabe, emana mais propriamente da ciência política e articula-se como uma forma eleitoral de exercício de controle sobre a atuação e a performance de agentes públicos. A *accountability* horizontal lhe é complementar e integra a rotina da administração pública em geral: como os processos eleitorais costumam ocorrer em períodos variáveis de tempo (usualmente entre três e cinco anos), a maior parte dos países também concebem outras instituições estatais incumbidas de monitorar e exercer controle sobre a atuação de todos aqueles que conduzem assuntos de interesse público. O desenho de tais instituições é variável conforme o contexto específico, mas usualmente a *accountability* horizontal é exercida pelas legislaturas, pelas chamadas Instituições Superiores de Controle e pelos *ombusdmen*. Nessa perspectiva, fica claro que a *accountability* horizontal é tipicamente intraestatal.

A concepção de uma *accountability social*, por sua vez, foi inicialmente argumentada por Catalina Smulovitz e Enrique Peruzzotti, ao sublinharem a importância do engajamento cívico como instrumento para fortalecer os canais de *accountability*,[69] Focalizaram os autores, assim, as iniciativas dos cidadãos comuns e de organizações da sociedade

---

[68] PELIZZO, Ricardo; STAPENHURST, Frederick. *Legislative Oversight Tools*. Oxford: Routledge, 2011.

[69] Segundo Przeworski, o tema da *accountability* social tornou-se extremamente importante e atual nas democracias latino-americanas em virtude do enfraquecimento do papel exercido pelos partidos políticos. Para o autor, estes eram os instrumentos de *accountability* social até algum tempo atrás, mas eles já não mais desempenham tal papel, o que acentua a importância de outros atores (PRZEWORSKI, Adam. Social Accountability in Latin America and Beyond. *In*: SMULOVITZ, C.; PERUZZOTTI, E. (Ed.). *Enforcing the rule of Law*: social accountability in the new Latin American democracies. Pittsburgh: University of Pittsburgh Press, 2006).

civil que se articulam para monitorar e exercer controle sobre o exercício do poder político, para além do momento eleitoral. A *accountability* social envolve ações implementadas por atores de diferentes graus de organização, que se reconhecem como legítimos titulares de direitos e que, dessa forma, buscam expor desvios de conduta nos governos, pretendem introduzir seus interesses na agenda pública, influenciar ou reverter decisões políticas adotadas em instâncias estatais etc. Trata-se de um mecanismo vertical de controle da esfera pública; mas, ao contrário das fórmulas eleitorais, a *accountability* social pode ser exercida nos períodos entre eleições, independe de calendários fixos e é ativada por iniciativas dos próprios atores que a exercem.[70]

É fora de dúvida que a *accountability* social difere radicalmente das dimensões vertical-eleitoral e horizontal no que toca especificamente à natureza e à extensão dos resultados que pode produzir. A *accountability* social não produz sanções legais, apenas consequências simbólicas, o que faz com alguns autores rejeitem a classificação aqui adotada.[71] Contudo, embora seja inegável que os controles sociais envolvam modalidades *soft* de punição – via de regra conectadas à exposição e à rejeição públicas –, isso não significa, absolutamente, que sua capacidade de fiscalização e monitoramento seja fraca ou institucionalmente irrelevante.

Muito pelo contrário, os mecanismos sociais de *accountability* podem produzir consequências materiais drásticas e influenciar, diretamente, o funcionamento das estruturas verticais e horizontais de controle. Em primeiro lugar, a divulgação de práticas ilegais ou corruptas tem o potencial de destruir um recurso fundamental da política eleitoral, qual seja, o capital simbólico (confiança e credibilidade) ou a reputação de um político ou de uma instituição.[72] E, em segundo lugar,

---

[70] SMULOVITZ, C.; PERUZZOTTI, E. Societal and Horizontal Controls: two cases of a fruitful relationship. In: MAINWARING, S; WELNA, C. (Ed.). *Democratic Accountability in Latin America*. Oxford: Oxford University Press, 2003. p. 310. Nas palavras dos autores: "Ao contrário dos mecanismos horizontais de *accountability*, sua forma social desempenha funções watchdog sem a necessidade de atender a pressupostos majoritários ou requisitos constitucionais. Isso permite aos mecanismos sociais conferir uma maior visibilidade e articular demandas dos atores que seriam desconsideradas nas arenas representativas" (Artigo citado, p. 310).

[71] Nesse sentido, veja-se: MAINWARING, Scott. Introduction: Democratic Accountability in Latin America. *In*: MAINWARING, S; WELNA, C. (Ed.). *Democratic Accountability in Latin America*. Obra citada, p. 08. Andreas Schedler, igualmente, vislumbra as formas sociais de controle como mais fracas ou como mecanismos atrofiados (SCHEDLER, Andreas. Conceptualizing Accountability. *In*: SCHEDLER, A.; DIAMOND, L.; PLATTNER, M. (Ed.). *The Self-Restraining State*: power and accountability in new democracies. Artigo citado. p. 20).

[72] Sobre o papel da mídia como mecanismo de reforço da *accountability* para a governança democrática, confiram-se as reflexões de: NORRIS, Pippa. Watchdog Journalism.

na medida em que atores sociais denunciam e difundem desvios de comportamento na esfera pública, eles acabam por ativar as ferramentas de controle horizontal intraestatal, que sofrem uma pressão "de baixo" e são compelidas a apresentar algum tipo de resposta às demandas nascidas na heterogeneidade da arena social.[73] Nessa perspectiva, o engajamento da cidadania (individual ou coletivamente) nas estruturas de controle amplia a noção de *accountability* como virtude, ou seja, como uma qualidade desejável de conduta pública responsiva.[74]

Essa relação de interdependência e reciprocidade que caracteriza o convívio da *accountability* social com as estruturas horizontais de controle tem sido estudada sob a denominação de *accountability diagonal*, identificada como a quarta espécie da tipologia sistematizada por Ricardo Pelizzo e Frederick Stapenhurst. De modo geral, a *accountability* diagonal busca engajar a cidadania na atuação das instituições horizontais de controle, vinculando os cidadãos às legislaturas e a outras instituições paralelas ou secundárias de fiscalização[75] e, com isso, incrementando a efetividade da função *watchdog* da sociedade civil.

In: BOVENS, M.; SCHILLEMANS, T.; GOODIN, R. Public Accountability. *In*: BOVENS, M.; SCHILLEMANS, T.; GOODIN, R. (Ed.). *The Oxford Handbook of Public Accountability*. Oxford: Oxford University Press, 2014.

[73] A importância da interação entre os mecanismos sociais e horizontais de *accountability* é objeto de exame aprofundado em pesquisa desenvolvida por Catalina Smulovitz e Enrique Peruzzotti. Sobre o tema, afirmam: "Um registro final a respeito da *accountability* social: mecanismos sociais tendem a apresentar maior sucesso nos casos em que há uma interação entre o uso da mobilização social, de ações legais e da divulgação pelos meios de comunicação. Ou seja, a política da *accountability* social parece melhor alcançar seus objetivos quando os cidadãos não apenas dão início a uma ação legal, mas quando a fazem acompanhar de algum tipo de mobilização social e de exposição pela mídia. (...). É a sua ativação conjunta que determina sua capacidade de chamar a atenção para um determinado problema e que evidencia os custos que as autoridades públicas estão dispostas a aceitar ou que devem evitar. (...) Quando as três estratégias coexistem, cada uma delas exerce controle sobre a outra e força que os assuntos sejam levados em consideração. A mídia observa e relata a organização e a mobilização da sociedade civil. A organização da sociedade civil escuta e impulsiona a mídia e, ao mesmo tempo, ativa ações legais. Essa contínua e recíproca observação acaba por pressionar as instituições estatais a conferirem tratamento preferencial à solução do problema. O conceito de *accountability* social expande a compreensão clássica do sistema de freios e contrapesos para incluir a arena social composta por múltiplas organizações autônomas e heterogêneas. Nesse sentido, o conceito de *accountability* social reanima o argumento pluralista sobre a importância da esfera social como um poder contrabalanceado que complementa os mecanismos horizontais de *accountability*" (SMULOVITZ, C.; PERUZZOTTI, E. Societal and Horizontal Controls: two cases of a fruitful relationship. *In*: MAINWARING, S; WELNA, C. (Ed.). *Democratic Accountability in Latin America*. Artigo citado, p. 326).

[74] A dicotomia da *accountability* como virtude e como mecanismo encontra-se desenvolvida em: BOVENS, Mark. Two concepts of accountability: accountability as a virtue and as a mechanism. *In*: *West European Politics*. New York: Routledge, 2010. V. 33, issue 5, p. 946-967.

[75] PELIZZO, Riccardo; STAPENHURST, Frederick. *Government Accountability and Legislative Oversight*. Obra citada, *Kindle edition*, posição 274.

De acordo com a doutrina especializada,[76] os princípios fundamentais que devem nortear o exercício da *accountability* diagonal são: (i) participação, segundo o qual o eixo horizontal de *accountability* deve colocar-se aberto à inserção e à participação da cidadania, em lugar de se criarem novas e separadas instâncias de controle; (ii) fluxo informacional, que busca assegurar o acesso da cidadania a informações de interesse público que, em regra, somente estariam disponíveis às instâncias horizontais de fiscalização, bem como garantir o acesso às decisões e deliberações adotadas pelas próprias agências de *accountability* horizontal; (iii) e, finalmente, agregação de autoridade, segundo o qual o exercício da *accountability* diagonal favorece e, ao mesmo tempo, aproveita-se da autoridade legalmente reconhecida às entidades do eixo horizontal tanto para exigirem respostas, quanto para aplicarem sanções formais a agentes estatais submetidos à sua fiscalização.

Por fim, uma derradeira dimensão de *accountability* foi mais recentemente incorporada aos estudos sobre o tema. Trata-se da chamada *accountability* externa ou mútua, que caracteriza a relação de supervisão e monitoramento a que se submetem determinados governos nacionais diante de organizações supranacionais de defesa de direitos humanos e agências internacionais de fomento e auxílio financeiro, com destaque para o Banco Mundial e o Fundo Monetário Internacional.

Com efeito, são duas as direções em que a *accountability* opera nas relações internacionais. A primeira decorre da formação de um consenso mínimo a respeito da abertura da comunidade internacional para a coordenação e a cooperação tendentes à proteção aos direitos humanos, especialmente mediante a assinatura de inúmeros tratados posteriores à Segunda Guerra Mundial veiculando o repúdio ao genocídio, à tortura, a crimes de guerra e a outros crimes contra a humanidade. A segunda decorre do regime de governança global, protagonizado pelas Organizações de Governança Internacional (*International Governance Organizations* – IGOs) e que reflete, ao mesmo tempo que acelera, a expansão e a intensificação da interdependência econômica entre as nações.[77]

Uma crítica que tem sido fortemente endereçada às estruturas de *accountability* em nível internacional sublinha o déficit de legitimidade

---

[76] Confira-se, por todos: PELIZZO, Riccardo; STAPENHURST, Frederick. *Government Accountability and Legislative Oversight*. Obra citada, *Kindle edition*, posição 282.

[77] Ver, nesse sentido: GOODHART, Michael. Accountable international relations. *In*: BOVENS, M.; SCHILLEMANS, T.; GOODIN, R. (Ed.). *The Oxford Handbook of Public Accountability*. Oxford: Oxford University Press, 2014. *Kindle edition*, posição 7650.

para o seu exercício.[78] Esse questionamento afeta especialmente as Organizações de Governança Global (IGOs), cujas atividades moldam e constrangem a política doméstica de inúmeros países sem que existam, contudo, modelos políticos para submeter os próprios atores transnacionais a algum tipo de controle democrático. A situação específica do Banco Mundial ilustra bem essa preocupação, uma vez que a instituição é alvo de frequentes críticas relacionadas às políticas de ajustes estruturais impostas a estados contemplados em seus financiamentos.

Como forma de amenizar o juízo de reprovação, essas entidades têm envidado esforços para se submeterem, elas próprias, a um maior nível de *accountability* social. Assim, ao mesmo tempo que promovem reformas visando a incrementar a *accountability* no âmbito doméstico, as IGOs também adotam políticas direcionadas a torná-las mais responsivas para as necessidades e interesses daqueles cujo bem-estar é afetado ostensivamente por seus projetos. Essas políticas envolvem, especialmente, o aumento do número de consultas às populações dos países destinatários de projetos financiados pelas entidades, valorizando a perspectiva interna na avaliação das medidas. Ainda assim, mesmo se empenhando para satisfazer as demandas por *accountability*, os organismos de governança global ainda têm grandes desafios a enfrentar, especialmente no que tange, de um lado, à responsabilidade pela dimensão normativa das regras e procedimentos democráticos e, de outro, à responsividade diante das expectativas das populações afetadas por suas ações.[79]

Essas são, em síntese, as vertentes de *accountability* atualmente identificadas e estudadas na esfera da ciência política. Considerando que a presente pesquisa tem por objeto de investigação um campo empírico específico de atuação da *accountability*, qual seja, o das denominadas Instituições Superiores de Controle – ISCs (*Supreme Audit Institutions – SAIs*), duas são as dimensões fundamentais a merecer

---

[78] Conforme observa Jonathan Koppell, ao sublinhar a importância das preocupações quanto à ausência de legitimidade democrática das organizações de governança global: "As ações das organizações de governança global exercem impacto sobre um grande número de vidas, mas elas não são guiadas por regras legais ou políticas, nem mesmo por normas organizacionais semelhantes àquelas que norteiam os organismos de governança em nível doméstico. A peculiaridade deve-se à própria natureza do papel que desempenham: as organizações de governança global buscam criar regras e normas que vão para além dos Estados-nações" (KOPPELL, Jonathan. Accountable Global Governance Organizations. *In*: BOVENS, M.; SCHILLEMANS, T.; GOODIN, R. (Ed.). *The Oxford Handbook of Public Accountability*. Oxford: Oxford University Press, 2014. *Kindle edition*, posição 9712).

[79] KOPPELL, Jonathan. *Accountable Global Governance Organizations*. Artigo citado, *Kindle edition*, posição 10.017.

maior destaque por serem precisamente aquelas em que tais instituições operam: a horizontal e a diagonal.

2.2 As Instituições Superiores de Controle (ISCs) e a *accountability* horizontal e diagonal da gestão pública financeira

Embora exista uma variedade considerável de arranjos constitucionais possíveis,[80] as ISCs, em regra, conformam-se como agências paralelas às legislaturas no exercício da supervisão e fiscalização das finanças públicas, dotadas de competência para exigirem prestação de contas relativamente à gestão de recursos públicos e à performance de órgãos encarregados da condução de assuntos de interesse coletivo. Nas palavras de Kenneth Dye e Frederick Stapenhurst, "enquanto agências responsáveis por auditar a receita e a despesa pública, as ISCs atuam como verdadeiras *watchdogs* da integridade financeira e da credibilidade informacional no setor público".[81]

É importante anotar que essa relação simbiótica entre a função de controle das ações governamentais e as instâncias legislativas, com a identificação do Poder Legislativo como o domínio institucional ótimo para seu exercício, está longe de ser pacífica.[82] Ainda assim, a fórmula amplamente adotada pelas democracias constitucionais contemporâneas continua atribuindo aos órgãos Legislativos a função normativa e a função de controle, acompanhando a construção do constitucionalismo clássico que enfatiza o encargo fiscalizador dos Parlamentos.[83]

Em virtude da correlação existente entre as ISCs e as funções de fiscalização e supervisão exercidas pelo Legislativo, parece importante que, antes de adentrar-se especificamente no estudo daquelas instituições,

---

[80] O exame pormenorizado dos modelos institucionais de supervisão e controle das finanças públicas será realizado no terceiro capítulo deste livro. Apenas para antecipar o assunto, a literatura especializada convencionalmente aponta para a existência de três arranjos básicos de ISCs: o modelo parlamentarista, o modelo colegiado e o modelo napoleônico (*Westminster model, napoleonic model e board system*). Veja-se, nesse sentido: DYE, K.; STAPENHURST, R., *Pillars of Integrity*: The Importance of Supreme Audit Institutions in Curbing Corruption. Artigo citado, p. 05.

[81] DYE, K.; STAPENHURST, R., *Pillars of Integrity*: The Importance of Supreme Audit Institutions in Curbing Corruption. Artigo citado, p. 05.

[82] Ver, a respeito: SHAPIRO, Ian. *The State of Democratic Theory*. New Jersey: Princeton University Press, 2003.

[83] Como material representativo dessa construção clássica, confira-se: MONTESQUIEU, Charles. *O Espírito das leis*. Brasília: UnB, 1995 (Livro Décimo Primeiro, Capítulo VI).

sejam ao menos delineados alguns principais aspectos relativos ao chamado *congressional oversight*. Considerando que o objeto de pesquisa deste livro contextualiza-se em um sistema presidencialista de governo, o exame da função de controle do Legislativo limitar-se-á às ferramentas típicas de tais sistemas, prescindindo-se da abordagem das peculiaridades dos sistemas parlamentaristas, em que as relações entre Poder Executivo e Poder Legislativo são guiadas por lógica distinta.

A literatura especializada no tema, particularmente no âmbito da ciência política, tem se mostrado bastante pessimista ao avaliar o papel do controle realizado por corpos legislativos sobre a atividade estatal. Critica-se, com frequência, que o Poder Legislativo tem negligenciado sua responsabilidade de supervisão e, assim, enquanto o Executivo protagoniza cada vez mais o exercício do poder político – usufruindo de atribuições normativas, amplo poder de agenda e vantagens informacionais –, os parlamentares utilizam as iniciativas de controle como uma forma de barganha política dentro das relações com o próprio Poder Executivo.[84]

Mas, afinal, quais são os mecanismos e as ferramentas de que dispõem os Parlamentos para que possam monitorar, supervisionar e

---

[84] A capacidade de controle congressual sobre o Poder Executivo no Brasil é objeto de interessante análise por Leany B. Lemos e Timothy J. Power em estudo do ano de 2012 intitulado "Determinantes do Controle Horizontal em Parlamentos Reativos: o caso do Brasil". Após resgatarem resultados empíricos do período compreendido entre 1988 e 2005, os autores formulam a hipótese de que o controle legislativo é movido pelo contexto incerto das relações Executivo-Legislativo sob o presidencialismo multipartidário, sendo fortemente mediado por indicadores de apoio e prestígio presidencial. Em suas palavras: "Tanto o prestígio do presidente quanto sua relação com o Congresso são de fundamental importância quando se trata de controle, mas de maneiras muito contraditórias – e intrigantes. Ao utilizarmos distintas medidas do poder presidencial, constatamos que presidentes com maior apoio da opinião pública tendem a sofrer menos controle do Congresso, ao mesmo tempo em que presidentes com maior apoio do Congresso tendem a sofrer mais controle legislativo. Os parlamentares parecem vigiar menos presidentes populares e vigiam mais presidentes que contam com amplo apoio do Congresso, medido tanto em termos de tamanho de coalizão ou em termos de sucesso nas votações nominais. (...) Assim, tendo em vista pesquisas recentes sobre as relações Executivo-Legislativo no Brasil, nossos achados sugerem que o controle legislativo é exercido dentro de um contexto da política de coalizão, na qual legisladores buscam acesso a recursos controlados pelo Poder Executivo, bem como utilizam as iniciativas de controle como uma das formas de barganhar com o / a presidente. (...) Esta interpretação é compatível com o nosso resultado sobre o apoio legislativo ao presidente: quanto maior o apoio, mais iniciativas de controle serão introduzidas. Se iniciativas de controle horizontal são entendidas como uma forma de barganha política dentro das relações Executivo-Legislativo, as quais são (1) extremamente assimétricas em termos de poder de agenda, mas (2) cada vez mais integradas e coordenadas por meio da política coalicional, então os resultados sobre a segurança eleitoral e apoio político são inteiramente coerentes" (LEMOS, Leany B.; POWER, Timothy J. Determinantes do Controle Horizontal em Parlamentos Reativos: o caso do Brasil. *Dados – Revista de Ciências Sociais*, v. 56, n. 02, p. 402-404, 2013).

controlar as ações do governo? À luz dos modelos usualmente encontrados em sistemas presidencialistas, costuma-se diferenciar entre os instrumentos internos e os instrumentos auxiliares externos – também referidos como "instituições extralegislativas de *accountability*" –,[85] sublinhando a importância da análise conjunta de tais ferramentas, associada a fatores contextuais e outras condições facilitadoras a fim de que se possa ter uma dimensão precisa quanto à efetiva capacidade de controle e supervisão do Poder Legislativo em um determinado contexto juspolítico.

Dentre os instrumentos internos, destacam-se os requerimentos de informações (*questions to government*), as propostas de fiscalização e controle (PFC), a convocação de ministros (*motions for debate*), o funcionamento de comissões permanentes de controle (*committees*), a realização de audiências públicas e a criação de comissões parlamentares de inquérito (*special committees os inquiry*), além de medidas mais extremas concernentes ao *impeachment* de presidentes, vice-presidentes e ministros.[86] Na influente classificação formulada por McCubbins e Schwartz, esse tipo de fiscalização corresponde ao modelo de *police*

---

[85] Nesse sentido: PELIZZO, Riccardo; STAPENHURST, Frederick. *Government Accountability and Legislative Oversight*. Obra citada, *Kindle edition*, posição 734.

[86] Refoge ao escopo desta obra a análise pormenorizada de todos os mecanismos usualmente estabelecidos para o exercício do controle parlamentar sobre as atividades do Poder Executivo. Nada obstante, não se pode deixar de fazer uma breve referência às fórmulas adotadas no Brasil sob a égide da Constituição da República de 1988. Na realidade, muitos são os mecanismos endógenos que o texto constitucional de 1988 disponibiliza ao Congresso Nacional e, por simetria, aos órgãos legislativos nos demais níveis federativos. Destacam-se: (i) as Propostas de Fiscalização e Controle (PFCs), previstas no artigo 49, inciso X, da CRFB; (ii) os requerimentos de informações, previstos no artigo 50, §2º, da CRFB; (iii) a convocação de ministros de Estado e titulares de órgãos subordinados à Presidência para, pessoalmente, prestarem informações sobre assunto previamente determinado, nos termos do artigo 50, *caput*, da CRFB; (iv) a instauração de Comissão de Parlamentares de Inquérito, dotadas de poderes de investigação próprios das autoridades judiciais, conforme estabelece a norma do artigo 58, §3º, da CRFB; (v) a competência para sustação de atos normativos do poder executivo que exorbitem do poder regulamentar ou dos limites da delegação legislativa, conforme artigo 49, inciso V, da CRFB; e, finalmente (vi) o julgamento anual das contas prestadas pelo Presidente da República, após parecer prévio do Tribunal de Contas da União, nos moldes estabelecidos pelo artigo 49, inciso IX, da CRFB. A respeito do poder de fiscalização legislativa da ação administrativa do Poder Executivo, é importante registrar que a interpretação constitucional levada a efeito pelo Supremo Tribunal Federal invariavelmente destaca a centralidade do princípio da colegialidade na matéria. É dizer: "o poder de fiscalização (...) é outorgado aos órgãos coletivos de cada Câmara do Congresso Nacional, no plano federal, e da Assembleia Legislativa, no dos Estados; nunca, aos seus membros individualmente, salvo, é claro, quando atuem em representação (ou presentação) de sua Casa ou comissão" (STF, Pleno, ADI nº 3.046, relator ministro Sepúlveda Pertence, julgado em 15. 04. 2004). No mesmo sentido, confira-se a seguinte decisão mais recente: STF, 2ª Turma, RMS nº 28.251-AgR, relator ministro Ricardo Lewandowski, julgado em 18.10.2011).

patrol (ou patrulhamento policial), traduzindo medidas de monitoramento e supervisão que ostentam caráter centralizado, ativo e direto, atuando normalmente por iniciativa própria ou por provocação de outras instituições, e que controlam o trabalho do governante mediante a exigência e o controle permanente de dados, auditorias específicas, comissões de estudo, de avaliação e investigação.[87]

De forma complementar, os chamados instrumentos auxiliares externos compreendem uma série de instituições desenhadas para incrementar a *accountability* das instâncias de governo, operando fora do Parlamento e do processo político que lhe é característico, mas em colaboração com ele. Paradoxalmente, a criação de tais instituições extralegislativas decorre da própria percepção de que a *accountability* realizada exclusivamente pelo Legislativo apresenta deficiências e falhas e, precisamente por isso, estruturas auxiliares tornam-se necessárias. Nesse cenário, costuma-se apontar para três estruturas importantes para essa finalidade: (i) as agências anticorrupção; (ii) os *ombudsman offices* (Ouvidorias ou Defensores do Povo); e, finalmente, com especial destaque neste trabalho, (iii) as Instituições Superiores de Controle (*Supreme Audit Institutions* – SAIs).

À medida que a preocupação voltada ao combate à corrupção cresce, a prática de se estabelecer uma reforma nesse setor por meio do estabelecimento de agências anticorrupção poderosas, permanentes e independentes atrai cada vez mais atenção.[88] Tais agências são

---

[87] Esse tema foi desenvolvido pelos autores em ensaio bastante difundido em que elaboraram as categorias de *police patrol* e *fire alarm*, aplicando-as especificamente ao controle exercido pelo Congresso Norte-Americano sobre o Poder Executivo. No trabalho, os autores distinguem as duas modalidades de controle e associam o "patrulhamento policial" ao escrutínio e monitoramento sistemático, de custos elevados, exercidos pelos parlamentares em relação a todo desvio potencial no funcionamento das burocracias e nos programas implementados. O controle na modalidade "alarme de incêndio", diversamente, é menos direta e centralizada, referindo-se ao monitoramento seletivo, de custo eficiente, voltado para a identificação dos desvios ou comportamento oportunista da burocracia. O controle do tipo "alarme de incêndio" associa-se fortemente ao receio de escândalos e denúncias apontadas por parlamentares. Para o aprofundamento da temática, veja-se: McCUBBINS, M.; SCHWARTZ, T. Congressional Oversight Overlooked: Police Patrol versus Fire Alarms. *American Journal of Political Science*, v. 28, n. 1, p. 165-179, 1984. Disponível em: http://www.unc.edu/~fbaum/teaching/PLSC541_Fall08/mcubbins_schwa'rtz_1984.pdf. Acesso em: 21 nov. 2012.

[88] Sobre o assunto, merece destaque a recente edição no Brasil da Lei nº 12. 846, de 1º de agosto de 2013, vulgarmente conhecida como a "lei anticorrupção", disciplinando a responsabilidade objetiva administrativa e civil das pessoas jurídicas por atos lesivos praticados contra a administração pública nacional ou estrangeira. Em âmbito federal, estabelece a lei que compete à Controladoria-Geral da União (CGU) processar e julgar os ilícitos nela previstos, fazendo com que aquele órgão – constitucionalmente previsto como órgão central do sistema de controle interno da União (artigo 74 da CRFB) – seja qualificado como agência anticorrupção no contexto brasileiro.

genericamente conhecidas pela sigla ICAC, por inspiração da *Independent Comission Against Corruption* de Hong Kong, criada em 1952. Os estudos mais recentes a seu respeito identificam quatro modelos básicos de estruturação, a saber:[89] (i) o modelo universal, que combina funções investigativas, preventivas e informativas; (ii) o modelo investigativo, caracterizado pela criação de enxutas e centralizadas comissões investigativas; (iii) o modelo multiagência, que descentraliza a função anticorrupção com a criação de órgãos internos nas diversas instâncias estatais, cada um deles individualmente distinto, mas conjuntamente formando uma rede de agências contra a corrupção; e, por fim, (iv) o modelo parlamentar, que inclui agências anticorrupção que se reportam diretamente ao Legislativo de forma independente dos Poderes Executivo e Judiciário.[90]

O conceito do *ombudsman*, de outro lado, foi originalmente desenvolvido na Suécia, ainda no início do século XIX (1809), vindo a difundir-se em larga escala especialmente a partir da década de 1960, com sua introdução em diversos países democráticos.[91] Assim como ocorre com as agências anticorrupção, existem vários modelos de *ombudsman*,[92] mas sua nota característica consiste na atribuição

---

[89] Para uma análise mais detalhada dos modelos e dos países representativos de cada experiência, consultem-se: JOHNSTON, Michael. A Brief History of Anticorruption Agencies. *In*: SCHEDLER, A.; DIAMOND, L; PLATTNER, M. (Ed.). *The Self-Restraining State*: power and accountability in new democracies. Obra citada, p. 217-226; HEILBRUNN, John. Anti-corruption Comissions. *In*: STAPENHURST, F; JOHNSTON, N.; PELIZZO, R. (Ed.). *The Role of Parliaments in Curbing Corruption*. Washington: WBI development studies, 2006. p. 135-148.

[90] As experiências de Hong Kong e de Cingapura são as mais citadas quando se pesquisa a respeito de agências anticorrupção. Nada obstante, como pontua Bruce Ackerman, os dois países eram "autocracias no momento das suas campanhas de anticorrupção bem sucedidas e em nenhum desses casos as agências anticorrupção especiais foram independentes da vontade do próprio autocrata principal. Em vez disso, elas se reportavam diretamente ao Governador Geral ou ao Primeiro Ministro e por isso eram inteiramente dependentes do zelo pela luta contra a corrupção demonstrada por estes chefes de estados – que provou-se considerável. O desafio é criar por meios constitucionais um grau semelhante de determinação e isolamento institucional dentro da estrutura de uma constituição democrática" (ACKERMAN, Bruce. *A Nova Separação dos Poderes*. Tradução de Isabelle Maria Campos Vasconcelos e Eliana Valadares Santos. Rio de Janeiro: Lumen Juris, 2009. p. 74).

[91] O anteprojeto elaborado pela Comissão provisória de Estudos Constitucionais, instituída em 1985 e presidida pelo Professor Afonso Arinos, preconizava expressamente a implantação de instituição de inspiração sueca no Brasil, sob a denominação "Defensoria do Povo". Sobre as experiências brasileiras com ouvidorias e *ombudsman*, confira-se: OLIVEIRA, João Elias (Coord.). Experiências brasileiras com ouvidorias e *ombudsman*. *In*: SPECK, Bruno Wilhelm (Coord.). *Caminhos da transparência*: análise dos componentes de um sistema nacional de integridade. São Paulo: Editora da UNICAMP, 2002. p. 73-98.

[92] Para uma exposição detalhada a respeito das variadas estruturas de *ombudsman*, veja-se: NASSIF, Gustavo Costa. *O Ombudsman*: por uma democracia deliberativa para além do

constitucional ou legal para receber denúncias e reclamações sobre atos ilícitos, omissões, comportamentos impróprios e, de maneira geral, problemas sistêmicos envolvendo autoridades públicas, cabendo-lhe investigar e endereçar as denúncias de forma independente e imparcial.[93] Em alguns países, a competência do *ombudsman* recai ainda sobre a proteção a direitos humanos e a mediação entre cidadãos e autoridades públicas.

Finalmente, as Instituições Superiores de Controle (ISCs ou SAIs) conformam a terceira categoria de "estruturas extralegislativas de *accountability*". Uma vez que as ISCs constituem o específico objeto de investigação da presente obra, o presente capítulo limitar-se-á a apresentar seus contornos e atributos fundamentais, deixando para o capítulo seguinte o aprofundamento quanto às múltiplas características que particularizam o seu desenho institucional em distintos países.

O primeiro registro importante a ser feito aponta para as limitações da produção acadêmica sobre a matéria: em realidade, é relativamente recente a atenção que tem sido dedicada ao estudo das ISCs – tanto no âmbito da ciência política, quanto na esfera das disciplinas de administração pública –, remontando à década de noventa e inserindo-se no contexto de preocupações voltadas para a boa governança[94] – capacidade de direção de um sistema político com transparência, participação e *accountability* – e para o fortalecimento dos sistemas de integridade.

Essa última noção – "Sistema Nacional de Integridade" – foi inicialmente desenvolvida pela Transparência Internacional (TI),[95] em

---

cosmopolitismo. 2012. Tese de Doutorado. Faculdade de Direito da Pontifícia Universidade Católica de Minas Gerais, Belo Horizonte, 2012.

[93] CARL, Sabine. Toward a Definition and a Taxonomy of Public Sector Ombudsmen. *Canadian Public Administration*, v. 55, n. 02, p. 203 *et seq.*, jun. 2012.

[94] O Programa de Desenvolvimento das Nações Unidas define boa governança como "o exercício de autoridade econômica, política e administrativa para gerenciar os negócios de um país em todos os níveis. Compreende mecanismos, processos e instituições através das quais cidadãos e grupos articulam seus interesses, exercem seus direitos, cumprem com suas obrigações e intermediam suas diferenças. Governança engloba o Estado, mas o transcende incluindo o setor privado e a sociedade civil organizada" (UNDP. *A Guide to UNDP Democratic Governance Practice*. 2010. Disponível em: http://www.undp.org/content/dam/aplaws/publication/en/publications/democratic-governance/dg-publications-for-website/a-guide-to-undp-democratic-governance-practice-/DG_FinalMaster2-small.pdf. Acesso em: 28 ago. 2014). A partir dessa definição, resulta claro que *accountability*, participação e transparência são noções-chave para a boa governança.

[95] Veja-se, a propósito: POPE, Jeremy. *Confronting corruption: the elements of a National Integrity System* (TI Source Book). Berlim: TI, 2000. Mais recentemente, com destaque para o capítulo 3 da obra: CHEEMA, G. Shabbir. *Building Democratic Institutions*: Governance Reform in Developing Countries. Bloomfield: Kumarian Press, 2005.

1996, visando a identificar uma estrutura de esforços efetivos tendentes ao combate à corrupção e, aos poucos, veio a ser apropriada pela comunidade acadêmica, especialmente a dedicada à teoria política.[96] Bruce Ackerman, por exemplo, ao se debruçar sobre a separação moderna de poderes, defende que o estabelecimento de *instâncias de integridade* deve ser uma prioridade para as constituições democráticas. Em suas palavras:

> A falta de controle sobre a corrupção mina a própria legitimidade do estado democrático. Se o ganho imotivado fizer parte da rotina, as pessoas em geral vão desistir da ideia de que elas e os demais cidadãos podem controlar seus destinos por meio do estado democrático de direito. Essa situação prevalece em vários lugares do mundo. Mas o alastramento da corrupção não significa que o direito constitucional deva fazer "vista grossa". Ao contrário, sugere que a luta pelo constitucionalismo *genuíno* está ainda em sua fase inicial.
>
> A construção de uma instância de integridade com atribuições específicas em relação aos demais poderes deveria ser uma prioridade para os constituintes modernos. A nova instância deve ser provida de poderes e encorajada a continuamente fiscalizar. Aos membros da instância da integridade devem ser pagos salários muito altos, protegidos contra a irredutibilidade de vencimentos. A eles devem ser garantidos planos de carreira que evitem, posteriormente, que sejam subordinados a funcionários cuja probidade eles sejam encarregados de fiscalizar. A constituição também deve garantir a essa instância um orçamento mínimo de x% das receitas totais do governo, porque os políticos podem, de outra maneira, responder à ameaça de exposição reduzindo a agência a um número simbólico. (…).
>
> (…) O mero fato de a instância da integridade não compor a Tríade Sagrada tradicional não deve ser bastante para privá-la do seu lugar na separação moderna de poderes.[97]

Os elementos constitutivos desse sistema são apontados como os "pilares da integridade", e a expectativa é de que atuem de maneira concertada e equilibrada. Considerando que as Instituições Superiores

---

[96] Um dos principais trabalhos sobre o Sistema Nacional de Integridade com luzes direcionadas às ISCs é: DYE, K.; STAPENHURST, R. *Pillars of Integrity*: The Importance of Supreme Audit Institutions in Curbing Corruption. Artigo citado, p. 1-26. No Brasil, merece especial referência a coletânea de artigos organizada por: SPECK, Bruno Wilhelm (Coord.). *Caminhos da transparência*: análise dos componentes de um sistema nacional de integridade. São Paulo: Ed. UNICAMP, 2002. A obra apresenta um enfoque sistêmico sobre os elementos constitutivos da integridade, percorrendo todas as instituições que, no contexto brasileiro, são potencialmente envolvidas com o controle da corrupção.

[97] ACKERMAN, Bruce. *A nova separação de poderes*. Obra citada, p. 73.

de Controle (ISCs) são expressamente identificadas como um desses pilares,[98] tal circunstância favorece o desenvolvimento de estudos a respeito do seu arranjo estrutural, majoritariamente voltados para a avaliação de sua efetiva aptidão para a promoção da *accountability* horizontal das finanças públicas.

Com efeito, as ISCs atuam no âmbito da fiscalização da atividade financeira do Estado, sendo exatamente por isso identificadas na literatura estrangeira como instituições supremas de auditoria (*Supreme Audit Institutions* – SAIs).[99] São dotadas de competência, constitucional ou legal, para monitorar e controlar a gestão de recursos públicos, tanto sob a perspectiva da legalidade, quanto de eficiência da alocação orçamentária. Assim, sua principal função é supervisionar a administração das contas públicas, contribuindo para aumentar a transparência e a responsividade no processo de execução do orçamento, tradicionalmente dominado pelo Poder Executivo. Essa função envolve três objetivos específicos: (i) a responsabilização de agentes por desvios e comportamentos inadequados; (ii) a exigência de prestação de contas de todos aqueles que, de alguma forma, administrem ou gerenciem recursos públicos; e (iii) o acompanhamento da implementação das políticas públicas de forma a assegurar que os objetivos dos programas de governos sejam alcançados da forma mais efetiva e eficiente possível.

As ISCs, como visto, são concebidas para resguardar a integridade e a confiabilidade da gestão pública financeira, sendo amplamente reconhecidas como componentes centrais para o fortalecimento da *accountability* horizontal. Contraditoriamente, porém, ao mesmo tempo que se notabilizam como peças fundamentais de boa governança, sua

---

[98] Os demais pilares do sistema de integridade são: (i) vontade política; (ii) reformas administrativas; (iii) agências anticorrupção e *ombusdmen offices*, também qualificadas como *watchdog agencies*; (iv) parlamentos; (v) engajamento público; (vi) instâncias judiciais; (vii) mídia; (viii) o setor privado. Examinando o tema sob a perspectiva da esfera federal do governo brasileiro, afirma Izabela Moreira Corrêa: "O Brasil deu grandes passos em direção a diversos dos elementos necessários para a consolidação do sistema de integridade na administração pública federal. (...). Durante os últimos dez anos, o Brasil criou e fortaleceu as organizações responsáveis pelo controle institucional das contas públicas, além de ter criado mecanismos efetivos de coordenação entre essas organizações. Algumas dessas instituições são a Comissão de Ética Pública da Presidência da República e as comissões de ética dos órgãos e entidades da administração pública federal, a Controladoria-Geral da União, o Departamento da Polícia Federal, o Tribunal de Contas da União e o Ministério Público Federal" (Sistema de integridade: avanços e agenda de ação para a Administração Pública Federal. *In*: *Corrupção e sistema político no Brasil*. AVRITZER, L.; FILGUEIRAS, F. (Org.). Rio de Janeiro: Civilização Brasileira, 2011. p. 166).

[99] Carlos Santiso, por exemplo, prefere referir-se a elas como *Autonomous Audit Agencies* (AAAs) (SANTISO, Carlos. *The political economy of government auditing*: financial governance and the rule of Law in Latin America and beyond. Obra citada, p. 03).

efetividade é frequentemente questionada, não sendo raras as críticas que lhes são direcionadas em termos de fragilidade e incapacidade para cumprir a sua missão de reduzir o desperdício e os desvios de recursos públicos e contribuir para o combate à corrupção. Em particular nos países em desenvolvimento, a incredulidade que ronda as ISCs relaciona-se comumente à capacidade de o governo capturá-las, tornando-as subservientes às suas políticas.[100]

De fato, independente do arranjo institucional de auditoria externa adotado em cada país, a chave de preocupação que recai sobre as ISCs vincula-se à sua independência e autonomia. Há consenso em que esses dois atributos são imprescindíveis para a atuação bem-sucedida das ISCs; ao mesmo tempo, porém, como assegurar essa independência e materializá-la na prática continua sendo um grande desafio, a demandar a atenção da doutrina – especialmente no âmbito de pesquisa comparativa em ciência política e administração pública – e esforços de organismos internacionais. Como observa Carlos Santiso, "a questão não é saber se as AAAs devem ser independentes, mas sim identificar o quanto de independência é suficiente e o quanto é demais".[101]

Nesse contexto, é importante destacar que a *International Organization of Supreme Audit Institutions* (INTOSAI), organização internacional criada em 1953 e que reúne atualmente as ISCs de 191 países membros, é enfática ao proclamar que as "SAIs somente podem exercer suas competências de forma objetiva e efetiva se gozarem de independência em relação à entidade auditada e se estiverem protegidas de influências externas".[102] Nessa mesma linha, em 2007, a INTOSAI aprovou a "Declaração do

---

[100] No mesmo sentido: SANTISO, Carlos. *The political economy of government auditing*: financial governance and the rule of Law in Latin America and beyond. Obra citada, p. 07; SPECK, Bruno W. Auditing Institutions. *In*: POWER, T.; TAYLOR, M. (Ed.). *Corruption and Democracy in Brazil: the struggle for accountability*. Indiana: University of Notre Dame Press, 2011. p. 127-161.

[101] SANTISO, Carlos. *The political economy of government auditing*: financial governance and the rule of Law in Latin America and beyond. Obra citada, p. 58. Como já se observou anteriormente, o autor prefere referir-se às Instituições Superiores de Controle como Agências Autônomas de Auditoria, o que explica a sigla AAAs por ele utilizada no trecho transcrito.

[102] Trata-se de diretriz constante da Declaração de Lima, adotada em 1977 pela INTOSAI. Em 2012, a Assembleia Geral da ONU aprovou a Resolução nº 66/209, dedicada à "Promoção da eficiência, da prestação de contas, da eficácia e da transparência da administração púbica mediante o fortalecimento das Entidades Fiscalizadoras Superiores", fazendo dela constar expressamente a diretriz da Declaração de Lima. Disponível em: http://www. intosai.org/fileadmin/downloads/downloads/4_documents/es_UN_Resolution_Original. pdf . Acesso em: 30 jul. 2014.

México sobre a Independência das Entidades Fiscalizadoras Superiores",[103] em que reconhece oito princípios básicos como requisitos essenciais para a correta fiscalização do setor público. São eles:

(i)   a existência de um marco constitucional ou legal para as ISCs;

(ii)   a independência da autoridade da ISC e de seus membros (em caso de instituições colegiadas), incluindo estabilidade no cargo e imunidade legal no cumprimento regular de suas obrigações;

(iii)   mandato suficientemente amplo e faculdades plenamente discricionárias no cumprimento de suas funções;[104]

(iv)   acesso irrestrito à informação;

(v)   direito e obrigação de informar sobre o seu trabalho;

(vi)   liberdade de decidir o conteúdo e a oportunidade (momento) da realização de auditorias, assim como a publicação e a divulgação dos resultados;

(vii)   existência de mecanismos eficazes para assegurar que as entidades auditadas sigam suas recomendações;

(viii)   autonomia financeira e gerencial/administrativa, assim como disponibilidade de recursos humanos, materiais e econômicos apropriados.

A centralidade das preocupações a respeito dos níveis de independência das ISCs guarda conexão direta com a moldura analítica usualmente utilizada para elucidar a dinâmica das suas interações com o Poder Legislativo e com o Poder Executivo. Aponta-se convencionalmente o modelo de delegação fundado na *teoria da agência* como o que melhor decifra essa relação.[105] Como se sabe, o ingrediente nuclear da

---

[103] INTOSAI. *Declaração do México sobre a Independência das Entidades Fiscalizadoras Superiores.* 2007. Disponível em: http://www.intosai.org/fileadmin/downloads/downloads/4_documents/publications/span_publications/S_Lima_Mexico_2013.pdf. Acesso em: 30 jul. 2014.

[104] A referência feita "faculdades plenamente discricionárias" merece uma nota explicativa. A ideia subjacente a tal princípio tenciona sublinhar que as ISCs devem manter sua independência frente a qualquer diretiva ou interferência dos Poderes Legislativo e Executivo no que concerne (i) à seleção dos assuntos a serem auditados; (ii) à planificação, à programação e à execução de suas auditorias; (iii) à organização e à administração de sua estrutura interna; e (iv) à aplicação de sanções.

[105] A moldura principal-agente domina os trabalhos teóricos a respeito da *accountability*. Em sua dimensão vertical-eleitoral, o eleitor, na qualidade de principal, seleciona um agente dentre vários competidores, outorgando-lhe poderes com a expectativa de que o selecionado responda às suas preferências políticas, aderindo ao programa eleitoral e às promessas que o conduziram à vitória no pleito. Consultar, a esse respeito: MARAVALL, José María. Accountability and Manipulation. *In*: PRZEWORSKI, A; STOKES, S.; MANIN, B. (Ed.). *Democracy, Accountability, and Representation*. Obra citada, p. 154-196. Ver, ainda:

teoria da agência consiste na existência de um ator (ou de um grupo de atores), denominado agente, que opera em nome de outro ator (ou grupo de atores), denominado principal, o qual, por sua vez, pode tomar decisões que irão afetar os incentivos de que dispõe o agente para escolher uma dentre várias possíveis posturas.

Transpondo esse esquema de delegação para o contexto da auditoria pública externa, resulta que, em geral, na medida em que as ISCs participam do ciclo de *accountability* horizontal como auxiliares do Legislativo, elas acabam operando como "agentes", em uma relação em que o Legislativo figura como "principal". Ou seja, o Poder Legislativo delega uma parcela de sua função de controle para agências especializadas, com o objetivo de aprimorar e tornar mais efetivo o controle que, a seu turno, compete-lhe exercer sobre o Poder Executivo (ou, mais propriamente, sobre a atividade administrativa do Estado). Formam-se, então, duas cadeias de relação "agente"-"principal": a primeira, entre o Legislativo (principal) e o Executivo (agente); e a segunda, entre o Legislativo (principal) e a ISC (agente).

Nesse cenário, as dificuldades relacionadas à independência e autonomia das ISCs são evidenciadas em duas frentes: primeiro, na sua relação com o Executivo, que já não comporta apreciação simplesmente reduzida à teoria da agência; e, segundo, na sua interação com o Legislativo, que, na qualidade de "principal", as expõe ao risco de captura por influências e interesses político-partidários. Esse dilema traz profundas implicações especialmente no que tange à formação da instância decisória ou à composição dos corpos deliberativos das ISCs, assunto que será objeto de análise destacada com ênfase no modelo brasileiro.

Além dos olhares voltados para a independência e a autonomia das ISCs, outros aspectos relacionados ao desenho de tais entidades têm atraído a atenção de pesquisadores. São eles: (i) a extensão do controle a cargo das ISCs; (ii) o momento em que o controle é exercido; (iii) a capacidade de *enforcement* das ISCs; (iv) a sujeição das ISCs à *accountability* diagonal; e, finalmente, (v) os riscos e as patologias da denominada *accountability overload*, ou seja, dos excessos de instituições e de

---

FEREJOHN, John. Accountability and Authority: toward a theory of political accountability. *In*: PRZEWORSKI, A; STOKES, S.; MANIN, B. (Ed.). *Democracy, Accountability, and Representation*. Obra citada, p. 131-153; GAILMARD, Sean. Accountability anda principal-agent theory. *In*: BOVENS, M.; SCHILLEMANS, T.; GOODIN, R. (Ed.). *The Oxford Handbook of Public Accountability*. Oxford: Oxford University Press, 2014. *Kindle Edition*, posições 2591-3020.

mecanismos de controle e supervisão. O fio condutor das abordagens é invariavelmente o mesmo: sem descurar das trajetórias constitutivas dos múltiplos sistemas políticos, busca-se identificar o modelo ótimo de Instituição Superior de Controle. Nos limites do presente capítulo, essas questões serão apresentadas ainda de maneira periférica, uma vez que seu aprofundamento ocorrerá ao longo do livro.

Em relação à extensão do controle atribuído às ISCs, o debate central dos dias de hoje envolve o binômio controle de conformidade (*compliance control*) *versus* controle de performance (*performance audits*). Trata-se, como observado por Robert D. Behn, do dilema da *accountability*[106] a evidenciar o latente estado de tensão entre a cultura do controle de legalidade e as exigências contemporâneas que enfatizam os resultados a serem alcançados pela atuação financeira estatal. Tradicionalmente, a fiscalização realizada pelas ISCs recaía apenas sobre a regularidade da atuação administrativa financeira, sendo tipicamente um controle de conformidade que buscava assegurar a aderência às normas legais e regulamentares quando da gestão de recursos públicos. Esse controle de regularidade formal jurídico-financeira vem se expandido nas duas últimas décadas para abranger também, e até prioritariamente, a avaliação quanto ao desempenho dos entes auditados em relação aos seus objetivos substanciais. O controle de performance, assim, preocupa-se com as consequências da ação governamental, em especial com o atendimento satisfatório das expectativas dos cidadãos. Busca verificar, em síntese, se as políticas e os programas de governo vêm efetivamente produzindo os resultados para os quais foram criados.

Quanto ao momento para o exercício do controle a cargo das ISCs, a fiscalização da atividade financeira estatal pode se dar basicamente antes da realização da despesa pública (auditoria *ex ante*) ou após a sua ocorrência (auditoria *ex post* ou *a posteriori*). A auditoria *ex ante* verifica a legalidade da ação administrativa em momento anterior à sua

---

106 BEHN, Robert D. *Rethinking democratic accountability*. Washington: Brooking Institution Press, 2001. p. 09. Embora a literatura especializada usualmente se refira ao controle de conformidade como uma *accountability for compliance*, Robert Behn utiliza as expressões *accountability for finances* e *accountability for fairness* para se referir àquela natureza de fiscalização/auditoria. Por isso, na sua obra, a performance aparece como um terceiro tipo de accountability. Nas palavras do autor: "O governo não deve apenas administrar os recursos com prudência e dispensar tratamento justo a todos; ele também deve satisfazer os objetivos públicos. *Accountability for finances* e *accountability for fairness* refletem preocupações de *como* o governo faz o que faz. Mas nós também nos preocupamos com *o quê* o governo faz – e com *o quê* ele consegue alcançar. Essa preocupação demanda um terceiro tipo de *accountability – accountability for performance*" (BEHN, Robert D. *Rethinking democratic accountability*. Obra citada, p. 09-10).

implementação, surgindo como um potencial *veto player*[107] e, portanto, ostentando caráter fortemente preventivo. A auditoria *ex post*, por sua vez, recai sobre ações administrativas já implementadas e, dessa forma, concentra-se no caráter corretivo e sancionatório do controle realizado.

O entendimento convencional em relação ao *timing* do controle externo considera que as ISCs devem atuar, prioritariamente, *a posteriori*. O controle realizado de maneira preventiva é usualmente criticado por implicar uma coadministração por parte da instituição de controle, que teria a prerrogativa de vetar determinada ação estatal. Essa potencial configuração da ISC como um *veto player*, como um ator que pode questionar e, até mesmo, obstaculizar uma ação administrativa, é alvo de intensa controvérsia, que claramente polariza duas distintas filosofias a respeito da auditoria pública:[108] de um lado, a tendência mais liberal, que se preocupa em limitar e restringir a atuação administrativa do Estado, acomodando-se mais propriamente ao controle prévio; e, de outro lado, a tendência gerencial, que se preocupa com o aprimoramento da gestão do setor público e que, dessa forma, identifica-se mais com o modelo *a posteriori* de auditoria de desempenho (performance).

A capacidade de *enforcement* das decisões adotadas pelas ISCs é outro tema permeado de controvérsias. Ainda que não se trate de entendimento pacífico, já se registrou que a abordagem amplamente majoritária a respeito da *accountability* considera a aptidão para responsabilizar desvios de conduta e exigir o cumprimento de suas determinações/recomendações um atributo intrínseco do fenômeno.[109]

---

[107] Conforme enuncia George Tsebelis, um *veto player* é um ator individual ou coletivo cuja concordância (pela regra da maioria no caso dos atores coletivos) é requerida para a mudança do *status quo*. O autor apresenta uma importante contribuição para a compreensão do funcionamento das instituições políticas ao argumentar que as verdadeiras diferenças entre sistemas políticos são encontradas na extensão da prerrogativa de veto sobre escolhas políticas conferida aos mais variados atores. Segundo Tsebelis, rupturas com os *status quo* são muito mais difíceis em um sistema que contempla elevado número de *veto players* ou em que tais atores são internamente coesos. O autor formula, assim, uma teoria que associa estabilidade política com o número de *veto players* contemplados em um determinado regime constitucional. Ver, a propósito: TSEBELIS, George. *Veto players*: how political institutions work. New Jersey: Princeton University Press, 2002.

[108] SANTISO, Carlos. *The political economy of government auditing*. Obra citada, p. 57.

[109] Nesse sentido, a colocação de Andreas Schedler, para quem "*accountability* sem consequências não pode ser, de jeito nenhum, considerada *accountability*". (*The Self-Restraining State*: power and accountability in new democracies. Artigo citado, p. 17). Entendimento contrário é perfilhado por Carlos Santiso, para quem a capacidade sancionatória deve ser reconhecida às instâncias legislativas, estas sim titulares da função fiscalizatória. Em suas palavras: "Nós argumentamos que as AAAs são essencialmente agências de supervisão que dependem de instituições de *accountability* para responsabilizarem governos.

Há, contudo, considerável divergência em relação à extensão e à amplitude dos efeitos decorrentes do exercício do controle externo a cargo das ISCs, que se reflete também no campo prático, com enorme variação de modelos constitucionais e legais a respeito do assunto. Independente do posicionamento que se possa assumir em relação às prerrogativas sancionatórias das ISCs e de sua capacidade de exigir o cumprimento de suas decisões, é fora de dúvida que tais variáveis afetam diretamente a credibilidade e a efetividade do controle exercido por tais instituições.

Outra preocupação bastante presente nas investigações contemporâneas a respeito das ISCs concerne à sua interação com a *accountability* exercida pela cidadania engajada e por organizações da sociedade civil. Em outras palavras, são reflexões voltadas à denominada *accountability* diagonal e as promessas que apresenta em relação ao fortalecimento da articulação entre atores da sociedade civil e as instituições estatais de controle e fiscalização. Essa articulação, como observa Guillermo O'Donnell, é robustecida em duas direções que se retroalimentam: indução e estímulo.[110] De um lado, o simples fato de, em um determinado regime político, existirem instituições de *accountability* horizontal já configura elemento importante de indução do controle social, pois, em geral, a chance de sucesso de uma determinada demanda social é fortemente influenciada pela disposição de agir de agências intraestatais de controle. Por outro lado, a existência de demandas sociais de *accountability*, especialmente se formuladas de maneira organizada e contínua, configura importante fonte de estímulo para que agências horizontais se esforcem no exercício de suas atribuições.

Por fim, o último ponto de inquietação que se observa nos estudos relacionados às ISCs associa-se à chamada sobrecarga de *accountability* (*accountability overload*) e os efeitos adversos que pode produzir. Essa sobrecarga ocorre quando os arranjos institucionais visando ao exercício das atividades de controle e supervisão tornam-se disfuncionais, ou seja,

---

As instituições de *accountability* são aqueles poderes do estado dotados de prerrogativas constitucionais tendentes à exigência de prestação de contas por parte do governo. No modelo constitucional de separação de poderes, as instituições de *accountability* são o legislativo e o judiciário. Como Moreno *et al* (2003:117) observam, 'agentes não podem responsabilizar outros agentes, somente os seus principais é que podem fazê-lo'. Somente o principal do governo, ou seja, o legislativo, pode executar a *accountability* no seu agente" (SANTISO, Carlos. *The political economy of government auditing*. Obra citada, p. 57).

[110] O'DONNELL, Guillermo. Notes on various accountabilities and their interrelations. *In*: SMULOVITZ, C.; PERUZZOTTI, E. (Ed.). *Enforcing the rule of Law*: social accountability in the new Latin American democracies. Pittsburgh: University of Pittsburgh Press, 2006. *Kindle Edition*, posição 4483.

quando boas intenções acabam minando a efetividade e a eficiência de ações governamentais, especialmente por desencorajar inovações.[111] Os efeitos indesejados de um eventual excesso de *accountability*, bem como as patologias que podem ser produzidas a partir de um cenário de controle e desconfiança em demasia chamaram a atenção de Michael Power que, ainda na década de noventa, debruçou-se sobre o que denominou de "sociedade auditora" e seus rituais de verificação.[112] Esse tema continua na pauta dos debates da literatura especializada, que tem se dedicado a investigar estratégias que reduzam os atributos defensivos e a linha adversarial da *accountability* para privilegiar rumos colaborativos e dialógicos.[113]

Esse é, em síntese, o panorama das discussões contemporâneas envolvendo as Instituições Superiores de Controle e a *accountability* pública que lhes é confiada. As questões levantadas ao longo deste tópico serão enfrentadas nos capítulos subsequentes, em análise voltada especialmente para a realidade das ISCs no Brasil – com ênfase para o chamado "Sistema Tribunais de Contas". Antes, porém, ainda visando a aprofundar o eixo teórico de tais instituições, será desenvolvido o seu fundamento de acordo com a tradição republicana.

---

[111] HALACHMI, Arie. Accountability Overloads. *In*: BOVENS, M.; SCHILLEMANS, T.; GOODIN, R. (Ed.). *The Oxford Handbook of Public Accountability*. Obra citada, *Kindle edition*, posição 14482.

[112] Na introdução do livro, o autor levanta as principais questões que pretende endereçar ao longo da obra. Veja-se: "Quanto mais se pensa sobre isso, mais aparente fica que o imperativo 'nunca confie, sempre confira' não pode ser universalizado como um princípio de ordem social: a vigilância constante é, de alguma forma, autodestrutiva. (...). Por óbvio, algumas sociedades tentaram institucionalizar o controle em grande escala. Esses sistemas aos poucos desmoronaram por conta do peso de suas demandas informacionais, da inútil alocação de recursos escassos em atividades de vigilância e da exaustão humana por existir em tais condições, tanto para quem controle, como para quem é controlado. No final, o controle em si requer confiança; os dois conceitos não são mutuamente excludentes. Dito isso, é possível imaginar uma sociedade sem qualquer tipo de controle, uma sociedade de pura confiança? Isso é igualmente difícil de conceitualizar. (...) O que precisamos decidir, como indivíduos, organizações e sociedades é como combinar controle e confiança. Quais tipos de atividades devem ser controladas? O quanto de controle é suficiente? Como o controle afeta aqueles a ele submetidos e quando a demanda por monitoramento torna-se patológica? Os benefícios da atividade de controle podem ser claramente demonstrados?" (POWER, Michael. *The Audit Society*: Rituals of Verification. New York: Oxford University Press, 1997. p. 02).

[113] Thomas Schillemans, por exemplo, enfatiza a necessidade de uma "virada" de propósito nas abordagens acadêmicas a respeito da *accountability*: ao invés de as preocupações se voltarem para os *déficits*, as pesquisas deveriam centrar-se no *design* da *accountability* efetiva (BOVENS, M.; SCHILLEMANS, T. Meaningful accountability. *In*: BOVENS, M.; SCHILLEMANS, T.; GOODIN, R. (Ed.). *The Oxford Handbook of Public Accountability*. Obra citada, *Kindle edition*, posições 17325-17568).

2.3 A tradição republicana como componente teórico da *accountability* pública e das Instituições Superiores de Controle

O termo "república", em razão de sua carga semântica, experimentou diversas concepções ao longo da história. As ciências sociais, a partir das últimas décadas do século passado, buscaram resgatar a tradição republicana – o chamado *republican revival*[114] – como forma alternativa de endereçar uma série de problemas políticos contemporâneos, com ênfase para a crise do padrão representativo de democracia e as debilidades do esquema partidário-eleitoral, a degeneração do modelo de bem-estar social e as patologias decorrentes da assimetria de direitos e deveres entre cidadãos provocada pelo fenômeno da corrupção.[115]

De maneira geral, existem duas principais reivindicações para o conceito. De um lado, a república pode ser compreendida como a forma de governo contraposta à monarquia, tendo por atributos essenciais a eletividade, a temporariedade e a responsabilidade dos governantes. Nas palavras de Geraldo Ataliba, "é o regime político em que os exercentes

---

[114] Sobre o resgate da tradição republicana, anota Iseult Honohan: "Influente na moderna Europa e América até o final do século XVIII, o republicanismo cívico foi até recentemente obscurecido pelos debates entre liberalismo e socialismo. Mas ele tornou-se, uma vez mais, objeto de interesse e discussão desde a aparente vitória radical da democracia liberal sobre o socialismo. Apesar dessa vitória, não somos todos nós liberais agora. Uma nova linha de criticismo tem sido desenvolvida pelos filósofos comunitaristas que destacam a dependência dos indivíduos no contexto da comunidade, em reação ao que eles consideram como ênfase excessiva do liberalismo na independência individual. Simultaneamente, a prática da democracia liberal tem sido criticada pelos atores políticos que reivindicam a restauração da comunidade, cidadania e dos propósitos morais da política" (HONOHAN, Iseult. *Civic Republicanism*. London: Routledge, 2002. p. 06).

[115] A respeito das preocupações republicanas com o fenômeno da corrupção, observa Juarez Guimarães: "Contudo, o que se pode extrair desse conceito de sociedade civil e dessa gramática da ciência política elaborado pelo republicanismo democrático para o diagnóstico e o combate à corrupção? Em primeiro lugar, há aqui uma apologia da política entendida como exercício pleno da liberdade, da autonomia politicamente formada e compartilhada, da cidadania ativa e da formação do interesse público como o verdadeiro antídoto contra a corrupção. Esse antídoto não é suficiente, mas condição necessária para tal combate. Em segundo lugar, vincula-se visceralmente a corrupção à assimetria de direitos e deveres entre os cidadãos, que mina sua condição de liberdade entendida como autonomia. Distingue-se aqui centralmente a realização de privilégios ilegítimos (que é a corrupção, por definição) em um regime republicano com os privilégios legitimados em um regime não republicano, isto é, não baseado na soberania popular. Sem uma compreensão sólida do que é o interesse público, que só pode se firmar em um contexto de simetria entre direitos e deveres dos cidadãos, não há base segura sequer para identificar o fenômeno da corrupção. A luta contra a corrupção é, pois, para o republicanismo democrático, o fundamento da luta pela justiça" (GUIMARÃES, Juarez. Sociedade Civil e Corrupção: crítica à razão liberal. *In*: AVRITZER, L.; FILGUEIRAS, F. (Org.). *Corrupção e sistema político no Brasil*. Rio de Janeiro: Civilização Brasileira, 2011. p. 88-89).

das funções políticas (executivas e legislativas) representam o povo e decidem em seu nome, fazendo-o com responsabilidade, eletivamente e mediante mandatos renováveis periodicamente".[116] Sob outra perspectiva, a república também pode ser encarada como um conjunto de práticas compartilhadas pelos cidadãos na vida pública, orientando-se pela primazia do bem comum e pela ênfase nas virtudes cívicas, pressupondo o engajamento dos cidadãos na condução dos assuntos de interesse público, cabendo-lhes assumir, em certa medida, a responsabilidade pessoal pela sua realização.[117]

Seja qual for a acepção terminológica adotada, o componente republicano constitui precioso referencial teórico para investigações a respeito das experiências de *accountability* e da função desempenhada pelas Instituições Superiores de Controle – ISCs. Na teoria constitucional, o tema comporta abordagem a partir das reflexões em torno do princípio republicano e de seu significado para as relações constituídas no espaço público. De outro lado, no âmbito da filosofia política, o resgate dos ideais republicanos contribui para integrar a *accountability* com os desafios levantados quanto ao desempenho das instituições democráticas e às exigências de participação e contestação.

2.3.1 O aporte teórico da democracia contestatória de Philip Pettit para as instituições de *accountability*

No campo da filosofia política, o renascimento do republicanismo cívico clássico verificou-se especialmente nas últimas décadas do século passado, sob forte influência das investigações históricas empreendidas por J. G. A. Pocock e Quentin Skinner, autores que se destacam como

---

[116] *República e Constituição*. 2. ed. São Paulo: Malheiros, 2004. p. 13. O autor observa que a adesão ao princípio republicano representativo decorre da resposta afirmativa oferecida, dentre outras, às seguintes indagações: "É desejável que o governo responda pelos atos que pratica? Que os homens que vão exercer funções de governo sejam escolhidos pelo povo? Para fins desta escolha, é desejável que se apresentem diante do povo, fazendo suas propostas e discutindo formulações? Que, no exercício da função, estejam perto do povo, de modo a poder seu desempenho ser acompanhado? Que o povo possa fiscalizar e controlar os atos que são praticados? Que o povo possa e deva ter o direito a questionar, perguntar e indagar em torno dos atos do governo? (...)" (ATALIBA, Geraldo. *República e Constituição*. Obra citada, p. 29).

[117] Sublinha Iseult Honohan: "Ao contrário do que se imagina, nós não podemos deixar a política para os políticos. A esperança madisoniana de que as instituições equilibrariam interesses e incutiriam a virtude dos gabinetes eleitorais parece ser infundada. Sem cidadãos vigilantes, não podemos ter certeza de que nossas instituições não serão comandadas por interesses seccionais e utilizadas contra os nossos interesses, ao invés de em seu favor" (*Civic Republicanism*. Obra citada, p. 149).

referências do movimento identificado por neorrepublicanismo.[118] Embora se trate de temática bastante envolvente, não há lugar neste trabalho para desenvolver as inúmeras peculiaridades das construções teóricas elaboradas por cada um dos autores filiados ao neorrepublicanismo, até mesmo porque existem diversas formas contemporâneas de apropriação dos ideais ético-políticos da tradição republicana clássica. É possível, contudo, identificar as categorias fundamentais com as quais trabalham os expoentes do novo republicanismo e articulá-las com a temática do controle e da responsabilidade dos governantes.

Nesse cenário, merece especial destaque a contribuição oferecida pelo filósofo irlandês Philip Pettit, cujas preocupações centrais dirigem-se ao bom funcionamento das instituições do estado republicano, culminando com a formulação de uma concepção de democracia que descreve como "contestatória". Esse modelo de *democracia contestatória* fornece um aporte teórico importante para se avançar no estudo das ISCs ao acentuar a necessidade de canais institucionais que permitam aos cidadãos questionarem as políticas adotadas pelos governantes e exigirem maior responsividade no trato dos assuntos de interesse público. A hipótese aqui levantada, portanto, considera que as ISCs podem apresentar-se como um canal institucional relevante para coadjuvar no modelo republicano de democracia defendido por Pettit.[119]

Para que se possa adequadamente compreender a *aposta institucionalista* de Philip Pettit – especificamente o ponto de sua teoria que interessa a este trabalho – é necessário recuperar, ainda que de maneira breve, a preocupação do filósofo com a liberdade[120] e sua insurgência à clássica dicotomia entre liberdade positiva e liberdade negativa do pensamento tradicional liberal. Com efeito, o autor elabora uma teoria

---

[118] Como influente marco inicial do resgate da tradição republicana, aponta-se a obra seminal: POCOCK, John. *The machiavellian moment*: florentine political thought and the Atlantic Republican traditition. Princeton: Princeton University Press, 1975. A outra obra de referência é: SKINNER, Quentin. *The Foundation of Modern Political Thought*. Cambridge: Cambridge University Press, 1978. A versão traduzida para o português é: SKINNER, Quentin. *As fundações do pensamento político moderno*. Tradução de Renato Janine Ribeiro e Laura Teixeira Motta. São Paulo: Companhia das Letras, 1996. Para uma visão aprofundada da recepção do movimento de "retorno ao republicanismo" pela academia brasileira, consultem-se: BIGNOTTO, Newton (Org.). *Pensar a República*. Belo Horizonte: Ed. UFMG, 2000; e CARDOSO, Sergio (Org.). *Retorno ao republicanismo*. Belo Horizonte: Ed. UFMG, 2004.

[119] A arquitetura da denominada democracia contestatória é detalhada na principal obra do filósofo, lançada em 1997. Trata-se do livro intitulado *Republicanism*: A theory of Freedom and Government. Oxford: Clarendon Press, 2002.

[120] Isso porque, segundo Pettit, o valor de liberdade enquanto ausência de dominação é uma realidade institucional, porque é constituído, e não causado, pelos arranjos institucionais postos em prática (PETTIT, Philip. *Republicanism*. Obra citada, p. 108).

alternativa à taxonomia amplamente difundida de Isaiah Berlin,[121] para quem a liberdade positiva equivale ao domínio de si próprio ou o autogoverno, enquanto a liberdade negativa é a ausência de interferência alheia. Pettit, ao contrário, busca um conceito de liberdade que não fique aprisionado ao binômio positivo-negativo, fazendo-o por meio da incorporação simultânea de elementos da liberdade positiva e da liberdade negativa à sua caracterização. Assim, a liberdade republicana de Phillip Pettit é compreendida, sinteticamente, como ausência de dominação.[122]

O ideal de liberdade de PETTIT não se confunde com a liberdade negativa clássica, pois há uma diferença substancial entre domínio e interferência.[123] Para o autor, não é qualquer forma de interferência alheia que se revela incompatível com a liberdade, mas apenas a interferência arbitrária (sinônimo de domínio). E a interferência ocorre em bases arbitrárias sempre que controlada pelo *arbítrio* – vontade ou julgamento – daquele que a opera, ou seja, sempre que não seja obrigada a levar em conta os interesses e a posição daquele que a sofre.[124]

A liberdade enquanto *ausência de dominação* é a força motriz da teoria do governo republicano que o autor desenvolve e que conjuga a defesa de formas republicanas de constitucionalismo complementadas pela democracia contestatória. Inicialmente, destaca-se a centralidade da função da lei como inibidora do exercício de interferência arbitrária de um indivíduo ou grupo de indivíduos sobre outro – que o autor qualifica como *dominium* e que se refere à presença de dominação entre concidadãos. Nesse ponto, o Estado e as leis surgem como os promotores e os guardiões da liberdade republicana. Ocorre que a dominação não se verifica apenas entre concidadãos, mas pode dar-se também por meio da interferência arbitrária exercida por governantes e titulares de

---

[121] A distinção entre a liberdade positiva e a liberdade negativa foi formulada por Isaiah Berlin em seu célebre ensaio de 1958 denominado "Dois conceitos de liberdade". Veja-se, em edição recente: BERLIN, Isaiah. Dois conceitos de liberdade. *In*: HARDY, H; HAUSHEER, R. (Org.). *Isaiah Berlin*: estudos sobre a humanidade. São Paulo: Companhia das Letras, 2002.

[122] Como se percebe, a ausência é o elemento extraído da liberdade negativa, ao passo que o domínio é o elemento extraído da liberdade positiva.

[123] Essa radical diferença é aprofundada pelo autor da seguinte forma: "Dominação pode ocorrer sem interferência, porque ela simplesmente necessita que alguém tenha a capacidade de interferir arbitrariamente nos seus negócios; ninguém precisa efetivamente interferir. A interferência também pode ocorrer sem dominação, porque a interferência não precisa envolver necessariamente o exercício de uma capacidade arbitrária (...). Considerando que interferência e dominação são males distintos, não interferência e não dominação também são ideais distintos" (PETTIT, Philip. *Republicanism*. Obra citada, p. 23).

[124] PETTIT, Philip. *Republicanism*. Obra citada, p. 272.

poder político sobre indivíduos, fenômeno que Pettit identifica como *imperium* e que traduz uma forma ainda mais perniciosa de dominação. Daí a preocupação fundamental com o estabelecimento de condições de não manipulabilidade dos instrumentos republicanos de contenção do poder arbitrário; afinal, "de nada adianta estabelecer instituições ou adotar iniciativas que reduzam o *dominium* se esses mesmos instrumentos propiciarem a dominação associada ao *imperium*".[125]

Como forma de evitar que a atuação estatal seja vulnerável à manipulação por bases arbitrárias,[126] Pettit defende a instituição de um regime de constitucionalismo republicano que observe três condições essenciais: (i) que seja um "império de leis e não de homens" (legalidade); (ii) que promova a dispersão das funções do Estado (condição do governo ou da constituição mista); e, finalmente, (iii) que produza leis relativamente resistentes à vontade das maiorias (condição contramajoritária).[127] Embora essencial para o governo republicano, esse regime constitucional, isoladamente, não consegue eliminar certa margem de discricionariedade que ainda permanece em mãos dos titulares do poder político, o que evidencia a necessidade de sua complementação por instrumentos que visem a impedir que a discricionariedade possa se converter em arbitrariedade.[128]

---

[125] PETTIT, Philip. *Republicanism*. Obra citada, p. 172.

[126] Ricardo Silva sintetiza a preocupação republicana com a não manipulabilidade por meio do seguinte questionamento: "Como evitar que o Estado e suas leis, pretensos guardiões da liberdade, tornem-se fontes de dominação e de redução da liberdade dos cidadãos?" (SILVA, Ricardo. Republicanismo neo-romano e democracia contestatória. *Revista de Sociologia e Política*, v. 19, n. 39, p. 40, jun. 2011).

[127] As três condições de não manipulabilidade são desenvolvidas pelo autor no capítulo VI de sua obra, especificamente na seção 1.

[128] Explica Pettit: "Mas se um sistema constitucional é necessário para a promoção da liberdade, então também deve ficar claro que algo mais também se revela necessário. Não importa o quão bem desenhado, qualquer sistema de direito deixa certas decisões nas mãos de diferentes grupos e indivíduos. Legisladores exercerão discricionariedade sobre o conteúdo das leis, e a problemática natureza da interpretação jurídica significa que administradores e juízes também exercerão discricionariedade quando vierem a aplicá-las: 'nenhuma lei pode ser tão perfeita a ponto de normatizar exatamente para cada caso sobre o qual venha a recair' (Sydney 1990: 465). Além disso, como já mencionado, a promoção dos objetivos republicanos frequentemente deixa certa margem de discricionariedade em relação a alguns assuntos nas mãos de juízes e administradores; ainda que possível, pode não ser totalmente interessante legislar detalhadamente sobre o comportamento de tais autoridades. Se todo sistema jurídico comporta a existência de poder decisório nas mãos de várias autoridades, então o avanço da não dominação exige que as decisões sejam tomadas em bases que impeçam a arbitrariedade. Caso contrário, a liberdade enquanto não-dominação não estará disponível para aqueles que podem ser afetados por tais autoridades: eles permanecerão sujeitos à dominação pelas autoridades públicas. Como impedir a arbitrariedade nas decisões adotadas por legisladores, administradores e juízes?" (PETTIT, Philip. *Republicanism*. Obra citada, p. 183).

Disso resulta a conciliação proposta por Pettit entre o modelo constitucional por ele projetado e um conjunto de práticas democráticas contestatórias, as quais reputa imprescindíveis para "assegurar que o exercício da discricionariedade não seja hostil aos interesses e às ideias daqueles que serão por ela afetados".[129] O ideal democrático defendido pelo filósofo não é primariamente baseado no consentimento, mas sim na contestabilidade das ações e decisões governamentais por parte da população. Em termos mais elementares, o foco da preocupação republicana aqui se volta para o controle da ação estatal.

O padrão de democracia contestatória engendrado por Pettit considera que, embora inquestionavelmente importante para atender aos anseios de autogoverno, a fórmula do sistema eleitoral não é satisfatória para as exigências do republicanismo democrático. Assim, além do momento eleitoral, é necessário garantir canais institucionais para que os cidadãos possam permanentemente questionar a atuação governamental, *"despolitizando" a democracia,*[130] ou seja, retirando certas decisões de política pública da esfera de deliberação exclusiva dos políticos profissionais.[131]

---

[129] PETTIT, Philip. *Republicanism*. Obra citada, p. 277.

[130] A expressão escolhida por Pettit para retratar a importância dos "não eleitos" para a democracia é considerada desafortunada por Pierre Rosanvallon; mas o próprio autor francês reconhece que, nada obstante a impropriedade do termo empregado, o argumento de Pettit é bem mais sutil (ROSANVALLON. Pierre. *Democratic Legitimacy*. Obra citada, p. 226). Em verdade, embora filiados a escolas acadêmicas distintas, é possível encontrar pontos de aproximação nas construções teóricas de Philip Pettit com os chamados contrapoderes e com a "democracia da apropriação" de Pierre Rosanvallon e, também, com a dicotomia entre *accountability* vertical e horizontal idealizada por Guillermo O'Donnell. A democracia, na visão dos três autores, não pode ser reduzida à sua dimensão eleitoral, cabendo fomentar-se a construção de espaços de contestação e de controle permanentes, legitimados por princípios de imparcialidade e reflexividade, densamente trabalhados por Rosanvallon (ROSANVALLON, Pierre. *Democratic Legitimacy*: Impartiality, Reflexivity, Proximity. Tradução de Arthur Goldhammer. New Jersey: Princeton University Press, 2011).

[131] O tema da despolitização da democracia encontra-se desenvolvido em ensaio de Philip Pettit datado de 2004. Veja-se: PETTIT, Philip. Depoliticizing democracy. *Ratio Juris*, v. 17, n. 1, p. 52-65, mar. 2004. Disponível em:http://ssrn.com\abstract=548093. Acesso em: 15 ago. 2014. No trabalho, o autor assevera a existência de duas dimensões para a democracia, a eleitoral e a contestatória, e sustenta que, em uma democracia bidimensional, a despolitização é parte que lhe integra de maneira inerente. Em seus termos: "Isso é verdade, em primeiro lugar, em razão dos arranjos necessários para se facilitar a contestação. Os corpos e oficiais responsáveis por ouvir tais contestações – cortes, tribunais, *ombudsmen* e outros semelhantes – devem ser distintos dos fóruns eleitos e daqueles responsáveis pela elaboração das leis e decretos contestados. Caso contrário, não haveria ou haveria pouca esperança de se efetivamente instaurar um processo em que as leis e decretos poderiam ser genuinamente testados quanto à extensão em que correspondem às necessidades públicas. Certamente haveria pouca esperança de se ter um processo capaz de gerar a credibilidade daqueles que manejam os canais contestatórios" (Artigo citado, p. 63).

O modelo de Pettit assenta-se em três pilares fundamentais. Em primeiro plano, abre-se uma exigência de deliberação racional. A democracia contestatória deve ter por base o debate racional, em que as diferentes partes interessadas na tomada de decisão buscam formar um entendimento comum a respeito de determinado assunto por meio do reconhecimento das questões e pontos levantados pelos demais interessados.[132] As decisões definidas com base no processo deliberativo devem ser adotadas sob regime de ampla transparência, possibilidade de escrutínio e liberdade de informação.

Em segundo lugar, coloca-se a condição voltada a assegurar a inclusão republicana, garantindo que todos os pontos de vista razoáveis tenham voz e sejam considerados no processo de debate público. Em outros termos, a institucionalidade democrática deve assegurar que os mais diversos e diferentes atores sociais, especialmente aqueles que não integram as maiorias circunstanciais, possam contar com representatividade que lhes garanta voz e escuta no debate público. O caráter inclusivo busca assegurar aos mais diferentes grupos da sociedade a possibilidade e a oportunidade para pressionar, desafiar e questionar as decisões adotadas no âmbito dos poderes constituídos, os quais, nesse cenário, devem ser representativos da diversidade social.

Além das exigências de deliberação racional e de inclusão, Pettit aponta ainda para uma terceira pré-condição essencial da democracia contestatória, qual seja, a sua responsividade em relação aos questionamentos e às insurgências endereçadas às decisões governamentais. Essa responsividade implica a necessidade de arranjos institucionais que assegurem escuta séria, fidedigna e neutra às contestações vocalizadas nos debates públicos. Ou seja, são necessários fóruns institucionais pelos quais as contestações formuladas nos debates públicos sejam efetivamente consideradas pelas autoridades públicas.[133] A preocupação aqui se volta para a formatação de uma série de instituições e corpos intermediários situados entre o eleitorado e seus representantes,

---

[132] O modelo deliberativo baseado no debate racional contrapõe-se ao modelo identificado por Pettit como *bargain-based decision-making*. No processo *bargain-based* de "negociação", as partes sentam-se à mesa para deliberar sobre certo assunto com seus interesses, ideias e objetivos bem definidos, e conseguem alcançar um acordo por meio de concessões mútuas. Os participantes têm seus pontos de interesse já bem definidos e forçam a obtenção de um acordo benéfico com o menor grau de concessão possível. Já no processo deliberativo defendido por Pettit, ao contrário, as preferências formam-se ao longo do debate: os participantes deliberam a partir do reconhecimento da relevância de certas condições e caminham para convergir em uma resposta (PETTIT, Philip. *Republicanism*. Obra citada, p. 187).

[133] SILVA, Ricardo. Artigo citado, p. 43.

concebidos para acompanhar e controlar aqueles que "governam o dia a dia da república":[134] são os chamados canais contestatórios que, segundo o autor, incluem "a possibilidade de escrever para um membro do paramento, a capacidade de requerer a um *ombudsman* uma investigação, o direito de recorrer contra uma decisão judicial e prerrogativas menos formais como o direito de associação, protesto e manifestação".[135]

Como se percebe, a teoria democrática concebida por Pettit confere extraordinária ênfase à *vigilância republicana* como forma de prevenir a manipulabilidade do interesse público e o cometimento de desvios na condução dos assuntos de natureza coletiva por parte das autoridades governamentais. O cidadão é, assim, instado a participar e a contestar no modelo de democracia pensado pelo filósofo, fazendo-o por meio de fóruns deliberativos e decisórios que lhe permitam reclamar maior responsividade dos políticos. Nesse ponto especificamente, Pettit distancia-se de um ideal de democracia participativa baseado em um contexto de forte ativismo da cidadania mobilizada[136] e acentua o

---

[134] PETTIT, Philip. *Republicanism*. Obra citada, p. 178. Nas palavras do autor: "As instituições constitucionais e democráticas descritas até o momento foram desenhadas para reduzir o espectro de arbitrariedade no processo de decisão governamental – logo, elas seriam necessárias ainda que as pessoas fossem dotadas de um espírito público angelical –, mas ainda assim precisamos considerar as possibilidades de o exercício de controle sobre aqueles que dirigem a república, dadas as imperfeições da natureza humana. (…) Há uma necessidade fundamental de se guardar contra a corruptibilidade dos seres humanos: ainda que a maior parte das pessoas não sejam ativamente corruptas, e estejam bastante dispostas a atuar da forma como a virtude requer, ainda assim elas são capazes de serem corrompidas se forem expostas a grandes e poderosas tentações".

[135] PETTIT, Philip. *Republicanism*. Obra citada, p. 193.

[136] A propósito do distanciamento entre a teoria neorrepublicana de Philip Pettit e ideais radicais de participação, esclarece Ricardo Silva: "No republicanismo neo-romano, a participação política assume uma qualidade distinta das formas de participação teorizadas nos modelos participativos e comunitaristas de inspiração neo-ateniense. Embora reconhecendo que uma cultura participativa disseminada na sociedade é condição indispensável para o bom funcionamento da *polity* republicana, os neo-romanos sugerem que a participação política deve assumir feição positiva somente nos processos eleitorais. Fora das eleições, a participação direta dos cidadãos deverá assumir uma dimensão que é mais de proteção da liberdade individual do que de afirmação de uma concepção particular de bem. Seria ilusório definir a democracia como uma forma de governo em que cidadãos saturados de virtudes cívicas tomam em suas mãos, coletivamente, a prerrogativa de governar o dia a dia de uma república. Ademais, para os neo-romanos, a radicalização do ideal participativista em sua forma positiva não é somente uma ilusão no âmbito das sociedades modernas, ela é também uma ameaça ao delicado equilíbrio da *polity* republicana, uma vez que tende a alimentar certo desprezo pelas instituições representativas e pelos mecanismos de *checks and balances*" (Artigo citado, p. 43). De fato, a posição polar da participação, no republicanismo de Philip Pettit, é ressignificada a partir de um repertório de "pluralização institucional da representação", em que se proliferam canais extraparlamentares de representação formal e informal. Sobre o fenômeno, é elucidativa a explicação fornecida por Gurza Lavalle e Ernesto Vera: "A pluralização da representação implica mudanças inéditas

caráter fundamental do bom funcionamento das instituições públicas e dos organismos de poder para a realização da contestação e para a redução da interferência arbitrária do aparato estatal. Ou seja: seu modelo contestatório de democracia transita para a reflexão a respeito de inovações institucionais bem-sucedidas e da sua aptidão para promover correções dentro da dinâmica geral do governo representativo.

A busca por um desenho institucional que favoreça a contestabilidade das decisões públicas e que, ao fazê-lo, reduza as possibilidades de exercício arbitrário do poder político, claramente aproxima o pênsamento neorrepublicano à defesa de estruturas de natureza jurídica e técnica como instâncias consultivas e decisórias da democracia, "especialmente quando se trata de deliberar sobre leis e políticas que se supõem tanto mais próximas do interesse público quanto mais imunes estiverem da influência do jogo eleitoral".[137] Essa "despolitização da democracia", que salienta o papel cada vez mais influente de corpos não eleitos e da tecnocracia nos processos de formação da decisão pública,[138] articula-se diretamente com a proliferação de instituições contestatórias dotadas de capacidade para exercer controle e direcionar o governo por meio de instrumentos que vão além do momento eleitoral. Dentre tais instituições – identificadas por Pierre Rosanvallon como "agências de democracia indireta"[139] –, destacam-se as cortes constitucionais, as agências reguladoras e as entidades de controle e supervisão.

É precisamente nesse ponto que a elaboração neorrepublicana de Philip Pettit pode dialogar e fornecer suporte teórico para o tema aqui investigado. Com efeito, as Instituições Superiores de Controle – ISCs –

---

no locus, funções e atores da representação – no último caso, vinculando ao exercício de responsabilidades representativas atores que a teoria costumou indicar sob o signo da participação (Gurza Lavalle, Houtzager, Castello 2006a). Os canais de representação extra-parlamentar são excêntricos, pois operam fora do lócus por excelência da representação no governo representativo – o Parlamento –, não raro vinculados à estrutura administrativa do Poder Executivo. Destinam-se ao desempenho de funções outras que não as legislativas: ora a definição, fiscalização e gestão de políticas públicas, ora à emissão de denúncias ou recomendações sobre a conduta de corporações do poder público e de setores da política pública" (GURZA LAVALLE, Adrian; VERA, Ernesto Isunza. A trama da crítica democrática: da participação à representação e à accountability. *Lua Nova*, n. 84, p. 113, 2011).

[137] SILVA, Ricardo. Artigo citado, p. 44. Esse argumento encontra-se desenvolvido de maneira mais aprofundada por Pettit em: *Depoliticizing democracy*. Artigo citado, p. 52-65.

[138] Ver, sobre o assunto: VIBERT, Frank. *The Rise of the Unelected*: Democracy and the New Separation of Powers. Cambridge: Cambridge University Press, 2007.

[139] Rosanvallon argumenta que as denominadas agências de democracia indireta são atores importantes da chamada "democracia da apropriação", que busca contornar as deficiências da democracia eleitoral (ROSANVALLON, Pierre. *Democratic Legitimacy*. Obra citada, p. 220).

amoldam-se adequadamente a essa plataforma de "despolitização democrática" e de aprovação elogiosa à participação de instâncias externas aos ciclos eleitorais na condução de assuntos de interesse coletivo. As ISCs são concebidas para exercer o acompanhamento e o controle da atividade financeira estatal em paralelo à função fiscalizatória em geral reconhecida aos Parlamentos, cabendo-lhes atuar a partir de padrões de *expertise* e tecnocracia. Nesse sentido, são claramente modelos institucionais que contribuem para teorias democráticas relutantes ao critério do consentimento ou da autorização como fontes suficientes de legitimidade para o exercício do poder político.[140] As ISCs são, enfim, um dos canais de contestabilidade das ações governamentais e, ao expressarem a função de *accountability*, deslocam o referencial de legitimidade de um ato único de consentimento para um processo prolongado no tempo de permanente contestabilidade e controle.

A teoria democrática neorrepublicana de Pettit, como se expôs, fomenta a pluralização de canais institucionais que viabilizem o constante endereçamento de questionamentos e contestações às ações governamentais, residindo justamente aí o caráter central da "despolitização" que preconiza. Trata-se, porém, de uma formulação que, ao mesmo tempo que encontra eco em influentes teorias do campo democrático, também enfrenta forte resistência em alguns outros segmentos acadêmicos.

Em regra, a crítica radical dirigida ao projeto republicano de democracia contestatória acentua sua tendência *elitista e até mesmo antipopular*. Considera-se que Pettit assume uma postura inamistosa em relação à tradição democrática e que os receios de uma "tirania da maioria" ainda seriam nucleares em sua abordagem. Trata-se de uma linha de ataque ao neorrepublicanismo da Escola de Cambridge bastante acentuada nas releituras que John McCormick promove dos textos de Maquiavel, concluindo inexoravelmente que a fórmula democrática de Pettit, ao conferir proeminência a instituições contestatórias extraeleitorais, sucumbe aos traços mais elitistas e aristocráticos de um modelo político.[141]

---

[140] Pettit é bastante expresso ao anunciar que sua teoria republicana da democracia não se baseia no consentimento. O autor, de maneira muito direta, preconiza um modelo que é primariamente contestatório ao invés de consensual (PETTIT, Philip. *Republicanism*. Obra citada, p. 185).

[141] McCORMICK, John. *Machiavellian Democracy*. New York: Cambridge University Press, 2011. Observa McCormick: "As instituições contestatórias extraeleitorais de PETTIT funcionam muito mais como aquelas contramajoritárias típicas do liberalismo constitucional – especificamente, câmaras altas do legislativo e cortes supremas – do que como os institutos

Além disto, outros autores destacam o excessivo racionalismo subjacente ao modelo contestatório de democracia e sua natureza essencialmente *despolitizada*. Embora objetivando resguardar a democracia contra os desvios da competição partidária e dos processos eleitorais, afirma-se que Pettit acaba ecoando ideias e argumentos típicos de uma tradição antidemocrática, precisamente por minimizar a importância do julgamento político realizado pelos representantes eleitos no Parlamento e supervalorizar o julgamento supostamente imparcial realizado em fóruns tecnocratas, de inspiração judicial. Nadia Urbinati desfere ácida crítica e vislumbra a elaboração teórica de Pettit como uma apropriação filosófica que desafia a democracia de maneira radical e resiliente.[142] Segundo a autora, despolitizar a democracia por meio da ampliação de domínios decisórios imparciais – proliferação de Cortes, comitês técnicos, grupos deliberativos, autoridades não políticas em assuntos orçamentários etc. – é uma forma platônica de lidar com a questão democrática. Em sua obra *Democracy Disfigured*, Urbinati identifica como uma das vertentes de "deturpação" da democracia precisamente o fenômeno que busca despolitizá-la em prol da *expertise* e da tecnocracia.[143]

---

populares contestatórios romanos, como o Tribunato da Plebe. (...). O protagonismo das instituições contramajoritárias no modelo de Pettit amplifica o fato de que ele não está preocupado – embora assim não reconheça – com a perspectiva de que as elites eleitas irão afastar-se da vontade popular quando esta última demandar políticas que avancem em direção dos interesses dos cidadãos. Ao contrário, Pettit parece muito mais preocupado com a possibilidade de que as elites eleitas sejam muito responsivas às maiorias populares quando estas desejarem políticas que supostamente minem o bem comum ou ameacem os interesses das minorias" (McCORMICK, John. *Machiavellian Democracy*. Obra citada, p. 155). Em outra passagem, McCormick destaca o caráter marcadamente senatorial da despolitização recomendada por Pettit. Diz ele: "Pettit recomenda que esses fóruns despolitizados, empoderados para discutir e decidir assuntos especialmente sensíveis em matéria legislativa e regulatória, estarão aptos a adotar um ponto de vista de longo termo, informados por monitoramento sustentado, a respeito dos custos e dos benefícios dos diferentes desfechos. Essas comissões autônomas, informadas por notas profissionais, seriam compostas por *experts* em políticas e lideranças comunitárias: representantes dos relevantes corpos de expertise e opinião, assim como as pessoas em geral; Pettit antecipa que seus membros representariam os diversos segmentos de opinião pública e de expertise profissional. Com esse movimento marcadamente senatorial, Pettit confia as decisões políticas a elites sábias, imparciais e bem-intencionadas, que falam em nome do povo, ao invés de confiar ao próprio povo essa tarefa – ou até mesmo aos seus representantes convencionalmente eleitos" (McCORMICK, John. *Machiavellian Democracy*. Obra citada, p. 156).

[142] URBINATI, Nadia. *Democracy Disfigured*: opinion, truth, and the people. Massachusetts: Harvard University Press, 2014. *Kindle Edition*, posição 156.

[143] Especificamente ao identificar a despolitização como um dos fenômenos contemporâneos que desfiguram a democracia, Nadia Urbinati recupera as formulações teóricas de três autores – Philip Pettit, Pierre Rosanvallon e David Estlund – para endereçá-las de maneira crítica. De acordo com Urbinati, embora existam importantes diferenças em suas linhas de pensamento, as reflexões dos três autores acerca da natureza e dos riscos da democracia são bastante próximas e inspiram-se em um ideal de democracia deliberativa como um

Richard Bellamy é outro autor que se apresenta inconformado com o modelo deliberativo de democracia contestatória.[144] Embora suas reflexões voltem-se mais especificamente para questionar a razão pública pretensamente aplicada ao campo da jurisdição constitucional, as bases de sua crítica atingem indistintamente outros mecanismos de despolitização. De acordo com o autor, o argumento segundo o qual a despolitização promoveria um modelo deliberativo de democracia pautado na razão pública compartilhada pela coletividade a respeito do bem comum parte de uma visão extremamente pessimista da democracia representativa atualmente existente e, ao mesmo tempo, baseia-se em uma leitura ingênua e idealizada do processo deliberativo. Para Bellamy, os neorrepublicanos são excessivamente avessos ao sistema partidário competitivo e aos processos eleitorais regidos pela regra da maioria e, como resultado, acabam fechando os olhos para mecanismos de promoção da igualdade política na esfera da própria representação eleitoral.[145]

Como se percebe, o resgate da teoria neorrepublicana de Philip Pettit e a defesa de um modelo democrático contestatório com tendências fortemente despolitizadoras, assim como a apresentação dos pontos de fragilidade acentuados por seus críticos, contribui para o esforço de

---

processo de racionalização das decisões coletivas. A deliberação pensada por tais autores apoia-se em uma noção de julgamento imparcial e reflexivo supostamente capaz de corrigir as distorções da política partidária (URBINATI, Nadia. *Democracy Disfigured*. Obra citada, *Kindle Edition*, posição 1904).

[144] BELLAMY, Richard. The Republic of Reasons: Public Reasoning, Depoliticization and Non-Domination. *In*: BESSONS, D; MARTI, J. L. (Ed.). *Legal Republicanism*: National and International Perspectives. Oxford: Oxford University, 2009. p. 102-120.

[145] A síntese da crítica de Bellamy ao projeto democrático neorrepublicano encontra-se na seguinte passagem: "Tradicionalmente, os republicanos foram ambivalentes em relação à democracia e procuraram controlá-la por meio de restrições constitucionais contramajoritárias. O presente capítulo criticou essas tentativas por serem triplamente fracassadas. Primeiro, justifica uma distinção entre a razão pública e a razão do público, sem que, contudo, existam fundamentos epistemológicos para tal diferenciação. Segundo, os neorrepublicanos fracassam em explorar a igualdade subjacente aos processos democráticos atuais e os mecanismos de constrição que oferecem para limitar tanto a discricionariedade política, quanto as indevidas influências de segmentos particulares no eleitorado. Terceiro, os controles contramajoritários propostos aumentam, ao invés de diminuir, a probabilidade de decisões arbitrárias e, com isso, o risco de dominação. (…) assim como os republicanos contemporâneos têm repudiado preconceitos anteriores contra os não proprietários e as mulheres, eles também precisam acertar as contas com a democracia. Em particular, eles deveriam tentar reforçar em vez de enfraquecer a regra da maioria e o sistema partidário competitivo, reconhecendo-os como meios pelos quais é promovida a igualdade política e a necessidade de políticos e eleitores responderem uns aos outros 'ouvindo a outra parte' dentro de um autêntico processo de raciocínio público" (BELLAMY, Richard. Artigo citado, p. 110).

reflexão a respeito do papel e do desenho das Instituições Superiores de Controle – ISCs – e sua vocação para a *accountability* democrática, tal como aqui proposto. Algumas questões de fundamental repercussão podem ser levantadas a partir do referencial teórico neorrepublicano: em que medida as críticas dirigidas ao modelo contestatório de democracia alcançam as ISCs? Qual grau de elitismo e de despolitização tecnocrata pode ser atribuído às ISCs e em que medida isso as converte em instrumento aristocrático e antidemocrático? Até que ponto as ISCs podem efetivamente favorecer a liberdade republicana na condução dos assuntos de interesse público, contendo o exercício do poder arbitrário estatal?

Essas são preocupações nucleares que devem estar presentes na abordagem a respeito dos variados aspectos da conformação e do modelo das ISCs, com a perspectiva voltada em especial para a realidade brasileira. O debate sobre a *accountability* traz, efetivamente, novas dimensões à democracia, com a proliferação de ambientes institucionais e domínios controlados por burocracias técnicas dotadas de amplos poderes decisórios e diminuta responsabilidade política. No contexto temático deste livro, a consciência a respeito dos problemas e dos riscos assumidos em projetos democráticos com tais marcas é especialmente importante para que se possa vislumbrar uma postura de equilíbrio ao se cogitar da intervenção dos Tribunais de Contas em matéria de políticas públicas, conforme será adiante explorado.

2.3.2 O fundamento republicano das Instituições Superiores de Controle no campo do direito constitucional

A matriz republicana, além de orientar a análise das Instituições Superiores de Controle – ISCs – no campo da filosofia política, também afeta decisivamente seu estudo no campo do direito constitucional. Exatamente por isso, o tópico ora inaugurado tem por objetivo desenvolver, do ponto de vista estritamente jurídico, o princípio republicano e sua simultânea condição de alicerce e desiderato das ISCs. Considerando que a preocupação central do presente estudo repousa sobre o desenho institucional dos Tribunais de Contas no Brasil – órgãos que ostentam a qualidade de ISC da atividade financeira estatal –, o desenvolvimento do princípio republicano far-se-á no contexto da ordem constitucional de 1988, que o tem por estruturante de todo o sistema jurídico no país.

Como observa Geraldo Ataliba, "o princípio republicano não é meramente afirmado como simples projeção retórica ou programática"[146] na Constituição de 1988; muito pelo contrário, encontra-se desdobrado em todas as suas consequências ao longo do texto, incorporado em inúmeras regras que lhe conferem expressão e densidade. A forma de governo republicana foi uma opção consciente e deliberada dos constituintes de 1988, expressamente ratificada pela cidadania por meio de plebiscito realizado em 1993, e, em conjunto com os princípios democrático e federativo, conforma o núcleo essencial da Constituição, conferindo-lhe identidade e estrutura.[147] Designa uma coletividade política com características de *res publica*, no seu sentido originário de coisa pública,[148] de coisa pertencente à "multidão que conquista meios próprios de poder e liberação em sua luta contra os grandes potentados".[149]

Os traços caracterizadores mínimos consensualmente reconhecidos ao governo republicano destacam, em primeiro lugar, a reivindicação radical de uma ética igualitária, baseada na livre adesão das pessoas a um ideal compartilhado de bem público,[150] cujo titular e destinatário é o povo, compreendido como o conjunto de cidadãos livres e iguais em direitos. Essa orientação igualitária conduz à incompatibilidade do governo republicano com o princípio monárquico e com qualquer forma de preferência hereditária ou nobiliárquica, acentuando a ideia de "antiprivilégio" no que tange aos critérios ordenadores do acesso aos cargos e às funções públicas. Subjacente à diretriz "antiprivilégio", estão os pressupostos de eletividade dos governantes, de temporariedade de seus mandatos e de periodicidade de eleições, os quais se opõem a critérios de designação, hierarquia e vitaliciedade.[151]

O governo republicano exige, ainda, uma estrutura de organização política garantidora das liberdades cívicas e políticas que remonta à formula de controle do exercício do poder estatal em termos de

---

[146] ATALIBA, Geraldo. *República e Constituição*. Obra citada, p. 27.

[147] LEWANDOWSKI, Enrique Ricardo. Reflexões em torno do princípio republicano. *Revista da Faculdade de Direito da Universidade de São Paulo*, v. 100, p. 189, jan./dez. 2005.

[148] SILVA, José Afonso da. *Curso de Direito Constitucional Positivo*. 15. ed. São Paulo: Malheiros, 1998. p. 106.

[149] PILATTI, Adriano. O Princípio Republicano na Constituição de 1988. *In*: PEIXINHO, M.; FRANCO GUERRA, I.; NASCIMENTO FILHO, F. (Org.). *Os Princípios da Constituição de 1988*. 2. ed. Rio de Janeiro: Lumen Juris, 2006. p. 127.

[150] DEBRAY, Régis. *La república explicada a mi hija*. Edición en español en 1999. Disponível em: http://sanzavamuel.com.ar/download/jurisprudencia%20leyes%20y%20doctrinas/ DOCTRINA%20NACIONAL/La%20Republica%20explicada%20a%20mi%20hija.pdf. Acesso em: 31 ago. 2014.

[151] CANOTILHO, José Joaquim Gomes. *Direito Constitucional e Teoria da Constituição*. 4. ed. Coimbra: Almedina, 1998. p. 229.

balanceamento por freios e contrapesos. Além disso, aponta também para a descentralização do poder político no território, valorizando a existência de corpos territoriais autônomos, de forma a legitimar tanto a forma federativa de Estado, como estruturas de autonomia regional e local.[152]

A forma republicana de governo aponta, ademais, para a rigorosa distinção entre o patrimônio público e o patrimônio privado dos governantes, vetor firme e fundamental a guiar a atuação de todos os agentes públicos e impor-lhes os deveres de probidade, impessoalidade e de prestação de contas. Essa dimensão republicana evoca imediatamente o regime de responsabilidade político-jurídica, segundo o qual os agentes públicos, ao cuidarem dos assuntos da *res publica*, respondem por seus atos, em um regime que eleva a responsabilidade à qualidade de "penhor da idoneidade da representação popular".[153]

É da essência do regime republicano que todo aquele que exerça qualquer parcela de poder público tenha como contrapartida a responsabilidade decorrente da investidura em poderes delegados. E, como corolário dessa responsabilidade, todo exercente de função pública deve prestar contas de sua atuação e sujeitar-se à possibilidade de vir a ser chamado a dar explicações exigidas pela cidadania ou por órgãos fiscalizadores. O dever de prestar contas é o dever republicano por excelência:[154] se é o povo o titular e o destinatário da coisa pública, perante este devem os gestores responder.

A responsabilidade republicana apresenta diversos matizes e concretiza-se não apenas no domínio político, mas também no domínio administrativo, penal e civil. À luz do escopo da temática versada neste trabalho, importam especialmente os campos político e administrativo da responsabilidade dos gestores públicos, áreas em que incide a atuação das Instituições Superiores de Controle das finanças públicas.

---

[152] A respeito da íntima relação entre república e federação, ensina Geraldo Ataliba: "Como postulado pela mais lúcida doutrina, tudo o que puder ser feitos pelos escalões intermediários haverá de ser de sua competência; tudo o que o povo puder fazer por si mesmo, a ele próprio incumbe. Aí está a demonstração da íntima relação entre república e federação. Pela descentralização política em que se traduz a federação (...) melhor funciona a representatividade e de maneira mais enfática o povo exerce a prerrogativa de cidadania e autogoverno. (...) A federação é, assim, uma decorrência necessária, no sistema brasileiro, do próprio regime republicano" (ATALIBA, Geraldo. *República e Constituição*. Obra citada, p. 43-44).

[153] ATALIBA, Geraldo. *República e Constituição*. Obra citada, p. 13.

[154] O dever de prestar contas está previsto no artigo 70, parágrafo único, da Constituição da República de 1988, que tem a seguinte dicção: "Prestará contas qualquer pessoa física ou jurídica, pública ou privada, que utilize, arrecade, guarde, gerencie ou administre dinheiros, bens e valores públicos ou pelos quais a União responda, ou que, em nome desta, assuma obrigações de natureza pecuniária".

A responsabilidade política resolve-se, como regra, diante das urnas, por meio do sistema de competição eleitoral. A infidelidade a compromissos assumidos, os excessos, o comportamento abusivo e os desvios praticados por agentes políticos geram as consequências políticas relacionadas à perda do prestígio e ao comprometimento do grau de confiança por parte do eleitorado e, com isso, sujeitam seus agentes à não reeleição como sanção típica do processo eleitoral.

De outro lado, a responsabilidade administrativa pode manifestar-se de diferentes e variadas formas, mas sempre pressupõe a atuação do agente na qualidade de administrador público. Especificamente nos limites desta obra, destacam-se os mecanismos republicanos de controle da atividade financeira estatal, protagonizados, no Brasil, pelos Tribunais de Contas, na qualidade de *Supreme Audit Institutions* (*SAIs*) – Instituições Superiores de Controle – ISCs.[155]

Como reflexo e densificação do princípio republicano na Constituição brasileira de 1988,[156] o controle financeiro público[157] foi minuciosamente disciplinado no texto constitucional, que não apenas estabelece

---

[155] Na mesma linha, Canotilho identifica os Tribunais de Contas em Portugal como "instâncias dinamizadoras do princípio republicano" e chama a atenção para a necessidade de "revisão urgente da jurisdição financeira no quadro de uma Teoria do Estado e da Constituição". Conforme esclarece o autor: "Mais concretamente, nossa incursão pelos terrenos das finanças públicas e do controlo das contas públicas servirá para realçar a importante e renovada função dos Tribunais de Contas no aprofundamento do princípio republicano. Quem hoje estuda os 'momentos maquiavélicos' da República depara-se logo com a tarefa incontornável de dar centralidade a várias dimensões constitutivas do princípio republicano: (i) princípio da responsabilidade financeira; (ii) o princípio da transparência na utilização e gestão dos valores públicos; (iii) o princípio do controlo da boa administração no âmbito do erário público; (iv) princípio da justiça intergeracional na partilha dos recursos públicos; (...)" (CANOTILHO, José Joaquim Gomes. Tribunal de Contas como instância dinamizadora do princípio republicano. *Revista do Tribunal de Contas de Portugal*, Lisboa, n. 49, p. 25, jan./jun. 2008).

[156] A esse propósito, anota Carlos Ayres Britto: "Tão elevado prestígio conferido ao controle externo e a quem dele mais se ocupa, funcionalmente, é reflexo direto do princípio republicano. Pois, numa república, impõe-se responsabilidade jurídica pessoal a todo aquele que tenha competência (e consequente dever) de cuidar de tudo o que é de todos, assim do prisma da decisão, como do prisma da gestão. E tal responsabilidade implica o compromisso da melhor decisão e da melhor administração possíveis. Donde a exposição de todos eles (os que decidem sobre a *res publica* e os que a gerenciam) à comprovação do estrito cumprimento dos princípios constitucionais e preceitos legais que lhes sejam especificamente exigidos. A começar, naturalmente, pela prestação de contas das sobreditas gestões orçamentária, financeira, patrimonial, contábil e operacional" (O Regime Constitucional dos Tribunais de Contas. *In*: SOUSA, Alfredo José de (Org.). *Novo Tribunal de Contas – órgão protetor dos direitos fundamentais*. 3. ed. Belo Horizonte: Fórum, 2005. p. 73).

[157] Compreende-se por controle financeiro público "o conjunto de medidas de natureza fiscalizatória exercidas sobre o movimento de dinheiros e bens valiosos, de natureza econômica, manejados por administradores públicos, debaixo da relação de administração" (ATALIBA, Geraldo. *República e Constituição*. Obra citada, p. 78).

normas relativas à guarda, gestão e manejo dos recursos e bens públicos, como também delineia amplo mecanismo orgânico de sua fiscalização, atribuindo essa função primordialmente ao Poder Legislativo, com o auxílio dos Tribunais de Contas. Trata-se do denominado "*controle externo financeiro*", que compreende atividades de auditoria e de julgamento das contas dos administradores e demais responsáveis por bens e valores públicos. Nesse contexto, resulta absolutamente claro que a função do Poder Legislativo não é apenas normativa, mas também controladora, cabendo aos Tribunais de Contas auxiliá-lo nessa tarefa, além de exercer uma série de competências autônomas.[158]

---

[158] Como será aprofundado mais adiante, os Tribunais de Contas, no modelo estabelecido pelo texto constitucional de 1988, exercem competências coadjuvantes do Poder Legislativo – que titulariza o controle externo financeiro – e, também, competências autônomas de auditoria e fiscalização, no âmbito das quais prescindem da manifestação legislativa para o aperfeiçoamento de sua atividade controladora. Essa dualidade é evidenciada pela análise da norma do artigo 71 da CRFB, que elenca as competências do Tribunal de Contas da União, aplicáveis, por simetria, a estados, municípios e distrito federal. Eis sua redação: "Art. 71. O controle externo, a cargo do Congresso Nacional, será exercido com o auxílio do Tribunal de Contas da União, ao qual compete:
I – apreciar as contas prestadas anualmente pelo Presidente da República, mediante parecer prévio que deverá ser elaborado em sessenta dias a contar de seu recebimento;
II – julgar as contas dos administradores e demais responsáveis por dinheiros, bens e valores públicos da administração direta e indireta, incluídas as fundações e sociedades instituídas e mantidas pelo Poder Público federal, e as contas daqueles que derem causa a perda, extravio ou outra irregularidade de que resulte prejuízo ao erário público;
III – apreciar, para fins de registro, a legalidade dos atos de admissão de pessoal, a qualquer título, na administração direta e indireta, incluídas as fundações instituídas e mantidas pelo Poder Público, excetuadas as nomeações para cargo de provimento em comissão, bem como a das concessões de aposentadorias, reformas e pensões, ressalvadas as melhorias posteriores que não alterem o fundamento legal do ato concessório;
IV – realizar, por iniciativa própria, da Câmara dos Deputados, do Senado Federal, de Comissão técnica ou de inquérito, inspeções e auditorias de natureza contábil, financeira, orçamentária, operacional e patrimonial, nas unidades administrativas dos Poderes Legislativo, Executivo e Judiciário, e demais entidades referidas no inciso II;
V - fiscalizar as contas nacionais das empresas supranacionais de cujo capital social a União participe, de forma direta ou indireta, nos termos do tratado constitutivo;
VI – fiscalizar a aplicação de quaisquer recursos repassados pela União mediante convênio, acordo, ajuste ou outros instrumentos congêneres, a Estado, ao Distrito Federal ou a Município;
VII – prestar as informações solicitadas pelo Congresso Nacional, por qualquer de suas Casas, ou por qualquer das respectivas Comissões, sobre a fiscalização contábil, financeira, orçamentária, operacional e patrimonial e sobre resultados de auditorias e inspeções realizadas;
VIII – aplicar aos responsáveis, em caso de ilegalidade de despesa ou irregularidade de contas, as sanções previstas em lei, que estabelecerá, entre outras cominações, multa proporcional ao dano causado ao erário;
IX – assinar prazo para que o órgão ou entidade adote as providências necessárias ao exato cumprimento da lei, se verificada ilegalidade;
X – sustar, se não atendido, a execução do ato impugnado, comunicando a decisão à Câmara dos Deputados e ao Senado Federal;
XI – representar ao Poder competente sobre irregularidades ou abusos apurados".

De fato, as Cortes de Contas no Brasil apresentam-se como peças-chave para o dever republicano de prestação de contas, qualificando-se como agências extralegislativas de *accountability* dotadas de competência constitucional para monitorar e controlar a gestão financeira estatal, compreendendo a atividade contábil, orçamentária, patrimonial e operacional. A seu respeito, porém, a questão que se coloca é a seguinte: no contexto do controle das finanças públicas, o desenho institucional estabelecido pelo texto constitucional de 1988 para os Tribunais de Contas irradia normatividade suficiente para a solidificação do ideal republicano? Ou será que, ao contrário, trata-se ainda de um projeto republicano inacabado, que está a merecer aprimoramentos a fim de que possa cumprir, de maneira íntegra e com autoridade moral, a sua função? Tais indagações põem em relevo a necessidade de continuamente se avançar no espírito republicano das instituições na linha da prudente advertência de Régis Debray ao dialogar com sua filha em "La república explicada a mi hija":

> – A república nunca se realiza. Seguramente é irrealizável. Todas as repúblicas existentes são esboços relativos, inferiores a seus princípios. (…). Mas como sua ideia está em nós, podemos sentir a injustiça dos fatos e tentar remediá-los a cada dia. Esta ideia é como um sinal ao longe que nos diz para que avancemos; como uma tarefa que deve ser cumprida, intempestiva, infinita e sem garantias de final feliz. Não deixe que essa promessa se dissolva em direitos adquiridos ou em palavras vazias. É um patrimônio que lhe foi transmitido e que deverá transmitir a seus filhos, enriquecido e ampliado pelo o que você terá feito com ele.
> – Um pouco como uma tradição?
> – Sim, mas com a seguinte ressalva: se você o ignora, nada restará dele. A república é mais difícil de ser mantida do que a tirania (…). Tudo conduz a que se relaxe com a exigência republicana, especialmente a ilusão de considerá-la fora de perigo.[159]

Conforme se pretende desenvolver ao longo do livro, embora a Constituição de 1988 tenha avançado significativamente nas bases do modelo de *accountability* financeira e na arquitetura dos Tribunais de Contas, a ideia de uma "república que nunca se realiza" plenamente e em relação qual "não se pode relaxar" exorta a que seja buscado o seu aprimoramento, mediante a identificação das suas fragilidades, comprometedoras de sua efetividade e confiabilidade.

---

[159] DEBRAY, Régis. *La república explicada a mi hija*. Obra citada, p. 23.

A força motora dessa análise remonta, assim, aos *direitos republicanos*, assim considerados aqueles que "todo cidadão possui de que o patrimônio público não seja capturado por interesses privados".[160] Ao se particularizar um pouco mais seu influxo em termos de titularidade e destinação da coisa pública e caminhar em direção à sua abordagem no plano da ciência da administração pública, chega-se inquestionavelmente à sua simbiose com a noção de boa administração das instituições públicas, que infelizmente ainda tem uma "dívida pendente com a realidade".[161] Se, como visto, a tradição democrática e a ética republicana apresentam-se como eixos teóricos necessários para o estudo das ISCs, é igualmente importante ter-se em mira o dever de boa administração como diretiva a nortear e a dinamizar o funcionamento das instituições de *accountability*.

2.4 A responsabilidade garantidora do Estado-Administração e a lógica do resultado: as ISCs sob o influxo do direito fundamental à boa administração

Pode parecer um truísmo enunciar a existência de um direito à boa administração pública. A singela evocação do adjetivo de valoração

---

[160] BRESSER-PEREIRA, Luiz Carlos. Uma nova gestão para um novo Estado: liberal, social e republicano. *Revista do Serviço Público*, ano 52, n. 01, p. 21, jan./mar. 2001. Após enunciar o que compreende por direitos republicanos, prossegue o autor: "Se pensarmos os direitos dos cidadãos em termos abstratos, este tipo de direito é tão velho quanto a cidadania. Mas se pensarmos neles em termos históricos, como estamos fazendo nesta conferência, os direitos republicanos foram os últimos a surgir, a merecer uma atenção especial por parte da sociedade. Conforme demonstrou Marshall, os primeiros direitos a surgir foram os direitos civis; em um segundo momento, no século XIX, foram conquistados os direitos políticos; e, na primeira parte do século XX, foram afirmados os direitos sociais. O surgimento dos direitos republicanos nas democracias modernas só se tornou um fato histórico no último quarto do século XX, quando a proteção do patrimônio público – do meio ambiente e das grandes receitas orçamentárias – tornou-se uma questão política de grande importância. A preocupação com a corrupção e o nepotismo eram inquietações antigas, mas agora se dá atenção a formas mais sofisticadas de captura privada de recursos públicos. O *rent-seeking* ou a privatização do Estado começaram a ser denunciados, na medida em que se tornou claro que não bastava proteger os cidadãos contra o poder abusivo do Estado: também era vital proteger o Estado contra pessoas poderosas e cobiçosas. Os direitos civis e o liberalismo elevaram suas vozes na proteção do indivíduo contra o Estado; os direitos republicanos e o novo republicanismo reivindicam a proteção do patrimônio público contra quaisquer pessoas capazes de tais infrações. O republicanismo é tão velho quanto Grécia e Roma, mas, nas modernas democracias social-liberais, um novo republicanismo, um novo chamamento das virtudes republicanas no governo do Estado tornaram-se necessidades fundamentais".

[161] RODRÍGUEZ-ARANA, Jaime. *El ciudadano y el poder público*: el principio y el derecho al buen gobierno y a la buena administración. Madrid: Editorial Reus, 2012. p. 129.

positiva já suscita, intuitivamente, a adesão ao seu conteúdo. Tanto assim que, por meio de diferentes fórmulas linguísticas, a expressão tem impregnado cada vez mais os textos constitucionais e infraconstitucionais contemporâneos,[162] embora mediante a utilização de termos que, não raro, "encantam mais do que dizem; perguntam mais do que respondem".[163]

Ao se pesquisar sobre o sentido e alcance da noção de boa administração pública, atesta-se inevitavelmente a diversidade, a ambivalência e a obscuridade de sua acepção, tratando-se de conceito fluido e variável conforme o contexto que o emprega como referência. Nada obstante, expande-se progressivamente, em especial na área do direito público, o interesse em seu estudo e análise, tendo em vista a tendência, cada vez mais bem-sucedida, de a ciência jurídica apropriar-se do termo e incorporá-lo aos debates acerca das estratégias de democratização da função administrativa estatal. Nessa perspectiva, pode-se afirmar, sem risco de exagero, que já se encontra em avançada fase de construção uma *noção jurídica de boa administração pública* comprometida com um projeto de reformulação dos paradigmas do direito administrativo.[164]

---

[162] A título ilustrativo, é valido mencionar o artigo 97 da Constituição da República Italiana, de 1947, que estabelece que "os cargos públicos se organizarão segundo os preceitos legais, de tal modo que sejam garantidos o bom funcionamento e a imparcialidade da administração". Exatamente em razão dessa previsão constitucional, há substancial produção doutrinária na Itália a respeito do "dever de boa administração", cabendo citar, por todos, a obra de Guido Falzone (FALZONE, Guido. *Il dovere di buona amministrazione*. Milão: A. Giuffre, 1953). Na mesma linha, a Constituição da Espanha, de 1978, dispõe que a "Administração Pública serve com objetividade aos interesses gerais e atua de acordo com os princípios da eficácia, hierarquia, descentralização, desconcentração e coordenação, com submissão plena à lei e ao Direito" (artigo 103). Em Portugal, Diogo Freitas do Amaral reconhece o dever de boa administração como um "dever impróprio", eis que desprovido de sanção jurisdicional. Segundo o autor: "No quadro que a lei definir, e dentro da margem de manobra que ela deixar à liberdade de opção da Administração pública, existem por hipótese várias soluções possíveis para cada problema administrativo, do ponto de vista técnico e financeiro: a Administração pública terá o direito de escolher qualquer delas ou, diferentemente, terá o dever de escolher a melhor? Para cada problema existem várias soluções, ou apenas uma, a melhor? Este tema é muito complexo. (...). A nossa posição é a seguinte: o princípio da prossecução do interesse público, constitucionalmente consagrado, implica, além do mais, a existência de um dever de boa administração. Há países onde esse dever é um dever jurídico perfeito, por exemplo em Itália; há outros onde é um dever jurídico imperfeito, nomeadamente por se achar desprovido de sanção jurisdicional: é o caso de Portugal. (...). O dever de boa administração é, pois, um dever imperfeito. Mas existe, apesar disso, como dever jurídico" (AMARAL, Diogo Freitas do. *Direito Administrativo*. Volume II. Lisboa: Almedina, 1988. p. 38).

[163] BOUSTA, Rhita. *Essai sur la notion de bonne administration en droit public*. Paris: L'Hartmattan, 2010. p. 49.

[164] Como afirma Susan Rose-Ackerman, "a agenda da reforma do Estado em matéria de consolidação da democracia necessita incluir a reforma do Direito Administrativo como um caminho para aprofundar a legitimidade democrática e a capacidade do governo

Segundo se pôde apurar, a gênese da noção de boa administração no direito público remonta à genstrução de Maurice Hauriou em sua teoria institucionalista,[165] associando-a à ideia de moralidade administrativa como critério de identificação de desvio de poder. Ao realizar uma leitura funcionalista da noção de boa administração mediante sua assimilação à moralidade administrativa, Hauriou a vislumbrava como uma diretiva a guiar a administração na realização de suas funções e, assim, o autor prestou decisiva contribuição para estender o controle incidente sobre o desvio de poder para além dos limites da legalidade, ampliando, assim, a utilização do recurso por excesso de poder (*recours pour excés de pouvoir*).

Recentemente, a difusão e o renovado interesse que a noção de boa administração tem despertado vinculam-se indiscutivelmente à sua consagração jurídico-positiva como direito fundamental na Carta de Direitos Fundamentais da União Europeia, aprovada em Nice, em 07 de dezembro de 2000. Encontra-se explicitado no artigo 41 do referido documento comunitário que, desde 2009, com a entrada em vigor do Tratado de Lisboa, passou a ostentar o mesmo valor jurídico dos tratados. Eis a sua redação:

Art. 41 – Direito a uma boa administração:

1. Todas as pessoas têm direito a que seus assuntos sejam tratados pelas instituições, órgãos e organismos da União de forma imparcial, equitativa e num prazo razoável.

2. Este direito compreende, nomeadamente: a) o direito de qualquer pessoa a ser ouvida antes de a seu respeito ser tomada qualquer medida

---

para prestar contas e responder por suas ações" (ROSE-ACKERMAN, Susan. El Derecho Administrativo y la legitimidad democrática: confrontando el poder ejecutivo y el estado contractual. *Revista del CLAD Reforma y Democracia*, Caracas, n. 43, feb. 2009. Disponível em: http://old.clad.org/portal/publicaciones-del-clad/revista-clad-reforma-democracia/articulos/043-febrero-2009-1/rose . Acesso em: 05 set. 2014.

[165] Nesse sentido, vejam-se: BOUSTA, Rhita. *Essai sur la notion de bonne administration en droit public*. Obra citada, p. 70-82; AJENJO, José Antonio Fernandez. *El control de las administraciones públicas y la lucha contra la corrupción*: especial referencia al Tribunal de Cuentas y a la Intervención General de la Administración del Estado. Pamplona: Thomson Reuters, 2011. p. 473. Na doutrina nacional, Hely Lopes Meirelles também associava a moralidade administrativa à postura do "bom administrador": "A moralidade administrativa está intimamente ligada ao conceito de 'bom administrador', que, no dizer autorizado de Franco Sobrinho, 'é aquele que, usando de sua competência legal, se determina não só pelos preceitos vigentes, mas também pela moral comum'. Há que conhecer, assim, as fronteiras do lícito e do ilícito, do justo e do injusto, *nos seus efeitos*. E explica o mesmo autor: 'Quando usamos da expressão *nos seus efeitos*, é para admitir a lei como regra comum e medida ajustada. Falando, contudo de *boa administração*, referimo-nos subjetivamente a *critérios morais* que, de uma maneira ou de outra, dão valor jurídico à vontade psicológica do administrador'" (MEIRELLES, Hely Lopes. *Direito Administrativo Brasileiro*. 22. ed. atual. São Paulo: Malheiros, 1997. p. 84).

individual que a afecte desfavoravelmente; b) o direito de qualquer pessoa a ter acesso aos processos que se lhe refiram, no respeito pelos legítimos interesses da confidencialidade e do segredo profissional e comercial; c) a obrigação, por parte da administração, de fundamentar as suas decisões.

3. Todas as pessoas têm direito à reparação, por parte da União, dos danos causados pelas suas instituições ou pelos seus agentes no exercício das respectivas funções, de acordo com os princípios gerais comuns às legislações dos Estados-Membros.

4. Todas as pessoas têm a possibilidade de se dirigir às instituições da União numa das línguas dos Tratados, devendo obter uma resposta na mesma língua.

Como se percebe, a jusfundamentalização da boa administração reconhece a todo cidadão comunitário o direito de exigir que as decisões adotadas pelas instituições comunitárias europeias sejam imparciais, equitativas e razoáveis, tanto em relação a seu conteúdo, quanto ao momento de sua adoção. Esse direito, por sua vez, desdobra-se em quatro dimensões mais específicas, quais sejam: (i) a exigência de contraditório antes da adoção de qualquer medida individual que lhe afete desfavoravelmente; (ii) garantia de acesso a todos os expedientes concernentes ao interessado, o que impõe uma exigência de objetividade e transparência para a administração comunitária; (iii) obrigatoriedade de motivação das decisões administrativas adotadas pela União Europeia, imposição que se apresenta como projeção da interdição à arbitrariedade; e, finalmente, (iv) consagração da responsabilidade patrimonial da administração comunitária, mediante o reconhecimento do direito à reparação dos danos decorrentes de condutas omissivas ou comissivas das instituições comunitárias.[166]

Desde a sua qualificação como direito fundamental no âmbito da Comunidade Europeia, as investigações acadêmicas e a produção doutrinária a respeito da boa administração intensificaram-se e, como não poderia deixar de ser, suscitaram leituras de variados matizes. Alguns autores salientam a imprecisão e a heterogeneidade de

---

[166] Escapa ao propósito da presente investigação realizar uma longa digressão no campo da jurisprudência construída pelo Tribunal de Justiça da Comunidade Europeia a respeito do direito fundamental à boa administração. Em havendo interesse específico na matéria, consulte-se a densa obra de Rhita Bousta intitulada *Essai sur La notion de bonne administration en droit publique*. Na doutrina nacional, o resgate jurisprudencial é feito no seguinte livro: VALLE, Vanice Regina Lírio do. *Direito fundamental à boa administração e governança*. Belo Horizonte: Fórum, 2011.

princípios associados à boa administração,[167] reduzindo seu conteúdo a um gênero capaz de agrupar, de maneira bastante aproximada, várias ideias. Outros autores consideram que, por ser a boa administração o objetivo primordial do Estado, afigura-se completamente equivocada a sua consagração enquanto "direito", denunciando uma espécie de abuso no emprego dessa palavra na linguagem jurídica.[168] Há, ainda, aqueles que reputam absolutamente inócua qualquer discussão a respeito da natureza da boa administração – se direito subjetivo ou princípio geral da administração –, pois entendem que o importante a ser sublinhado é o compromisso assumido pelo direito comunitário com a centralidade do cidadão nas modernas construções a respeito do atuar administrativo.[169]

Essa última perspectiva – que corretamente associa a boa administração a um projeto democrático e humanizado das relações entre cidadãos e a estrutura administrativa do Estado – é a que desperta o interesse para a temática versada nesta obra. O reconhecimento de um

---

[167] Essa perspectiva é adotada na obra dedicada ao assunto escrita por Rhita Bousta, produto de sua tese de doutorado defendida em 2009 na Universidade Paris I Panthéon-Sorbonne (BOUSTA, Rhita. *Essai sur la notion de bonne administration en droit public*. Obra citada, p. 83-96). A autora formula um conceito bastante restrito de boa administração, concebendo-a como a "adaptação equilibrada dos meios de que dispõe a administração pública" (BOUSTA, Rhita. *Essai sur la notion de bonne administration en droit public*. Obra citada, p. 461).

[168] Trata-se da posição assumida por: PEGORARO, Lucio. ?Existe un derecho a una buena administración? Algunas consideraciones sobre el (ab)uso dela la palabra 'derecho'. *In*: RODRIGUEZ, C. M. A.; RODRIGUEZ, F. G. (Org.). *El derecho a una buena administración y la ética pública*. Valencia: Tirant lo blanch, 2011. *Kindle edition*, posição 239.

[169] Ver, nesse sentido: RODRIGUEZ-ARAÑA, Jaime. *El ciudadano y el poder público*: el principio y el derecho al buen gobierno y a la buena administración. Madrid: Editorial Réus, 2012. Por se tratar de um dos autores que mais tem contribuído para a construção jurídica da boa administração, é válido citar a seguinte passagem de sua obra: "(...) corolário necessário da centralidade do ser humano na regência dos assuntos de interesse geral é o direito fundamental de toda pessoa a uma boa administração pública. Por isso, trataremos do princípio da boa administração e do bom governo das instituições públicas e, também, do direito fundamental a essa boa administração, a esse bom governo dos entes públicos. Princípio e direito são, portanto, duas faces da mesma moeda. (...) Essa tomada de consciência do bom governo ou da boa administração como direito humano põe em relevo que o centro da ação do governo ou da ação administrativa é a pessoa e seus direitos e suas liberdades. No presente, momento de profunda crise em tantos sentidos, a indignação reinante também se canalize em direção à exigência de uma boa administração pública. Um direito que implica que a Administração pública atue a serviço objetivo do interesse geral. O bom governo ou a boa administração não é somente uma característica que deve distinguir os aparatos governamentais ou administrativos, mas é, sobretudo, um direito que assiste aos cidadãos, exigível diante dos Tribunais, de acordo com as características que conformam este novo direito fundamental da pessoa assentado no artigo 41 da Carta Europeia dos Direitos Fundamentais da Pessoa de dezembro de 2000" (RODRIGUEZ-ARAÑA, Jaime. *El ciudadano y el poder público*: el principio y el derecho al buen gobierno y a la buena administración. Obra citada, p. 11-13).

princípio geral de boa administração – ou a sua afirmação enquanto direito fundamental[170] – é repleto de significado para o estudo das instituições de *accountability* das finanças públicas, pois, como adequadamente afirma José Antonio Fernández Ajenjo:

> Nesse contexto modernizador das administrações públicas, o controle público teve que renovar seus objetivos para assumir uma realidade mais complexa que, em matéria financeira, deve discernir para além do cumprimento dos parâmetros de legalidade, para valorar outras novas regras de atuação como a racionalidade econômica ou, mais recentemente, a qualidade, e prestar atenção, com o maior ou menor grau de implicação, ao problema dos abusos de poder na gestão dos recursos públicos. [171]

No âmbito da produção acadêmica nacional, sob o influxo da doutrina italiana a respeito do artigo 97 da Constituição de 1947 – que alude à garantia de bom funcionamento e imparcialidade da administração –, a noção de boa administração foi tradicionalmente associada ao dever de eficiência, ao qual fazia referência Hely Lopes Meirelles ainda com base na disciplina prevista no Decreto-Lei nº 200/67. Confira-se:

> Dever de eficiência é o que se impõe a todo agente público de realizar suas atribuições com presteza, perfeição e rendimento funcional. É o mais moderno princípio da função administrativa, que já não se contenta em ser desempenhada apenas com legalidade, exigindo resultados positivos para o serviço público e satisfatório atendimento das necessidades da comunidade e seus membros.
>
> Esse dever de eficiência, bem lembrado por Carvalho Simas, corresponde ao "dever de boa administração" da doutrina italiana, o que já se acha consagrado, entre nós, pela Reforma Administrativa Federal do Dec-lei 200/67 (...).[172]

---

[170] Essa discussão é desimportante para o escopo da abordagem da boa administração nos limites deste trabalho, razão por que deixará de ser enfrentada. Para uma análise detalhada do debate, veja-se: MORENILLA, José María Souvirón. Sentido y alcance del derecho a una buena administración. *In*: RODRIGUEZ, C. M. A.; RODRIGUEZ, F. G. (Org.). *El derecho a una buena administración y la ética pública*. Valencia: Tirant lo blanch, 2011. *Kindle edition*, posições 4830-5182.

[171] AJENJO, José Antonio Fernández. *El control de las administraciones públicas y la lucha contra la corrupción*: especial referencia al Tribunal de Cuentas y a la Intervención General de la Administración del Estado. Obra citada, p. 476.

[172] MEIRELLES, Hely Lopes. *Direito Administrativo Brasileiro*. Obra citada, p. 90. No mesmo sentido, afirma Celso Antonio Bandeira de Mello: "Finalmente, anote-se que este princípio da eficiência é uma faceta de um princípio mais amplo já superiormente tratado, de há muito, no Direito italiano: o princípio da boa administração" (*Curso de Direito Administrativo*. 19. ed. São Paulo: Malheiros, 2006. p. 110).

Já sob a vigência da Constituição da República de 1988, o reconhecimento de um direito fundamental à boa administração no Brasil é fortemente tributário dos estudos desenvolvidos por Juarez Freitas, precursor em afirmá-lo como norma constitucional implícita,[173] dotada de eficácia direta e imediata. A conceituação proposta pelo autor o identifica como o "direito fundamental à administração pública eficiente e eficaz, proporcional, cumpridora de seus deveres, com transparência, motivação, imparcialidade e respeito à moralidade, à participação social e à plena responsabilidade por suas condutas omissivas e comissivas".[174] Ainda segundo o publicista, o *standard* mínimo de tal direito fundamental abrange: (i) direito à administração transparente; (ii) direito à administração pública dialógica; (iii) direito à administração pública imparcial; (iv) direito à administração pública proba; (v) direito à administração pública respeitadora da legalidade temperada, ou seja, sem absolutizações de regras; e, finalmente, (vi) direito à administração pública preventiva, precavida e eficaz (não apenas eficiente), pois comprometida com resultados e com os objetivos fundamentais da Constituição.[175]

Por sua conexão com a temática aqui desenvolvida, o último *standard* citado é o que merece maior aprofundamento. O compromisso da administração pública para com a obtenção de resultados lança luzes sobre a denominada *responsabilidade garantidora do Estado-Administração* [176] e acentua a sua afinidade com a noção mais ampla de

---

[173] Igual entendimento é perfilhado por: OLIVEIRA, Gustavo Justino de. Administração Pública brasileira e os 20 anos da Constituição de 1988: momento de predomínio das sujeições constitucionais em face do direito fundamental à boa administração pública. *Fórum Administrativo – Direito Público – FADM*, n. 95, ano 9, jan. 2009. Disponível em: http://www.editoraforum.com.br/sist/conteudo/lista_conteudo.asp?FIDT_CONTEUDO=56600. Acesso em: 10 mar. 2009. Também na mesma linha: VALLE, Vanice Regina Lírio do. *Direito fundamental à boa administração e governança*. Obra citada.

[174] FREITAS, Juarez. *Discricionariedade administrativa e o direito fundamental à boa administração pública*. 2. ed. São Paulo: Malheiros, 2009. p. 22.

[175] FREITAS, Juarez. *Discricionariedade administrativa e o direito fundamental à boa administração pública*. Obra citada, p. 23.

[176] Segundo Canotilho, o conceito de Estado garantidor tem sido utilizado crescentemente na elaboração doutrinária do direito público e está fazendo o seu teste de publicidade crítica. Designa uma mudança estrutural no cumprimento das tarefas públicas por parte das estruturas estatais. De acordo com o constitucionalista: "Onde se escreve 'Estado-garantidor' deve também escrever-se: 'Estado responsável' pela efectivação de serviços de interesse geral e 'Estado responsável' pela sustentabilidade econômico-financeira das 'empresas parceiras' pela produção desses serviços. Na qualidade de 'garantidor', 'activador' e 'regulador' é sempre o mesmo sujeito – o Estado – a assumir as responsabilidades" (CANOTILHO, José Joaquim Gomes. Tribunal de Contas como instância dinamizadora do princípio republicano. *Revista do Tribunal de Contas de Portugal*, Lisboa, n. 49, p. 23-39, jan./jun. 2008. p. 31).

boa governança, projetando-se para o campo da busca por resultados e da concretização dos objetivos assumidos politicamente, impondo ao Estado, por via reflexa, o fortalecimento de sua capacidade de direção e mobilização de recursos públicos econômico-financeiros.

Diogo de Figueiredo Moreira Neto[177] é enfático ao caracterizar o resultado como um dos mais importantes campos de experimentação do direito à boa administração. Fazendo referência à denominada "administração de resultado", observa o renomado administrativista:

> Assim é que a Constituição de 1988, com louvável antecipação, ministra todo o fundamento institucional necessário para a afirmação e aplicação em nosso País da doutrina da, assim denominada, administração de resultado, ou seja: ela confere a base da legalidade finalística, ou melhor dito – para empregar a denominação que já se difunde na literatura jurídica, por envolver também a legitimidade – confere a base institucional de sua juridicidade finalística no direito público brasileiro.
>
> Na realidade, a promissora doutrina do resultado se vem consolidando sob a nova concepção das relações entre os cidadãos e o Estado, uma vez que se encontra especificamente voltada à afirmação do dever funcional estatal de proporcionar uma boa administração.
>
> Ora, a boa administração não pode ser outra que a que logra resultados concretos e materializados em uma boa e justa atribuição de bens e serviços em benefício último das pessoas, como um *proprium* da função administrativa (...).

A eficiência, a eficácia e a racionalidade econômica são as expressões concretas da boa administração no domínio específico da gestão dos recursos públicos. De maneira geral, a racionalidade econômica articula-se com um mandamento de otimização de custos, visando ao cumprimento de um objetivo ao menor custo financeiro, pressupondo um balanceamento entre os meios (*inputs*) e o objetivo visado (*output*). A eficácia, por sua vez, tem por base uma relação estabelecida entre os resultados esperados de uma determinada ação administrativa e aqueles efetivamente alcançados. Já a eficiência evoca prioritariamente uma apreciação qualitativa, uma valoração a respeito das prestações a cargo dos poderes públicos e o grau de satisfação dos seus destinatários. De maneira mais singela e informal, pode-se também recuperar

---

[177] Ensaio sobre o resultado como novo paradigma do Direito Administrativo. *In*: VILLELA SOUTO, Marcos Juruena (Coord.). *Direito Administrativo – Estudos em homenagem a Francisco Mauro Dias*. Rio de Janeiro: Lumen Juris, 2009. p. 13. Para a análise pormenorizada do tema, consulte-se: MOREIRA NETO, Diogo de Figueiredo. *Quatro paradigmas do direito administrativo pós-moderno*. Belo Horizonte: Fórum, 2008.

a advertência de Lorenzo Baquer ao lembrar que a boa administração das finanças públicas nada mais é do que o reconhecimento de "que o dinheiro público é sagrado, o que implica preparar-se para funcionar de maneira que não se dilapide nem um centavo".[178]

Com efeito, os critérios de racionalidade econômica, eficiência e eficácia, enquanto dimensões constitutivas do direito fundamental à boa administração, avançam no sentido de afirmar uma cultura de gestão das finanças públicas orientada pela busca de resultados de qualidade satisfatória ao menor custo e tempo possíveis. Trata-se da denominada lógica dos três Es, referida por Michael Power[179] em sua abordagem a propósito da "sociedade auditora" e que está no centro das reformas reclamadas para o campo dos gastos públicos.

Esse alcance do direito fundamental à boa administração pública – o direito à gestão eficaz, eficiente e econômica dos recursos públicos no âmbito de uma administração pública à qual se imputa a responsabilidade por resultados – exige uma renovada apreciação dos mecanismos de controle da gestão pública financeira. Coloca-se em evidência, sem sombra de dúvidas, a necessidade de revisão urgente dos parâmetros de atuação do controle externo financeiro no quadro da teoria do Estado. O controle das contas públicas anseia por novos padrões de aferição e precisa, além disso, ampliar seu objeto.[180]

Em caráter vanguardista, a diretriz da boa administração foi perfeitamente acolhida pela Constituição de 1988 no que concerne à fiscalização da gestão financeira estatal. Desde sua redação original, o texto constitucional já agrega ao tradicional controle de legalidade, o controle de legitimidade e de economicidade dos gastos públicos, além de explicitamente prescrever a avaliação de resultados, quanto à sua eficácia e eficiência, ao dispor sobre a atuação coordenada dos sistemas de controle interno e externo. Assim, no plano juspositivo, não resta dúvida de que o controle externo financeiro se consolida em torno de dois grandes eixos: (i) a legalidade, que corresponde à análise jurídica tradicional de cumprimento da normativa financeira; e (ii) a observância dos critérios de boa administração, que corresponde à auditoria da gestão pública financeira sob a ótica dos 3E's.

---

[178] BAQUER, Lorenzo Martín-Retortillo. Derecho a una buena administración. *In*: RODRIGUEZ, C. M. A.; RODRIGUEZ, F. G. (Org.). *El derecho a una buena administración y la ética pública*. Valencia: Tirant lo blanch, 2011. *Kindle edition*, posição 867.

[179] POWER, Michael. *The Audit Society*. Obra citada, p. 49.

[180] CANOTILHO, José Joaquim Gomes. Artigo citado, p. 27.

Esse panorama do plano normativo já sinaliza, de maneira inequívoca, para esforços tendentes a revisitar a posição ocupada pelas Instituições Superiores de Controle no Brasil, domínio em que a dogmática jurídico-constitucional é particularmente precária. Embora referindo-se à realidade de seu próprio país, esse alerta é também feito por Canotilho, em passagem que poderia perfeitamente ter sido escrita para o contexto brasileiro. Veja-se:

> A 'boa administração' do Estado garantidor aponta também para o melhor cumprimento das tarefas públicas em termos de rentabilidade, efectividade e eficiência dos serviços. Não é este o lugar adequado – e para tal nos faltar-nos-ia mesmo competência – para discutir e analisar os novos instrumentos de *management* da administração e finanças públicas no contexto do Estado-garantidor. Uma nota é, porém, de realçar. Esses modernos instrumentos – orientação de *output*, orçamentação global, orçamento de resultados, controlo de execução – estão na base da própria evolução dos controlos por parte dos Tribunais de Contas.[181]

E, mais à frente, arremata o autor:

> A cumplicidade profunda dos Tribunais de Contas com o aprofundamento do princípio republicano permite-nos defender que, no contexto actual, dos Estados de Direito democráticos já não é possível reduzir estes tribunais a simples instâncias de dissuasão politicamente remetidas para a categoria de órgãos auxiliares. (…). Insinua-se, assim, uma ideia, ainda hoje correta – o papel dissuasor do Tribunal de Contas – mas completamente redutora quanto às verdadeiras dimensões contemporâneas deste órgão judicial de fiscalização. A nova *governance* público-financeira aponta mesmo para a sua centralidade dentro das próprias transformações do Estado. (…). "a nova *governance* financeira" pública, aliada ao aparecimento de novas formas de "coprodução da estatalidade", implica necessariamente um sistema actualizado de fiscalização que tenha em conta a cultura de *performance* e de eficácia de gestão, e esteja consciente das implicações político-democráticas da sua magistratura financeira".[182]

A diretriz da boa administração pública, ao impulsionar as entidades de controle externo a ampliarem seu campo de atuação, inevitavelmente convoca para uma profunda reflexão a respeito do perfil institucional dos Tribunais de Contas no Brasil. A elaboração de

---

[181] CANOTILHO, José Joaquim Gomes. Artigo citado, p. 33.
[182] CANOTILHO, José Joaquim Gomes. Artigo citado, p. 38.

uma teoria que reforça a atividade de tais Instituições Superiores de Controle somente se justifica, pragmaticamente, se elas gozarem, acima de tudo, de integridade e autoridade moral.

Contudo, no terreno do controle das finanças públicas no Brasil e da sua arquitetura funcional e institucional, há, utilizando a célebre fórmula de Jürgen Habermas,[183] marcante distanciamento entre facticidade e validade. Existem fragilidades e imperfeições no sistema nacional das ISCs que abalam seus compromissos em torno da agenda democrática e republicana, ao mesmo tempo que enfraquecem sua capacidade de contribuir para a boa administração. É exatamente essa nociva e incômoda tensão que dá movimento ao trabalho de investigação aqui empreendido, como se poderá observar ao longo dos capítulos subsequentes.

---

[183] HABERMAS, Jürgen. *Direito e democracia – entre facticidade e validade*. Tradução de Flavio Beno Siebeneichler. Rio de Janeiro: Tempo Brasileiro, 1997. v. I.

MODELOS DE *ACCOUNTABILITY* HORIZONTAL DAS FINANÇAS PÚBLICAS: A PERSPECTIVA COMPARADA E A TRAJETÓRIA DOS TRIBUNAIS DE CONTAS NO BRASIL

Mas para a edificação republicana esta reforma deve ser uma das pedras angulares.

A necessidade de confiar a revisão de todas as operações orçamentarias da receita e despeza a uma corporação, com as atribuições que acabo de expor, está hoje reconhecida em todos os paizes, e satisfeita em quasi todos os systemas de governo estabelecidos, que apenas divergem quanto à escolha dos moldes; (...).

Dous typos capitaes discriminam essa instituição, nos paizes que a teem adoptado: o francez e o italiano (...). Dos dous systemas, o último é o que satisfaz cabalmente os fins da instituição, o que dá toda a elasticidade necessária ao seu pensamento creador.

Não basta julgar a administração, denunciar o excesso cometido, colher a exorbitância ou a prevaricação, para as punir. Circumscrita a estes limites, essa função tutelar dos dinheiros públicos será muitas vezes inútil, por omissa, tardia ou impotente.[184]

---

[184] BARBOSA, Ruy. *Relatório do Ministro da Fazenda*. Rio de Janeiro: Imprensa Oficial, 1891. p. 453.

O presente capítulo aborda as Instituições Superiores de Controle das Finanças Públicas – ISCs – na perspectiva comparada e histórica. Inicialmente, são identificados os três grandes arranjos institucionais de auditoria externa financeira reconhecidos internacionalmente pela literatura especializada e, a partir de seus traços estruturais, é possível realizar uma macrocomparação. Em seguida, são confrontados os modelos específicos de quatro países, cuja escolha justifica-se por se enquadrarem em um dos critérios a seguir: (i) seguem a mesma tradição de controle externo realizado no Brasil, com avanços e retrocessos; (ii) seus modelos inspiraram, em alguma medida, aquele adotado em nosso país; (iii) seu arranjo institucional difere significativamente do modelo adotado no Brasil, mas existem elementos em sua atuação potencialmente úteis para o debate nacional em torno do tema. Nesse campo, a análise será pautada pela microcomparação, com o objetivo de identificar semelhanças e diferenças quanto a aspectos particulares de cada um dos ordenamentos.

A opção pela metodologia exposta inspira-se nos ensinamentos de Ana Lucia de Lyra Tavares e sua pertinente advertência quanto aos riscos de serem mesclados os estudos de direito comparado e de direito estrangeiro. Explica a autora:

> (...) cabe recordar que o direito estrangeiro, que representa o conjunto de fontes de direito de outro país, não se confunde com o comparado. O conhecimento do primeiro constitui, obviamente, pré-requisito para a prática do segundo, que se caracteriza pela aplicação do método comparativo a dois ou mais ordenamentos jurídicos nacionais, pertencentes, ou não, ao mesmo sistema jurídico. Busca identificar semelhanças e diferenças quanto a pontos específicos (microcomparação) ou em relação a traços diferenciais, estruturais ou históricos, de dois ou mais sistemas jurídicos (macrocomparação).
>
> (...).
>
> Os sistemas jurídicos constituem, por certo, o substrato do direito comparado, que vai além, porque é pela aplicação do método comparativo nos diversos sistemas que se obtêm dados relevantes não apenas para o aprimoramento dos direitos nacionais, mas também valiosas orientações para a confecção de instrumentos jurídicos supranacionais.[185]

---

[185] TAVARES, Ana Lucia de Lyra. Contribuição do direito comparado às fontes do direito brasileiro. *Prisma Jurídico*, São Paulo, v. 5, p. 61-62, 2006.

O resgate histórico, por sua vez, estará em permanente diálogo com a perspectiva comparada que lhe terá precedido. Serão reunidos os debates a respeito dos modelos francês, belga e italiano, os quais guiaram a criação do Tribunal de Contas da União, em 1890, por obra de Ruy Barbosa, então Ministro da Fazenda do Governo Provisório. Em continuação, será exposta a trajetória da instituição no curso das mudanças constitucionais experimentadas até o advento da Constituição de 1988. Essa perspectiva histórica tem a firme preocupação de não se limitar ao exame da produção legislativa pertinente à temática. Serão pesquisados, na medida da disponibilidade de fontes, os posicionamentos doutrinários e jurisprudenciais a respeito do tema, combinados com a análise exploratória de eventos e embates protagonizados por tais instituições.

O capítulo será encerrado com o exame da transição para a configuração contemporânea dos Tribunais de Contas no país. Serão recuperados, nesse contexto, os antecedentes e as discussões ocorridas durante a Assembleia Nacional Constituinte a respeito do controle das finanças públicas, mediante pesquisa realizada quanto aos encaminhamentos apresentados pelas subcomissões e comissões temáticas que tangenciaram o assunto. Nessa etapa do estudo, o grande desafio será apreciar os fatores que, no curso do processo constituinte de 1987-1988, contribuíram para o avanço e consolidação do sistema Tribunais de Contas.

3.1 Desenhos institucionais relevantes na experiência internacional

A experiência internacional em matéria de controle externo financeiro revela considerável variabilidade nos arranjos institucionais que têm sido adotados em contextos e tradições históricas diversas. A rigor, não há um modelo de Instituição Superior de Controle – ISC – convencionalmente apontado como ideal ou ótimo. Nesse setor, ao contrário, as análises estatísticas e as evidências empíricas recolhidas especialmente por pesquisas realizadas em ciência política sinalizam que, embora o desenho institucional tenha algum grau de relevância para explicar a efetividade e a credibilidade da atuação da ISC, os fatores mais decisivos e críticos associam-se à dinâmica política mais ampla, subjacente às relações travadas entre Legislativo e Executivo.[186]

Essa constatação, porém, não compromete a importância da análise da matéria na perspectiva comparativa internacional, pois a diversidade de atributos organizacionais verificados no cenário contemporâneo contribui para uma reflexão mais aprofundada a respeito do macroambiente em que se inserem as ISCs, avaliando-se os requisitos gerais ou sistêmicos passíveis de influenciar o seu funcionamento efetivo.

Os modelos referenciais de ISCs usualmente privilegiados pela doutrina especializada são: (i) o modelo de *Westminster*, que corresponde à formatação de auditoria ou controladoria-geral monocrática; (ii) o modelo napoleônico, que guarda paridade com o sistema judicial ou quase-judicial das Cortes de Contas; e, finalmente, (iii) o modelo colegiado de auditoria ou controladoria-geral (*audit board system*), que consiste em uma variação do modelo de *Westminster*, guardando estreita relação com o sistema de auditoria da tradição anglo-saxônica, exceto pela composição colegiada das instâncias

---

[186] Um dos mais consistentes estudos comparativos a respeito do tema foi realizado por Carlos Santiso, com foco direcionado à realidade da América Latina. As três experiências aprofundadas pelo autor são as da Argentina, Chile e Brasil, países que seguem modelos institucionais bastante diversos em matéria de controle externo das finanças públicas. Em suas conclusões, o autor demonstra entusiasmo com algumas reformas estruturais realizadas no Chile e no Brasil; já em relação ao sistema argentino, Santiso é extremamente cético quanto aos seus resultados. Ao comparar Chile e Argentina, aduz o autor: "Na Argentina, a decadência das ISCs é um fracasso da política. Enquanto arranjos institucionais para a auditoria governamental são perfeitos em teoria, eles fracassam na prática por conta da dinâmica política que emoldura as relações entre executivo e legislativo no processo orçamentário. Em contrapartida, enquanto o modelo chileno de auditoria externa é antiquado e anacrônico, ele consegue, mesmo assim, contribuir para a probidade e a integridade na administração pública. Um atributo característico do sistema formal de auditoria fiscal na Argentina não é a ausência de controle, mas a ficção do controle, que oferece a impressão de que a administração está sendo controlada quando, em realidade, o sistema ata as mãos daqueles que supostamente devem exercê-lo". De outro lado, ao cotejar Brasil e Argentina, conclui o pesquisador: "A experiência do TCU brasileiro contrasta com aquela da AGN argentina. Enquanto Argentina exemplifica a falência de reformas radicais buscadas por meio de mudanças nos modelos de auditoria, Brasil ilustra as promessas de reformas gradualmente implementadas no sistema de auditorias. Contudo, assim como na Argentina, o caso brasileiro ainda demonstra as limitações de política econômica incidentes sobre o sistema de auditoria externa. E, enquanto o TCU brasileiro desfruta de maior independência do que a AGN argentina, suas relações com o legislativo e o judiciário são marcadas por importantes disfunções que comprometem sua efetividade" (SANTISO, Carlos. *The political economy of government auditing*: financial governance and the rule of Law in Latin America and beyond. Obra citada, p. 132 e 91, respectivamente).

dirigentes.[187] Essa sistematização, que apresenta indiscutível destaque na abordagem do tema, leva em consideração uma série de peculiaridades e singularidades identificáveis no desenho das ISCs. Contudo, como não poderia deixar de ser, na esfera de cada um dos modelos indicados em escala macrocomparativa, há ainda variações decorrentes da arquitetura constitucional e da própria trajetória histórica de cada país.

Sem prejuízo de outros aspectos diferenciais relevantes, parece-me que o mais significativo ponto de distinção entre os três modelos concerne à posição da ISC no quadro da titularidade do controle externo financeiro, característica que afeta diretamente a outra nota distintiva relevante, qual seja o espectro de competências reconhecido à instituição. Em relação a esses dois aspectos centrais para a caracterização de uma ISC, os modelos de controladoria ou auditoria-geral – sejam monocráticos ou colegiados – são essencialmente contrapostos ao sistema de Tribunais de Contas na medida em que os primeiros são órgãos vinculados à estrutura de um dos poderes orgânicos do Estado, via de regra do Legislativo, e não exercem competências decisórias e sancionatórias próprias, atuando normalmente por meio de recomendações (*follow ups*) dirigidas ao Parlamento. No regime de auditoria-geral, a ISC atua muito claramente como uma agência de apoio à supervisão congressual da atividade do Executivo, destituída de competências julgadoras autônomas.

O modelo napoleônico dos Tribunais de Contas segue dinâmica bastante diversa: as Cortes de Contas aparecem como um novo

---

[187] A leitura do material recolhido para a pesquisa a respeito do panorama internacional das ISCs indica que a divisão dos modelos de auditoria das finanças públicas nos três formatos citados remonta à tipologia elaborada por Kenneth M. Dye e Rick Stapenhurst ao se dedicarem à qualificação de tais instituições como "pilares da integridade" (DYE, K.; STAPENHURST, R. *Pillars of Integrity*: The Importance of Supreme Audit Institutions in Curbing Corruption. Artigo citado). Essa tipologia tem servido de base para a maior parte das investigações envolvendo a matéria, valendo conferir, nesse sentido: SANTISO, Carlos. *The political economy of government auditing*: financial governance and the rule of Law in Latin America and beyond. Obra citada. Na literatura nacional, a abordagem tripartite também tem se revelado amplamente majoritária, como se pode verificar nos trabalhos de Marcus Andre Mello e Charles Pessanha, embora este último não chegue a cindir o modelo de controladoria nas vertentes monocrática e colegiada. Vejam-se: MELO, Marcus André. *O Controle Externo na América Latina*. Disponível em: http://www.plataformademocratica.org/Publicacoes/1794.pdf. Acesso em: 16 out. 2014; PESSANHA, Charles. Controle externo: a função esquecida do Legislativo no Brasil. *In*: SCHWARTZMAN, S. *et al.* (Org.). *O sociólogo e as políticas públicas*: Ensaios em homenagem a Simon Schwartzman. Rio de Janeiro: Ed. FGV, 2009. p. 243-258; RIBEIRO, Renato Jorge Brown. O problema central do controle da administração pode ser resumido ao debate sobre modelos? *Revista do Tribunal de Contas da União*, v. 33, n. 93, p. 55-73, jul./set. 2002.

componente na clássica separação de poderes, sendo usualmente reconhecidas como órgãos autônomos ou independentes em relação aos demais poderes orgânicos do Estado, embora guardando relação de maior proximidade com o Legislativo.[188] No sistema das Cortes de Contas, a ISC é dotada de competências decisórias próprias e exerce controle de natureza quase-judicial, não se limitando a expedir recomendações ou a atuar apenas com a intermediação do Legislativo.

Algumas observações importantes merecem destaque no que tange aos critérios distintivos anteriormente enfatizados. O sistema de *Westminster* é tipicamente marcado pela intensa interação da ISC com o Parlamento. A ISC é, em tal modelo, um componente fundamental da fiscalização legislativa e funciona com base no constante intercâmbio e articulação com as comissões parlamentares de contas públicas (*Public Account Committees*), as quais revisam os relatórios de auditoria elaborados pela controladoria-geral. Nesse contexto, a ISC é fortemente dependente do Parlamento para que este atue e adote providências a partir dos resultados de suas auditorias.[189]

Essa relação de dependência faz com que, no regime anglo-saxônico de auditoria-geral, a inércia do Legislativo em atuar com base nos achados das ISCs comprometa substancialmente a efetividade da fiscalização externa, pois, em tal modelo, a ação final do controle é atribuída ao Legislativo, ao qual compete deliberar sobre as recomendações expedidas e encaminhar eventuais sanções. Como tal modelo é característico de regimes parlamentaristas de governo, a responsabilização implícita no exercício do controle externo associa-se com o próprio processo de formação de gabinetes, em que uma sanção

---

[188] A propósito da importância de se afirmar a independência dos Tribunais de Contas, afirma Adolfo Merkl: "Este órgão especial, o tribunal de contas, examina a juridicidade e, às vezes, a oportunidade da gestão financeira, valendo-se para tanto dos comprovantes que a fazenda lhe apresenta, cuja exatidão poderá comprovar mediante inspeção das funções e dos estabelecimentos. Este órgão costuma ser um órgão administrativo supremo, porque se acha excluído do resto da organização administrativa e, a diferença de outros órgãos centrais, não está subordinado a nenhum ministério, em particular à fazenda. A subordinação e a ordenação dentro da total organização administrativa seriam incompatíveis com a sua função fiscalizadora. O tribunal de contas não é tal tribunal apenas quando é independente dos demais órgãos administrativos, mas também quando é independente do parlamento. Se o tribunal se acha subordinado ao parlamento de tal forma que este lhe possa fazer, legitimamente, recomendações, nesse caso o tribunal é mero órgão auxiliar do parlamento e, portanto, órgão auxiliar legislativo" (MERKL, Adolfo. *Teoría General del Derecho Administrativo*. Granada: Editorial Comares, 2004. p. 460-461).

[189] WANG, Vibeke; RAKNER, Lise. *The accountability function of supreme audit institutions in Malawi, Uganda and Tanzania*. Bergen: CMI reports, 2005. Disponível em: http://www.cmi.no/publications/file/2000-the-accountability-function-of-supreme-audit.pdf. Acesso em: 21 out. 2014.

legislativa sobre as contas públicas pode corresponder a um voto de desconfiança capaz de conduzir à mudança do gabinete ministerial.[190] Resulta claro, portanto, que no sistema de auditoria-geral, a ISC não exerce competências de julgamento. As contas apresentadas pelos gestores públicos e outros responsáveis por recursos públicos são simplesmente auditadas e verificadas pela ISC, sem, porém, que haja a emissão de qualquer julgamento em relação a elas.

Nesse ponto, o modelo afasta-se drasticamente dos arranjos que se inspiram na formulação napoleônica das Cortes de Contas, uma vez que o controle externo realizado por tais colegiados é de natureza judicial ou, no mínimo, de natureza quase-judicial.[191] Isso significa dizer que os Tribunais de Contas julgam efetivamente as contas públicas e, conforme o caso, aplicam sanções e imputam responsabilidades por irregularidades cometidas por agentes públicos. Embora o sistema das Cortes de Contas também seja fortemente articulado com o Legislativo, nele a ISC exerce uma série de competências típicas de controle sem qualquer ingerência ou dependência para com o Parlamento. Em alguns países que seguem essa tradição, o Tribunal de Contas atua inclusive como corte judiciária,[192] dotado de competência para julgar, como órgão

---

[190] MELO, Marcus Andre. *O Controle Externo na América Latina*. Artigo citado, p. 08.

[191] Quando se adota a expressão "funções quase-judiciais", pretende-se com isso aludir ao exercício de competências de julgamento, porém destituídas dos atributos da inércia e da definitividade que singularizam a função jurisdicional. Como já assinalou o Supremo Tribunal Federal ao abordar o caráter quase-judicial de determinados tribunais administrativos: "A função tem algo de judicial e a criação daqueles órgãos tem florescido, sob a pressão dos interesses públicos, principalmente nos Estados Unidos onde, exatamente, o *rule of law* encontra seus mais acabados e primorosos teoristas. Estes, entretanto, conspiram em que a coexistência desse órgão com a plenitude das funções do Poder Judiciário só é possível com o se atribuir somente às decisões deste último a importância da *res judicata*. Não seria, assim, possível, ainda que se atribua, principalmente em matéria de fato, certo prestígio às decisões dos chamados tribunais quase-judiciais, não seria possível, sem aversão de princípios fundamentais, proibir sua revisão pelo Poder Judiciário, trancando-se ao prejudicado todos os ensejos de convocá-los em seu socorro" (STF, 2ª Turma, RE nº 3252, relator ministro Orozimbo Nonato, julgado em 30.04.1943). Atualmente, a temática das funções "quase-judiciais" tem sido recorrentemente invocada pela doutrina publicista no Brasil como subsídio para a compreensão das atribuições reconhecidas às agências reguladoras. Veja-se, por todos, Maria Sylvia Zanella Di Pietro, ao afirmar que são outorgadas às agências reguladoras funções quase-judiciais, "porque as agências têm o poder de resolver conflitos na esfera administrativa, inicialmente com exclusão da apreciação judicial quanto à matéria de fato e às questões técnicas (a chamada discricionariedade técnica). Com o tempo, o controle judicial cresceu e o Judiciário passou a apreciar a motivação, a razoabilidade, a relação custo benefício, a matéria de fato" (O direito administrativo brasileiro sob influência dos sistemas de base romanística e da common law. *Revista Brasileira de Direito Público – RBDP*, n. 16, ano 5, jan./mar. 2007).

[192] Portugal e Grécia são dois países que ilustram essa hipótese. No primeiro caso, ao cuidar da organização dos tribunais que exercem função jurisdicional, estabelece o artigo 209º da Constituição da República Portuguesa de 1976: "Além do Tribunal Constitucional, existem as seguintes categorias de tribunais: a) O Supremo Tribunal de Justiça e os tribunais

judicial de última instância, as contas prestadas por agentes públicos individuais.

Em linhas gerais, portanto, pode-se apontar que o principal traço distintivo entre os modelos de auditoria-geral e de tribunais envolve a dinâmica do ciclo de *accountability* que a ISC exerce em cada um dos sistemas. No primeiro modelo, destacam-se a primazia do Legislativo na supervisão financeira e a função de apoio da controladoria-geral, que emite recomendações a serem deliberadas pelo Parlamento. No segundo caso, a *accountability* se exerce por meio de competências judiciais ou quase-judiciais, decorrentes do fato de o Tribunal examinar as contas dos gestores e sobre elas emitir julgamento.

Como derivação do padrão de *accountability* que praticam, outros aspectos diferenciais podem ser apontados em relação à atuação das ISCs. Coerente com a natureza judicial ou quase-judicial do controle realizado nos países que se inspiram no modelo napoleônico, as Cortes de Contas historicamente privilegiam o chamado controle de legalidade e de conformidade, consistente na simples verificação e atestação do cumprimento da normatização legal e financeira aplicáveis à gestão de recursos públicos. A incorporação de técnicas de auditoria focadas no resultado de políticas e programas públicos e na avaliação quanto ao seu desempenho (auditorias operacionais e de performance) apenas recentemente passou a constar da agenda de discussões de algumas Cortes de Contas e, em grande parte, isso ocorreu a partir da experiência recolhida com o estudo das práticas seguidas por ISCs filiadas ao modelo de *Westminster*, em especial o *Government Accountability Office* norte-americano (GAO)[193] e o *National Audit Office* britânico (NAO).[194]

---

judiciais de primeira e de segunda instância; b) O Supremo Tribunal Administrativo e os demais tribunais administrativos e fiscais; c) O Tribunal de Contas". Em continuação, ao detalhar a configuração do tribunal de contas, estabelece o artigo 214º que o "Tribunal de Contas é o órgão supremo de fiscalização da legalidade das despesas públicas e de julgamento das contas que a lei mandar submeter-lhe, competindo-lhe, nomeadamente: a) Dar parecer sobre a Conta Geral do Estado, incluindo a da segurança social; b) Dar parecer sobre as contas das Regiões Autónomas dos Açores e da Madeira; c) Efectivar a responsabilidade por infracções financeiras, nos termos da lei; d) Exercer as demais competências que lhe forem atribuídas por lei". De outro lado, a atual Constituição da Grécia, que data de 1975, segue o modelo de dualidade de jurisdição e dispõe a respeito da organização e das competências da Corte de Auditores na seção dedicada ao Poder Judiciário, na parte referente ao contencioso administrativo (artigo 98).

[193] As auditorias operacionais ou de resultado já constam do repertório de atuação do GAO norte-americano há muitas décadas. Conforme noticia Michael Power, o início de sua adoção remonta ao período pós II Guerra Mundial e teve sua proeminência ao longo da década de 60, dando origem a um momento que ficou conhecido como o "terceiro GAO" (POWER, Michael. *The Audit Society*. Obra citada, p. 45). Retornar-se-á o assunto um pouco mais à frente, no item 3.1.2, ainda no presente capítulo.

[194] O *National Audit Office* do Reino Unido foi fundado em 1983 em resposta às pressões por mudanças dirigidas ao antigo Departamento de Auditoria e Fiscalização, cuja criação re-

Outro aspecto chave para a compreensão dos possíveis arranjos adotados pelas ISCs na experiência internacional vincula-se à sua composição. No modelo monocrático de auditoria-geral, a principal característica a esse respeito é a alta concentração de poder na figura do auditor-geral, que praticamente assume responsabilidade individual na função de controle das contas públicas.[195] Nesse modelo, predomina o sistema de investidura a termo fixo (mandato), com a excepcional possibilidade de remoção prematura da função por deliberação do Parlamento. Além disso, o perfil do quadro administrativo de pessoal dessas ISCs particulariza-se pelo predomínio de profissionais com formação em economia e contabilidade.

Já nas ISCs que seguem a formatação das Cortes de Contas, a estrutura deliberativa está centrada em um colegiado de magistrados, sob a presidência rotativa de um de seus membros. Como juízes, os integrantes dos Tribunais de Contas costumam gozar de estabilidade ou vitaliciedade conferida por lei. E essa proximidade com a composição das cortes judiciárias explica, em certa medida, o predomínio da formação jurídica nos quadros profissionais da ISC, bem como sua tradicional ênfase nas auditorias de conformidade.

Finalmente, o modelo de *audit board* (auditoria colegiada) corresponde a um híbrido institucional.[196] No que concerne à sua composição, o arranjo guarda relação com o sistema dos Tribunais de Contas em razão da colegialidade da instância deliberativa, a qual, no entanto, é formada por auditores destituídos de competências julgadoras ou de atribuições quase-judiciais. Funcionalmente, portanto, as ISCs que seguem o padrão de *audit board* apresentam muito mais afinidade com o modelo de *Westminster* do que com o napoleônico: elas carecem de autoridade julgadora e dependem fortemente do Legislativo para

---

monta a 1866. O NAO é dirigido pelo Controlador e Auditor-Geral, nomeado pelo Rei, a partir da indicação da *House of Commons*, apresentada pelo Primeiro-Ministro. Sua criação foi fundamental para conferir ao trabalho de auditoria de desempenho de base legal e, também, um novo ímpeto. A lei que o disciplina permite, especialmente, que o Controlador e Auditor-Geral examine a economicidade, a eficiência e a efetividade com as qual os departamentos governamentais e outros entes utilizam os recursos públicos, embora vede considerações quanto ao mérito das políticas públicas. Durante as décadas de 80 e 90, o trabalho do NAO desenvolveu sobremaneira o foco sobre os aspectos de economicidade, eficiência e efetividade, passando a preocupar-se, ainda, com questões referentes à qualidade dos serviços e com governança corporativa (POLLITT, C. *et al. Desempenho ou legalidade?* Auditoria operacional e de gestão pública em cinco países. Tradução de Pedro Buck. Belo Horizonte: Fórum, 2008, p. 344).

[195] MELO, Marcus Andre. *O Controle Externo na América Latina.* Artigo citado, p. 07.

[196] SANTISO, Carlos. *The political economy of government auditing*: financial governance and the rule of Law in Latin America and beyond. Obra citada, p. 50.

que seus achados de auditoria possam produzir resultados. Assim, levando-se em consideração o ciclo de *accountability*, as ISCs do sistema *audit board* qualificam-se expressivamente como agências de apoio à supervisão parlamentar. Como consequência, à semelhança do que ocorre com as ISCs do tipo *Westminster*, a dinâmica do comportamento Legislativo e do sistema partidário assume conotação essencial para o bom funcionamento da ISC, sendo imprescindível que contem com incentivos para a adoção das medidas corretivas decorrentes dos trabalhos de auditoria.[197]

Pois bem. Com base nas características básicas apontadas pela literatura especializada para cada um dos três grandes modelos de ISCs na experiência internacional, sintetizam-se seus principais elementos diferenciais no quadro comparativo a seguir apresentado.

QUADRO 1
Os três modelos de ISCS reconhecidos pela literatura especializada

(continua)

	Cortes de Contas (modelo napoleônico)	Auditoria-Geral (modelo de *Westminster*)	Colégio de auditores (*Board model*)
Posição no quadro dos poderes orgânicos estatais	Órgão independente, mas com significativa interação com o Parlamento e, em casos raros, com o Judiciário.	Agência de apoio à supervisão parlamentar das atividades do Poder Executivo.	Agência de apoio à supervisão parlamentar das atividades do Poder Executivo.
Competências funcionais	Funções de julgamento, de natureza judicial ou quase-judicial.	Não emite julgamentos. Adota recomendações a serem consideradas pelo Legislativo.	Não emite julgamentos. Adota recomendações a serem consideradas pelo Legislativo.

---

[197] Normalmente, tais incentivos são uma exclusividade dos partidos de oposição, o que justifica a prática institucional verificada em muitos países de incluir ativamente a oposição parlamentar nos trabalhos de controle. No Reino Unido e na Argentina, por exemplo, cabe exatamente à oposição parlamentar presidir a comissão legislativa competente na matéria de finanças públicas, assim como indicar o auditor-geral (MELO, Marcus Andre. *O controle externo na América Latina*. Artigo citado, p. 14).

CAPÍTULO 3 | 115

MODELOS DE *ACCOUNTABILITY* HORIZONTAL DAS FINANÇAS PÚBLICAS: A PERSPECTIVA COMPARADA...

QUADRO 1

Os três modelos de ISCS reconhecidos pela literatura especializada

(conclusão)

	Cortes de Contas (modelo napoleônico)	Auditoria-Geral (modelo de *Westminster*)	Colégio de auditores (*Board model*)
Capacidade de *enforcement*	Exerce competências sancionatórias e de responsabilização autonomamente.	Depende do Poder Legislativo para o *follow-up* de suas recomendações.	Depende do Poder Legislativo para o *follow-up* de suas recomendações.
Vínculo funcional das instâncias de direção	Instância colegiada. Magistrados com estabilidade ou vitaliciedade	Instância monocrática. Dirigente exerce mandato a termo fixo	Instância colegiada. Integrantes exercem mandato a termo fixo
Formação profissional prevalecente no *staff*	Interdisciplinaridade, com predomínio da formação jurídica.	Interdisciplinaridade, com predomínio da formação em contabilidade e economia.	Interdisciplinaridade, com predomínio da formação em contabilidade e economia.
Tipo de auditoria enfatizada	Conformidade/ legalidade.	Performance/ auditoria operacional.	Performance/ auditoria operacional.
Países representativos	Países de tradição românica – França, Espanha, Itália, Portugal, Brasil.	Estados Unidos, Reino Unido, Canadá, Chile, Colômbia, México.	Alemanha, Holanda, Suécia, Argentina.

Concluído o estudo macrocomparativo das ISCs, caminha-se agora para a apresentação pormenorizada dos formatos constitucionais adotados por determinados países representativos dos três principais modelos identificados na pesquisa. Esta etapa do estudo é mais específica e seletiva, concentrando-se nas grandes questões que, *prima facie*, podem afetar os níveis de sucesso das ISCs.

Os quatro países que formam a base para a comparação nesse estágio são França, Estados Unidos, Argentina e Chile. A seleção da experiência francesa justifica-se por se tratar da matriz do modelo napoleônico de controle externo exercido por intermédio de Tribunais de Contas, tendo servido de inspiração para a criação do Tribunal de Contas da União, ainda no Governo Provisório que inaugurou a Primeira República no país. Além disso, verificou-se relativa facilidade de acesso a fontes doutrinárias francesas atuais sobre o assunto, especialmente em virtude do amplo debate acadêmico a respeito da Revisão Constitucional de 2008 e as reformas promovidas no campo das competências da *Cour de Comptes*.

O estudo do modelo norte-americano de controle das finanças públicas, de outro lado, justifica-se por seguir dinâmica absolutamente diversa daquela adotada no Brasil. As bases da atividade fiscalizatória realizada pelo *Government Accountability Office* (GAO) são radicalmente opostas à estruturação observada em nosso país e, exatamente por isso, o cotejo entre as duas experiências tende a fornecer lições importantes em termos comparativos.

Por fim, a realidade do controle externo financeiro no cenário latino-americano também merece uma abordagem específica e, nesse campo, privilegiam-se os casos argentino e chileno. A trajetória argentina representa um exemplo de recente reforma do modelo institucional – migrando, durante a década de noventa, do modelo de tribunal de contas para o formato de auditoria-geral – que absolutamente não conseguiu interferir nos níveis de efetividade da ISC, o que reforça a hipótese de que existem outras variáveis importantes a influenciarem o desempenho institucional. O caso chileno, a seu turno, é significativo porque, embora adotando desenho institucional bastante diverso do brasileiro, trata-se da ISC que, no quadro regional latino-americano, alinha-se ao Brasil em matéria de reconhecimento e destaque quanto ao desempenho e efetividade institucionais.[198]

---

[198] Como já se disse anteriormente, o mais completo estudo sobre as ISCs latino-americanas foi realizado por Carlos Santiso, que abordou em detalhes os casos brasileiro, argentino e chileno. Apesar de ter se debruçado mais especificamente sobre a realidade desses três países, Santiso oferece um diagnóstico sobre os níveis de efetividade do desempenho das ISCs pesquisadas, abarcando todos os países da região. Os critérios de avaliação empregados pelo pesquisador levam em conta a independência, a credibilidade, a tempestividade da atuação e a capacidade de *enforcement* da ISC. Segundo sua análise, o maior índice de efetividade da ISC na América Latina é reconhecido ao Tribunal de Contas da União (que alcança 0.63 pontos em uma escala que vai de zero a 1.00), sendo seguido pela ISC colombiana (com 0.61 pontos) e pela Controladoría-General de la República (CGR) do Chile (com 0.61 pontos). A Argentina, com sua Auditoría-General de la Nación (AGN), é o país que apresenta o pior índice de efetividade da ISC na região (com 0.28 ponto) (SANTISO, Carlos. *The political economy of government auditing*: financial governance and the rule of Law in Latin America and beyond. Obra citada, p. 68).

3.1.1 A experiência francesa: *Cour de Comptes*

A Corte de Contas francesa encontra-se estabelecida no artigo 47.2 da Constituição da V República (1958), cabendo-lhe auxiliar o Parlamento e o governo na supervisão da implementação do orçamento público. Trata-se de instituição bicentenária, cuja criação remonta a 1807,[199] época em que seus principais contornos foram definidos, vindo a alternar, durante sua longa trajetória, períodos de imobilismo com movimentos de renovação que buscavam aprimorar e reforçar o controle *a posteriori* incidente sobre os ordenadores de despesas.[200] Recentemente, por meio da Revisão Constitucional concluída em 23 de julho de 2008, o texto constitucional passou a prever que também compete à Corte de Contas assistir o Parlamento na avaliação das políticas públicas e que, por meio de seus relatórios, a Corte contribui para informar os cidadãos.[201]

Embora o Tribunal de Contas francês seja órgão de extração constitucional, o seu regime jurídico encontra-se detalhado em legislação ordinária, mais precisamente no Código de Jurisdição Financeira, adotado pela Lei nº 94-1040, de 02 de dezembro de 1994, com inúmeras alterações posteriores. Atualmente, a Corte é composta pelo primeiro presidente, por sete presidentes de câmaras, pelo corpo de conselheiros (cerca de duzentos magistrados) e por auditores, organizados em carreira. O Tribunal é dirigido pelo primeiro presidente, cuja nomeação realiza-se por decreto do Presidente da República, adotado em conselho de ministros.[202] Os demais conselheiros são também nomeados por

---

[199] Consoante informa Jacques Magnet, o projeto de lei sobre a organização da Corte de Contas foi elaborado durante o verão de 1807 e apresentado ao corpo legislativo durante sua sessão de outono, sendo adotado em 16 de setembro por 277 votos contra 07. A Corte foi efetivamente instalada em 05 de novembro do mesmo ano (MAGNET, Jacques. *La Cour des comptes*. 5ª. ed. Paris: Berger-Levrault, 2001. p. 36).

[200] A respeito da formação histórica e dos movimentos de resistência e renovação envolvendo a Corte de Contas na França, confiram-se: POTTON, Jean-François. Résistance et pratique judiciaire à la cour des comptes. *Histoire de La Justice*, n. 22, p. 33-40, 2012; e DESCAMPS, Florence. La cour des comptes et le contrôle financier des administrations publiques: histoire d'une tentation, histoire d'une tentative (1914-1940). *Revue Française D'Administration Publique*, n. 124, p. 659-672, 2007.

[201] Eis a dicção atual do artigo 47.2 da Constituição da República Francesa: "A Corte de Contas assiste o Parlamento no controle da ação do governo. Ela assiste o Parlamento e o Governo no controle da execução das leis de finanças e na aplicação das leis de financiamento da seguridade social, assim como na avaliação das políticas públicas. Por seus relatórios públicos, ela contribui para informar os cidadãos" (*Constitution de da République Française*. Disponível em: www.assemblee-nationale.fr. Acesso em: 15 nov. 2014).

[202] As regras relativas à nomeação dos magistrados da Corte de Contas encontram-se estabelecidas no artigo 121 do Código de Jurisdição Financeira.

decreto do Presidente da República, gozando do *status* próprio dos magistrados, inclusive quanto à vitaliciedade, inamovibilidade e vedação de filiação político-partidária.[203] A existência de sete presidentes de câmaras (*chambres*) justifica-se em razão da forma desconcentrada como a Corte atua, em que cada câmara, composta por cerca de quarenta magistrados, exerce competências temáticas de maneira independente.

Como o próprio texto constitucional registra, o Tribunal de Contas na França auxilia o Parlamento e o governo na fiscalização da execução adequada do orçamento público e das leis de seguridade social. Nada obstante a referência à competência auxiliar, é amplamente reconhecida sua posição independente e equidistante em relação aos Poderes Legislativo e ao Executivo,[204] sendo corrente a sua aproximação com o Conselho de Estado e com a Corte de Cassação (*les grands corps de l'état*). Na prática, a independência da Corte na condução de seus trabalhos é assegurada por meio das garantias de índole subjetiva outorgadas aos magistrados, bem como por meio de garantias institucionais, que lhe reconhecem a liberdade necessária para programar sua atividade fiscalizatória, decidir os órgãos e entidades a serem auditados em um determinado período, o cronograma necessário para realizar uma investigação e os meios a serem empregados. Além disso, no curso de seus trabalhos, poucos obstáculos podem ser levantados contra as prerrogativas de investigação e controle: a legislação infraconstitucional que rege a matéria prevê a competência da Corte para requisitar documentos relativos à gestão submetida a seu controle e a negativa de acesso ou a adoção de comportamento tendente a dificultar ou obstruir a atuação do Tribunal pode ensejar a aplicação de multa de até quinze mil euros.[205]

Em relação às competências exercidas pela *Cour des Comptes*, são quatro as grandes categorias passíveis de identificação: (i) julgamento de contas dos gestores públicos e demais responsáveis pelo emprego de recursos públicos; (ii) exame da gestão pública por meio de auditorias;

---

[203] Nos termos do artigo 120-1 do Código de Jurisdição Financeira (Lei nº 94-1040), os membros da Corte de Contas ostentam a qualidade de magistrados e são inamovíveis. Como afirma Jacques Magnet, "os membros da Corte são magistrados, no mesmo sentido que o termo é empregado na ordem judiciária" (MAGNET, Jacques. *La Cour des comptes*. Obra citada, p. 52).

[204] A independência da Corte de Contas foi consagrada pela jurisprudência do Conselho Constitucional por ocasião do exame da Lei Orgânica relativa às Finanças Públicas (LOLF). Trata-se da decisão nº 2001.448 DC, de 25 de julho de 2001 (WALINE, C.; DESROUSSEAUX, P.; BERTRAND, P. *Contrôle et évaluation des finances publiques*. Paris: La documentation française, 2009. p. 33).

[205] Artigos 141-1 a 141-3 do Código de Jurisdição Financeira (Lei nº 94-1040).

(iii) avaliação das políticas públicas; e (iv) disponibilização de informação acessível à cidadania.

O julgamento das contas dos gestores públicos é a atribuição histórica da Corte e eixo fundamental de sua natureza jurisdicional. Trata-se de controle prioritariamente de regularidade ou de conformidade, focado na aferição do respeito ao conjunto das normas orçamentárias, contábeis e financeiras aplicáveis à gestão pública, ensejando, em caso de inobservância, aplicação de sanção aos responsáveis. Cuida-se, ademais, de controle realizado *a posteriori*, circunstância que realça sua limitação quanto à garantia do bom emprego dos recursos públicos. Nos últimos anos, contudo, o julgamento de contas tem perdido seu caráter central,[206] cedendo espaço para que a Corte avance no exercício das funções de auditoria e de avaliação das políticas públicas.

Com efeito, as denominadas auditorias de performance passaram a protagonizar os trabalhos da Corte de Contas francesa especialmente a partir do início do século XXI, em um contexto marcado por fortes convergências internacionais na temática. Essa atuação, de natureza não jurisdicional, recai sobre um campo particularmente vasto, englobando não apenas os elementos de regularidade da ação financeira, mas também direcionando-se para a economicidade dos meios empregados e para os resultados obtidos com certa atuação estatal. Uma auditoria de performance permite, portanto, apreciar os resultados da ação pública, mensurar o atendimento dos objetivos programados e identificar os melhores procedimentos para garantir o bom emprego dos recursos públicos.[207]

Paralelamente a isso, a Corte também tem se dedicado a aperfeiçoar sua função no campo da avaliação das políticas públicas, que passou a ser uma obrigação constitucional a partir da revisão finalizada em 23 de julho de 2008.[208] Assim como as auditorias de *performance*, a

---

[206] Apenas a título ilustrativo, em 2009 a Corte emitiu apenas 390 decisões de julgamento de contas, sendo 39 delas de eficácia condenatória em débito. Esses dados revelam, segundo Charles Waline, "o caráter limitado de sua atividade de julgamento de contas à vista de suas outras funções" (WALINE, C.; DESROUSSEAUX, P.; BERTRAND, P. *Contrôle et évaluation des finances publiques*. Obra citada, p. 41).

[207] WALINE, C.; DESROUSSEAUX, P.; BERTRAND, P. *Contrôle et évaluation des finances publiques*. Obra citada, p. 82.

[208] Como assinala Sylvie Trosa, a alteração constitucional inseriu a França na moderna "cultura da avaliação e do resultado" a informar a atividade de controle externo, embora tal cultura ainda não esteja completamente introjetada no espírito e nas práticas francesas (TROSA, Sylvie. L'évaluation: nécessité ou gadget? *In*: TROSA, Sylvie (Coord.). *Évaluer les politiques publiques pour améliorer l' action publique*: une perspective internationale. Paris: IGPDE, 2009. p. 02).

avaliação de políticas públicas permite apreciar os resultados da ação pública, mas seu escopo avança para além disso e aprofunda o trabalho de auditoria a partir de um olhar multidisciplinar, que combina uma série de competências para o fim de considerar a diversidade da ação pública e favorecer o debate público a seu respeito, podendo eventualmente ingressar mesmo no campo da valoração da oportunidade política.[209] A rigor, a grande preocupação do trabalho de avaliação reside em identificar mecanismos que possam contribuir para aprimorar a política pública, o que salienta o caráter dialógico dessa função: não se objetiva julgar ou sancionar gestores públicos quando da avaliação das políticas públicas, mas sim contribuir para a tomada de decisão pública (estratégica ou operacional) mediante recomendações ou reflexões compartilhadas com o Parlamento.[210]

De fato, o grande debate a respeito da atuação da Corte de Contas na França atualmente concentra-se em reflexões a propósito de seu papel na avaliação de políticas públicas, prologando-se, no campo doutrinário, para esforços tendentes a fixar uma compreensão adequada sobre os limites e possibilidades de intervenção do controle externo nessa matéria. Nesse ponto, a doutrina francesa[211] tem enfatizado a importância de se construir uma cultura de cooperação[212] entre a Corte e o Parlamento no tocante à função de avaliação, insistindo também fortemente na necessidade da coordenação e do diálogo entre atores e protagonistas da função de controle, preconizando o redirecionamento de uma lógica pautada na coercibilidade para uma cultura pedagógica. Nesse sentido, argumenta Charles Waline:

---

[209] Charles Waline, porém, alerta para o risco que essa compreensão traz, destacando que não deve preconizar que o controlador se substitua ao gestor, que é o único legitimado a tomar decisões. Para o autor, a avaliação tem caráter não jurisdicional e, como tal, não implica um poder de sanção. Embora seja um instrumento com forte caráter fomentador e impulsor de mudanças na gestão pública, não se trata de mecanismo coercitivo (WALINE, C.; DESROUSSEAUX, P.; BERTRAND, P. *Contrôle et évaluation des finances publiques*. Obra citada, p. 107).

[210] FOUQUET, Annie. L'évaluation des politiques publiques: concepts et enjeux. *In*: TROSA, Sylvie (Coord.). *Évaluer les politiques publiques pour améliorer l'action publique*: une perspective internationale. Paris: IGPDE, 2009. p. 25.

[211] Sobre o tema, consultem-se, em especial: TROSA, Sylvie (Coord.). *Évaluer les politiques publiques pour améliorer l' action publique*: une perspective internationale. Paris: IGPDE, 2009; e WALINE, C.; DESROUSSEAUX, P.; BERTRAND, P. *Contrôle et évaluation des finances publiques*. Paris: La Documentation Française, 2009.

[212] WALINE, C.; DESROUSSEAUX, P.; BERTRAND, P. *Contrôle et évaluation des finances publiques*. Obra citada, p. 107.

O controle não escapa a essa evolução. A partir do momento em que eles têm o mesmo objetivo – o aprimoramento da gestão pública – controlador e controlado estão ambos vocacionados à colaboração. Donde a emergência, na problemática do controle, da noção de "conselho", que poderia parecer paradoxal até pouco tempo atrás. Admite-se, hoje em dia, que um bom trabalho de controle repousa sobre um diagnóstico compartilhado entre controlador e controlado, diagnóstico este que deve permitir a melhor aceitação e absorção das diretrizes preconizadas com a avaliação. Passa-se, assim, de uma lógica "coercitiva" para uma lógica do "conselho", considerando que o controlado está, na imensa maioria dos casos, de boa fé e sinceramente empenhado em aprimorar sua gestão.[213]

Por fim, a quarta missão constitucional reconhecida à Corte de Contas na França guarda relação com o dever de prestar informações à cidadania a respeito da condução dos assuntos de interesse público, o que justifica sua identificação contemporânea como "instituição auxiliar da democracia".[214] Por meio de relatórios públicos altamente difundidos, o Tribunal busca atender ao comando bissecular do artigo 15 da Declaração de Direitos do Homem e do Cidadão, ao dispor que "a sociedade tem o direito de exigir a prestação de contas de todo agente de sua administração". Nesse campo, segundo se observou na pesquisa, considerável esforço pedagógico tem sido empreendido para tornar os

---

[213] WALINE, C.; DESROUSSEAUX, P.; BERTRAND, P. *Contrôle et évaluation des finances publiques*. Obra citada, p. 111. A mesma percepção é apresentada por René Dosière: "A avaliação de políticas públicas representa movimento absolutamente habitual em diversas democracias ocidentais: por exemplo, o NAO (*national audit office*) no Reino Unido e o GAO (*government accountability office*) nos Estados Unidos já têm uma longa tradição de avaliação de políticas públicas nacionais ou federais. Na França, apesar de certas iniciativas interessantes, a cultura da avaliação ainda é bem recalcitrante. Sua previsão na constituição e a diretriz de que o concurso da Corte de Contas não será mais limitado às provocações dirigidas pela comissão de finanças, mas ampliados ao conjunto das comissões e ao comitê de controle de avaliação, devem propiciar uma dimensão moderna ao controle externo. Em seu princípio, a avaliação se distingue de outras atividades mais clássicas: não é um controle de regularidade de despesa, nem função de inspeção geral de serviços ou, a fortiori, um controle jurisdicional. Ao invés de estar orientado ao controle e à sanção, a avaliação é um movimento aberto de apreciação da eficácia da política pública em cotejo com seus resultados, objetivos e meios utilizados" (DOSIÈRE, René. Le contrôle ordinaire. *Pouvoirs*, n. 134, p. 44-45, 2010).

[214] Nesse sentido, asseveram Michel-Pierre Prat e Cyril Janvier: "Disponibilizar aos cidadãos e a seus representantes a informação a que têm direito – uma informação verificada, contraditada e deliberada de maneira imparcial e colegiada – é o papel fundamental da Corte de Contas e das jurisdições financeiras a serviço de uma democracia exemplar: permitir aos cidadãos e a seus eleitos efetuar, com fundado conhecimento de causa, as escolhas que atendem ao povo soberano" (La Cour des comptes, auxiliaire de la démocratie. *Pouvoirs*, n. 134, 2010, p. 106).

relatórios e as produções da Corte cada vez mais acessíveis, claras e cognoscíveis pela população em geral, deixando no passado a prática de elaborar relatórios herméticos e ininteligíveis pelo cidadão médio.

Como se pode perceber, embora os pilares do controle externo *a posteriori* característicos da tradição francesa permaneçam preservados, observa-se crescente prestígio conferido a instrumentos e métodos de auditoria surgidos, originalmente, nas experiências típicas de controladorias anglo-saxônicas. Evidencia-se, dessa forma, uma importante e destacada circulação de ideias e de experiências entre tradições distintas no campo do controle das finanças públicas, o que simplesmente reforça a imprescindibilidade da análise comparativa ora realizada.

3.1.2 O *Government Accountability Office* (GAO) norte-americano

Os países que receberam a influência cultural e política da Inglaterra costumam adotar modelo de *accountability* das finanças públicas bastante diverso daquele verificado nos países de tradição continental. Um dos exemplos que melhor simboliza essa diversidade é o *Government Accountability Office* (GAO) norte-americano, cujo funcionamento repousa sobre bases bastante particulares do regime presidencialista dos Estados Unidos.

O GAO segue o modelo de auditoria ou controladoria-geral, com o traço marcante de atuação por delegação do Congresso Nacional. A ênfase conferida à atividade de apoio à supervisão congressual do Poder Executivo consta da própria identificação do GAO em seu sítio eletrônico, ao autoqualificar-se como "órgão independente e apartidário que trabalha para o Congresso".[215] A simbiose que caracteriza a relação entre GAO e Poder Legislativo é a marca registrada do modelo de auditoria-geral no controle externo: ao mesmo tempo que o Legislativo depende do GAO para obter informações confiáveis e tempestivas sobre a gestão pública financeira, o GAO depende do Congresso para que se estabeleça um fórum público para apresentação e discussão dos resultados de auditoria e das recomendações corretivas.[216]

A criação de uma agência de suporte ao Congresso na fiscalização financeira norte-americana remonta ao período que se segue à

---

[215] Confira-se em: http://www.gao.gov/about/index.html. Acesso em: 12 dez. 2014.
[216] PELIZZO, Riccardo; STAPENHURST, Frederick. *Government Accountability and Legislative Oversight*. Obra citada, *Kindle edition*, posição 1.089.

Primeira Guerra Mundial e que culmina com um cenário de total desorganização das finanças e do processo de elaboração e de execução orçamentária. Especificamente em 1921, o Congresso norte-americano aprovou o *Budget and Accounting Act*, que estabeleceu a competência do Presidente da República para preparar a proposta de lei orçamentária anual e, em contrapartida, atribuiu a responsabilidade pelo controle das despesas públicas ao GAO, agência vinculada ao Poder Legislativo. Dessa forma, desde sua criação, fica bastante claro que o GAO foi concebido como uma ferramenta de reequilíbrio entre os Poderes Executivo e Legislativo, circunstância que se projeta ao longo da história do organismo, que veio a protagonizar uma série de conflitos com as instâncias executivas.[217]

Em exame comparativo com o precedente estudo a respeito da experiência francesa com a Corte de Contas, notam-se algumas importantes diferenças. Em primeiro lugar, o GAO é órgão cuja instância decisória é monocrática, exercida pelo Controlador-Geral dos Estados Unidos (*Comptroller General of the United States*). A sua nomeação, por outro lado, segue dinâmica que, uma vez mais, reafirma a vinculação da agência ao Congresso: a escolha compete ao Presidente da República a partir de lista que lhe é submetida pelo Legislativo. Além disso, o Controlador-Geral é investido no cargo para o exercício de mandato não renovável de quinze anos.[218]

No que diz respeito à esfera de atribuições conferidas ao GAO, a sua dependência para com o Congresso Nacional fica absolutamente

---

[217] Noticia Michael Power a esse propósito: "Por exemplo, a história do GAO, estabelecido em 1921, é um microcosmo das tensões que permearam a vida pública americana e demonstra como a separação entre auditoria e contabilidade e a questão da independência do auditor podem ser assuntos constitucionais. Originariamente concebido como um departamento de nível inferior com atribuição *ex post*, o GAO sofreu inúmeras transformações importantes no período pós-guerra. Preocupações com a administração financeira, controle interno e o aprimoramento da contabilidade governamental geraram conflitos com um poder executivo que usualmente desejava limitar a independência da função de auditoria a posteriori (...). As relações entre o auditor-geral e o advogado-geral dos Estados Unidos também eram comumente adversariais e levantavam questionamentos quanto ao status do GAO como um 'braço' do Congresso" (POWER, Michael. *The Audit Society*. Obra citada, p. 46).

[218] O procedimento atualmente vigente para escolha e nomeação do Controlador-Geral remonta a 1980, quando o Congresso aprovou o *GAO Act*. De acordo com tal legislação, o Controlador-Geral é indicado pelo Presidente da República e deve ser confirmado pelo Senado. Quando ocorre a vacância do cargo, o Congresso instala uma comissão mista – composta por membros da *House of Representatives* e do Senado – com a atribuição de formular uma lista tríplice a ser submetida ao Presidente da República. O Presidente pode, eventualmente, demandar a indicação de nomes adicionais para constar da lista e, uma vez feita a escolha, a indicação depende de confirmação do Senado. (Disponível em: http://www.gao.gov/cghome/cgprocess.html. Acesso em: 04 jan. 2015).

evidente. Em linhas gerais, a atividade de apoio à supervisão congressual operacionaliza-se por meio dos seguintes instrumentos: (i) realização de auditorias em órgãos e agências governamentais, visando à apreciação da eficiência e da eficácia de seus gastos, sendo os relatórios finais encaminhados ao Legislativo para posterior apreciação; (ii) realização de investigações quanto a denúncias de ilegalidade em matéria orçamentária ou de finanças públicas, com o subsequente envio a comissões do Congresso; (iii) emissão de recomendações e aconselhamentos ao Congresso e a autoridades responsáveis dos órgãos governamentais a respeito da eficácia, eficiência e economicidade da gestão financeira, sem que, porém, tais recomendações ostentem caráter coercitivo.

O GAO também possui competência para adotar decisões em matéria jurídica (*legal decisions*) em assuntos relacionados a procedimentos licitatórios, a partir de impugnações oferecidas pelas partes interessadas (*bid protest*). Exerce, ainda, atribuição revisional em relação ao poder normativo de órgãos e agências governamentais, com base no denominado *Congressional Review Act*,[219] o qual impõe a submissão das normas editadas por agências do Executivo à apreciação do Congresso e, também, do GAO, como condição para a produção de seus efeitos. Nessa matéria, o GAO tem a atribuição de verificar a observância do devido processo legal na edição da norma, sem adentrar em aspectos relacionados à sua substância ao a seu mérito, cabendo-lhe encaminhar seu parecer ao Congresso para deliberação final.

Os instrumentos acima relacionados, assim como o *modus operandi* característico do GAO revelam dois outros traços distintivos marcantes em comparação com as instituições que seguem o modelo napoleônico. Em primeiro plano, sublinha-se a ausência de poderes quase-jurisdicionais: embora o GAO possa adotar decisões em matéria de sua competência, são elas destituídas de força coercitiva e sua inobservância por parte do destinatário apenas pode acarretar consequências a serem deliberadas pelo Congresso, e não pela própria agência de *accountability*. Em segundo plano, destaca-se a absoluta prevalência das práticas de auditoria de performance em detrimento das verificações de conformidade ou de mera regularidade formal, com a consolidação de uma *expertise* que busca disponibilizar ao Legislativo avaliações cuja ênfase reside em identificar se os programas púbicos implementados pelo governo foram capazes de satisfatoriamente atingir os resultados esperados.

---

[219] 5 U.S.C §802 (a).

3.1.3 A reforma estrutural no modelo argentino e suas debilidades

A *accountability* das finanças públicas na Argentina segue, desde 1992, o modelo que, em termos macrocomparativos, identifica-se como de auditoria colegiada ou *audit board system*. Há interesse acadêmico em focalizá-lo mais detidamente por ilustrar uma hipótese em que a instituição de controle externo submeteu-se a uma reforma radical em sua modelagem e estrutura, fortemente baseada na importação de padrões exógenos, mas que ao longo das duas últimas décadas tem revelado fragilidades que comprometem significativamente a sua efetividade e credibilidade.[220]

A *Auditoría General de la Nación* (AGN) foi criada em 1992, motivada não apenas pela agenda e por protocolos impostos por influentes instituições financeiras internacionais, mas também impulsionada por pressões advindas do próprio Poder Executivo argentino e seus esforços tendentes a neutralizar as instituições de controle no país.[221] A AGN veio a substituir o então *Tribunal de Cuentas de la Nación* (TCN), órgão criado em 1956 seguindo o tradicional modelo napoleônico de Cortes de Contas, inclusive com competência para o exercício de controle prévio de legalidade, assim como para julgar as contas dos administradores públicos e de ordenadores de despesas. Apesar da expressividade de suas competências, o TCN não tinha uma atuação reconhecidamente

---

[220] Segundo Carlos Santiso, "o caso da Argentina fornece um exemplo de controle ficcional e de falência de uma reforma radical" (*The political economy of government auditing*: financial governance and the rule of Law in Latin America and beyond. Obra citada, p. 77).

[221] A AGN foi inicialmente criada pela Lei nº 24.156/92 – Lei de administração financeira do Estado e dos sistemas de controle do setor público nacional – como ente de controle externo do setor público na Argentina, dependente do Congresso Nacional (artigo 116). Foi estabelecida como entidade dotada de personalidade jurídica própria e independência funcional e financeira. A AGN adquiriu hierarquia constitucional pela primeira vez quando da reforma de 1994, passando a contar com expressa previsão no artigo 85 do texto constitucional. Eis sua redação: "O controle externo do setor público nacional, em seus aspectos patrimoniais, econômicos, financeiros e operacionais, será atribuição própria do Poder Legislativo. O exame e a opinião do Poder Legislativo sobre o desempenho e a situação geral da administração pública estarão sustentados nos ditames da Auditoria Geral da Nação. Esse organismo de assistência técnica do Congresso, com autonomia funcional, se integrará do modo que venha a ser estabelecido em lei, aprovada pela maioria absoluta dos membros de cada câmara. O presidente do órgão será designado mediante proposta do partido político de oposição com maior número de legisladores no Congresso. Terá a seu cargo o controle de legalidade, gestão e auditoria de toda a atividade da administração pública centralizada e descentralizada, seja qual for a modalidade de sua organização, e demais funções que a lei lhe outorgue. Intervirá obrigatoriamente no trâmite de aprovação ou rejeição das contas de recebimento e gestão de fundos públicos" (ARGENTINA, Constituição Nacional da República. Disponível em: http://pdba.georgetown.edu/Constitutions/Argentina/argen94_e.html#title1firstdivisionch6. Acesso em: 07 jan. 2015).

bem-sucedida e havia certo consenso quanto à necessidade de serem implementadas alterações no seu modelo.[222]

A opção por reformá-lo mediante a drástica reconfiguração de seus traços característicos ocorreu durante a gestão de Carlos Menem, que adotou uma estratégia de enfraquecimento da atuação dos órgãos de controle externo, inclusive do Poder Judiciário.[223] Especificamente na esfera do então TCN, dois eram os principais desconfortos que o órgão gerava para o Poder Executivo: em primeiro lugar, o fato de que o Tribunal gozava de competência para exercer controle prévio de legalidade de certos atos de gestão, atuando, nessa hipótese, como um autêntico *veto player*; e, em segundo lugar, a circunstância de titularizar prerrogativas sancionatórias próprias.

O parâmetro a partir do qual o TCN argentino foi remodelado seguiu a inspiração do GAO, com duas fundamentais distinções: a natureza colegiada do órgão – o que justifica sua classificação como exemplo de ISC no formato *audit board* – e o modo peculiar de designação dos auditores-gerais.[224] Assim, ao contrário do seu equivalente norte-americano, a AGN foi concebida como órgão colegiado, composto por sete auditores-gerais, nomeados para o exercício de um mandato de oito anos, admitida a recondução. O mecanismo de indicação dos auditores-gerais é marcadamente político-partidário: três auditores são designados pela Câmara dos Deputados e três são escolhidos pelo Senado. O sétimo auditor-geral, que é nomeado para a presidência do órgão, é indicado pelo partido de oposição com o maior número de congressistas no país, conforme regra prevista na Constituição.[225]

---

[222] SANTISO, Carlos. *The political economy of government auditing*: financial governance and the rule of Law in Latin America and beyond. Obra citada, p. 82. Na mesma linha, informa Charles Pessanha que a performance do TCN já vinha sendo objeto de acirrada crítica, o que, aliado ao fato de que o tribunal não contava com *status* constitucional, teria facilitado sua extinção por parte do governo de Carlos Menem. O autor identifica a chamada cláusula de "decurso de prazo" como um dos grandes entraves à confiabilidade da atuação do então TCN, uma vez que, segundo tal expediente, poderia haver uma aprovação tácita das contas apresentadas pelos gestores públicos (PESSANHA, Charles. *External Oversight Institutions in Brazil and Argentina*. Disponível em: www.paperroomipsa.org/papers/paper-26152.pdf. Acesso em: 07 jan. 2015).

[223] Para aprofundar a agenda da reforma do setor público na Argentina durante os anos do menemismo (1989-1999), consulte-se: ORLANSKI, Dora. *Política y burocracia*: Argentina 1989-1999. Disponível em: http://bibliotecavirtual.clacso.org.ar/Argentina/iigg-uba/20100317022744/dt26.pdf. Acesso em: 08 jan. 2015.

[224] SANTISO, Carlos. *The political economy of government auditing*: financial governance and the rule of Law in Latin America and beyond. Obra citada, p. 83.

[225] Artigo 85 da Constituição Nacional da República Argentina, com a seguinte redação: "O controle externo do setor público nacional, em seus aspectos patrimoniais, econômicos, financeiros e operacionais, será atribuição própria do Poder Legislativo. O exame e a

Na prática, porém, esse esforço de incorporar ativamente a oposição no processo de *accountability*[226] não tem produzido os resultados esperados, pois os critérios organizacionais da AGN, previstos na legislação infraconstitucional, esvaziam a capacidade de interferência e de decisão da presidência.[227] Os relatórios de auditoria, por exemplo, dependem de aprovação unânime do colégio de auditores, exigência que, por óbvio, compromete de modo considerável a efetividade dos trabalhos de auditoria realizados, permitindo que um único auditor-geral aliado do governo simplesmente debilite ou vete o relatório. Assim, aponta-se correntemente a excessiva politização da AGN, decorrente da sua composição político-partidária, como o maior embaraço à sua credibilidade.[228]

No campo das competências reconhecidas à AGN, os dois pontos que mais frequentemente geram questionamentos por revelarem as debilidades do sistema concernem, de um lado, à eliminação da possibilidade de exercício seletivo de controle *ex ante*, e, de outro, às restrições encontradas para a divulgação dos relatórios de auditoria e para a efetividade de suas conclusões. Quanto ao primeiro ponto, embora a proposta original de redesenho institucional tenha efetivamente procurado aproximar a AGN de práticas mais modernas de controle, priorizando o resultado em detrimento das tradicionais técnicas de controle de conformidade, o fato é que, na prática, tal mudança revelou-se prematura e inoportuna no contexto argentino, pois manteve intactas as estruturas de poder político subjacentes ao exercício do controle financeiro.[229]

---

opinião do Poder Legislativo sobre o desempenho e a situação geral da administração pública estarão sustentados nos ditames da Auditoria Geral da Nação. Esse organismo de assistência técnica do Congresso, com autonomia funcional, se integrará do modo que venha a ser estabelecido em lei, aprovada pela maioria absoluta dos membros de cada câmara. O presidente do órgão será designado mediante proposta do partido político de oposição com maior número de legisladores no Congresso. Terá a seu cargo o controle de legalidade, gestão e auditoria de toda a atividade da administração pública centralizada e descentralizada, seja qual for a modalidade de sua organização, e demais funções que a lei lhe outorgue. Intervirá obrigatoriamente no trâmite de aprovação ou rejeição das contas de recebimento e gestão de fundos públicos". A peculiaridade de o presidente da AGN ser indicado pelo maior partido de oposição do país foi uma inovação da reforma constitucional de 1994, não constando da Lei nº 24.156/92.

[226] PESSANHA, Charles. *External Oversight Institutions in Brazil and Argentina*. Mimeo citado, p. 11.

[227] LAVIÉ, Humberto Quiroga. *La situación institucional de la Auditoría General de la Nación*. Disponível em: www.quirogalaviebras.com.ar/organizacion. Acesso em: 06 jan. 2015.

[228] SANTISO, Carlos. *The political economy of government auditing*: financial governance and the rule of Law in Latin America and beyond. Obra citada, p. 78-79.

[229] A esse respeito, Carlos Santiso apresenta o seguinte diagnóstico: "Em termos de possíveis *approaches* para reformas, uma importante lição é o fracasso do transplante institucional

Quanto ao segundo ponto, o fato de a AGN não titularizar prerrogativas sancionatórias próprias, tampouco dispor de qualquer capacidade de *enforcement* em relação às suas auditorias, acaba reforçando o papel protagonista do Poder Legislativo no processo de *accountability*. Em outras palavras, embora raramente se coloque em dúvida a qualidade técnica dos relatórios de auditoria produzidos pela AGN, são frequentemente apontadas disfunções relacionadas à sua divulgação extemporânea e à ausência de produção de consequências, o que claramente decorre da filtragem realizada na instância legislativa. A carência de interesse e de incentivos para que o Legislativo utilize os instrumentos de auditoria externa disponibilizados pela AGN para efetivamente fiscalizar as finanças públicas acaba resultando no descumprimento das recomendações emanadas pelo órgão, na ausência de *follow-up* dos achados de auditoria e na limitada divulgação dos relatórios,[230] o que faz com que o controle externo naquele país seja praticamente uma ficção.[231]

3.1.4 O exemplo chileno

A experiência chilena de *accountability* das finanças públicas mostra-se interessante em razão da paradoxal posição da *Controladoría*

---

realizado na Argentina. A trajetória da AGN constitui um caso claro de fracasso de uma reforma radical e de engenharia institucional baseada na importação de modelos exógenos de auditoria externa. O modelo de auditoria externa importado no início da década de noventa eliminou prematuramente atributos fundamentais do modelo precedente sem fornecer substitutos adequados. (...). A prevalência de critérios *ex post* e corretivos na auditoria externa e a ausência de mecanismos efetivos de controle *ex ante* são particularmente problemáticos em um contexto de burocracia altamente politizada. (...). O âmago da disfunção do sistema de controle financeiro não deve ser encontrado em falhas intrínsecas da AGN, mas sim na sua total inadequação para o setor público argentino" (SANTISO, Carlos. *The political economy of government auditing*: financial governance and the rule of Law in Latin America and beyond. Obra citada, p. 88).

[230] Charles Pessanha ilustra essa indiferença com dados a respeito da apreciação, pela AGN, das contas de gestão anuais do poder executivo, que devem ser julgadas pelo poder legislativo. E conclui o autor: "Na Argentina, o tratamento dado às contas anuais do Poder Executivo é um bom exemplo da pouca importância atribuída ao controle pelos órgãos encarregados. A partir de 1993, a legislação em vigor revogou a regra de decurso de prazo, e a Reforma Constitucional determinou que a vontade de cada Câmara deve manifestar-se expressamente, mas não introduziu qualquer dispositivo disciplinador de prazo da apreciação das contas, limitando-se a estabelecer prazo para entrega, o qual não é respeitado" (PESSANHA, Charles. *External Oversight Institutions in Brazil and Argentina*. Mimeo citado, p. 15).

[231] Essa é a conclusão final a que chega Carlos Santiso, chegando a afirmar que o problema central do sistema de auditoria financeira argentina não é exatamente a ausência de controle, mas sim a ficção do controle (SANTISO, Carlos. *The political economy of government auditing*: financial governance and the rule of Law in Latin America and beyond. Obra citada, p. 86).

General de la República (CGR) como órgão dotado de significativa independência perante os demais poderes estatais e, ao mesmo tempo, insulado na arquitetura do controle financeiro por guardar com eles uma relação fortemente baseada na mútua desconfiança e suspeição. Ironicamente, a marca da independência também tem contribuído para o anacronismo da instituição, que acaba resistindo a tentativas de reforma e de atualização de seus procedimentos de controle e auditoria,[232] ainda circunscrito à predominância do controle formalista em detrimento do foco direcionado à performance.

A CGR foi criada em 1927, inicialmente concebida como uma entidade autárquica de controle de legalidade dos atos da administração e de supervisão do sistema de contabilidade pública. Adquiriu *status* constitucional em 1943 e, desde então, seu marco normativo lhe reconhece como organismo absolutamente independente e autônomo.[233] Em termos estruturais, embora o modelo de controladoria adotado no Chile possa aparentemente guardar proximidade com as ISCs do padrão monocrático de *Westminster*, é interessante notar que a CGR apresenta traços muito peculiares e específicos que dificultam essa identificação, cabendo salientar, a esse propósito, a total ausência de vinculação com o Poder Legislativo.[234] Ainda assim, no que tange à sua composição, a Controladoria-Geral chilena realmente inspira-se no desenho anglo-saxão, sendo chefiada monocraticamente pelo Controlador-Geral, cuja designação compete ao Presidente da República, com a aprovação da maioria de três quintos do Senado. Além disso, o Controlador-Geral é

---

[232] Esse panorama é descrito por Eduarda Aldunate Lizana, que expõe a particular falta de coordenação entre o trabalho realizado pela CGR e o controle orçamentário a cargo do Parlamento, sinalizando para a inadequada evolução das competências exercidas pelo órgão. Veja-se: LIZANA, Eduardo Aldunate. La evolución de la función de control de la Controladoría General de la República. (2005). *Revista de Derecho da la Pontificia Universidad Católica de Valparaíso.* Disponível em: www.rdpucv.cl/index.php/rderecho/article/view/591/559. Acesso em: 15 jan. 2015.

[233] Segundo o artigo 98 da Constituição Política da República do Chile (1980), "Um organismo autônomo com o nome de Controladoria Geral da República exercerá o controle da legalidade dos atos da Administração; fiscalizará o ingresso e a aplicação dos fundos do Fisco, das municipalidades e dos demais organismos e serviços que determinem as lei; examinará e julgará as contas das pessoas que tenham a seu cargo bens dessas entidades; conduzirá a contabilidade geral da nação e desempenhará as demais funções que lhe sejam outorgadas pela respectiva lei orgânica" (CHILE, Constituição Política da República do. Disponível em: http://www.constitution.org/cons/chile.htm. Acesso em: 15 jan. 2015).

[234] Em verdade, a deficiente relação que a CGR tem com o Legislativo chileno dificulta muito o controle externo financeiro no país. Como visto, a CGR não foi criada como órgão auxiliar do Legislativo e, historicamente, não buscou estreitar suas relações com tal instância. Essa situação enfraquece o próprio Legislativo no contexto dos processos de controle orçamentário, evidenciando um vácuo em termos de capacidades institucionais.

nomeado para o exercício de um mandato não renovável de oito anos, somente podendo vir a perder o cargo por meio de *impeachment* ou por força de aposentadoria compulsória aos setenta e cinco anos de idade.[235]

As competências constitucionais e legais[236] reconhecidas à CGR descortinam claramente a singularidade que caracteriza o seu desenho institucional. Isso ocorre especialmente em razão do reconhecimento de atribuições que não são usuais ou típicas de uma instituição de *accountability* das finanças públicas, conferindo à CRG perfil único. Destaca-se, nesse contexto, a função de controle prévio de juridicidade dos atos administrativos instrumentalizada por meio da denominada *toma de razón* – instituto jurídico atípico no direito comparado, mas extremamente importante no direito administrativo chileno. Trata-se de competência constitucionalmente atribuída à CGR, com a instituição de um mecanismo de controle prévio ou preventivo dos decretos e re-soluções administrativas que acaba situando a *Controladoría* na posição de importante *veto player* do sistema jurídico no país, embora passível de superação pelo Presidente da República, que pode se sobrepor à decisão adotada na *toma de razón* através de um *decreto de insistencia*, com a assinatura de todos os seus ministros.[237]

---

[235] As regras relativas à composição da CGR encontram-se estabelecidas na Constituição, especificamente na segunda parte do artigo 98, com a redação que se segue: "O Controlador-Geral da República deverá ter, ao menos, dez anos de título de advogado, quarenta anos de idade e deve possuir as demais qualidades necessárias para ser cidadão com direito ao sufrágio. Será designado pelo Presidente da República, com a concordância de três quintos do Senado, por um período de oito anos, não podendo ser designado para o período seguinte. Ao cumprir setenta e cinco anos de idade, cessará no cargo" (CHILE, Constituição Política da República do. Disponível em: http://www.constitution. org/cons/chile.htm. Acesso em: 15 jan. 2015). Carlos Santiso noticia uma prática que tem sido adotada no Chile e que reforça a independência individual do Controlador-Geral. Trata-se de uma regra não escrita segundo a qual o Subcontrolador-Geral (que vem a ser nomeado pelo Controlador-Geral e que, como regra, pertence à carreira técnica da controladoria) sucede o Controlador-Geral no cargo uma vez findo o seu mandato. De acordo com Santiso, essa tradição somente deixou de ser seguida em duas oportunidades: em 1977, por Augusto Pinochet, e em 2002, por Ricardo Lagos. Em 2006, Michelle Bachelet também tentou indicar o seu próprio candidato, mas acabou recuando diante do desgaste que isso lhe ocasionaria (SANTISO, Carlos. *The political economy of government auditing*: financial governance and the rule of Law in Latin America and beyond. Obra citada, p. 88).

[236] A edição da lei orgânica da CGR remonta a 1964 e, desde então, não foi objeto de uma revisão profunda que permitisse uma atualização para acompanhar as modificações políticas, institucionais, sociais e econômicas experimentadas desde a década de sessenta. Ou seja, a CGR mantém uma estrutura modelada há mais de cinquenta anos, pensada para fiscalizar, à época, um estado estatista, centralizado e onipotente.

[237] A *toma de razón*, assim como a sua superação por meio do *decreto de insistência*, estão contemplados na parte inicial do artigo 99 da Constituição chilena. Eis sua dicção: "No exercício da função de controle de legalidade, o Controlador-Geral tomará razão dos decretos e resoluções que, em conformidade com a lei, devem tramitar-se pela

À competência *ex ante* da CGR é comumente atribuída uma grande parcela dos questionamentos direcionados à atuação do órgão. Argumenta-se que, ao priorizar o controle prévio de juridicidade, a CGR não consegue se desvencilhar de um legado formalista e legalista, além de manter práticas obsoletas em matéria de controle externo.[238] Demais disso, critica-se que, não raro, essa atuação prévia acaba resultando em intromissão excessiva nas prerrogativas administrativas e interferência em políticas públicas, o que resultaria em um indesejado compartilhamento da função administrativa com o órgão de controle (coadministração).

A CGR também exerce funções quase-judiciais, o que, mais uma vez, a particulariza como ISC modelada a partir da experiência de *Westminster*. Essas funções articulam-se com a existência de um tribunal de contas interno em sua estrutura, ao qual compete julgar as contas de responsáveis por recursos públicos (*juicio de cuentas*). No procedimento relativo às prestações de contas, o Subcontrolador-Geral atua como juiz de primeira instância e, em segundo grau, conforma-se um órgão colegiado integrado pelo Controlador-Geral e por dois juristas nomeados pelo Presidente da República. Em tal esfera de atribuição, a CGR, por meio do seu *tribunal de cuentas*, tem competência para aplicar sanções aos responsáveis, bem como para impor o ressarcimento de danos causados ao erário, inclusive com força autoexecutiva, na medida em que é admitida a retenção salarial[239] em caso de responsáveis vinculados ao serviço público.

Outra competência importante exercida pela CGR refere-se à emissão de *dictames* que fixam a interpretação da legislação administrativa

---

Controladoria ou representará a ilegalidade que possa apresentar; mas deverá dar-lhes prosseguimento quanto, apesar de sua representação, o Presidente da República insistir com a assinatura dos seus ministros, caso em que deverá enviar cópia dos respectivos decretos à Câmara dos Deputados. Em nenhum caso dará seguimento a decretos de gastos que excedam o limite fixado na Constituição e remeterá cópia integral dos antecedentes a mesma Câmara. Corresponderá, ainda, ao Controlador-Geral da República tomar razão dos decretos com força de lei, devendo representar quando excedam o contrariem a lei delegatória ou sejam contrários à Constituição" (CHILE, Constituição Política da República do. Disponível em: http://www.constitution.org/cons/chile.htm. Acesso em: 15 jan. 2015).

[238] Sublinha Marcus Andre Melo: "Essa cultura enraizada do controle prévio e de administração financeira constitui um forte impedimento para que a instituição redirecione suas atividades para as atividades de controle sucessivo e, sobretudo, para as auditorias de desempenho, como tem sido o padrão interacional na área do controle externo contemporaneamente" (MELO, Marcus Andre. *O controle externo na América Latina*. Artigo citado, p. 34).

[239] SANTISO, Carlos. *The political economy of government auditing*: financial governance and the rule of Law in Latin America and beyond. Obra citada, p. 108.

e financeira do país. Nesse campo, a Controladoria desempenha funções jurisprudenciais e pedagógicas, consolidando o entendimento a respeito do sentido e alcance de normas legais aplicadas na gestão das finanças públicas e, com isso, reduzindo o grau de discricionariedade das instâncias administrativas na interpretação legal.

Por fim, a CGR também realiza controle *a posteriori*, por meio de auditorias seletivas em órgãos e entidades administrativas. Tal atuação *ex post*, porém, não tem um peso tão destacado quanto o controle prévio de legalidade realizado pela instituição, o que justifica, em parte, o impasse para sua atualização em relação a padrões mais modernos de auditoria que focam no controle de resultado. A tradição da CGR é, ainda nos dias de hoje, muito formalista e legalista, o que também se reflete no escopo das auditorias que realiza. Para dificultar ainda mais o avanço em direção ao controle de resultado, a CGR concorre, nessa seara, com o órgão de controle interno chileno, vinculado ao Ministério das Finanças, que, desde a década de noventa, vem introduzindo importantes modificações em seus parâmetros de avaliação para enfatizar a auditoria de performance.

A despeito de críticas pontuais que podem ser dirigidas ao modelo chileno de ISC – associados, basicamente, ao anacronismo da instituição em comparação com padrões contemporâneos de controle e auditoria –, é importante registrar que, ainda assim, no contexto latino-americano, a CGR destaca-se em razão de sua peculiar autonomia e independência, bem assim em decorrência do controle prévio de juridicidade que realiza e que, a despeito de possíveis controvérsias,[240] tem sido o grande responsável pela credibilidade e respeitabilidade de que tradicionalmente goza a instituição.[241] Porém, assim como acontece

---

[240] A leitura das fontes chilenas recolhidas para análise indica a existência de um debate acadêmico significativo a respeito do procedimento de *"toma de razón"*. Ao que se pôde apurar, considera-se majoritariamente que tal trâmite não pode ser reduzido a um mero exame de legalidade orgânica formal, devendo traduzir um exame de juridicidade mais completo, que implique a análise do objeto, finalidade, motivo e de toda a materialidade que cobre o fenômeno da boa administração. Demais disso, dado o volume da atividade administrativa, argumenta-se pela introdução de novos critérios de "relevância" para distinguir os atos que devem se submeter ao controle prévio, sendo que essa defesa por critérios de "relevância" associa-se diretamente a uma constatação empírica segundo a qual mais de noventa por cento dos atos submetidos a controle preventivo versam sobre movimentação de pessoal. Para aprofundar o debate, vejam-se: BLANCO, Alejandro Vergara; URBINA, Francisco Zuñiga. Contrapunto sobre el rol de la Controladoría General de la República. *Revista Chilena de Derecho*, v. 35, n. 02, p. 395, mayo-ago. 2008. Disponível em: http://www.jstor.org/stable/41614206. Acesso em: 19 jan. 2015; LIZANA, Eduardo Aldunate. Artigo citado, p. 25-29.

[241] Ao se debruçar sobre o pós-autoritarismo chileno e destacar a posição privilegiada de que goza o país em perspectiva comparativa regional em termos de corrupção e sua ameaça

com as instituições congêneres na Argentina e no Brasil, a CGR ainda tem à sua frente o desafio central do ordenamento administrativo contemporâneo, qual seja, o desafio de contribuir para a boa administração pública, o que realça a necessidade de conciliação entre o controle de legalidade e os *standards* de qualidade e resultados esperados legitimamente pela cidadania.

3.1.5 Balanço final

Como balanço final, acredita-se modestamente que as experiências internacionais recortadas nesta obra são capazes de oferecer importantes contribuições para o projeto de se repensar o desenho dos Tribunais de Contas no Brasil, focando suas potencialidades para a boa administração. Em linhas gerais, no que concerne à definição do modelo institucional macro, verifica-se claramente que inexiste um desenho que se possa apontar como ótimo ou ideal. Foram examinados, com maior detalhamento, exemplos estrangeiros que espelham a adoção de cada um dos blocos reconhecidos pela política comparada e, como visto, todos apresentaram, em maior ou menor medida, patologias a serem corrigidas.

Demais disso, o caminho comparativo percorrido aponta para a limitada influência do arranjo institucional da ISC como fator decisivo para o seu grau de efetividade e credibilidade. A esse respeito, o caso argentino demonstra de maneira emblemática o insucesso de mudanças que negligenciem a centralidade da dinâmica política mais ampla, especialmente em se tratando de migração para o modelo de auditoria, em que o protagonismo do controle externo cabe efetivamente, de maneira primária, às instâncias legislativas. As disfunções são sistêmicas e, como já salientado, a relação entre a ISC e o Legislativo é uma determinante crítica para a performance do sistema de controle em sua integralidade. A relação fluida entre Legislativo e ISC torna ainda mais problemática a aptidão dessa última para fazer valer suas decisões e obter resultados a partir das auditorias realizadas. E, como visto, boa parte dos

---

ao regime democrático, Peter M. Siavelis sublinha a contribuição da CGR como instituição independente e dissociada da política partidária, qualificando-a como um organismo "temido e infame dentre os burocratas por assegurar relativa eficiência nas instituições estatais chilenas". (SIAVELIS, Peter M. Disconnected Fire Alarms and Ineffective Police Patrols: Legislative Oversight in Postauthoritarian Chile. *Journal of Interamerican Studies and World Affairs*, v. 42, n. 1, 2000, p. 72. Disponível em: http://www.jstor.org/stable/166466. Acesso em: 19 jan. 2015).

questionamentos direcionados à falta de efetividade da ISC para garantir a boa governança e conter a corrupção relaciona-se à inadequação dos mecanismos de *follow-up* contemplados nos sistemas de *accountability*.

De outro lado, no que tange às variáveis relacionadas à composição das instâncias deliberativas e decisórias das ISCs, a investigação comparativa não conseguiu identificar a adoção de qualquer fórmula que se afaste significativamente do padrão de indicação política compartilhada entre Executivo e Legislativo. Nesse campo especificamente, não foi possível encontrar qualquer experiência estrangeira que tenha inovado, buscando diminuir o custo político na formação das instituições de *accountability* financeira, especialmente na tentativa de promover um melhor balanceamento entre capacidades técnicas e incentivos políticos.

A análise comparativa também identificou o dilema que inspira os maiores desafios às ISCs de vários países atualmente e que guarda relação com a dificuldade de se definir, com precisão, qual deve ser a missão prioritária de uma agência de *accountability* das finanças públicas, descortinando o impasse entre limitar-se a controlar e restringir a atuação governamental ou adotar uma postura mais ativa que possa favorecer o aperfeiçoamento da gestão política. Esse dilema projeta incertezas quanto à importância de uma eventual intervenção das ISCs como *veto players* – sobressaindo as funções de controle prévio –, assim como notabiliza a tendência assumida por todas as experiências estudadas no sentido de ampliar a atuação *ex post* das ISCs por meio da ênfase conferida aos trabalhos de auditoria de resultado.

Por fim, cumpre chamar a atenção para o fato de que certas questões que, nos dias atuais, dominam as abordagens comparativas a respeito das instituições de controle externo já foram objeto de pesquisa e discussão no decorrer da conformação das ISCs brasileiras. Como se verá a seguir, o debate em torno da criação do Tribunal de Contas na primeira república foi completamente atravessado pela invocação de experiências estrangeiras e, de maneira mais central, pela polarização entre o controle prévio e o controle *a posteriori*. Além disso, ao longo das mudanças constitucionais pelas quais passou o Brasil, foram recorrentes os embates a respeito da adequação do modelo institucional adotado no país em cotejo com fórmulas alternativas estrangeiras. Assim, a trajetória histórica que será recuperada a seguir fornece uma importante chave de compreensão do desenho institucional dos Tribunais de Contas no Brasil.

3.2 A matriz francesa e republicana para o modelo de controle das finanças públicas no Brasil e sua trajetória no curso das mudanças constitucionais

Muito embora a monarquia tenha testemunhado vários debates sobre o tema,[242] a instalação do Tribunal de Contas é uma construção republicana, projetada por Ruy Barbosa ao exercer o cargo de Ministro da Fazenda do Governo Provisório. Apesar de a sua criação não ter constado do projeto encaminhado pelo Governo Provisório ao Congresso Constituinte,[243][244] a instituição foi formalmente concebida em paralelo ao processo de elaboração da primeira constituição republicana, sendo

---

[242] Não há espaço para, neste livro, realizar-se um resgate histórico que anteceda a própria criação do Tribunal de Contas da União, razão por que o marco inicial aqui proposto remonta apenas até instalação republicana. Cumpre registrar, porém, que a ideia de criar um Tribunal de Contas no Brasil surgiu, pela primeira vez, em 1826, com a apresentação, por iniciativa dos senadores Felisberto Caldeira Brandt (Visconde de Barbacena) e José Inácio Borges, de projeto de lei com tal teor. Todavia, tendo-se escolhido como modelo paradigma o francês, com a adoção da fiscalização ulterior, a manifestação parlamentar não prosperou por considerar-se que um Tribunal de Contas sem exame e registro prévios seria uma inutilidade dispendiosa. Durante o Segundo Reinado, renovou-se a tentativa de instalação de uma Corte de Contas no país; uma vez mais, porém, o empenho mostrou-se em vão. Dessa vez, a iniciativa partira do então Ministro da Fazenda Manoel Alves Branco, que, em reiteradas oportunidades, opinou favoravelmente à criação de um órgão fiscal da exação das finanças públicas. Para o aprofundamento dos antecedentes históricos dos Tribunais de Contas no Brasil, vejam-se: MIRANDA, Álvaro Guilherme. *Desenho institucional do Tribunal de Contas no Brasil (1890 a 2013)*: da legislação simbólica ao gerencialismo público do ajuste fiscal. 2013. Tese de Doutorado. Instituto de Economia da Universidade Federal do Rio de Janeiro, Rio de Janeiro, 2013; LOPES, Alfredo Cecilio. *Ensaio sobre o Tribunal de Contas*. São Paulo: Gráfica São José, 1947; SCLIAR, Wremyr. *Tribunal de Contas: do controle na Antiguidade à instituição independente do Estado Democrático de Direito*. 2014. Tese de Doutorado. Faculdade de Direito da Pontifícia Universidade Católica do Rio Grande do Sul, Porto Alegre, 2014.

[243] DE ROURE, Agenor. *A Constituinte Republicana*. Volume Primeiro. Rio de Janeiro: Imprensa Nacional, 1920. p. 392.

[244] Trata-se do anteprojeto de constituição elaborado pela chamada "comissão dos cinco", designada pelo Governo Provisório e composta por Joaquim Saldanha Marinho (Presidente), Américo Brasiliense (Vice-Presidente), Antonio Luiz dos Santos Werneck, Francisco Rangel Pessanha e José Antonio Pereira de Magalhães Castro. O anteprojeto elaborado por tal comissão foi posteriormente revisto por Ruy Barbosa e aprovado pelo Governo Provisório por meio do Decreto nº 510, de 22 de junho de 1890. A ideia era submeter tal projeto para "referendo" do Congresso Constituinte. No âmbito do Congresso Nacional, foi constituída a chamada "comissão dos vinte e um", que centralizou os trabalhos a respeito da revisão do projeto do Governo Provisório, não vindo a alterá-lo substancialmente – embora tenha sido sua a iniciativa de "constitucionalizar" o Tribunal de Contas. Ver, sobre o processo constituinte da época: LEITE, Fabio Carvalho. *1891*: A Construção da Matriz Político-Institucional da República no Brasil. 2003. Dissertação de Mestrado apresentada ao Programa de Pós-Graduação em Direito da Pontifícia Universidade Católica do Rio de Janeiro. Disponível em: http://www.maxwell.lambda.ele.puc-rio.br/Busca_etds.php?strSe cao=resultado&nrSeq=3880@1. Acesso em: 12 set. 2013.

criada por meio da edição do Decreto nº 966-A, de 07 de novembro de 1890, ainda em pleno Governo Provisório.[245] É importante consignar, a esse propósito, que as fontes pesquisadas neste livro não apontam para qualquer debate em que fosse preconizado modelo diverso do napoleônico para a fiscalização das contas públicas no Brasil. Não foram encontrados, nos registros examinados, referências aos modelos de inspiração anglo-saxônica, de forma que a inspiração francesa era, efetivamente, uma dominante na temática.

De outro lado, a grande divergência que dividia opiniões relativamente aos contornos que deveriam ser atribuídos à Corte de Contas guardava relação, isto sim, com a caracterização do órgão como um *veto player*, recaindo, pois, sobre preocupação com o *timing* para o exercício do controle externo. Opunham-se, naquele momento, três grandes sistemas de fiscalização realizada por magistratura de contas: (i) o sistema do controle posterior, característico da tradição francesa; (ii) o sistema de veto absoluto, adotado na Itália; e (iii) o regime de veto limitado, adotado na Bélgica.[246]

A fiscalização prévia, realizada por meio da aposição de veto absoluto, embora fosse a mais eficaz por impedir a própria execução da despesa pública, apresentava a óbvia dificuldade de cercear exageradamente a atuação do Poder Executivo, podendo acarretar grandes inconvenientes por tolher em demasia a atividade administrativa estatal. O regime do controle *a posteriori*, por seu turno, sempre foi considerado o

---

[245] Festejando a criação do Tribunal de Contas ainda no Governo Provisório, comenta Ruy Barbosa: "O Governo Provisório, no desempenho da missão que tomou aos hombros, propoz ao paiz uma Constituição livre, que, para firmar as instituições democráticas em sólidas bases, apenas espera o julgamento dos eleitos da Nação. Outras leis vieram sucessivamente acudir aos diversos ramos da atividade nacional, que só dependia desse concurso, para produzir os seus benéficos resultados em proveito do desenvolvimento comum. Faltava ao governo coroar a sua obra com a mais importante providência, que uma sociedade política bem constituída pode exigir dos seus representantes. Refiro-me à necessidade de tornar o orçamento uma instituição inviolável e soberana, em sua missão de prover as necessidades públicas mediante o menor sacrifício dos contribuintes, a necessidade urgente de fazer dessa lei das leis uma força da nação, um systema econômico, escudado contra todos os desvios, todas as vontades, todos os poderes, que ousem perturbar-lhe o curso normal. (...). O Governo Provisório reconheceu a urgência inevitável de reorganizá-lo; e acredita haver lançado os fundamentos para essa reforma radical com a criação de um Tribunal de Contas, corpo de magistratura intermediária entre a administração e a legislatura, que, colocado em posição autônoma, com atribuições de revisão e julgamento, cercado de garantias contra quaisquer ameaças, possa exercer as suas funções vitaes no organismo constitucional, sem risco de converter-se em instituição de ornato apparatoso e inútil" (BARBOSA, Ruy. *Commentários à Constituição Federal Brasileira*. São Paulo: Saraiva & Cia, 1934. v. VI, p. 425-427).

[246] BARBALHO, João. *Constituição Federal Brazileira*: comentários. Rio de Janeiro: Litho-typographia, 1902. p. 361.

menos adequado, por ser "tardio, de eficácia quase nula, apenas moral, destituído de efeito prático, equiparável a simples crítica".[247] Por isso, o modelo que acabou sendo adotado pelo Governo Provisório quando da criação do Tribunal de Contas no Brasil foi o intermediário – ou, como aludia Ruy Barbosa, foi o sistema preventivo italiano, com os aperfeiçoamentos do modelo belga[248] –, que permitia ao governo superar o veto do Tribunal e realizar a despesa por sua responsabilidade, sendo em tal hipótese cabível o chamado registro sob protesto ou sob reserva.[249]

Como o Tribunal de Contas havia sido criado por decreto, eram consideráveis os riscos à sua estabilidade, o que justificou a propositura de sua constitucionalização, por iniciativa da chamada "Comissão dos Vinte e Um", criada no Congresso Constituinte. O tema não foi objeto de divergência[250] e aprovou-se a emenda apresentada pela Comissão fazendo com que o órgão então criado pelo Governo Provisório adquirisse *status* constitucional, salvaguardando-o "contra possíveis investidas das legislaturas ordinárias".[251] O texto constitucional, porém, foi conciso em sua previsão, limitando-se a estabelecer genericamente sua missão – liquidar as contas da receita e da despesa e verificar sua legalidade – e sua composição – membros nomeados pelo Presidente da República, com aprovação do Senado, assegurada a vitaliciedade.

---

[247] BARBALHO, João. *Constituição Federal Brasileira*. Obra citada, p. 361. No mesmo sentido: BARBOSA, Ruy. *Relatório do Ministro da Fazenda*. Rio de Janeiro: Imprensa Oficial, 1891.

[248] Eis os termos utilizados por Ruy Barbosa para defender o modelo intermediário: "Todos esses dados são elementos de valor inestimável e impreterível necessidade no mechanismo da instituição que temos em mira. Conspiram todos eles para firmar a jurisdição preventiva, característica essencial dessa organização, no estado de excelência a que a Bélgica e a Itália a elevaram, e que hoje reclamam para França as vozes mais competentes no assunto. 'Vale infinitamente mais', dizem os italianos, 'prevenir os pagamentos ilegais e arbitrários, do que censurá-los depois de efetuados'. (...). O sistema de verificação preventiva decorre, segundo eles, dos direitos orgânicos do parlamento" (BARBOSA, Ruy. *Relatório do Ministro da Fazenda*. Obra citada, p. 459).

[249] O paradigma belga fica evidente pela análise dos artigos 2º e 3º do decreto instituidor, transcritos em seguida: "Artigo 2º. Todos os decretos do Poder Executivo, ordens ou avisos dos diferentes Ministérios, susceptíveis de criar despesa, ou interessar às finanças da República, para poderem ter publicidade e execução, serão sujeitos primeiro ao Tribunal de Contas, que os registrará, pondo-lhes o seu 'visto', quando reconheça que não violam disposição de lei, nem excedem os créditos votados pelo Poder Legislativo." Prosseguia o artigo 3º, estabelecendo a possibilidade de superação da recusa: "Se o Tribunal julgar que não pode registrar o ato do Governo, motivará a sua recusa, devolvendo-o ao Ministro que o houver expedido. Este, sob sua responsabilidade, se julgar imprescindível a medida impugnada pelo Tribunal, poderá dar-lhe publicidade e execução."

[250] A emenda aditiva apresentada pela "comissão dos vinte e um" não sofreu qualquer alteração em plenário, passando a constar literalmente do texto da constituição em seu artigo 89, com a seguinte redação: "É instituído um Tribunal de Contas para liquidar as contas da receita e despesa e verificar a sua legalidade, antes de serem prestadas ao Congresso".

[251] BARBALHO, João. *Constituição Federal Brasileira*. Obra citada, p. 361.

Como se pode perceber, a constituição republicana não assumiu qualquer posição quanto à natureza prévia ou sucessiva do controle externo, deixando a matéria para a disciplina infraconstitucional. Nesse ponto, a regulamentação, editada em 1892,[252] subverteu a sistemática até então adotada ao incorporar o regime do veto absoluto, de modo que os atos governamentais aos quais o Tribunal recusasse registro tornavam-se ineficazes, inclusive com a previsão de que tais decisões seriam irrecorríveis e dotadas de autoridade de coisa julgada. A adoção da sistemática do veto absoluto gerou uma série de atritos e forte resistência por parte do Executivo,[253] fazendo com que o tema fosse debatido no Poder Legislativo, que chegou a aprovar projeto de lei flexibilizando as situações em que a ausência de registro teria caráter proibitivo.[254] O projeto de lei, porém, foi vetado pelo Presidente da República e o Tribunal continuou regido pelo regulamento que lhe atribuía competência para o veto absoluto.

Finalmente, em 1896 foi aprovada a primeira lei orgânica do Tribunal de Contas – Lei nº 382, de 08 de outubro de 1896 – reconhecendo-lhe competência de (i) fiscal da administração financeira e (ii) tribunal de justiça com jurisdição graciosa e contenciosa. Quanto ao sistema de fiscalização, a lei orgânica recuperou o modelo inaugural previsto no Decreto nº 966-A, incorporando, pois, o sistema belga do veto limitado. No que tange à composição do órgão, a lei orgânica estabeleceu que o corpo deliberativo seria constituído por quatro membros, sendo um presidente e três diretores,[255] todos nomeados, conforme comando constitucional, pelo Presidente da República, com aprovação do Senado, perdendo o cargo somente por decisão judicial.

---

[252] Regulamento nº 1.166, de 17 de dezembro de 1892. Como noticia Pontes de Miranda, "no Congresso Nacional, o Decreto nº 1.166 foi objeto de grandes discussões, havendo inimigos radicais do veto absoluto, como Alberto Torres, e defensores dele, como Leopoldo de Bulhões" (PONTES DE MIRANDA, Francisco Cavalcanti. *Comentários à Constituição de 1937*. Rio de Janeiro: Pongetti, 1938. t. III).

[253] Essa resistência, porém, não era compartilhada pelo então Ministro da Fazenda, Serzedelo Corrêa, que, muito pelo contrário, sempre emprestou seu apoio e defesa ao mecanismo de veto absoluto. Aliás, é bastante conhecido o episódio de seu pedido de exoneração do cargo diante da tentativa do Presidente Floriano Peixoto de tornar a fiscalização apenas sucessiva, extinguindo o controle preventivo.

[254] De acordo com o projeto de lei, o veto do tribunal somente seria absoluto em três hipóteses: (i) quando a verba estivesse esgotada; (ii) quando à despesa não se aplicasse a verba a que foi imputada; e (iii) quando dele não houvesse cogitado a lei do orçamento (LOPES, Alfredo Cecílio. *Ensaio sobre o Tribunal de Contas*. Obra citada, p. 233).

[255] Foi apenas em 1917, por meio da Lei nº 3.421, que os membros do Tribunal de Contas passaram a ter a denominação de ministros.

A Constituição de 1891 definiu as bases da fisionomia e do estilo do controle externo confiado ao Tribunal de Contas, estabelecendo o núcleo duro do seu desenho institucional mediante a identificação de uma magistratura de contas, dotada da prerrogativa da vitaliciedade. Desde a sua fundação e durante o período da República Velha, o órgão foi se moldando como auxiliar do Congresso Nacional, que atuava e procedia em nome do Legislativo. E, no ponto mais difícil e delicado, consolidou-se a tendência do controle prévio, que acabou predominando na legislação originária, embora flexibilizado pelo "registro sob protesto".

Coube à Constituição de 1934 sofisticar o mecanismo de controle das finanças públicas, elevando a autonomia do Tribunal de Contas e seu *status* funcional. Como de conhecimento convencional, a instalação da segunda Constituinte republicana foi precedida da designação, por parte do Governo Provisório,[256] de uma Comissão encarregada de elaborar um anteprojeto de Constituição,[257] vindo a ser conhecida como a Comissão do Itamaraty. Os seus trabalhos foram conduzidos, na realidade, por uma subcomissão presidida pelo Ministro das Relações Exteriores, Afrânio de Mello Franco, e integrada por personalidades com perfis ideológicos heterogêneos, o que pode justificar o ecletismo do texto produzido ao final.[258]

---

[256] O Governo Provisório foi instituído por meio do Decreto nº 19.398, de 11 de novembro de 1930. Embora tenha criado um regime de poderes discricionários, o decreto demonstrava preocupação com a fiscalização das contas públicas, tendo a atenção voltada para os estados e municípios. Assim, de acordo com seu artigo 11, §7º, os interventores e prefeitos deveriam manter, com a amplitude que as condições locais permitissem, regime de publicidade dos seus atos e dos motivos que os determinarem, especialmente no que se referisse à arrecadação e aplicação dos dinheiros públicos, sendo obrigatória a publicação mensal do balancete da receita e da despesa.

[257] A referida comissão foi criada por meio do Decreto do Governo Provisório nº 21.402, de 14 de maio de 1932, que estabeleceu que seria presidida pelo Ministro da Justiça e composta por tantos membros quantos fossem necessários para a elaboração do texto, com representação de todas as correntes organizadas de opinião e de classe, a juízo do Chefe do Governo. A íntegra do decreto encontra-se disponível em: MENDONÇA DE AZEVEDO, José Afonso. *Elaborando a Constituição Nacional*. Brasília: Senado Federal, 2004. p. 03.

[258] Os demais membros da subcomissão foram Assis Brasil, Antonio Carlos Prudente de Moraes Filho, João Mangabeira, Carlos Maximiliano, Arthur Ribeiro, Agenor de Roure, José Américo, Oswaldo Aranha, Oliveira Vianna, Góes Monteiro e Themístocles Cavalcanti. Em relação às críticas dirigidas ao anteprojeto, especialmente no sentido da ausência de unidade necessária a uma Carta Política, João Mangabeira as refutou todas argumentando que as Constituições, com exceção das hipóteses de revoluções sociais, são sempre fruto de transações e compromissos entre ideias, correntes e interesses. Em suas palavras: "Os que accusam o ante-projeto de não haver adoptado integralmente uma doutrina, e, procurando conciliar divergências, ter caído no erro do ecletismo, realçam exactamente nisso a sua virtude, ou o seu acerto, de fugir aos extremismos de qualquer

Em relação especificamente ao tema aqui em análise, os trabalhos da subcomissão foram permeados pelo diagnóstico dos problemas e vacilações enfrentadas pelo Tribunal de Contas no momento constitucional anterior.[259] E duas eram as inquietações centrais em relação ao assunto: (i) o grau de independência e autonomia que deveriam ser confiados ao órgão; e (ii) a definição da natureza prévia ou sucessiva de sua competência. O anteprojeto elaborado pela Comissão do Itamaraty avançou na questão da autonomia do Tribunal, prevendo mecanismo para minimizar sua dependência para com o Legislativo e o Executivo,[260] lançando as bases para sua autoadministração. Manteve inalterados, porém, os critérios de nomeação dos membros do corpo deliberativo, permanecendo com a competência do Presidente da República e aprovação do Legislativo – até então unicameral. Além disso, reproduziu a sistemática do veto limitado nos moldes da Constituição de 1891, inovando apenas em relação aos contratos administrativos que envolvessem despesa pública, os quais ficariam suspensos em caso de recusa do Tribunal em registrá-los, dependendo de pronunciamento do Legislativo para retomar sua eficácia.[261] Nesse aspecto, o anteprojeto,

---

natureza, conservando-se no meio termo da harmonização dos interesses, condição essencial a qualquer lei de grande porte" (MANGABEIRA, João. *Em torno da Constituição*. São Paulo: Cia. Editora Nacional, 1934. p. 10).

[259] Um breve repassar pelo projeto elaborado pela Comissão do Itamaraty justifica-se em virtude de sua importância para a história do direito constitucional no Brasil, sobretudo tendo em vista o elevado grau de criatividade das suas propostas, bem como a notabilidade de seus componentes.

[260] O mecanismo previsto pelo anteprojeto conferia ao Tribunal de Contas as mesmas atribuições dos tribunais judiciários no tocante à organização do seu regimento interno e de sua secretaria (artigo 72, parágrafo único, do anteprojeto, com a seguinte redação: "O Tribunal de Contas terá, quanto à organização de seu regimento interno e de sua secretaria, as mesmas atribuições dos Tribunais Judiciários"). Em verdade, à luz dos debates travados na subcomissão, o anteprojeto foi até tímido nesse ponto. Themístocles Cavalcanti, por exemplo, chegou a propor a seguinte fórmula: "A fiscalização financeira e orçamentária é exercida diretamente pelo Tribunal de Contas, órgão independente e sem subordinação, por delegação do Poder Legislativo" (MENDONÇA DE AZEVEDO, José Afonso. *Elaborando a Constituição Nacional*. Obra citada, p. 676). João Mangabeira também expressava preocupação com as vinculações do Tribunal ao Executivo e ao Legislativo, atrelando diretamente a questão da independência aos critérios de investidura do corpo deliberativo, sugerindo que os ministros fossem eleitos pela Assembleia, "mas vitalícios, não dependendo, portanto, mais desta para coisa algumas. Não queria "um tribunal de contas sujeito a poder algum, mas sobranceiro a todos" (MENDONÇA DE AZEVEDO, José Afonso. *Elaborando a Constituição Nacional*. Obra citada, p. 266).

[261] O regime do veto limitado para os atos do Poder Executivo constou dos artigos 71, §§3º e 4º do anteprojeto, com a seguinte redação: "§3º. Será sujeito ao registro prévio do Tribunal de Contas qualquer ato da administração pública que importe pagamento a ser feito pelo Tesouro Nacional, ou à sua conta por estabelecimento bancário. §4º. Quando o Tribunal de Contas for contrário ao ato do Executivo e o Presidente da República insistir em praticá-lo,

ao dispensar tratamento diferenciado para os contratos recusados pelo Tribunal de Contas, inaugurou uma sistemática que traz repercussão até os dias de hoje, como se verá mais adiante. Além desses pontos, o anteprojeto também estabeleceu a competência do Tribunal para emitir parecer prévio a respeito das contas prestadas anualmente pelo Presidente da República ao Poder Legislativo e manteve a atribuição judicante relativa ao julgamento das tomadas de contas dos responsáveis por bens e valores públicos.[262]

A Assembleia Constituinte finalmente instalada em novembro de 1933 incorporou as linhas mestres definidas no anteprojeto da Comissão do Itamaraty em relação à matéria, apenas limitando as hipóteses em que poderia haver o registro sob protesto, sinalizando, assim, para um sistema predominantemente de *veto player*.[263] A inovação que merece ser salientada, porém, diz respeito ao esforço constituinte em inserir o Tribunal de Contas na arquitetura mais ampla da tripartição de poderes orgânicos estatais. Afinal, sendo a Corte de Contas uma "criação posterior à teoria da separação de poderes e fruto da prática, destoava das linhas rígidas da tripartição".[264]

A fórmula adotada definiu o Tribunal de Contas como *órgão de cooperação nas atividades governamentais*, juntamente com o Ministério Público e os conselhos técnicos (artigo 95 e seguintes). Dessa forma, pretendeu desvincular o órgão das estruturas legislativa e executiva, criando uma alternativa exógena à tripartição, particularmente interessante caso se entenda que as chamadas "atividades governamentais" correspondiam, em verdade, a "atividades dos poderes da república". Nesse campo, a lógica que seguiu a Constituição de 1934 é

---

o registro far-se-á sob protesto, comunicando o fato à Assembleia Nacional". A sistemática diferenciada aplicável aos contratos, de outro lado, constava do §5º do mesmo artigo: "§5º. Os contratos que, por qualquer forma, digam respeito à receita ou à despesa, não serão definitivos, sem o prévio registro do Tribunal de Contas. A recusa do registro suspende a execução do contrato, até o pronunciamento da Assembleia".

[262] Artigo 73, §1º, do anteprojeto: "A prestação anual de contas do Presidente e dos Ministros de Estado será apresentada ao tribunal, que a enviará, com o seu parecer, à Assembleia Nacional".

[263] Essa divergência em relação ao que constou do anteprojeto elaborado pela Comissão do Itamaraty ficou registrada no §2º do artigo 101 da Constituição de 1934, com a dicção a seguir transcrita: "Em todos os casos, a recusa do registro, por falta de saldo no crédito ou por imputação a crédito impróprio, tem caráter proibitivo; quando a recusa tiver outro fundamento, a despesa poderá efetuar-se após despacho do Presidente da República, registro sob reserva do tribunal de contas e recurso *ex officio* para a Câmara dos Deputados".

[264] PONTES DE MIRANDA, Francisco Cavalcanti. *Comentários à Constituição de 1937*. Obra citada, p. 217.

especialmente pertinente e atual,[265] uma vez que aproxima Tribunal de Contas e Ministério Público, ambos órgãos constitucionais independentes com funções de controle e colaboração para com os demais Poderes da República.

Tendo em vista o curtíssimo período de vigência da Constituição de 1934, não é possível realizar-se um balanço adequado acerca das virtudes ou dos equívocos das soluções que alvitrou para o modelo do Tribunal de Contas no país. O perfil de órgão de cooperação idealizado pelos constituintes de 1934 não sobreviveu ao teste da experiência, pois foi completamente suplantado pela Carta de 10 de novembro de 1937. Na realidade, no que tange ao sistema em estudo, o documento redigido por Francisco Campos e outorgado por Getúlio Vargas rompeu com a estrutura da Constituição precedente e criou um novo órgão, embora igualmente denominado Tribunal de Contas.

É interessante notar que o redator da Carta de 1937 já havia se debruçado seriamente sobre a natureza do Tribunal de Contas sob a égide da Constituição de 1891. Por ocasião de um parecer a respeito do assunto, Francisco Campos, na condição de relator da Comissão de Constituição e Justiça da Câmara dos Deputados, assentou a natureza parlamentar do controle realizado pelo Tribunal de Contas, atrelando-o ao Legislativo, como órgão auxiliar: "(...) o Tribunal de Contas é um órgão de natureza parlamentar, órgão auxiliar do Parlamento, e exerce, por delegação ou extensão constitucional de funções, funções clara, evidente e manifestamente congressionais".[266]

Ao redigir o documento de 1937,[267] Campos trilhou caminho diverso, nitidamente atento à vocação de fortalecimento do Poder Executivo. Assim, na Carta de 1937, o Tribunal de Contas não figura vinculado ao Legislativo e à instituição é apenas dedicado um singelo dispositivo, com a definição dos seus traços fundamentais:[268]

---

[265] Como destacou Pontes de Miranda, o desenho apresentado pela Constituição de 1934 buscou "acentuar o caráter fiscalizador do Tribunal de Contas e ao mesmo tempo afastar a hipótese de ser órgão do Poder Executivo" (PONTES DE MIRANDA, Francisco Cavalcanti. *Comentários à Constituição de 1937*. Obra citada, p. 218).

[266] CAMPOS, Francisco. *Direito Constitucional*. Rio de Janeiro: Freitas Bastos, 1956. v. II, p. 134.

[267] Como lembra Darcy Ribeiro, a Carta de 1937 foi idealizada por Francisco Campos e datilografada por Carlos Medeiros Silva, o mesmo autor do Ato Institucional de 1964 (RIBEIRO, Darcy. *Aos Trancos e Barrancos*: como o Brasil deu no que deu. Rio de Janeiro: Ed. Guanabara, 1985).

[268] A redação do artigo 114 da Carta de 1937 foi a seguinte: "Para acompanhar, diretamente ou por delegações organizadas de acordo com a lei, a execução orçamentária, julgar das contas dos responsáveis por dinheiros ou bens públicos e da legalidade dos contratos celebrados pela União, é instituído um Tribunal de Contas, cujos membros serão nomeados pelo Presidente da República, com a aprovação do Conselho Federal. Aos Ministros do Tribunal

(i) competência para acompanhar a execução da lei orçamentária, julgar as contas dos responsáveis por recursos públicos e apreciar a legalidade dos contratos administrativos; (ii) nomeação dos ministros a cargo do Presidente da República, com aprovação do Conselho Federal;[269] (iii) extensão das garantias subjetivas dos ministros do Supremo Tribunal Federal aos ministros do Tribunal de Contas. De resto, o texto constitucional deixou para a disciplina da legislação ordinária a organização da Corte.

A matéria acabou sendo tratada pelo Decreto-Lei nº 426, de 12 de maio de 1938, que não divergiu substancialmente do regime de 1934 no que toca à nomeação, garantia dos membros e organização da Corte.[270] Contudo, no que diz respeito às competências do órgão de controle, o decreto-lei, coerente com o espírito dominante à época, tem a marca extremamente autoritária e antidemocrática, concebendo um sistema destituído de capacidade contrasteadora. O principal aspecto que evidencia a intenção de neutralizar qualquer atividade fiscalizadora é a diminuição radical das situações em que o Tribunal poderia atuar como *veto player*, abolindo-se quase por completo o controle prévio.

Com isso, o controle preventivo foi praticamente inutilizado e só restava à Corte de Contas exercer a função judicante por meio da instauração e julgamento das tomadas de contas, com pouca repercussão prática.[271] O esvaziamento das competências do Tribunal foi totalmente compatível com o contexto político e histórico da época, e, em verdade, só vem a expor, sem qualquer pudor ou constrangimento, a hostilidade e a aversão que as instituições de *accountability* geram em regimes antidemocráticos.

---

de Contas são asseguradas as mesmas garantias que aos Ministros do Supremo Tribunal Federal. Parágrafo único. A organização do Tribunal de Contas será regulada em lei".

[269] De acordo com a Carta de 1937, o Poder Legislativo seria exercido pelo Parlamento Nacional, com a colaboração do Conselho da Economia Nacional e do Presidente da República. O Parlamento Nacional, por sua vez, era bicameral: Câmara dos Deputados e Conselho Federal, este último predominantemente como órgão de representação dos estados-membros. Como se sabe, porém, a Carta nunca chegou a entrar efetivamente em vigor, tendo Getúlio Vargas governado por sete anos em estado de emergência, com poderes totais e excluída a apreciação judicial de seus atos.

[270] Como assinala Alfredo Cecílio Lopes: "Cotejando-se o Decreto-lei nº 426 com a Lei nº 156, de 24 de dezembro de 1935, se verifica que aquele diploma é cópia deste, excetuada a matéria relativa à ação contrasteadora, pronta e enérgica, do Tribunal, indesejável no novo regime" (LOPES, Alfredo Cecilio. *Ensaio sobre o Tribunal de Contas*. Obra citada, p. 258).

[271] Nesse contexto, não causa estranheza o fato de que Pontes de Miranda, ao comentar o artigo 114 da Carta de 1937, praticamente só aborde questões processuais relacionadas à função quase-jurisdicional do tribunal de contas, inclusive o identificando como "órgão sui generis da Justiça" (PONTES DE MIRANDA, Francisco Cavalcanti. *Comentários à Constituição de 1937*. Obra citada, p. 227).

A Constituição de 1946, por seu turno, foi produto de uma época em que se buscava recompor o quadro político nacional mediante sua democratização. Tratava-se da primeira constituição democrática deliberada, ao menos em tese,[272] sem a direta interferência do Poder Executivo, pois os trabalhos na Assembleia Constituinte não foram precedidos do encaminhamento de qualquer anteprojeto por parte do governo. Durante o processo constituinte, o ponto relativo ao tema que mais fortemente gerou divergência associou-se à tentativa de se instaurar, nacionalmente, um sistema de controle externo realizado por Tribunais de Contas.

De fato, foram travados amplos debates no seio da Assembleia Constituinte a partir de propostas formuladas no sentido de ser constitucionalmente prevista a criação de Tribunais de Contas nos estados. A divergência residiu na redação do que veio a constar do artigo 22 do texto da Constituição de 1946, cuja dicção final foi: "A administração financeira, especialmente a execução do orçamento, será fiscalizada na União pelo Congresso Nacional, com o auxílio do Tribunal de Contas, e nos estados e municípios pela forma que for estabelecida nas Constituições estaduais".

Alguns constituintes desejavam que constasse do próprio texto que a fiscalização da execução orçamentária dos estados e dos municípios também competiria a Tribunais de Contas[273] e, assim, instituir-se-ia um sistema de abrangência nacional. O grande embaraço à adoção

---

[272] Diz-se "em tese" porque embora o Poder Executivo não tenha, de fato, apresentado projeto constitucional, participado da elaboração do regimento interno ou presenciado as deliberações por meio do comparecimento de ministros, é sabido que durante todo o processo constituinte o Executivo legislava amplamente por meio de decretos-lei e "tomava medidas concretas sobre assuntos ainda em exame pela Assembleia" (ALMINO, João. *Os democratas autoritários*: liberdades individuais, de associação política e sindical na constituinte de 1946. São Paulo: Brasiliense, p. 92).

[273] Ver, a esse propósito, os debates retratados por: DUARTE, José. *A Constituição Brasileira de 1946*: exegese dos textos à luz dos trabalhos da Assembleia Constituinte. Rio de Janeiro: Imprensa Nacional, 1947. p. 178-183. Em trecho interessante, lembra o autor: "No substitutivo, como no projeto, se propõe que também as contas dos Municípios sejam sujeitas a um órgão. Esse órgão, dentro da sistemática, só podia ser municipal. Todos sabemos, entretanto, quanto seria dispendioso para os Municípios terem também o seu Tribunal de Contas. O projeto procura ilidir a dificuldade submetendo ao Tribunal de Contas dos Estados as contas dos Municípios. Nesse ponto está a sua estranheza porque semelhante regra é a mutilação da autonomia municipal. Aliomar Baleeiro discute a matéria, afirmando que se tem batido pela autonomia dos Municípios, os quais deseja ricos e fortes mas também moralizados. Não concordaria em que os Municípios, por vícios hereditários, continuassem a dissipar suas finanças no suborno eleitoral e em outras tantas coisas inconfessáveis... O problema fundamental em quase toda parte do mundo está em que os poderes locais, por diversas maneiras, descem à dissipação, ao descontrole administrativo" (DUARTE, José. *A Constituição Brasileira de 1946*. Obra citada, p. 181).

de tal modelo remontou à problemática municipal: a proposta era no sentido de que as finanças municipais seriam fiscalizadas por Corte de Contas estadual – exatamente como ocorre atualmente, com exceção dos municípios do Rio de Janeiro e de São Paulo –, mas, à luz do entendimento que prevaleceu à época, tratava-se de alternativa que minava a autonomia municipal. A Constituição de 1946, então, acabou por deixar aos Estados a faculdade de fiscalizar a sua administração financeira na forma estabelecida em suas próprias constituições, que também deveriam disciplinar como seria realizada a fiscalização financeira nos municípios.[274]

Essa sistemática, porém, não chega a inibir a ingerência dos estados sobre gestão financeira municipal, favorecendo ao que Victor Nunes Leal identifica como "ação tutelar sobre as comunas":

> A Constituição de 1946 permite aos Estados a criação de órgãos especiais, com a tarefa de prestar "assistência técnica" aos municípios. (...). O anteprojeto incumbia essa tarefa a tribunais de contas estaduais, cujos membros tivessem as garantias dos desembargadores. Transferiu-a o projeto primitivo para as câmaras municipais, podendo qualquer vereador recorrer, nas condições previstas, para o Tribunal Estadual de Contas, para cujos membros não se impunham garantias especiais. O projeto revisto adotou, finalmente, a solução que prevaleceu no texto definitivo: a fiscalização da administração financeira, especialmente a execução do orçamento, será feita, nos Estados e municípios, "pela forma que for estabelecida nas constituições estaduais". Ficaram, portanto, as assembleias constituintes dos Estados com pleno arbítrio no que toca à fiscalização da gestão financeira dos municípios, podendo incumbi-la aos próprios órgãos de assistência técnica, atribuindo-lhes, dessa forma, certa dose de ação tutelar sobre as comunas. Tanto mais que a fiscalização aludida, nos próprios termos da Constituição federal, abrange a execução do orçamento.[275]

---

[274] Em sua análise a respeito da Constituição de 1946, Álvaro Guilherme Miranda chama atenção para o aprofundamento da autonomia municipal e as dificuldades relacionadas ao controle financeiro exercido pelos Estados sobre os Municípios. Segundo apurou o pesquisador, a maioria dos Tribunais de Contas estaduais foram criados precisamente ao longo das décadas de quarenta e cinquenta (MIRANDA, Álvaro Guilherme. *Desenho institucional do Tribunal de Contas no Brasil (1890-2013)*. Obra citada, p. 100). Nesse sentido, consulte-se também o quadro constante de: LOUREIRO, M.R.; TEIXEIRA, A. A. C.; MORAES, T. C. Democratização e reforma do Estado: o desenvolvimento institucional dos tribunais de contas no Brasil recente. *Revista de Administração Pública – RAP*, v. 43, p. 757-758, jul./ago. 2009.

[275] LEAL, Victor Nunes. *Coronelismo, Enxada e Voto*: o município e o regime representativo no Brasil. 3. ed. Rio de Janeiro: Nova Fronteira, 1997. p. 116.

No que concerne ao perfil institucional do Tribunal de Contas sob a égide da Constituição de 1946, embora não se tenha instalado um sistema de perfil nacional, não há a menor dúvida de que foram grandes os avanços alcançados pelo órgão, que constou expressamente como instituição de auxílio ao Poder Legislativo, dotada de competência para: (i) acompanhar e fiscalizar a execução orçamentária; (ii) julgar as contas dos responsáveis por recursos públicos; e (iii) julgar da legalidade dos contratos e das aposentadorias, reformas e pensões.[276] O exame dos contratos administrativos voltou a submeter-se à sistemática do registro prévio – de forma que seu aperfeiçoamento dependia do prévio aval da Corte de Contas – e, quanto aos demais atos administrativos pertinentes à despesa pública, cabia à legislação ordinária definir se a fiscalização dar-se-ia prévia ou sucessivamente.[277]

Já no que diz respeito à composição do órgão, bem como às suas garantias institucionais e subjetivas, a Constituição de 1946 não trouxe qualquer novidade: a escolha dos ministros permaneceu na esfera de competência do Presidente da República, com a aprovação do Senado Federal, gozando dos mesmos direitos, garantias, prerrogativas e vencimentos dos juízes do então Tribunal Federal de Recursos.[278] Institucionalmente, permanecia estendido o regime de autonomia administrativa do Poder Judiciário ao Tribunal de Contas, fórmula que se mantém inalterada até os dias de hoje.[279]

A par disso, o ponto fundamental a ser destacado em relação ao tratamento dispensado pela Constituição de 1946 ao Tribunal de

---

[276] Artigo 77, *caput*, da Constituição de 1946, com a seguinte redação: "Compete ao Tribunal de contas: I – acompanhar e fiscalizar diretamente, ou por delegações criadas em lei, a execução do orçamento; II – julgar as contas dos responsáveis por dinheiros e outros bens públicos, e a dos administradores das entidades autárquicas; III – julgar da legalidade dos contratos e das aposentadorias, reformas e pensões".

[277] Essa disciplina constou dos §§1º e 2º do artigo 77 da Constituição de 1946, cuja dicção era a seguinte: "§1º. Os contratos que, por qualquer modo, interessarem à receita ou à despesa só se reputarão perfeitos depois de registrados pelo Tribunal de Contas. A recusa do registro suspenderá a execução do contrato até que se pronuncie o Congresso Nacional. §2º. Será sujeito a registro no Tribunal de Contas, prévio ou posterior, conforme a lei o estabelecer, qualquer ato de administração pública que resulte obrigação de pagamento pelo tesouro Nacional ou por conta deste".

[278] Artigo 76, *caput* e §1º, da Constituição de 1946: "Os ministros do Tribunal de Contas serão nomeados pelo Presidente da República, depois de aprovada a escolha pelo Senado Federal, e terão os mesmos direitos, garantias, prerrogativas e vencimentos dos juízes do Tribunal Federal de Recursos".

[279] Artigo 76, §2º, c/c artigo 97, ambos da Constituição de 1946: "Art. 76, §2º. O Tribunal de Contas exercerá, no que lhe diz respeito, as atribuições constantes do art. 97, e terá quadro próprio para o seu pessoal". Já o artigo 97 estabelecia os atributos de autoadministração dos tribunais integrantes do Poder Judiciário: eleição dos presidentes e demais órgãos diretivos; elaboração do regimento interno; e gestão de servidores.

Contas alinha-se ao campo aberto para a produção doutrinária e para investigações a respeito da extensão de suas competências quanto ao denominado "julgamento de contratos administrativos". No âmbito das fontes pesquisadas para a elaboração da presente obra, é nesse momento constitucional que, pela primeira vez, encontram-se trabalhos acadêmicos que buscam refletir, de maneira mais profunda, a respeito dos limites e das possibilidades de sua atuação em matérias que transcendem a simples legalidade.

Em paradigmático trabalho produzido em 1956 a respeito das reformas essenciais ao aperfeiçoamento das instituições políticas brasileiras, Seabra Fagundes direciona seu pensamento também ao controle realizado pelo Tribunal de Contas, advertindo já naquela época:

> O controle de contas, como hoje se exerce, é puramente formal, o que vale dizer, nada significa em relação à legitimidade e moralidade da aplicação das dotações orçamentárias. Resulta apenas no coonestamento de tudo quanto se faz. Por maior que seja o desvelo da sua procuradoria e dos seus ministros, não logra o Tribunal de Contas proclamar desonestidades nos gastos públicos, conhecidas notoriamente. Os grandes negócios duvidosos escapam às suas possibilidades de atuação. Na teia de seu controle se embaraçam apenas, pela exigência de certas formalidades, pequenos casos individuais. É que a sua jurisdição, tal como delineada, não lhe dá possibilidades de ser um órgão na verdade eficaz. (...).
> A jurisdição do Tribunal de Contas e o rito do seu funcionamento exigem reforma urgente e ampla, capaz de retirar ao controle financeiro o sentido de mera formalidade. Valeria a pena, talvez, conferir ao Tribunal, embora com reservas, o exame da moralidade dos contratos da Administração, admitido recurso para o Congresso das decisões denegatórias de registro. O atual controle, adstrito à legalidade, leva esse órgão a homologar contratos, cuja falta de lisura é manifesta, mas cuja exterioridade se afigura regular. É preciso que, de permeio com negócio prejudicial ao interesse da Fazenda, surja algum erro de forma para que se chegue à recusa do registro. Dever-se-ia permitir à Corte a determinação de diligências, *in loco*, a fim de verificar o exato emprego das dotações para obras públicas, quando dúvidas fossem arguidas quanto à utilização efetiva dos créditos orçamentários. O Tribunal teria então elementos para pilhar a malversação de dinheiro, fácil de ocorrer na construção de obras de vulto. E acertado seria que a qualquer cidadão se permitisse suscitar a dúvida.[280]

---

[280] FAGUNDES, Seabra. Reformas essenciais ao aperfeiçoamento das instituições políticas brasileiras. *Revista de Direito Administrativo – RDA*, Belo Horizonte, dez. 2013. Edição comemorativa 2014. Disponível em: http://www.bidforum.com.be/bid/PDI0006.aspx?pdiCntd=98311. Acesso em: 21 out. 2014.

Exatamente na mesma época, sob a influência da doutrina italiana, semelhante ponto de vista foi destacado por José de Aguiar Dias, que assim se manifestou ao comentar a competência do Tribunal de Contas para "julgar" contratos administrativos:

> O texto fala em "julgar", verbo de significação técnica precisa e sabe-se que o princípio de hermenêutica diz que se deve presumir que o legislador constituinte haja empregado as palavras no seu significado científico e não no vulgar. Aliás, o referido Ortana (*op. cit.* p. 208) bem realça o ponto: "No que diz respeito ao conteúdo e extensão do controle de legitimidade, este não pode ter em vista apenas a legalidade formal do ato administrativo; deve verificar também, a legitimidade substancial; deve ter a mesma amplitude do controle de legitimidade em fase jurisdicional, considerando que a legitimidade do ato administrativo e sua verificação devem ser únicas e que, se o controle (em especial o preventivo) tende a evitar a execução de atos anuláveis ou que poderiam dar lugar à reintegração do direito lesado em virtude de uma sentença do órgão jurisdicional competente, é necessário que o controle da Corte de Contas tenha a mesma extensão que teria em seguida o controle na fase jurisdicional.[281]

Como se percebe, tratava-se do início de um debate a respeito das possibilidades de atuação das Cortes de Contas no Brasil e do grau de contribuição que têm a prestar para a boa administração pública no país, embora limitado, naquele momento, ao campo doutrinário e acadêmico.

O desmantelamento das instituições representativas no período do regime militar também apresentou seus reflexos nas instituições de controle. A época foi caracterizada pelo enfraquecimento dos Tribunais de Contas e pela adoção de medidas que buscavam tornar a sua atuação precária e ineficaz. Além de o marco constitucional ter operado relativo retrocesso na sistemática da fiscalização das finanças públicas, houve também uma intensificação de expedientes de "fuga do controle"[282]

---

[281] AGUIAR DIAS, José; PINTO FALCÃO, Alcino. *Constituição Anotada*. Rio de Janeiro: José Konfino Editor, 1956. v. I, p. 185-186. Em sentido diametralmente oposto, defendia Sampaio Dória: "A terceira atribuição do Tribunal de Contas é julgar da legalidade dos contratos, das aposentadorias, reformas e pensões. A legalidade, e não o mérito. Pode um contrato ser desastroso ao país, cujos interesses não tenham sido devidamente acautelados. Mas se a lei permite a celebração do contrato, nada importa o acerto, a conveniência, a oportunidade, o mérito das cláusulas contratuais. O que o Tribunal de Contas julga é apenas a legalidade" (DÓRIA, A. Sampaio. *Direito Constitucional*. São Paulo: Max Limonad, 1960. v. 2º, p. 324).

[282] PESSANHA, Charles. *O congresso externo sob controle das contas do tribunal nacional*. (2003). Disponível em: http://www.insightinteligencia.com.br/21/PDF/0921.pdf. Acesso em: 09 mar. 2015.

na prática: "mediante a utilização de legislação infraconstitucional restritiva, dúbia, ou contraditória, (...) inúmeras instituições públicas, como empresas estatais, ficaram isentas ou fora do alcance de controle do Tribunal".[283]

Embora a arquitetura do Tribunal de Contas tenha se mantido inalterada em suas características institucionais e subjetivas,[284] o enfraquecimento radical do sistema de controle externo operou-se por meio da cabal reestruturação de suas competências.[285] Sob o argumento de que a fiscalização preventiva emperrava a máquina administrativa, a Constituição de 1967 aboliu o sistema de registro prévio dos atos geradores de despesas, passando o Tribunal a exercer unicamente a

---

[283] PESSANHA, Charles. *O congresso externo sob controle das contas do tribunal nacional.* (2003). Disponível em: http://www.insightinteligencia.com.br/21/PDF/0921.pdf. Acesso em: 09 mar. 2015.

[284] A Constituição de 1967 não alterou as linhas básicas do perfil do controle externo das finanças públicas tal como haviam constado da Constituição de 1946. Manteve-se a concepção do Tribunal de Contas da União como órgão de auxílio do Congresso Nacional, dotado das mesmas garantias institucionais reconhecidas aos órgãos do Poder Judiciário (artigo 70, §1º c/c artigo 72, *caput* e §1º, todos da Constituição de 1967). Os critérios a serem observados para a composição do órgão também não foram substancialmente alterados: manteve-se a nomeação dos ministros pelo Presidente da República, depois de aprovada a escolha pelo Senado Federal, estendendo-lhes as mesmas garantias, prerrogativas, vencimentos e impedimentos dos ministros do Tribunal Federal de Recursos. Constaram do texto constitucional, porém, determinados condicionantes para a indicação ao cargo de ministro do TCU: nacionalidade brasileira, maior de trinta e cinco anos, idoneidade moral e notórios conhecimentos jurídicos, econômicos financeiros ou de administração pública (artigo 72, §3º, da Constituição de 1967). A respeito da composição do órgão, é válido notar que houve emenda ao anteprojeto de constituição para estabelecer que duas das vagas de ministro seriam providas por auditores, modelo que permitiria uma maior hibridez na composição da Corte. A proposta, porém, acabou não prevalecendo no texto final (MAGALHÃES, Roberto Barcellos de. *A Constituição Federal de 1967 anotada.* Rio de Janeiro: José Konfino Editor, 1967. t. I, p. 219).

[285] O anteprojeto de constituição encaminhado ao Congresso Nacional por Castello Branco era bastante sucinto no tratamento dedicado ao Tribunal de Contas, limitando-se a estabelecer, no tocante às suas competências, que o tribunal representaria ao Poder Executivo e ao Congresso Nacional sobre irregularidades e abusos por ele verificados. Nas discussões sobre o anteprojeto, havidas em regime de urgência no Congresso, o Deputado Flores Soares, após acusar o projeto de constituição de "antipovo e antidemocrático", também revelou seu inconformismo com a redução de competências das Cortes de Contas. Em trecho interessante: "Como dizia, é o aval em branco que o Congresso Nacional vai dar ao Presidente da República. Mas há uma outra passagem, já que se fala em irresponsabilidade. Refiro-me à parte relativa ao controle da administração financeira do país. O projeto só permite ao Tribunal de Contas o controle póstumo. (...). Os Tribunais de Contas não terão mais o direito do exame prévio das contas do Governo, só o exame *a posteriori*". E, concluindo sua intervenção, vaticina: "(...) a nova Constituição objetiva institucionalizar e dar permanência a um regime tido por provisório, que pensávamos passageiro, mas que pretende perpetuar-se. É a perpetuação do arbítrio" (Constituição do Brasil de 1967. *Anais...* Disponível em: http://www.senado.leg.br/publicacoes/anais/pdf/ Anais_Republica/1967/1967%20Livro%206.pdf. Acesso em: 11 mar. 2015).

fiscalização *a posteriori*, eliminando-se as possibilidades de sua intervenção como *veto player*. Com o controle ulterior, restava ao Tribunal examinar a despesa já realizada e, ainda que lhe fosse reconhecida a possibilidade de sustar a execução do ato impugnado, o controle não se efetivava concomitantemente ao gasto público, fato que, por si só, já comprometia os resultados de uma eventual sustação.[286]

A sistemática da fiscalização incidente sobre contratos administrativos foi marcada pelo emprego do "decurso de prazo", técnica amplamente disseminada no processo Legislativo da época.[287] O texto constitucional estabelecia que, em sendo apurada alguma irregularidade em contrato celebrado pelo poder público, caberia ao Tribunal de Contas da União encaminhar a matéria ao Congresso Nacional para que se manifestasse em trinta dias. Transcorrendo o prazo sem deliberação congressual, a impugnação era considerada insubsistente e o contrato produzia todos os efeitos pretendidos.[288]

Apesar dessa involução no *timing* do controle dos atos e contratos administrativos, paradoxalmente foi a Constituição de 1967 que

---

[286] O mecanismo de controle repressivo foi previsto no artigo 72, §5º, da Constituição: "O Tribunal, de ofício ou mediante provocação do Ministério Público ou das auditorias financeiras e orçamentárias e demais órgãos auxiliares, se verificar a ilegalidade de qualquer despesa, inclusive as decorrentes de contratos, deverá: *a*) assinar prazo razoável para que o órgão da administração pública adote as providências necessárias ao exato cumprimento da lei; *b*) sustar, se não atendido, a execução do ato impugnado, exceto em relação a contrato; *c*) solicitar ao Congresso Nacional, em caso de contrato, que determine a medida prevista na alínea anterior ou outras necessárias ao resguardo dos objetivos legais".

[287] O expediente do "decurso de prazo" era largamente utilizado na Constituição de 1967, especialmente no tocante ao processo legislativo, com a previsão de aprovação tácita de projetos de leis e decretos-leis findo o prazo para deliberação congressual (artigos 54, §1º e 58, parágrafo único, ambos da Constituição de 1967). Na realidade, como se sabe, a própria "promulgação" fictícia do texto constitucional foi precedida da "ameaça" de aprovação por decurso de prazo do anteprojeto de Constituição encaminhado pelo governo de Castello Branco ao Congresso Nacional: o Ato Institucional nº 04 convocou extraordinariamente o Congresso para se reunir, no período compreendido entre 12 de dezembro de 1966 e 24 de janeiro de 1967, visando a discutir e votar o projeto de constituição submetido pelo presidente. De acordo com o artigo 8º do AI nº 04, o projeto do governo seria considerado aprovado por decurso de prazo caso as votações no Congresso não fossem encerradas até 21 de janeiro de 1967. Para o histórico detalhado da tramitação do projeto na Constituinte congressual, ver: BONAVIDES, Paulo; ANDRADE, Paes de. *História Constitucional do Brasil*. Rio de Janeiro: Paz e Terra, 1991. p. 434-436. Ver, ainda: Constituição do Brasil de 1967. *Anais...* Disponível em: http://www.senado.leg.br/publicacoes/anais/pdf/Anais_Republica/1967/1967%20Livro%206.pdf. Acesso em: 11 mar. 2015.

[288] A aplicação da técnica de decurso de prazo aos contratos impugnados pelo Tribunal de Contas da União estava prevista no §6º do artigo 72, *verbis*: "O Congresso Nacional deliberará sobre a solicitação de que cogita a alínea *c* do parágrafo anterior, no prazo de trinta dias, findo o qual, sem pronunciamento do Poder Legislativo, será considerada insubsistente a impugnação".

inaugurou o regime de auditorias financeiras e orçamentárias a serem realizadas pelo Tribunal de Contas.[289] Além disso, manteve inalterada a competência da Corte para apreciar as contas anuais do Presidente da República e instituiu o sistema de controle interno[290] a ser obrigatoriamente mantido pelo Poder Executivo, com a atribuição de apoiar o controle externo. Por fim, também foi a Constituição de 1967 que deu os primeiros passos em direção à instituição de um sistema nacionalmente uniforme de controle externo financeiro ao estabelecer que as Constituições Estaduais deveriam observar os princípios previstos na Constituição Federal no tocante à fiscalização financeira e orçamentária.[291]

A Emenda nº 01, de 17 de outubro de 1969, outorgada em substituição à Constituição de 1967, ratificou o texto anterior na parte relativa ao Tribunal de Contas da União. Inovou, porém, ao implementar a fórmula – cogitada ao longo da Constituinte de 1946 e derrotada em razão da autonomia municipal – de atribuir aos Tribunais de Contas dos Estados ou a outro órgão estadual a competência para assistir a Câmara Municipal no controle externo das finanças locais. Além disso, permitiu que municípios com população superior a dois milhões de habitantes e renda tributária acima de quinhentos milhões de cruzeiros novos instituíssem seus próprios Tribunais de Contas.[292]

---

[289] O artigo 70, §1º, do texto constitucional assim estabelecia as competências do Tribunal de Contas da União: "O controle externo do Congresso Nacional será exercido com o auxílio do Tribunal de Contas da União e compreenderá a apreciação das contas do Presidente da República, o desempenho das funções de auditoria financeira e orçamentária, bem como o julgamento das contas dos administradores e demais responsáveis por bens e valores públicos". Quanto ao desempenho de auditorias, complementava o §3º: "A auditoria financeira e orçamentária será exercida sobre as contas das unidades administrativas dos três Poderes da União, que, para esse fim, deverão remeter demonstrações contábeis ao Tribunal de Contas da União, a que caberá realizar as inspeções necessárias".

[290] Artigo 72 da Constituição de 1967: "O Poder Executivo manterá sistema de controle interno, visando a: I. criar condições indispensáveis para eficácia do controle externo e para assegurar regularidade à realização da receita e da despesa; II. acompanhar a execução de programas de trabalho e do orçamento; III. avaliar os resultados alcançados pelos administradores e verificar a execução dos contratos".

[291] Artigo 13 da Constituição de 1967: "Os Estados se organizam e se regem pelas Constituições e pelas leis que adotarem, respeitados, dentre outros princípios estabelecidos nesta Constituição, os seguintes: (...); IV. a elaboração orçamentária e a fiscalização orçamentária e financeira, inclusive a aplicação dos recursos recebidos da União e atribuídos aos Municípios".

[292] Art. 16 da Constituição de 1967, com redação dada pela EC nº 01/69: "A fiscalização financeira e orçamentária dos municípios será exercida mediante contrôle externo da Câmara Municipal e contrôle interno do Executivo Municipal, instituídos por lei. §1º. O controle externo da Câmara Municipal será exercido com o auxílio do Tribunal de Contas do Estado ou órgão estadual a que fôr atribuída essa incumbência. §2º. Somente por decisão de dois terços dos membros da Câmara Municipal deixará de prevalecer o parecer prévio, emitido pelo Tribunal de Contas ou órgão estadual mencionado no §1º, sôbre as contas

A verdade, porém, é que os dispositivos formais dos documentos constitucionais de 1967 e 1969 pouco ou quase nada dizem efetivamente a respeito do exercício do controle das finanças públicas naquele período autocrático. Durante a maior parte da ditadura militar, havia, em paralelo à ordem constitucional, os atos institucionais que suspendiam as garantias pertinentes ao exercício da função judiciária, de que também eram titulares os membros do Tribunal de Contas. Na prática, o TCU e os demais Tribunais de Contas encontravam-se limitados e apenas eram mantidos no contexto da ordem jurídica de modo a simular, com sua existência legal, traços de democracia.[293]

Esse seletivo resgate histórico empreendido em torno da criação e do desenvolvimento dos Tribunais de Contas no Brasil fornece algumas importantes chaves para o diagnóstico e compreensão de particularidades que influenciam diretamente o seu funcionamento até os dias atuais. Em primeiro lugar, verifica-se que, historicamente, as Cortes de Contas foram concebidas como órgãos de auxílio ao Poder Legislativo na função de controle externo da administração financeira. Apenas a Constituição de 1934 afastou-se desse padrão e caracterizou o Tribunal como órgão de cooperação nas atividades governamentais, demonstrando preocupação em mantê-lo equidistante dos Poderes Legislativo e Executivo. Precisamente essa preocupação acabou resultando na adoção da fórmula, ainda empregada atualmente, por meio da qual se estendem as garantias institucionais próprias dos órgãos do Poder Judiciário aos Tribunais de Contas.

Em segundo lugar, importa notar que, ao longo desse percurso, o modelo de composição dos Tribunais de Contas não foi problematizado ou amadurecido. Todas as Constituições brasileiras até 1967-1969 – inclusive – seguiram, invariavelmente, o regime adotado no primeiro texto republicano: nomeação dos ministros pelo Presidente da República, com aprovação pelo Senado Federal – ou seu correspondente. Foram recuperados alguns poucos e embrionários debates a respeito do assunto – especialmente no âmbito da Comissão do Itamaraty –, mas é inegável que a prerrogativa do Poder Executivo de indicar os membros dos Tribunais de Contas não havia sido concretamente desafiada.

---

que o Prefeito deve prestar anualmente. §3º. Somente poderão instituir Tribunais de Contas os municípios com população superior a dois milhões de habitantes e renda tributária acima de quinhentos milhões de cruzeiros novos".

[293] PESSANHA, Charles. *O congresso externo sob controle das contas do tribunal nacional*. (2003). Disponível em: http://www.insightinteligencia.com.br/21/PDF/0921.pdf. Acesso em: 09 mar. 2015.

No que concerne às suas competências, constata-se facilmente um movimento pendular em que se alternaram, conforme o contexto histórico e político da época, mecanismos de fiscalização prioritariamente preventiva e regimes de fiscalização *a posteriori*. Como regra geral, a possibilidade de os Tribunais de Contas intervirem na cadeia da fiscalização financeira como *veto players* foi contemplada pelas constituições democráticas, ao passo que a resistência ao modelo de controle prévio foi marca característica das constituições centralizadoras e autoritárias. Já as atribuições quase-judiciais acerca das contas apresentadas por responsáveis por recursos públicos e de emissão de parecer prévio sobre as contas da chefia do Poder Executivo, a partir do momento em que passaram a constar como competência das Cortes de Contas, não chegaram a sofrer qualquer solução de continuidade.

De resto, os aspectos destacados nessa recuperação histórica demonstram que a construção institucional dos Tribunais de Contas no Brasil ocorreu de forma gradativa, sem que o sistema experimentasse, no decorrer de sua vivência republicana, grandes rupturas ou modificações radicais. O núcleo fundamental do seu desenho moldou-se na Constituição de 1891 e foi amadurecido, especialmente, pelas Constituições de 1934 e 1946. Em vários aspectos, os traços fundamentais permanecem inalterados até os dias atuais, embora seja inegável que, na trajetória constitucional, foi a Constituição de 1988 a que transformações mais expressivas buscou implementar no sistema de *accountability* a cargo das ISCs. E se, de fato, coube à Constituição da República de 1988 concorrer para conferir maior expressividade ao "Sistema Tribunal de Contas" no país, cumpre investigar quais foram os caminhos trilhados na Assembleia Nacional Constituinte (ANC) a respeito da temática, o que será realizado no próximo tópico.

Antes, porém, visando a sistematizar os principais dados dessa recuperação histórica, apresenta-se o quadro a seguir:

QUADRO 2

Desenvolvimento dos TCs ao longo dos momentos constitucionais:
indicadores relevantes para a compreensão de sua trajetória

(continua)

	1891	1934	1937	1946	1967
Compe-tências	Verificar a legalidade das contas do Poder Executivo.	Órgão de cooperação nas ativida-des gover-namentais Prevê a competên-cia para emissão de parecer prévio sobre as contas anuais do Presidente da Repú-blica.	Acom-panhar a execução orçamentá-ria, julgar contas de responsáveis por recursos públicos e apreciar a legalidade de contratos administra-tivos.	Reproduz as com-petências previstas na Carta de 1937, acrescen-tando a apreciação da legali-dade das aposen-tadorias, reformas e pensões.	Reproduz as competências previstas na Constituição de 1946, acrescentan-do a realização de auditorias orçamentárias e financeiras.
Timing do controle	Disciplina legal: veto absoluto (1892) e veto limitado – registro sob protesto. (1896).	Veto limitado (registro sob protesto), com exceção dos contra-tos, em que prevalece-ria o veto absoluto até decisão do Poder Legis-lativo.	Prevalência do controle *a posteriori*.	Com ex-ceção dos contratos, a disci-plina era legal. Para contratos, regra cons-titucional do veto absoluto até deli-beração legislativa.	Fiscalização *a posteriori*.
Forma de indicação dos mem-bros das instâncias delibera-tivas	Nomeação pelo Pre-sidente da República, após apro-vação pelo Senado.	Nomeação pelo Pre-sidente da República, após apro-vação pela Assembleia Nacional.	Nomeação pelo Pre-sidente da República, após apro-vação pelo Conselho Federal.	Nomeação pelo Pre-sidente da República, após apro-vação pelo Senado Federal.	Sistemática inal-terada.

QUADRO 2

Desenvolvimento dos TCs ao longo dos momentos constitucionais:
indicadores relevantes para a compreensão de sua trajetória

(conclusão)

	1891	1934	1937	1946	1967
Requisitos para ocupar cargo nas instâncias deliberativas	Não mencionados.	Não mencionados.	Não mencionados.	Requisito etário (35 anos) e plenitude dos direito políticos.	Requisito etário (35 anos), idoneidade moral e notórios conhecimentos jurídicos, econômicos, financeiros ou de administração pública.
Garantias institucionais	Não mencionadas.	Lança as bases para a fórmula da cláusula de extensão das garantias asseguradas ao Judiciário.	A serem reguladas em lei.	Cláusula de extensão das garantias asseguradas ao Judiciário.	Sistemática inalterada.
Garantias subjetivas	Vitaliciedade.	Cláusula de extensão das garantias asseguradas aos ministros da Corte Suprema	Sistemática mantida, com adequação da nomenclatura do órgão paradigma (STF).	Cláusula de extensão das garantias asseguradas aos membros do TFR.	Sistemática inalterada.
Abordagem federativa	Não menciona.	Departamento de Municipalidades – assistência técnica à administração municipal e fiscalização de suas finanças.	Não menciona.	Prevê que a matéria seria estabelecida nas Constituições estaduais.	A Emenda nº 01/69 estabelece que as Câmaras Municipais serão assistidas na função de controle pelos Tribunais de Contas estaduais. Municípios com população superior a dois milhões de habitantes e renda tributária superior a quinhentos milhões de cruzeiros podem instituir seus próprios Tribunais de Contas (órgãos municipais).

3.3 Os debates sobre o controle externo financeiro durante a Assembleia Nacional Constituinte de 1987-1988

Como intuitivo, escapa aos limites deste trabalho analisar os antecedentes – próximos ou remotos – e a dinâmica do processo constituinte que resultou na reconstrução constitucional do país a partir de 1988.[294] O tópico ora inaugurado dedica-se exclusivamente à pesquisa e exame das propostas e dos debates ocorridos na Assembleia Nacional Constituinte (ANC) a respeito do controle das finanças públicas por Instituições Superiores de Controle (ISCs), de forma que as referências eventualmente feitas à genealogia da constituinte serão periféricas e limitar-se-ão aos aspectos necessários para a compreensão do pensamento formado em torno do desenho institucional dos Tribunais de Contas no país.

Não há dúvida de que qualquer demarcação temporal para o início da narrativa a respeito do processo constituinte de 87-88 é arbitrária. Feita essa ressalva, assume-se como ponto de partida neste trabalho a convocação, pelo então Presidente da República José Sarney, de uma assembleia para elaborar uma nova constituição, honrando compromisso que havia sido assumido no programa de governo de Tancredo Neves.[295] Paralelamente à convocação, o Presidente da República também nomeou uma comissão para elaborar um anteprojeto de texto constitucional, a ser encaminhado à ANC, reproduzindo padrão que já acontecera nas Constituições de 1891 e 1934.

Foi instituída, então, a Comissão Provisória de Estudos Constitucionais, presidida por Afonso Arinos e logo batizada de "Comissão

---

[294] Para essa finalidade, confira-se a seguinte obra de referência: PILATTI, Adriano. *A Constituinte de 1987-1988*: progressistas, conservadores, ordem econômica e regras do jogo. Rio de Janeiro: Lumen Juris, 2008. Outros trabalhos recentes sobre o tema são: SARMENTO, Daniel. 21 anos da Constituição de 1988: a Assembleia Constituinte de 1987/1988 e a experiência constitucional brasileira sob a Carta de 1988. *Direito Público*, v. 1, n. 30, p. 07-41, 2009; ARAUJO, Cícero. O processo constituinte brasileiro, a transição e o poder constituinte. *Lua Nova*, v. 88, p. 327-380, 2013; ROCHA, Antonio Sergio. Genealogia da constituinte: do autoritarismo à democratização. *Lua Nova*, v. 88, p. 29-87, 2013.

[295] Essa convocação foi feita por meio da Proposta de Emenda à Constituição nº 43, do final de junho de 1985, contemplando a atribuição de poderes constituintes ao Congresso Nacional, que se reuniria em 1º de fevereiro de 1987, composto, em sua maioria, por parlamentares eleitos em 1986 ("em sua maioria" porque, como se sabe, também participaram da Assembleia Constituinte os chamados "senadores biônicos", eleitos indiretamente em 1982). O modelo de constituinte congressual foi alvo de fortes críticas entre os segmentos mais progressistas, que advogavam a convocação de uma constituinte exclusiva. Apesar das resistências, prevaleceu a constituinte congressual, "como desejavam o governo e o PMDB ulyssista" (ROCHA, Antonio Sergio. Artigo citado, p. 59). Para uma abordagem mais ampla do assunto, ver: PILATTI, Adriano. *A Constituinte de 1987-1988*. Obra citada, p. 21.

de Notáveis", sendo composta por cinquenta personalidades com inclinações ideológicas bastante heterogêneas.[296] Embora o anteprojeto constitucional tenha sido objeto de crítica e discórdia por temor à pressão dos poderes constituídos, o resultado apresentado surpreendeu por seu caráter inovador e progressista, inclusive com a adoção do sistema parlamentarista de governo. O documento, como se sabe, não foi encaminhado pela Presidência da República à ANC, vindo a ser arquivado junto ao Ministério da Justiça. O material, porém, circulou no Congresso Nacional durante o processo constituinte por diversas maneiras, tanto informal quanto formalmente;[297] e, na prática, exerceu grande influência nos trabalhos da ANC, até porque vários integrantes da Comissão Afonso Arinos participaram diretamente na constituinte. Precisamente por conta de seu prestígio e influência é que se afigura importante, de início, examinar o perfil pensado no anteprojeto para o controle das finanças públicas.[298]

---

[296] O perfil e os dados biográficos dos integrantes da comissão encontram-se disponíveis em: PEREIRA, Osny Duarte. *Constituinte:* anteprojeto da Comissão Afonso Arinos. Brasília: UnB, 1987.

[297] Relata Gisele Cittadino: "Ainda que não tenha sido formalmente encaminhado à Constituinte para servir de subsídio, como inicialmente previsto por Tancredo Neves, o anteprojeto da Comissão não foi esquecido. Das mais variadas formas ele circulava nos bastidores do Congresso. Informalmente, partes significativas do seu texto foram copiadas por constituintes, o que levou o deputado Manoel Moreira, do PMDB paulista, a observar: "*No lugar de plagiar, vamos examinar logo o original*". Algum tempo depois, ainda que dividido em partes, o anteprojeto foi apresentado como sugestão à Mesa da Constituinte. O senador Afonso Arinos, eleito para a presidência da Comissão de Sistematização, tinha dúvidas acerca da oportunidade de apresentar formalmente o anteprojeto, pois temia que seu gesto fosse interpretado como uma limitação à soberania dos constituintes. Entretanto, no dia 24 de abril de 1987, o Senador recebeu um telefonema do Deputado Ulysses Guimarães, Presidente da Constituinte, solicitando que apresentasse a proposta dos notáveis à Mesa da Assembleia. A partir daí, deputados e senadores passaram a contar com o texto do anteprojeto da Comissão Arinos" (CITTADINO, Gisele. *Pluralismo, Direito e Justiça Distributiva*: Elementos da Filosofia Constitucional Contemporânea. Rio de Janeiro: Lumen Juris, 1999. p. 42).

[298] Álvaro Guilherme Miranda, em pesquisa de mestrado dedicada especificamente aos modelos pensados na ANC para os Tribunais de Contas, identifica o formato constante do anteprojeto como o primeiro modelo institucional e afirma: "Exceção foi o anteprojeto elaborado pela comissão Afonso Arinos, instituída em julho de 1985. Conforme já assinalado, a proposta nem chegou a ser encaminhada por José Sarney ao Congresso. Para o processo constituinte, portanto, formalmente, a proposta da Comissão Afonso Arinos não existiu. Mesmo assim, alguns constituintes se basearam no anteprojeto para conceber o desenho institucional do tribunal, daí por que optei por incluí-lo neste capítulo como sendo o primeiro modelo da Constituinte. Algumas propostas foram discutidas para votação formal nas subcomissões destinadas ao tema e outras, ainda nas audiências públicas com a participação de especialistas da área jurídica e econômica ou da burocracia estatal. Como veremos, o modelo que está em vigor resultou do que já existia somado aos elementos pontuais que foram discutidos separadamente" (MIRANDA, Álvaro Guilherme. 2009. *Mudança institucional do Tribunal de Contas*: os oito modelos debatidos na Constituinte de 1988 para o sistema de fiscalização no Brasil. Dissertação de Mestrado. Instituto de Economia da Universidade Federal do Rio de Janeiro, Rio de Janeiro, 2009).

O anteprojeto da Comissão Afonso Arinos seguia a tradição europeia das ISCs ao estabelecer que a fiscalização financeira e orçamentária do Estado seria exercida pelo Tribunal Federal de Contas (TFC), órgão competente para o controle externo das finanças públicas. Previa expressamente que o órgão seria auxiliar do Congresso Nacional, conforme historicamente assentado no constitucionalismo brasileiro. E o caráter auxiliar fazia-se bastante presente no campo das atribuições do órgão, especialmente na medida em que o anteprojeto consagrava sistemática por meio da qual as decisões do TFC seriam recorríveis ao Congresso Nacional,[299] adotando linha que ia bem ao encontro da tendência predominante à época de recuperação e valorização do Poder Legislativo.

Em termos institucionais, o anteprojeto mantinha a auto-organização e a autoadministração do Tribunal de Contas[300] e estendia aos ministros – cujo quantitativo não vinha definido – as mesmas garantias, remuneração e impedimentos dos ministros do Superior Tribunal de Justiça. Além disso, criava-se um sistema nacional dos Tribunais de Contas, com a previsão de aplicação da normatividade do TFC, por simetria, às Cortes estaduais e municipais.[301]

---

[299] O cabimento de recurso ao Congresso Nacional contra decisões do TFC estava previsto nos artigos 212 e 213 do anteprojeto, *in verbis*: "Art. 212. O processo e julgamento das contas terão caráter contencioso, e as decisões eficácia de sentença, constituindo-se em título executivo. Parágrafo único. Da decisão caberá recurso, com efeito suspensivo, para o Congresso Nacional. Art. 213. O Tribunal Federal de Contas, de ofício ante provocação do Ministério Público ou das auditorias financeiras, orçamentárias e operacionais, se verificar a ilegalidade qualquer despesa, inclusive as referentes a pessoal e as decorrentes de editais, contratos, aposentadorias, disponibilidades, reformas, transferências para a reserva remunerada e pensões, deverá: I – assinar prazo razoável para que o órgão da administração pública adote as providências necessárias ao exato cumprimento da lei; II – sustar, se não atendido, a execução do ato impugnado. Parágrafo único. A parte que se considerar prejudicada poderá interpor recurso, sem efeito suspensivo, para o Congresso Nacional. (Disponível em: http://www.senado.gov.br/publicacoes/anais/constituinte/AfonsoArinos.pdf.Acesso em: 16 mar. 2015).

[300] Dispunha o artigo 206, §1º, do anteprojeto: "Lei de iniciativa do Tribunal Federal de Contas disporá sobre sua organização, podendo criar delegações ou órgãos destinados a auxiliá-lo no exercício de suas funções e na descentralização de suas atividades" (Disponível em: http://www.senado.gov.br/publicacoes/anais/constituinte/AfonsoArinos.pdf.Acesso em: 16 mar. 2015).

[301] De acordo com o artigo 211 do anteprojeto, "As normas previstas nesta Seção aplicam-se, no que couber, à fiscalização e à organização dos Tribunais da Contas dos Estados, dos Conselhos de Contas dos Municípios, dos Tribunais de Contas dos Municípios e do Distrito Federal". Já o artigo 121 estabelecia que "o controle externo da Câmara Municipal será exercido com o auxílio do Tribunal de Contas do Estado ou de outro órgão estadual a que for atribuída essa competência" e autorizava a criação de Tribunais de Contas municipais em municípios com população superior a três milhões de habitantes. (Disponível em: http://www.senado.gov.br/publicacoes/anais/constituinte/AfonsoArinos.pdf.Acesso em: 16 mar. 2015).

O tratamento conferido pelo anteprojeto à composição do Tribunal de Contas era, ao mesmo tempo, inovador e dúbio. Era inovador ao estabelecer o acesso das carreiras técnicas da Corte ao corpo deliberativo,[302] modelo que veio a ser seguido pela Constituição de 1988, embora em percentuais diversos. A dubiedade, de outro lado, residia no critério de indicação dos demais membros do Tribunal, pois o anteprojeto limitava-se a estabelecer que "o Presidente da República, após aprovação pelo Senado Federal, nomeará os Ministros do Tribunal Federal de Contas (...)".[303] Essa redação tanto poderia ser interpretada como a manutenção da forma histórica de investidura, como legitimava a compreensão de que os ministros seriam escolhidos na esfera do Poder Legislativo e nomeados pelo Presidente da República, interpretação mais consentânea com o propósito, presente no anteprojeto, de resgate das prerrogativas congressuais.

Por fim, no que concerne ao feixe de competências reconhecidas ao TFC, o anteprojeto da Comissão Arinos não consagrava hipótese de controle prévio ou preventivo. O modelo por ele contemplado privilegiava a atuação sucessiva e repressiva do Tribunal, sem estabelecer a intervenção do órgão como agente dotado de capacidade de veto preventivo em absolutamente nenhuma circunstância. Ainda assim, a proposta avançava ao ampliar as técnicas de auditorias, acrescentando a auditoria operacional às auditorias tradicionais – financeira e orçamentária –, aproximando o Tribunal de Contas no Brasil das experiências anglo-saxônicas focadas no resultado de políticas e programas públicos e na avaliação quanto ao seu desempenho (auditorias operacionais e de *performance*).

O exame do anteprojeto da Comissão Afonso Arinos revela que traços do perfil pensado para os Tribunais de Contas acabaram sendo incorporados nos debates e nas propostas havidos ao longo do

---

[302] O acesso das carreiras técnicas do Tribunal ao seu corpo deliberativo estava contemplado no artigo 210 do anteprojeto: "Na composição dos Tribunais de Contas e órgãos equivalentes, um quinto dos lugares será preenchido, em partes iguais ou alternadamente, por auditores ou outros substitutos legais dos titulares, ou membros do Ministério Público, que hajam servido junto ao Tribunal por cinco anos, pelo menos" (Disponível em: http://www.senado.gov.br/publicacoes/anais/constituinte/AfonsoArinos.pdf. Acesso em: 16 mar. 2015).

[303] De acordo com o artigo 209 do anteprojeto, "O Presidente da República, após aprovação pelo Senado Federal, nomeará os Ministros do Tribunal Federal de Contas, escolhidos entre brasileiros maiores de trinta e cinco anos, de reputação ilibada e notórios conhecimentos jurídicos, e econômicos, financeiros ou de administração pública" (Disponível em: http://www.senado.gov.br/publicacoes/anais/constituinte/AfonsoArinos.pdf.Acesso em: 16 mar. 2015).

processo constituinte. Destacam-se, nesse contexto, em primeiro plano, o estabelecimento de um modelo nacional de fiscalização financeira e orçamentária, mediante a previsão de uma normatividade sobre Tribunais de Contas que se irradia para estados e municípios. Em segundo lugar, registra-se a consagração das técnicas de auditorias operacionais, tema que também acabou servindo de inspiração e referência para os projetos subsequentes. E, finalmente, houve significativa contribuição no que concerne aos critérios de composição do órgão, na medida em que o anteprojeto colocou em pauta a questão do acesso de membros das carreiras técnicas do Tribunal ao cargo de ministro.

O anteprojeto elaborado pela Comissão Afonso Arinos, como já visto, não foi submetido à ANC. O cenário político daquele momento constituinte não comportava que sua condução fosse inaugurada e demarcada quer por projeto elaborado no âmbito do governo, quer por proposta formulada por comissão ou por grupo de parlamentares da própria ANC.[304] A solução adotada, então, buscou integrar todos os parlamentares no processo deliberativo e decisório, prevalecendo uma estrutura descentralizada para a tarefa de elaboração do novo texto constitucional. Foram criadas vinte e quatro subcomissões temáticas, que elaboraram anteprojetos sobre as matérias de sua competência, posteriormente encaminhados a oito comissões temáticas, cada qual reunindo três subcomissões. Os projetos elaborados pelas oito comissões, por sua vez, foram deliberados e organizados pela Comissão de Sistematização.[305]

---

[304] A esse respeito, comenta Adriano Pilatti: "(...) em face dos demais processos constituintes parlamentares ocorridos anteriormente em nossa História, o processo constituinte de 1987-1988 caracterizou-se por outras particularidades que o fizeram singularíssimo: o inédito procedimento de elaboração constitucional adotado, que prescindiu de prévia elaboração, endógena ou exógena, de um projeto global inicial, e a longa duração de seus trabalhos" (PILATTI, Adriano. *A Constituinte de 1987-1988*. Obra citada, p. 2). Quanto à resistência à fórmula dos anteprojetos, anota Daniel Sarmento: "No que tange ao procedimento, o quadro político então delineado não comportava nem que se partisse de um anteprojeto elaborado fora da Assembleia Constituinte – como fora o da Comissão de Notáveis presidida por Afonso Arinos – nem que se atribuísse a um grupo parlamentar a função de redação de um projeto, para ulterior submissão ao Plenário, como ocorrera na Constituinte de 1946. Quanto à primeira possibilidade, esta era vista como uma indevida usurpação da soberania da Constituinte para conduzir os seus trabalhos. Quanto à segunda, ela não era aceita, porque reduziria a participação daqueles que não integrassem a comissão eventualmente escolhida, desigualando o papel dos constituintes" (SARMENTO, Daniel. *21 anos da Constituição de 1988*: a Assembleia Constituinte de 1987/1988 e a experiência constitucional brasileira sob a Carta de 1988. Artigo citado, p. 16).

[305] Eram as seguintes as oito comissões temáticas: I) Comissão da Soberania e dos Direitos e Garantias do Homem e da Mulher; II) Comissão da Organização do Estado; III) Comissão de Organização dos Poderes e Sistema de Governo; IV) Comissão da Organização

Nessa primeira etapa descentralizada do processo constituinte, a temática do controle externo e da arquitetura institucional dos Tribunais de Contas foi tratada de maneira fragmentada em cinco subcomissões e em três comissões temáticas, além da própria Comissão de Sistematização.[306] É fora de dúvida, porém, que foram as discussões havidas na Subcomissão do Poder Legislativo (III-A) – vinculada à Comissão de Organização dos Poderes e Sistema de Governo (III) – e na Subcomissão de Orçamento e Fiscalização Financeira (V-B) – vinculada à Comissão do Sistema Tributário, Orçamento e Finanças (V) – as que mais diretamente afetaram o perfil que, ao final, vieram a ostentar os Tribunais de Contas na Constituição de 1988. Por essa razão, e como forma de objetivar a exposição do assunto, serão recuperados apenas os trabalhos realizados no âmbito dessas duas subcomissões e seus reflexos para as respectivas comissões temáticas, assim como para a Comissão de Sistematização.

Além disso, o olhar que se dirige aos trabalhos constituintes prioriza os pontos considerados nevrálgicos quando se cogita do desenho institucional dos Tribunais de Contas, a saber: (i) a inserção do órgão

---

Eleitoral, Partidária e Garantia das Instituições; V) Comissão do Sistema Tributário, Orçamento e Finanças; VI) Comissão da Ordem Econômica; VII) Comissão da Ordem Social; e VIII) Comissão da Família, da Educação, Cultura e Esportes, da Ciência e Tecnologia e da Comunicação. A listagem das subcomissões vinculadas a cada comissão está disponível em: http://www2.camara.leg.br/atividade-legislativa/legislacao/Constituicoes_Brasileiras/constituicao-cidada/publicacoes/o-processo-historico-da-elaboracao-do-texto-1. Acesso em: 17 mar. 2015.

[306] A pesquisa realizada por Álvaro Guilherme Miranda registra que o tema foi discutido nas Comissões II (Organização do Estado), V (Sistema Tributário, Orçamento e Finanças), VII (Ordem Social) e na Comissão de Sistematização. Ainda de acordo com a pesquisa, o assunto teria sido tratado nas subcomissões do Poder Legislativo (III-A); de Orçamento e Fiscalização Financeira (V-B); do Sistema Financeiro (V-C); de Princípios Gerais, Intervenção do Estado, Regime da Propriedade do Subsolo e da Atividade Econômica (VI-A); e dos Direitos dos Trabalhadores e Servidores Públicos (VII-A). Segundo o autor, os debates sobre os Tribunais de Contas na ANC tiveram uma "tramitação errática". Em suas palavras: "(…) o debate simultâneo sobre os Tribunais de Contas em diferentes comissões e subcomissões revelou-se improdutivo do ponto de vista de uma reflexão profunda sobre a natureza do controle externo em relação a todos os organismos de Estado. O encaminhamento das discussões, em mais de uma comissão e subcomissão, fragmentou o debate, não oferecendo uma proposta sistêmica efetivamente inovadora. Não se discutiu, em nenhum momento, a essência ou a natureza do controle externo dos gastos públicos. Como se a expressão 'controle externo' denotasse algo já tacitamente compreendido e aceito de maneira unânime. Além disso, os prazos exíguos para apresentação e discussão de emendas e destaques podem ter contribuído para o não aprofundamento dos debates, postergando muitas decisões para os momentos finais da Assembleia, em condições que favoreciam mais a permanência dos traços do tradicional Tribunal de Contas em vez de reformas radicais" (MIRANDA, Álvaro Guilherme. *Mudança institucional do Tribunal de Contas*. Obra citada, p. 83-84).

no sistema macro da separação funcional de poderes, com especial preocupação para o grau de vinculação que guarda para com os demais poderes orgânicos estatais; (ii) os critérios de composição do órgão; (iii) as garantias conferidas aos membros das instâncias decisórias, com particular destaque para a questão da vitaliciedade; e, finalmente, (iv) a essência e a abrangência do controle externo que lhe é confiado.

Pois bem. O modelo de controle externo das finanças públicas, desde a fase inicial dos trabalhos constituintes, seguiu invariavelmente o padrão europeu continental de Tribunal de Contas, sem qualquer ruptura drástica em relação ao histórico brasileiro. Chegaram a ser apresentadas propostas isoladas no sentido da criação de uma Auditoria-Geral da República[307] e de integração do Tribunal de Contas ao Poder Judiciário,[308] mas tais iniciativas não prosperaram e sequer chegaram a constar de algum anteprojeto elaborado pelas subcomissões ou pelas comissões que trataram do assunto.

---

[307] Essa proposta foi formulada pelo deputado João Natal (PMDB-GO), tanto na fase das comissões temáticas, quanto já na fase de votações no Plenário da ANC. Preconizava a extinção dos Tribunais de Contas e a adoção de órgão de natureza monocrática para o controle das finanças públicas. O Auditor-Geral seria eleito pelo Congresso Nacional e exerceria mandato igual ao dos parlamentares. A ideia não chegou a constar de qualquer anteprojeto apresentado para votação. Ao justificar sua emenda, argumentou o constituinte: "Em alentado estudo, para o qual rogamos a atenção dos ilustres membros dessa Subcomissão, propusemos a instituição de novos mecanismos de fiscalização financeira, demonstrando, à exaustão, a caducidade do sistema vigente, que se mostrou inoperante na adequada vigilância sobre a aplicação dos recursos públicos. O Congresso Nacional, na recuperação de suas prerrogativas, não pode abrir mão de exercer severa fiscalização sobre a ações do Executivo, através de órgão vinculado diretamente à instituição, que elegerá o seu dirigente, podendo, igualmente, destituí-lo, se decair de sua confiança. Não é o que ocorre com os membros do Tribunal de Contas, que são vitalícios e nomeados pelo Presidente da República, podendo certamente não corresponder às expectativas do Congresso Nacional, sem qualquer consequência. Embora seja órgão auxiliar do Legislativo, as garantias dos Ministros do Tribunal é sério empecilho para levar à Corte a atuar no sentido dos interesses do Congresso Nacional, na verificação da execução do orçamento. Interessa à fiscalização do Congresso informes políticos, sobretudo quanto aos resultados alcançados pelas autoridades administrativas na aplicação dos recursos confiados à sua gestão, e não dados quanto à sua legalidade ou regularidade da despesa, de que vem se ocupando e, a permanecer a proposta do Relator, continuará a se ocupar o Tribunal de Contas, incapaz, pela maneira como atua, de apontar os maus gestores, no sentido de suas ações equivocadas" (ASSEMBLEIA NACIONAL CONSTITUINTE. *Emendas ao Anteprojeto do Relator da Subcomissão de Orçamento e Fiscalização Financeira*. Disponível em: http://www. camara.gov.br/internet/constituicao20anos/DocumentosAvulsos/vol152.pdf. Acesso em: 24 mar. 2015).

[308] A defesa da integração do Tribunal de Contas ao Poder Judiciário foi feita por Ives Gandra da Silva Martins, em audiência pública realizada na Subcomissão de Princípios Gerais, Intervenção do Estado, Regime da Propriedade do Solo e da Atividade Econômica (Subcomissão VI-A). Essa proposta também não chegou a constar de qualquer projeto de constituição votado ao longo da ANC. Ver, a respeito: MIRANDA, Álvaro Guilherme. *Mudança institucional do Tribunal de Contas*. Obra citada, p. 74.

O encaminhamento da matéria na Comissão do Sistema Tributário, Orçamento e Finanças (Comissão V), iniciada na Subcomissão de
Orçamento e Fiscalização Financeira (Comissão V-B), moldou significativamente o que, ao longo do processo constituinte, seria debatido
a respeito do controle externo das finanças públicas. Na exposição de
motivos do anteprojeto que condensava suas formulações, a Comissão
V, presidida pelo deputado Francisco Dornelles e tendo o deputado
José Serra como relator, destacou as principais orientações seguidas:

> 4 - Fortalece-se, também, o papel dos organismos de controle externo
> (Tribunal de Contas) e interno das contas da União e de suas entidades.
> Permite-se, por exemplo, que o Tribunal de Contas suste, quando for
> o caso, a execução do ato eventualmente impugnado, decisão que será
> mantida se, havendo recurso, o Congresso Nacional não se pronunciar
> em prazo determinado. Ainda quanto ao Tribunal de Contas, cabe
> mencionar as mudanças propostas em sua composição, dando-se maior
> peso ao Legislativo e extinguindo-se a vitaliciedade para dois terços de
> seus ministros, que teriam mandato de seis anos.[309]

Já no âmbito da Subcomissão de Orçamento e Fiscalização Financeira (Subcomissão V-B), é interessante destacar as referências feitas na
apresentação do anteprojeto às contribuições oferecidas pelos membros
do Tribunal de Contas da União à época, denotando claramente um
esforço de ingerência do "órgão constituído" no "órgão a constituir".
Confira-se:

> Valiosa foi, sem dúvida, a contribuição que o Tribunal de Contas da
> União, nas pessoas de seu Presidente, Ministro Fernando Gonçalves, e
> dos Ministros Alberto Hoffman e Ewald Pinheiro. Inestimável, contudo –
> e o registramos com satisfação – foi a participação dos constituintes para
> o embasamento maior do nosso trabalho, que acautela, via Congresso
> Nacional, os interesses da população sobre a correta aplicação dos
> recursos públicos.[310]

De fato, a abordagem da Comissão V contribuiu muito para
fortalecer e ampliar o escopo da fiscalização das finanças públicas,

---

[309] ASSEMBLEIA NACIONAL CONSTITUINTE. *Anteprojeto da Comissão do Sistema Tributário, Orçamento e Finanças.* Disponível em: http://www.camara.gov.br/internet/constituicao
20anos/DocumentosAvulsos/vol145.pdf. Acesso em: 17 mar. 2015.

[310] ASSEMBLEIA NACIONAL CONSTITUINTE. *Anteprojeto do Relator da Subcomissão de
Orçamento e Fiscalização Financeira.* Disponível em: http://www.camara.gov.br/internet/
constituicao20anos/DocumentosAvulsos/vol151.pdf. Acesso em: 17 mar. 2015.

especialmente porque, de forma inédita, o seu anteprojeto veio a estabelecer que o controle incidiria sobre os aspectos de eficácia, eficiência, economicidade, legalidade e legitimidade da atuação administrativa – acolhendo proposta constante do projeto elaborado na Subcomissão V-B. Eram dados os primeiros passos em direção à superação de uma cultura de legalidade e regularidade formal no controle externo, atendendo-se a exigências mais atuais que enfatizam o controle de performance e que demonstram preocupação com os resultados e o atendimento satisfatório das expectativas dos cidadãos. Além disso, o anteprojeto evitou caracterizar o TCU como órgão auxiliar do Congresso Nacional; ao invés disso, inaugurou a fórmula – que veio a constar do texto final da CRFB – de qualificá-lo como órgão que presta auxílio ao Legislativo na fiscalização financeira, orçamentária, operacional e patrimonial do Estado.

No que toca ao regime de competências do Tribunal de Contas, o anteprojeto formulado pela Comissão V elencou as atribuições do órgão com pequenas alterações se comparadas com as que, ao final, foram efetivamente outorgadas ao TCU e aos demais Tribunais de Contas. Nesse ponto, merece destaque o fato de que a Comissão V seguiu parcialmente a sistemática prevista no projeto da Comissão Arinos ao prever o cabimento de recurso ao Congresso Nacional contra decisões adotadas pela Corte de Contas. O recurso seria cabível na hipótese de sustação da execução de contratos, tendo o Congresso Nacional o prazo de noventa dias para se manifestar; não havendo pronunciamento, prevaleceria a decisão do tribunal. Como se verá oportunamente, o texto final da Constituição de 1988 acabou contemplando mecanismo para a sustação de contratos que guarda alguma semelhança com tal modelo, mas que, ao omitir-se quanto aos efeitos do silêncio do Poder Legislativo, acaba gerando dubiedade e uma série de divergências.[311]

Como anunciara na sua exposição de motivos, o anteprojeto da Comissão V efetivamente procurou inovar no quesito pertinente à composição dos Tribunais de Contas, rompendo com o monopólio do Poder Executivo para as indicações e flexibilizando a garantia da vitaliciedade. Previu, assim, um regime híbrido, em que conviveriam um terço de ministros vitalícios indicados pelo Presidente da República –

---

[311] Trata-se da norma do artigo 71, §§1º e 2º, com a seguinte redação: "No caso de contrato, o ato de sustação será adotado diretamente pelo Congresso Nacional, que solicitará, de imediato, ao Poder Executivo as medidas cabíveis. Se o Congresso Nacional ou o Poder Executivo, no prazo de noventa dias, não efetivar as medidas previstas no parágrafo anterior, o Tribunal decidirá a respeito."

com aprovação do Congresso Nacional – e dois terços de ministros escolhidos apenas pelo Congresso Nacional, para exercício de um mandato de seis anos, não renovável, sendo: (i) um terço dentre profissionais indicados por entidades representativas da sociedade civil; e (ii) um terço dentre auditores e membros do Ministério Público junto ao TCU. A solução engendrada pela Comissão V para as indicações do Congresso Nacional apresentava uma virtude importante: ao delimitar o universo sobre o qual a escolha do Legislativo poderia incidir, o anteprojeto adotou uma cautela que, se tivesse prevalecido, serviria para impedir a prática amplamente disseminada em que as escolhas legislativas acabam recaindo, salvo raras exceções, sobre os próprios parlamentares, denotando uma grave imperfeição do sistema.

Ainda nessa fase descentralizada do processo constituinte, além da Comissão V, também a Comissão da Organização dos Poderes e Sistema de Governo (Comissão III)[312] debruçou-se sobre a temática do controle externo a cargo dos Tribunais de Contas, reverberando os trabalhos realizados pela Subcomissão do Poder Legislativo (Subcomissão III-A),[313] presidida pelo deputado Bocayuva Cunha e sob a relatoria do deputado José Jorge. A disciplina projetada pela Subcomissão III-A merece destaque em função do modelo de eleição indireta que preconizava para a composição das Cortes de Contas, bem como em razão da incorporação expressa da denominada "lógica dos 3Es" como vetor fundamental do controle externo.

Em relação ao primeiro aspecto, o anteprojeto da Subcomissão do Poder Legislativo aprovou, via destaque, a emenda nº 021-9 do constituinte Adhemar de Barros Filho, que estabelecia o sistema de eleição indireta para os ministros do TCU. Tratava-se, com efeito, de uma fórmula original em relação ao que vinha prevalecendo na Subcomissão de Orçamento e Fiscalização Financeira, embora nos dois projetos a questão da vitaliciedade fosse problematizada. Assim, de acordo com o anteprojeto apresentado pela Subcomissão III-A, os ministros do TCU seriam eleitos pelo Congresso Nacional, através da manifestação de dois terços de seus representantes, para o exercício de um mandato de cinco anos. O registro dos candidatos far-se-ia pelos

---

[312] ASSEMBLEIA NACIONAL CONSTITUINTE. *Anteprojeto da Comissão de Organização dos Poderes e Sistema de Governo.* Disponível em: http://www.camara.gov.br/internet/constituicao20anos/DocumentosAvulsos/vol104.pdf. Acesso em: 22 mar. 2015.

[313] ASSEMBLEIA NACIONAL CONSTITUINTE. *Anteprojeto da Subcomissão do Poder Legislativo.* Disponível em: http://www.camara.gov.br/internet/constituicao20anos/Documentos Avulsos/vol109.pdf. Acesso em: 22 mar. 2015.

partidos políticos, junto à Mesa Diretora do Congresso Nacional, cumprida a exigência de diploma universitário compatível com as funções desempenhadas pelo órgão.[314]

O segundo aspecto a ser sublinhado em relação ao anteprojeto da Subcomissão III-A refere-se à extensão conferida para as competências do órgão de controle externo. O anteprojeto atribuía ao TCU, de maneira inovadora, a competência para apreciar a eficiência e os resultados das atividades dos órgãos e entidades públicas, explicitando a vocação do órgão de controle para a tutela da boa administração pública.[315] Além disso, instituía mecanismo de controle preventivo incidente sobre os procedimentos licitatórios, por meio do qual o tribunal poderia impugná-los em qualquer fase, caso detectasse alguma irregularidade.[316]

Dentre os dois pontos destacados, apenas o relativo à composição do Tribunal de Contas é que sofreu alteração no âmbito da respectiva comissão temática. A ideia de se instituir um mecanismo de eleição indireta e a supressão da vitaliciedade acabaram superadas na tramitação da matéria pela Comissão III, cujo projeto final simplesmente manteve inalterado o sistema de composição da Corte por membros vitalícios, nomeados pelo Presidente República, após aprovação da escolha pelo Senado Federal.[317] Ou seja, especificamente no quesito pertinente à forma de composição do corpo deliberativo dos Tribunais de Contas, a Comissão de Organização dos Poderes e Sistema de Governo não avançou, reproduzindo o modelo historicamente adotado no Brasil.

---

[314] Artigo 38 e seus §§ do Anteprojeto aprovado pela Subcomissão do Poder Legislativo (ASSEMBLEIA NACIONAL CONSTITUINTE. *Anteprojeto da Subcomissão do Poder Legislativo*. Disponível em: http://www.camara.gov.br/internet/constituicao20anos/ DocumentosAvulsos/vol109.pdf. Acesso em: 22 mar. 2015).

[315] A esse propósito, cabe observar que, no âmbito da Subcomissão de Orçamento e Fiscalização Financeira, o controle de eficiência, eficácia, economicidade e legitimidade chegou a ser mencionado em emenda apresentada pelo constituinte Fernando Henrique Cardoso (Emenda 5B0095-4), mas não veio a constar do anteprojeto final aprovado e remetido à Comissão V (ASSEMBLEIA NACIONAL CONSTITUINTE. *Emendas ao Anteprojeto do Relator da Subcomissão de Orçamento e Fiscalização Financeira*. Disponível em: http://www.camara. gov.br/internet/constituicao20anos/DocumentosAvulsos/vol-152.pdf. Acesso em: 24 mar. 2015).

[316] Confira-se o artigo 36 do Anteprojeto da Subcomissão III-A. (ASSEMBLEIA NACIONAL CONSTITUINTE. *Anteprojeto da Subcomissão do Poder Legislativo*. Disponível em: http:// www.camara.gov.br/internet/constituicao20anos/DocumentosAvulsos/vol-109.pdf. Acesso em: 22 mar. 2015).

[317] Artigo 45 do Anteprojeto da Comissão III (ASSEMBLEIA NACIONAL CONSTITUINTE. *Anteprojeto da Comissão de Organização dos Poderes e Sistema de Governo*. Disponível em: http://www.camara.gov.br/internet/constituicao20anos/DocumentosAvulsos/vol104.pdf. Acesso em: 22 mar. 2015).

Em verdade, na Comissão III, a temática da fiscalização financeira sofreu uma tramitação inusitada, pois a íntegra da proposta constante do Anteprojeto da Subcomissão do Poder Legislativo foi simplesmente desconsiderada pelo relator da Comissão, constituinte Egídio Ferreira Lima, que deixou de incluir o tema em seu substitutivo. Sem cuidar da arquitetura dos Tribunais de Contas, o substitutivo somente fazia referência, no capítulo relativo ao Poder Executivo, à nomeação dos ministros do TCU, prevendo a competência do Presidente da República, após aprovação pelo Senado Federal.[318] Coube ao deputado José Jorge chamar a atenção para a omissão e oferecer a Emenda nº 3S0517-1,[319] resgatando o trabalho feito pela Subcomissão III-A, de que fora relator. Ao fazê-lo, porém, deixou de acompanhar o entendimento que havia prevalecido para a composição do TCU e, ao invés de manter a eleição indireta pelo Congresso Nacional, simplesmente reafirmou a competência do Presidente da República, perfilhando modelo que acabou constando do projeto final encaminhado pela Comissão III à Comissão de Sistematização.

Quando o processo constituinte alcançou a fase de sistematização,[320] dois eram, portanto, os textos fundamentais que abordavam

---

[318] ASSEMBLEIA NACIONAL CONSTITUINTE. *Substitutivo do Relator da Comissão da Organização dos Poderes e Sistema de Governo*. Disponível em: http://www.camara.gov.br/internet/constituicao20anos/DocumentosAvulsos/vol-101.pdf. Acesso em: 24 mar. 2015.

[319] ASSEMBLEIA NACIONAL CONSTITUINTE. *Emendas oferecidas ao Substitutivo do Relator da Comissão da Organização dos Poderes e Sistema de Governo*. Disponível em: http://www.camara.gov.br/internet/constituicao20anos/DocumentosAvulsos/vol-102.pdf.Acesso em: 24 mar. 2015. Em sua justificativa, argumentou o deputado Jose Jorge: "Redigir o capítulo do Poder Legislativo sem abordar a questão da Fiscalização Financeira e Orçamentária seria uma omissão injustificável em vista da importância dessa função do legislativo no papel de fiscalizador e controlador do poder executivo. A elaboração da Seção correspondente por outra comissão não invalida o esforço feito na Subcomissão do Poder Legislativo, cabendo, no caso, a manutenção da seção para posterior compatibilização na Comissão de Sistematização. Deve-se levar em conta, também, o fato de que a supracitada Seção integrou o relatório final, aprovado por unanimidade, pela Subcomissão do Poder Legislativo".

[320] Essa etapa foi marcada pela intensificação dos embates entre o Governo Sarney e a ANC, girando principalmente em torno da tendência de adoção do parlamentarismo no Brasil e da definição do mandato presidencial. Sobre as agonias vivenciadas durante a fase de sistematização, confira-se a narrativa detalhada realizada por PILATTI, Adriano. *A Constituinte de 1987-1988*. Obra citada, p. 147-194. Nas palavras do autor, em síntese: "Entre 26 de junho, data da entrega do Anteprojeto de Constituição pelo relator da Comissão de Sistematização, e 18 de novembro, data de encerramento das votações daquela Comissão, a Constituinte viveu uma longa fase de agonia. Todas as expectativas foram convulsionadas, todos os cronogramas foram desrespeitados, todos os conflitos recrudesceram. O cenário decisório foi marcado pelo agravamento das tensões sociais, políticas e econômicas. Houve uma potente mobilização do partido da ordem dentro e fora do Parlamento. O Governo Sarney e seu braço militar (ou o governo militar e seu braço civil? – a ver) entraram em rota de colisão com a proeminência progressista na ANC. O PMDB quase implodiu na divisão entre conservadores e governistas, de um lado, e progressistas e oposicionistas, de outro.

o desenho dos Tribunais de Contas: o anteprojeto da Comissão da Organização dos Poderes e Sistemas de Governo e aquele elaborado pela Comissão do Sistema Tributário, Orçamento e Finanças. Essa etapa do movimento constituinte foi caracterizada por uma série de impasses e crises e, ao longo de seus trabalhos, estiveram em jogo quatro textos principais apresentados pela relatoria da Comissão de Sistematização, exercida por Bernardo Cabral: (i) o anteprojeto de Constituição, informalmente apelidado de "Frankenstein",[321] contendo 501 artigos; (ii) um projeto de Constituição, com 496 artigos; e (iii) os textos identificados como "Cabral 1" e "Cabral 2", equivalentes aos dois substitutivos apresentados pelo relator.

A análise de tais textos revela claramente que, na esfera da Comissão de Sistematização, os trabalhos realizados pela Comissão V tiveram um peso muito maior do que o projeto apresentado pela Comissão III. Efetivamente, foram as linhas traçadas pelo anteprojeto da Comissão do Sistema Tributário, Orçamento e Finanças que acabaram incorporadas ao primeiro anteprojeto do relator Bernardo Cabral, sendo mantidas, com algumas pequenas alterações, nos seus substitutivos.

Considerando os pontos privilegiados nesta pesquisa, merecem destaque as seguintes orientações constantes do Anteprojeto de Constituição elaborado inicialmente na esfera da Comissão de Sistematização:[322] (i) a caracterização do TCU como órgão de auxílio

---

A Convenção Nacional do partido tergiversou sobre a realização das eleições diretas para a Presidência da República, a legenda foi contaminada pelo desgaste do Governo, e seus dois principais líderes na Constituinte, Ulysses e Covas, baixaram hospital. Os progressistas obtiveram importantes vitórias. Parlamentares conservadores, Governo, patronato e patriciado se rearticularam. A expressão popular explodiu em quebra-quebras e vaias, brilhou na apresentação de emendas coletivas e aplacou-se em desmobilização. O empresariado conspirou, o governo aliciou, a mídia esculachou, a transição tremeu, a Constituinte atolou. Quando dezembro chegou, nada mais era como antes" (PILATTI, Adriano. *A Constituinte de 1987-1988*. Obra citada, p. 147-148).

[321] Trata-se da primeira sistematização dos textos elaborados pelas Comissões Temáticas. O material foi apresentado pelo relator Bernardo Cabral, em texto que continha 501 artigos e algumas incongruências e imperfeições. A seu respeito, escreve Adriano Pilatti: "A extensão do texto, alguns pecadilhos de forma e outros conteúdos polêmicos, porém, despertaram apreensões, descontentamentos e críticas no campo conservador. Ao presidente Sarney, não obstante a decisão pelos cinco anos, ratificada na Comissão IV e mantida no Anteprojeto, desagradava a restrição dos poderes presidenciais decorrente do sistema parlamentarista até então adotado e agora mantido. Aos ministros militares irritava a extensão da anistia concedida a opositores civis e militares punidos durante a ditadura. O patronato amargava as rasas concessões aos progressistas nas matérias privilegiadas neste trabalho, bem como o alargamento de direitos dos trabalhadores. Tudo isso somado, o Anteprojeto foi recebido com uma saraivada de críticas, logo amplificadas pela imprensa, e rapidamente apelidado de *Frankenstein*" (*A Constituinte de 1987-1988*. Obra citada, p. 151).

[322] Trata-se, aqui, do denominado projeto "Frankenstein", texto com 501 artigos oferecido pelo relator da Comissão de Sistematização em 26 de junho de 1987.

do Congresso Nacional no exercício do controle externo da administração financeira (reproduzindo texto da Comissão V); (ii) a definição dos critérios de eficácia, eficiência, economicidade, legalidade e legitimidade como vetores da fiscalização financeira (reproduzindo texto da Comissão V); (iii) a competência do TCU para apreciar a eficiência e os resultados das atividades dos órgãos e entidades públicas (reproduzindo, excepcionalmente, orientação da Subcomissão III-A); (iv) a competência do TCU para acompanhar os procedimentos licitatórios e impugná-los em qualquer fase (novamente reprodução excepcional da proposta da Subcomissão III-A); (v) a previsão de cabimento de recurso ao Congresso Nacional contra decisões adotadas pelo TCU em matérias envolvendo contratação administrativa (reprodução do texto da Comissão V); (vi) a composição híbrida do TCU, com um terço de ministros vitalícios indicados pelo Presidente da República e dois terços de ministros não vitalícios, escolhidos pelo Congresso Nacional para mandato de seis anos,[323] conforme critérios constantes do projeto apresentado pela Comissão V; e, finalmente, (vii) o estabelecimento de um sistema nacional de Tribunais de Contas (reproduzindo sistemática adotada pela Comissão V), com a ressalva de que, na esfera municipal, sua criação apenas seria admitida em entes com população superior a três milhões de habitantes.[324]

Após as emendas de adequação, que não poderiam versar sobre o mérito das decisões adotadas, o relator Bernardo Cabral elaborou nova versão do anteprojeto, agora com 496 artigos, apresentado em 09 de julho de 1987 e aprovado pela Comissão de Sistematização dois dias depois.[325] No tocante ao tratamento dispensado ao controle

---

[323] Em debate com os constituintes, o relator Bernardo Cabral justificou a proposição do anteprojeto esclarecendo o seguinte: "Hoje os Ministros do Tribunal de Contas da União são todos nomeados pelo Presidente da República, sem nenhuma forma indicativa de participação do Congresso Nacional ou de entidades representativas. Quis dar-se a oportunidade ao Congresso Nacional, com esse mandato de seis anos, de democratizar o Tribunal de Contas da União, para que não fique sendo apenas um lugar de amizade e de afeto por parte de quem é escolhido" (ASSEMBLEIA NACONAL CONSTITUINTE. *Anais da Comissão de Sistematização*. 5ª Reunião Extraordinária da Comissão de Sistematização, em 29/06/87. Disponível em: http://www.senado.gov.br/publicacoes/anais/constituinte/sistema.pdf. Acesso em: 17 mar. 2015).

[324] Para a íntegra da seção (artigos 135 a 149) relativa à fiscalização financeira constante do Anteprojeto de Constituição apresentado por Bernardo Cabral, consulte-se: ASSEMBLEIA NACIONAL CONSTITUINTE. *Comissão de Sistematização. Anteprojeto de Constituição*. Disponível em: http://www.camara.gov.br/internet/constituicao20anos/DocumentosAvulsos/vol-219.pdf. Acesso em: 27 mar. 2015.

[325] Segundo Adriano Pilatti, esse projeto "desde logo era dado como natimorto, destinado apenas a cumprir uma exigência regimental que permitiria o verdadeiro início da nova fase do jogo. O próprio relator já explicitara tanto seu descompromisso com o conteúdo

externo financeiro e à arquitetura dos Tribunais de Contas, a nova versão não trouxe qualquer alteração, limitando-se a reproduzir a fórmula anterior.[326]

Ainda no âmbito da Comissão de Sistematização, foram oferecidas emendas populares e novas emendas pelos constituintes, inclusive de mérito. Bernardo Cabral, em seguida, apresentou o seu 1º Substitutivo, conhecido como "Cabral 1". Esse texto alterou o encaminhamento que vinha prevalecendo sobre o sistema de controle externo em dois aspectos fundamentais. Em primeiro plano, relativamente à extensão da atividade fiscalizadora, foram suprimidas as competências do TCU que envolviam expressamente a apreciação da eficiência e dos resultados das atividades dos órgãos e entidades públicas, bem como a possibilidade de impugnação de licitações públicas. Em segundo plano, no tocante à composição do órgão, o regime de indicações do Congresso Nacional para os ministros não vitalícios deixou de sofrer as restrições até então estabelecidas, excluindo-se a previsão de que tais vagas seriam preenchidas por profissionais indicados pelas entidades representativas e por membros das carreiras técnicas da Corte de Contas. De outro lado, foi nesse 1º Substitutivo que constou, de forma salutar e inovadora, a abertura dos Tribunais de Contas à *accountability* social, prevendo-se a legitimidade de qualquer cidadão para denunciar irregularidades ou abusos perante o Tribunal de Contas da União.[327]

As negociações e os debates no quadro da Comissão de Sistematização prosseguiram até a apresentação do 2º Substitutivo pelo relator, desta vez em texto apelidado de "Cabral 2". Na temática em análise, o 2º Substitutivo afastou-se do anterior em dois pontos polêmicos, a saber: os critérios para a composição do TCU – critérios estes que se irradiam para todo o sistema – e a possibilidade de criação de Tribunais de Contas municipais.

---

oriundo das Comissões Temáticas como o propósito de oferecer substitutivo após a apresentação das emendas de mérito em Plenário, de modo que pouco interesse havia em alterá-lo naquele momento. Por isso, sua aprovação foi célere na reunião da Comissão de Sistematização para isso destinada, que se realizou em 11 de julho e durou pouco mais de três horas" (PILATTI, Adriano. *A Constituinte de 1987-1988*. Obra citada, p. 155).

[326] Para a íntegra da seção (artigos 136 a 150) relativa à fiscalização financeira, consulte-se: ASSEMBLEIA NACIONAL CONSTITUINTE. *Comissão de Sistematização. Projeto de Constituição*. Disponível em: http://www.camara.gov.br/internet/constituicao20anos/ DocumentosAvulsos/vol-226.pdf. Acesso em: 27 mar. 2015.

[327] Sobre o ponto, confiram-se os artigos 103 a 108 do 1º Substitutivo de Bernardo Cabral. Veja-se: ASSEMBLEIA NACIONAL CONSTITUINTE. *Comissão de Sistematização. Primeiro Substitutivo do Relator*. Disponível em: http://www.camara.gov.br/internet/constituicao 20anos/DocumentosAvulsos/vol-235.pdf.Acesso em: 27 mar. 2015.

Quanto ao primeiro ponto, de acordo com o 2º Substitutivo, os ministros do TCU seriam indicados com a observância da seguinte proporção: um terço escolhido pelo Presidente da República, após aprovação do Senado Federal; e dois terços escolhidos pelo Congresso Nacional, sendo duas vagas reservadas a auditores indicados pelo próprio tribunal, em lista tríplice, e as demais a serem preenchidas para mandato de seis anos, não renovável. O texto mantinha, portanto, a composição híbrida do TCU e resgatava a ideia de integrar a carreira técnica em sua composição plenária vitalícia, mediante a reserva de duas vagas para auditores-substitutos do órgão.[328] Já quanto à fiscalização financeira dos municípios, o chamado "Cabral 2" trazia, pela primeira vez, a vedação de criação de Tribunais ou Conselhos de Contas nos municípios, estabelecendo que tal fiscalização seria competência dos Tribunais de Contas nos respectivos Estados-membros.[329]

Ultrapassada a fase de votação do Segundo Substitutivo do relator, o Projeto de Constituição da Comissão de Sistematização foi finalmente encaminhado à Mesa da ANC, o que ocorreu em 24 de novembro de 1987. O texto, identificado como Projeto A, reproduzia integralmente o "Cabral 2" na parte referente à extensão do controle externo das finanças públicas e à arquitetura dos Tribunais de Contas.[330]

Durante a etapa de discussão e deliberação do Projeto A[331] no Plenário da ANC (1º turno), o aspecto mais fortemente problematizado em relação ao arranjo institucional dos Tribunais de Contas articulou-se diretamente à definição dos atributos fundamentais e das prerrogativas

---

[328] Para a íntegra da seção pertinente à fiscalização financeira, vejam-se os artigos 80 a 85 do 2º Substitutivo (ASSEMBLEIA NACIONAL CONSTITUINTE. *Comissão de Sistematização. Segundo Substitutivo do Relator.* Disponível em: http://www.camara.gov.br/internet/ constituicao20anos/DocumentosAvulsos/vol-242.pdf.Acesso em: 27 mar. 2015).

[329] Conforme artigo 37, §3º, do Segundo Substitutivo (ASSEMBLEIA NACIONAL CONSTITUINTE. *Comissão de Sistematização. Segundo Substitutivo do Relator.* Disponível em: http:// www.camara.gov.br/internet/constituicao20anos/DocumentosAvulsos/vol-242.pdf. Acesso em: 27 mar. 2015). A inclusão dessa vedação por parte do relator Bernardo Cabral foi objeto de resistência por parte do constituinte Virgildásio de Senna, que defendeu ardorosamente a manutenção da sistemática até então vigente, com a possibilidade de criação de Tribunais de Contas em municípios com determinado número populacional, oferecendo destaque nesse sentido (Destaque nº 5326-87).

[330] Confiram-se os artigos 84 a 89 do denominado "Projeto A" (ASSEMBLEIA NACIONAL CONSTITUINTE. *Comissão de Sistematização. Projeto de Constituição (A).* Disponível em: http://www.camara.gov.br/internet/constituicao20anos/DocumentosAvulsos/vol-253.pdf. Acesso em: 31 mar. 2015).

[331] Antes do início da última fase do processo constituinte, com as votações no Plenário da ANC, houve uma grande batalha regimental, promovida pela "Centrão", com o objetivo de desqualificar e esvaziar a importância do Projeto A, fazendo com que os trabalhos constituintes ficassem paralisados por certo período. A detalhada narrativa dos acontecimentos que marcaram a virada regimental é exposta por Adriano Pilatti, no capítulo 6 de seu livro sobre o tema (PILATTI, Adriano. *A Constituinte de 1987-1988.* Obra citada, p. 195-227).

de seu corpo deliberativo, recaindo sobre os critérios para sua composição e sobre a questão da vitaliciedade. Nessa seara, o texto aprovado em primeiro turno – o chamado Projeto B[332] – distanciou-se do seu antecessor particularmente em dois pontos: (i) extinguiu a garantia da vitaliciedade para todos os ministros do TCU, independentemente da origem de sua indicação, adotando como regra geral, sem distinção, o regime do mandato de seis anos; e (ii) definiu os contornos finais para a composição da instituição, estabelecendo que seria integrado por nove ministros, dentre os quais um terço escolhido pelo Presidente da República, com aprovação do Senado Federal, sendo dois alternadamente entre auditores e membros do Ministério Público junto ao TCU, indicados em lista tríplice pelo Tribunal, segundo critérios de antiguidade e merecimento; e dois terços escolhidos pelo Congresso Nacional.[333]

---

[332] Confiram-se os artigos 72 a 77 do denominado "Projeto B" (ASSEMBLEIA NACIONAL CONSTITUINTE. *Projeto de Constituição (B)*. Disponível em: http://www.camara.gov.br/internet/constituicao20anos/DocumentosAvulsos/vol-299.pdf.Acesso em: 31 mar. 2015).

[333] A definição desses dois aspectos polêmicos decorreu de uma fusão de emendas de autoria dos constituintes Vitor Faccioni e Helio Rosas (Emenda 2P00978-6), Valter Pereira (Emenda 2P01712-6), Darcy Pozza (Emenda 2P00154-8), Leonardo Peres (Emenda 2P00147-5) e Messias Gois (Emenda 2P01291-4), tendo por denominado comum a preocupação com os critérios de composição dos Tribunais de Contas. Em plenário, o encaminhamento da matéria foi defendido por Victor Faccioni: "Pela proposta, o Congresso Nacional terá o encargo de indicar cerca de dois terços dos membros do Tribunal de Contas da União, ficando com o Presidente da República a indicação de apenas um terço, que, evidentemente, continuará passível de apreciação pelo Senado da República. Quero chamar atenção para um fato importante e inovador. Dentro desse um terço que o Presidente da República continuará indicando, metade das vagas respectivas deverá surgir da lista tríplice, dentre os membros da Auditoria e do Ministério Público junto ao Tribunal de Contas da União. Enseja-se uma composição mista com critério político, mas também com critérios eminentemente técnicos. Por outra parte, os demais membros a serem indicados para o Tribunal de Contas da União deverão atender a um pré-requisito, tanto aqueles que serão indicados pelo Presidente da República, quanto aqueles que serão indicados pelo Congresso Nacional. E qual é esse pré-requisito? Primeiro, deve referir-se a nome que atenda às exigências de idoneidade moral, reputação ilibada e notórios conhecimentos nas áreas de Direito, Ciências Contábeis, Economia, Finanças ou da Administração Pública, com mais de dez anos de efetiva atividade no exercício da função. Consequentemente, veda-se a improvisação de qualquer nome, por critério meramente político. Há uma composição de critérios. Evidentemente, indicados pelo Presidente da República e pelo Congresso Nacional, há que haver algum critério político, que não pode prescindir de outro, eminentemente técnico, e de um nome de ilibada reputação, de reconhecida reputação e notórios conhecimentos nos diversos ramos do saber e experiência profissional relacionada com as matérias afins às atribuições do Tribunal. Afora essas inovações que resultaram da proposta que está sendo encaminhada por acordo e por fusão, desejo ainda destacar que se está substituindo a vitaliciedade do cargo por um mandato específico, e impedindo o direito de aposentadoria no cargo a quem não tenha exercido por prazo mínimo de cinco anos. Quer-se com isso impedir a designação para o Tribunal de Contas de alguém já com tempo para aposentar-se e que ocupa o cargo com brevidade mínima apenas com esse objetivo. Creio que todas essas exigências atendem melhor ao nível de austeridade e de atribuições do Congresso Nacional e do Tribunal de Contas da União na fiscalização, exame e aprovação das contas públicas, servindo de parâmetro para as atribuições específicas igualmente das Assembleias Legislativas e Tribunais de Contas dos

Além disso, no que diz respeito ao alcance do controle externo, duas importantes mudanças foram efetivadas durante o primeiro turno em decorrência da aprovação, em bloco, da Emenda Substitutiva nº 2P02040-2, apresentada pelo "Centrão": suprimiram-se as referências à eficácia e à eficiência como vetores do controle externo e alterou-se substancialmente a sistemática relativa à sustação de contratos, atribuindo a competência diretamente ao Congresso Nacional, sem mencionar as consequências para o silêncio congressual.

Como se percebe, ao final do primeiro turno de votações em Plenário, praticamente todos os aspectos relacionados ao desenho dos Tribunais de Contas e à extensão de suas competências já estavam definidos. Apenas um único ponto ainda polarizava posições e veio a sofrer alteração no segundo turno: a definição quanto à manutenção, ou não, da garantia da vitaliciedade aos membros das Cortes de Contas. De fato, foi apenas na última fase do processo decisório que a vitaliciedade veio a ser assegurada a todos os ministros do TCU e, por simetria, aos demais integrantes dos corpos deliberativos dos TCEs e TCMs. O regime de investidura por mandato ou a termo fixo prevaleceu ao longo de parte considerável dos trabalhos, mas foi superado na reta final do processo decisório (segundo turno), a partir da apresentação em Plenário de oito emendas supressivas,[334] veiculadas de maneira articulada por diferentes constituintes.

Estados da Federação. Contando com parecer favorável do nobre Relator-Geral Bernardo Cabral, esperamos poder contar também com a aprovação do douto Plenário" – AP, 229ª sessão, 21/03/88, p. 314. (Extraído de: MIRANDA, Alvaro Guilherme. *Mudança institucional do Tribunal de Contas*. Obra citada, p. 83).

[334] Foram as seguintes as emendas versando a temática: 2T00068-5, oferecida por Cid Saboya de Carvalho; 2T00654-3, oferecida por Marcondes Gadelha; 2T00667, apresentada por Jarbas Passarinho; 2T01088-5, subscrita por Amaral Neto; 2T01169-5, apresentada por João Agripino; 2T01232-2, de autoria de Arnaldo Prieto; 2T01396, de Fernando Gasparian; e, finalmente, 2T01734-1, subscrita por Milton Reis. A justificativa padronizada, que vinha reproduzida em várias emendas, argumentava: "É de manter-se no texto da futura Carta Magna, dentre as demais prerrogativas que a tradição do Direito Constitucional Brasileiro vem assegurando aos Ministros do Tribunal de Contas da União, aquela pertinente à VITALICIEDADE (cf. CF 1891, art. 89, CF de 1934, art. 100, CF 1946, art. 76, §1º, EC nº 1, de 1969, art. 72, §3º). Essa prerrogativa, que se pretende mantida na Lei Maior, é consubstancial ao livre exercício da jurisdição do nosso Tribunal de Contas. A garantia da VITALICIEDADE é, além disso, ínsita ao desempenho das funções de Ministro do TCU, como julgador que é, das contas dos Ordenadores de Despesas e demais responsáveis por bens e dinheiros públicos. A temporariedade do exercício da função de Ministro do TCU só serviria para enfraquecer a atuação dos seus membros, ao prejuízo do controle externo das finanças públicas, tão carente de fiscalização nesta quadra em que o país atravessa enormes dificuldades com o déficit público exacerbado" (ASSEMBLEIA NACIONAL CONSTITUINTE. *Projeto de Constituição (B)*. *Emendas Oferecidas em Plenário*. Disponível em: http://www.camara.gov.br/internet/constituicao20anos/DocumentosAvulsos/vol-301. pdf. Acesso em: 31 mar. 2015).

Para facilitar o acompanhamento e a organização dos principais aspectos do desenho institucional dos Tribunais de Contas discutidos no processo constituinte, apresentam-se, a seguir, três quadros de sistematização: (i) o primeiro abrange a fase descentralizada da ANC e, pelas mesmas razões mencionadas anteriormente, faz referência também ao projeto elaborado pela Comissão Afonso Arinos; (ii) o segundo quadro contempla a tramitação da matéria no âmbito da Comissão de Sistematização; e, por fim, (iii) o terceiro quadro retrata a etapa de deliberação plenária do tema.

QUADRO 3

Comissão Afonso Arinos e fase descentralizada da ANC

	Projeto Afonso Arinos	Comissão III (Organização dos Poderes e Sistema de Governo)	Comissão V (Sistema Tributário, Orçamento e Finanças)
Inserção do TC no quadro da separação de poderes	Tribunal Federal de Contas (TFC) – órgão auxiliar do Congresso Nacional.	Tribunal de Contas da União (TCU) – órgão de auxílio ao Congresso Nacional.	Tribunal de Contas da União (TCU) – órgão que presta auxílio ao Congresso Nacional.
Essência e abrangência do controle externo	Competência para realização de auditorias operacionais/ atuação *a posteriori*.	Competência para apreciar a eficiência e os resultados da gestão pública financeira/ auditorias operacionais/ controle preventivo no procedimento licitatório.	Controle de eficiência, eficácia e efetividade (lógica dos 3Es), além dos vetores de legalidade e legitimidade.
Sistemática recursal	Prevê o cabimento de recurso ao Poder Legislativo contra decisões proferidas pelo TFC – Legislativo como instância recursal.	Não menciona.	Prevê o cabimento de recurso ao Poder Legislativo contra decisões proferidas pelo TC sustando contratos.
Forma de recrutamento do corpo deliberativo	Estabelece o acesso das carreiras técnicas do Tribunal ao corpo deliberativo ("quinto" das carreiras técnicas).	Manutenção do modelo historicamente adotado (Presidente da República, após aprovação do Senado). Não acolhe a proposta da Subcomissão III-A de eleição indireta.	1/3 de ministros vitalícios, indicados pelo Presidente e aprovados pelo Senado; 2/3 de ministros investidos em mandato, indicados pelo Poder Legislativo, dentre carreira técnica e indicação de entidades representativas de profissionais.
Garantias subjetivas – vitaliciedade	Assegura a vitaliciedade – cláusula de extensão das garantias subjetivas reconhecidas aos ministros do STJ.	Assegura a vitaliciedade.	Convivência do regime de vitaliciedade com o regime de investidura para exercício de mandato.

QUADRO 4

Comissão de Sistematização

	Anteprojeto de Constituição (reproduzido, quanto ao tema, no projeto seguinte)	1º Substitutivo do relator ("Cabral 1")	2º Substitutivo do relator ("Cabral 2")
Inserção do TC no quadro da separação de poderes	TCU – órgão de auxílio ao Congresso Nacional.	TCU – órgão auxiliar do Congresso Nacional	Inalterado.
Essência e abrangência do controle externo	Auditorias operacionais / controle de eficiência, eficácia, economicidade, legalidade e legitimidade / apreciação da eficiência e dos resultados/ controle preventivo nos procedimentos licitatórios.	Suprime a competência par apreciação da eficiência e dosresultados da gestão pública, bem como a competência preventiva nos procedimentos licitatórios. Acrescenta a possibilidade de qualquer cidadão denunciar irregularidades ao órgão.	Inalterado.
Sistemática recursal	Congresso Nacional é instância recursal em hipótese de sustação de contratos administrativos.	Inalterado.	Inalterado.
Forma de recrutamento do corpo deliberativo	Recrutamento híbrido, seguindo a fórmula apresentada pela Comissão V.	Mantém o recrutamento híbrido, mas desvincula as indicações a cargo do Poder Legislativo da exigência de origem técnica.	1/3 indicados pelo Presidente da República, após aprovação do Senado da República; 2/3 indicados pelo Congresso Nacional, sendo dois dentre auditores do Tribunal e os demais para mandato de seis anos.
Garantias subjetivas – vitaliciedade	Convivência do regime de vitaliciedade com o regime de investidura para exercício de mandato.	Inalterado.	Inalterado.

QUADRO 5

Plenário da Assembleia Nacional Constituinte

	Projeto B (texto aprovado em 1º turno)	Projeto C (texto aprovado em 2º turno)
Inserção do TC no quadro da separação de poderes	Recupera a fórmula utilizada no Anteprojeto da Comissão de Sistematização: TCU como órgão de auxílio do Congresso Nacional.	Inalterado.
Essência e abrangência do controle externo	Segue a fórmula do "Cabral 1", suprimindo as referências à eficiência e à eficácia como vetores do controle externo.	Inalterado.
Sistemática recursal	Suprime a sistemática de cabimento de recurso ao Congresso Nacional. Estabelece que a atribuição para a sustação de contratos congressual e fixa o prazo de noventa dias para deliberação a seu respeito. Não menciona os efeitos do silêncio Legislativo.	Inalterado.
Forma de recrutamento do corpo deliberativo	Define a partilha entre Poder Executivo e Poder Legislativo para a indicação dos membros do corpo deliberativo, conforme veio a constar do texto final.	Inalterado.
Garantias subjetivas – vitaliciedade	Suprime a vitaliciedade para todos os ministros e adota a regra do mandato de seis anos, não renovável.	Assegura a vitaliciedade a todos os ministros do TCU.

3.4 Conclusão parcial

À luz dos registros recuperados e da cronologia das posturas assumidas desde os trabalhos nas subcomissões até o segundo turno de votação no Plenário da ANC, alguns aspectos críticos podem ser destacados em balanço final a respeito dessa jornada constituinte. Primeiramente, constata-se sem dificuldade que a tramitação simultânea da matéria relativa ao sistema de fiscalização financeira em duas comissões temáticas distintas não favoreceu o aprofundamento do debate em torno da essência e da qualidade do controle externo ou do seu papel no plano macro da separação funcional de poderes. A grande contribuição, nesse campo, resultou da modelagem pensada na Subcomissão de Orçamento e Fiscalização Financeira, acompanhada pela respectiva Comissão V, cujo anteprojeto balizou preponderantemente o que veio a ser definido a respeito das competências das Cortes de Contas. Contudo, embora houvesse claramente um consenso entre os principais atores políticos quanto à necessidade de se fortalecerem os mecanismos de fiscalização e controle das finanças públicas, não havia um amadurecimento quanto à sua efetiva dimensão. Ao mesmo tempo que os textos aprovados nas subcomissões e nas comissões temáticas refletiam, inquestionavelmente, a preocupação dos constituintes em não limitar o Tribunal de Contas à fiscalização meramente formal e contábil, inexistia um posicionamento claro quanto às possibilidades de seu controle sobre o desempenho e os resultados da atuação estatal financeira. Em outras palavras, o tratamento fracionado do assunto na fase inicial do processo constituinte dificultou a formação de uma posição clara e sólida quanto à real função dos Tribunais de Contas em matéria de controle de políticas públicas.[335]

A par disso, a pesquisa realizada também revelou que o processo constituinte, no tema em análise, foi atravessado pela polarização em torno das estratégias para definir o regime de indicação dos membros das Cortes de Contas, bem como a qualidade de sua investidura. Na verdade, os maiores debates acerca da matéria envolveram tais aspectos polêmicos, em detrimento do amadurecimento do tipo de controle externo financeiro que se desejava formatar. Como se viu, a vitaliciedade só veio a ser assegurada no segundo turno de votações em Plenário, com a supressão das referências ao "mandato de seis anos" até então prevalecentes. Já quanto aos critérios de composição, embora se tenha avançado no sentido de quebrar o monopólio dominante do Poder Executivo nas indicações, a solução final negligenciou uma série de fatores considerados em alternativas veiculadas ainda na primeira etapa de trabalho descentralizado da ANC, particularmente os fatores que buscavam algum tipo de restrição para as indicações puramente políticas a cargo do Legislativo. Ainda a esse respeito, chama atenção o fato de que, dentre as alternativas cogitadas para o provimento dos cargos decisórios dos Tribunais de Contas, a ideia de criação de uma carreira específica, com vagas preenchidas por meio de concurso público, não chegou sequer a constar de algum texto ou projeto deliberado nas diversas fases constituintes.[336]

---

[335] Essa crítica encontra-se bem desenvolvida por: MIRANDA, Álvaro Guilherme. *Mudança institucional do Tribunal de Contas*. Obra citada, p. 104 e seguintes.

[336] Segundo se conseguiu apurar, sugestão nesse sentido somente foi debatida, ainda de maneira embrionária, na esfera da Subcomissão de Orçamento e Fiscalização Financeira, em razão de proposta apresentada pelo deputado Jesse Freire. Acreditava-se que o concurso

Finalmente, cumpre fazer uma observação a respeito dos influxos recebidos do "órgão constituído" ao longo do processo constituinte. Os ministros do TCU à época, assim como outros representantes e dirigentes dos Tribunais subnacionais, foram atores extremamente importantes nessa arena de deliberação e decisão, construindo alianças que apoiaram a preservação de aspectos considerados centrais para o desenho do órgão de controle e para o fortalecimento do sistema de fiscalização financeira. O então ministro do TCU, Luciano Brandão Alves de Souza, identificou como marco básico e inaugural da participação ativa dos representantes dos Tribunais de Contas nos debates constituintes o 13º Encontro dos Tribunais de Contas do Brasil, realizado em Salvador, em 1985. Naquela ocasião, constituiu-se formalmente uma comissão encarregada de acompanhar diretamente e oferecer "sugestões ao debate constitucional que então se iniciava; e demarcar mais claramente o campo de atuação do sistema de controles públicos".[337] Mais tarde, já em 1987, os representantes do segmento encaminharam documento à ANC condensando suas propostas nucleares e, dentre elas, apenas uma deixou de constar do texto final aprovado – a que pretendia a reserva de um capítulo próprio e exclusivo para o Tribunal de Contas na Constituição. Todas as demais sugestões foram, ainda que com pequenos ajustes, incorporadas ao texto final.[338]

---

público seria o único mecanismo efetivamente capaz de evitar práticas clientelistas na composição institucional. Segundo o autor da proposição, era fundamental que os membros das cortes de contas tivessem "a independência e a autonomia necessária, através de concurso público e de critérios objetivos – e não subjetivos – para que esses senhores tenham condições, então, de com autoridade, com vigilância, com total independência, exercer suas funções" – SCOFF, 9 reunião ordinária, 14/05/87, p. 65 e 66)" (Extraído de: MIRANDA, Álvaro Guilherme. *Mudança institucional do Tribunal de Contas*. Obra citada, p. 71).

[337] ALVES DE SOUZA, Luciano Brandão. A Constituição de 1988 e o Tribunal de Contas da União. *Revista de Informação Legislativa*, ano 26, n. 102, p. 175, abr./jun 1989.

[338] Essas propostas foram sintetizadas na Carta de Porto Alegre, aprovada no XIV Congresso dos Tribunais de Contas, em 25 de setembro de 1987. Preconizava-se tratamento constitucional que consagrasse os seguintes atributos ao sistema de controle externo a cargo das cortes de contas: (i) autonomia entre os poderes e órgãos estatais, assegurando-se tratamento singular no texto constitucional, em capítulo reservado especificamente ao órgão; (ii) competências delimitadas e expressas, para o exercício de auditorias financeiras, orçamentárias, operacionais e patrimoniais sobre as atividades das pessoas públicas e governamentais; (iii) reconhecimento de garantias e prerrogativas aos seus membros, adstritas à completa observância de suas atribuições, sem vínculos de subordinação ou dependência; (iv) estabelecimento da prerrogativa de impor sanções aos responsáveis, uma vez constatadas irregularidades na gestão da coisa pública, bem como de sustar os efeitos de atos e prática de despesa considerados ilegais; (v) atribuição de eficácia executiva aos atos decisórios dos Tribunais de Contas que apliquem penalidades ou imputem débitos; (vi) uniformização das normas constitucionais de controle externo de maneira que

Em conclusão parcial, ao se realizar uma combinação da análise comparativa que inaugurou o presente capítulo com a narrativa da trajetória dos Tribunais de Contas no país, percebe-se que o modelo brasileiro de Instituição Superior de Controle (ISC) jamais experimentou uma grande ruptura em suas bases fundamentais. A matriz europeia encontra-se arraigada na nossa tradição e não houve praticamente, ao longo de sua vivência institucional, abertura para se pensar um modelo diverso. O que se constata de maneira muito cristalina é que o curso da *accountability* horizontal das finanças públicas no Brasil submeteu-se a uma lenta e gradual evolução, sem clivagens drásticas. Embora se afirme, de maneira convencional – e correta –, que a Constituição de 1988 trouxe grandes avanços para o controle externo financeiro, o olhar em retrospectiva dos trabalhos realizados na ANC 1987-1988 revela que o resultado foi, em certa medida, até tímido, especialmente se comparado com certas fórmulas mais inovadoras que chegaram a ser pensadas durante o processo.

---

vinculem União, Estados, Distrito Federal e Municípios. Além de tais postulados, os esforços empreendidos pelos representantes dos Tribunais de Contas no processo constituinte foi fundamental para que a composição final dos órgãos fosse uniforme no que tange às garantias subjetivas de seus membros, especialmente no ponto referente à vitaliciedade (Extraído de: MIRANDA, Álvaro Guilherme. *Mudança institucional do Tribunal de Contas*. Obra citada, p. 112).

A CONFIGURAÇÃO JURÍDICO-INSTITUCIONAL DOS TRIBUNAIS DE CONTAS NA CONSTITUIÇÃO DA REPÚBLICA DE 1988

(…) inexiste qualquer vínculo de subordinação institucional dos Tribunais de Contas ao respectivo Poder Legislativo, eis que esses órgãos auxiliam o Congresso Nacional, as Assembleias Legislativas, a Câmara Legislativa do Distrito Federal e as Câmaras Municipais e possuem, por expressa outorga constitucional, autonomia que lhes assegura o autogoverno, dispondo, ainda, os membros que os integram, de prerrogativas próprias, como os predicamentos inerentes à magistratura.

Revela-se inteiramente falsa e completamente destituída de fundamento constitucional a ideia, de todo equivocada, de que os Tribunais de Contas seriam meros órgãos auxiliares do Poder Legislativo.

Na realidade, os Tribunais de Contas ostentam posição eminente na estrutura constitucional brasileira, não se achando subordinados, por qualquer vínculo de ordem hierárquica, ao Poder Legislativo, de que não são órgãos delegatários nem organismos de mero assessoramento técnico (…).[339]

---

[339] STF, ADI nº 4.190/DF, Pleno, relator ministro Celso de Mello, julgado em 10.03.2010.

Este capítulo dedica-se à configuração jurídico-institucional dos Tribunais de Contas na Constituição da República de 1988, realçando o exame de seus traços estruturais. O primeiro aspecto relevante articula-se à conformação de um sistema de controle externo financeiro de abrangência nacional, a partir do estabelecimento de uma normatividade constitucional sobre o tema que se irradia para as esferas subnacionais, trazendo importantes implicações federativas, particularmente no tocante à fiscalização financeira dos municípios.

A esse respeito, importante registrar, desde já, que o atual sistema dos Tribunais de Contas no Brasil é *integrado por 33 (trinta e três) órgãos*, assim identificados: (*i*) Tribunal de Contas da União (TCU), no plano federal; (*ii*) seus congêneres nos Estados-membros, estruturados nos 26 (vinte e seis) Tribunais de Contas de cada unidade federativa estadual (TCEs); (*iii*) o Tribunal de Contas do Distrito Federal (TCDF); (*iv*) três Tribunais de Contas estaduais com jurisdição exclusiva sobre as contas municipais (TCMs), existentes na Bahia, em Goiás e no Pará;[340] (*v*) e, finalmente, dois Tribunais de Contas municipais (TCMs) preservados pela Constituição da República, existentes no Município do Rio de Janeiro e no Município de São Paulo.

Ultrapassada essa abordagem inicial, os Tribunais de Contas serão integrados ao sistema jurídico nacional a partir de referencial teórico que procura superar o esquema tradicional de tripartição funcional de poderes empregando a formulação contemporânea da teoria dos "poderes neutrais", a qual revela grande utilidade para a compreensão da natureza das Cortes de Contas. Essa abordagem doutrinária será acompanhada do exame da jurisprudência do Supremo Tribunal Federal a respeito do assunto, construída especialmente a partir do exercício do controle concentrado de constitucionalidade incidente sobre leis estaduais aprovadas em circunstâncias marcadas por conflitos entre instâncias legislativas e Tribunais de Contas no plano regional.

Em seguida, serão aprofundados os tópicos pertinentes à composição dos Tribunais de Contas e as dificuldades encontradas até hoje para a implementação do modelo constitucionalmente estabelecido.

---

[340] O Tribunal de Contas dos Municípios do Ceará (TCM-CE) foi extinto pela Emenda Constitucional Estadual nº 92/2017, cuja constitucionalidade foi questionada perante o Supremo Tribunal Federal na ADI nº 5.763, proposta pela Associação dos Membros dos Tribunais de Contas do Brasil (ATRICON). A ação, contudo, foi julgada improcedente por maioria, encontrando-se o acórdão pendente de publicação.

Esse é, sem sombra de dúvidas, um dos pontos de maior fragilidade na temática da fiscalização das finanças públicas, que chega a comprometer a efetividade e credibilidade do sistema de controle externo em razão da marca clientelista que ainda predomina na composição dos colegiados. Por conta disso, o capítulo também terá a preocupação de recuperar os possíveis debates em andamento, alertando para a imprescindibilidade de uma profunda e audaciosa modificação nesse assunto.

Por fim, especial atenção é dedicada à posição do Ministério Público que atua junto ao Tribunal e aos desafios levantados à sua afirmação institucional em decorrência da estreita interpretação constitucional sedimentada no âmbito do STF a propósito da denominada "cláusula de extensão" prevista no artigo 130 da CRFB.

Tendo em vista que o presente capítulo inaugura a parte do livro voltada para o direito constitucional positivo, com a recorrente invocação da jurisprudência firmada pelo Supremo Tribunal Federal sobre a matéria, cumpre fazer uma observação teórica prévia – e despretensiosa – a respeito do papel do STF na interpretação constitucional. A afirmação do significado constitucional como tarefa primordialmente exercida pelo Poder Judiciário e a consagração de mecanismos de controle de constitucionalidade por órgãos jurisdicionais no Brasil são fórmulas consensualmente aceitas sem maiores questionamentos, inclusive porque são previstas no sistema normativo. A dificuldade que tais institutos apresentam do ponto de vista democrático não chega a ser fortemente problematizada ou desafiada pela comunidade acadêmica brasileira[341] em razão da própria previsão constitucional de sofisticado mecanismo de revisão judicial das leis e atos do poder

---

[341] No ambiente acadêmico brasileiro, podem ser lembrados os trabalhos de Conrado Hübner Mendes e de Rodrigo Brandão, autores que, sob o influxo das elaborações teóricas estadunidenses e canadenses, buscam refletir sobre a supremacia judicial desenvolvendo uma abordagem pautada em formulação dialógica e cooperativa entre as instituições. Ver, nesse sentido: MENDES, Conrado Hübner. 2008. *Direitos fundamentais, separação de poderes e deliberação*. Tese de Doutorado. Faculdade de Filosofia, Letras e Ciências Humanas da Universidade de São Paulo. Departamento de Ciência Política da Universidade de São Paulo, São Paulo, 2008; e BRANDÃO, Rodrigo. *Supremacia judicial* versus *diálogos constitucionais*: a quem cabe a última palavra sobre o sentido da Constituição. Rio de Janeiro: Lumen Juris, 2012. Na literatura estrangeira, veja-se, por todos: FISHER, Louis. *Constitutional dialogues*: interpretation as a political process. New Jersey: Princeton University Press, 1988.

público,[342] o que, em última instância, representaria uma adesão à supremacia judicial.

Não se pode ignorar, porém, que existe uma tensão bastante latente nas democracias constitucionais a suscitar debates bem mais complexos no que tange à interpretação constitucional. Sob os mais variados pontos de vista, a centralidade das instâncias judiciais na definição do sentido e do alcance da Constituição pode ser compreendida basicamente como uma limitação ao princípio democrático. Existem várias concepções que buscam contornar essa tensão e, colocando em extremos, há autores que justificam e sustentam a primazia do Poder Judiciário como autoridade interpretativa e outros que a desafiam, dirigindo sua desconfiança à interpretação tida por elitista e expertocrata dos juízes, preconizando, assim, uma diminuição do papel do Judiciário na tarefa exegética.[343] [344]

---

[342] Como se sabe, os modelos de controle de constitucionalidade adotados no Brasil seguem, de um lado, a inspiração norte-americana de garantia da supremacia da Constituição por todo e qualquer órgão do Poder Judiciário, caracterizando o denominado controle difuso de constitucionalidade, presente na tradição constitucional brasileira desde a Constituição de 1891; e, de outro lado, a orientação austríaca no sentido da existência de uma Corte Constitucional responsável pela defesa da Constituição, caracterizando o denominado controle concentrado de constitucionalidade, instrumentalizado por meio de um processo objetivo, em que não se tutelam situações jurídicas individuais, mas sim, a própria higidez do ordenamento jurídico, mediante a aferição da constitucionalidade da norma em tese ou em abstrato.

[343] Para uma visão bastante detalhada do debate constitucional contemporâneo a respeito da tensão entre constitucionalismo e democracia, propondo a formulação de quatro categorias doutrinárias extremamente didáticas, confira-se: SULTANY, Nimer. The State of Progressive Constitutional Theory: The Paradox of Constitutional Democracy and the Project of Political Justification. *Harvard Civil Rights-Civil Liberties Law Review*, v. 47, p. 371-455. Disponível em: http://ssrn.com/abstract =2132397. Acesso em: 04 set. 2012. Em resumo, o autor visualiza a existência de dois metagrupos, classificando-os em *discursos da unidade* (que considera que a democracia constitucional comporta defesa, a partir de bases racionais, como uma concepção harmoniosa) e *discursos da desunião* (que considera que existe uma tensão irreconciliável entre a democracia e o constitucionalismo). Entre os teóricos que integram a categoria do "discurso da unidade", destacam-se aqueles autores que negam (*deniers*) a existência de qualquer conflito entre democracia e constitucionalismo e que, portanto, justificam o *judicial review*, como, por exemplo, Ronald Dworkin, Bruce Ackerman e John Rawls. Ainda no contexto do "discurso da unidade", também estão os autores que, como John Hart Ely, Cass Sunstein e Alexander Bickel, reconhecem a existência de uma tensão entre a democracia e o constitucionalismo, mas entendem que tal tensão é passível de reconciliação e, portanto, justificam o *judicial review* (*reconciliation*). De outro lado, o "discurso da desunião" é integrado por teorias que reconhecem a existência de uma tensão irreconciliável entre a democracia e o constitucionalismo, sendo que, algumas delas (*endorsement*) entendem que essa situação não conduz à rejeição do *judicial review* e buscam formulações para justificá-lo de maneira prudencial (adotada por Lawrence Tribe e Frank Michelman, por exemplo), ao passo que outras efetivamente reputam o *judicial review* como ilegítimo em determinadas condições (*dissolvers*, posição adotada por Jeremy Waldron, por exemplo).

[344] O constitucionalismo popular norte-americano tem se apresentado como o grande oponente da doutrina da supremacia judicial, desafiando a concepção de que os juízes são

O recorte temático deste livro, por óbvio, não comporta que se desenvolva de maneira mais detida o assunto. De toda sorte, o breve registro torna-se importante para afastar qualquer impressão juriscentralizadora que a invocação mais frequente de precedentes do STF possa eventualmente gerar. Independente de inclinações ideológicas em sentido diverso, a verdade é que a prática do direito constitucional no Brasil ainda segue atrelada a um modelo fortemente marcado pela atuação expansiva do Poder Judiciário na interpretação da Constituição e, nesse cenário, identificar como o STF compreende as Cortes de Contas ainda diz muito a respeito do desenho de tais instituições.

4.1 A conformação de um "sistema nacional dos Tribunais de Contas" e suas particularidades federativas

Destacou-se, no capítulo anterior, que coube à Constituição da República de 1988 a instituição de um sistema nacional dos Tribunais de Contas, mediante o estabelecimento de uma normatividade sobre fiscalização financeira estatal que se transmite para Estados, Municípios e Distrito Federal. Embora os primeiros passos nesse sentido já tivessem sido adotados na Constituição de 1967 – com a alteração promovida pela Emenda nº 01/69 e o reforço oferecido pelo STF à observância de simetria no tema[345] –, foi em 1988 que o perfil nacional foi constitucionalmente

---

os intérpretes últimos e definitivos da Constituição. Destacam-se no constitucionalismo popular: KRAMER, Larry D. *The People Themselves*: Popular Constitutionalism and Judicial Review. New York: Oxford University Press, 2004; e TUSHNET, Mark. *Taking the Constitution Away from the Courts*. New Jersey: Princeton University Press, 1999.

[345] A jurisprudência do Supremo Tribunal Federal construída ao longo do regime constitucional precedente já proclamava a inteira submissão dos Estados-membros, no delineamento do seu sistema de controle externo, ao modelo plasmado na Constituição Federal. Essa perspectiva foi destacada pelo ministro Celso de Mello ao julgar, na condição de relator, a primeira ação direta de inconstitucionalidade que tangenciou a matéria após a promulgação da CRFB/88. Tratava-se, no caso, de impugnação a dispositivo da Constituição do Estado da Paraíba que, em divergência com o paradigma federal, instituía um sistema de apreciação fictícia de contas. Em sede cautelar, o STF considerou inconstitucional a norma, precisamente por afastar-se do tratamento federal dispensado ao assunto. O mérito da causa não chegou a ser apreciado, em razão da revogação superveniente do dispositivo questionado. Em seu voto, o ministro Celso de Mello anotou o relevo da questão nos seguintes termos: "A questão que se coloca nestes autos é a de definir os exatos limites em que os Estados-membros poderão estabelecer a disciplina constitucional dos seus respectivos Tribunais de Contas, a partir do que se contém no art. 75 da Constituição Federal. Os limites da atuação do poder constituinte estadual, em face do modelo federal adotado pela Constituição de 1988, estão a exigir, ainda, precisa definição de sua abrangência. Evidencia-se, desse modo, o relevo jurídico do tema, que deriva da nova fisionomia assumida

implementado na matéria, implicando severa restrição ao exercício do poder constituinte decorrente.

Considerando que essa abordagem envolve, de forma direta, a organização federativa do Estado brasileiro, é importante fazer, logo de início, um sucinto apontamento teórico sobre o assunto. A Federação, como de conhecimento geral, denota uma técnica de distribuição territorial do poder político qualificada pela coexistência de duas ou mais ordens governamentais no interior de um mesmo Estado, cada qual dotada de órgãos próprios de expressão.[346] A existência de variados modelos de organização federativa já aponta para a diversidade de fórmulas que podem ser empregadas na conformação de um pacto federativo; em todos eles, porém, há certos elementos que constituem as bases sobre as quais se erige a federação.[347]

---

pelo Estado Federal e do necessário confronto dessa realidade jurídico-institucional com a jurisprudência do Supremo Tribunal Federal, construída ao longo do regime constitucional precedente que proclamava a inteira submissão dos Estados-membros, no delineamento do seu controle externo, ao modelo jurídico adotado na Carta da República" (STF, ADI nº 215-5/PB, Plenário, relator ministro Celso de Mello, julgado em 07.06.1990).

[346] HORTA, Raul Machado. Problemas do Federalismo. *In:* HORTA, R. M. *et al. Perspectivas do Federalismo Brasileiro*. Belo Horizonte: Revista Brasileira de Estudos Políticos, 1958. p. 14. Como se sabe, a federação é uma das possíveis formas de Estado e, como tal, absolutamente não se confunde com as formas de governo ou com os sistemas de governo. Como esclarece Jorge Miranda: "O conceito de formas de Estado só se torna verdadeiramente operacional no interior de um mesmo tipo histórico de Estado. Em rigor, só interessa distinguir Estado unitário e Estado federal no âmbito do Estado moderno de tipo europeu e, especialmente, a partir do despontar do constitucionalismo". Mais a frente, o autor apresenta as diferenciações: "Forma de estado é o modo de o Estado dispor o seu poder em face de outros poderes de igual natureza (em termos de coordenação e subordinação) e quanto ao povo e ao território (que ficam sujeitos a um ou mais de um poder político). Forma de governo é a forma de uma comunidade política organizar o seu poder ou estabelecer a diferenciação entre governantes e governados; e encontra-se a partir da resposta a alguns problemas básicos – o da legitimidade, o da participação dos cidadãos, o da liberdade política e o da unidade ou da divisão do poder. Muito menos amplamente, sistema de governo é o sistema de órgãos de função política, apenas se reporta à organização interna do governo e aos poderes e estatutos dos governantes" (MIRANDA, Jorge. *Teoria do Estado e da Constituição*. Rio de Janeiro: Forense, 2002. p. 298-299).

[347] A respeito das virtudes da forma federativa de Estado, assinala o Professor da Universidade de Fribourg e Diretor do Instituto de Federalismo da mesma instituição, Thomas Fleiner-Gerster: "Muitas vezes os teóricos do Estado se surpreendem com a expansão do federalismo e com a descentralização crescente nos Estados modernos. Esta tendência, no entanto, responde certamente a uma necessidade natural dos homens. Em nossa época, a dependência cada vez mais estreita da comunidade e, por conseguinte, a perda de liberdade só podem ser compensadas por meio de uma maior autonomia dos pequenos grupos e comunidades. Quando a dependência aumenta, o ser humano deseja ao menos dispor da máxima medida de possibilidades de participação no âmbito da comunidade. (…). O tratamento comum de problemas comuns no interior de pequenos grupos permite instaurar uma administração humana e próxima do cidadão, protegendo-o de uma burocracia anônima e distanciada da realidade da vida. O administrador da comunidade, bem como os seus poucos funcionários administrativos estão integrados na comunidade.

Há, em primeiro lugar, atenção e respeito para com as diversidades regionais e locais, o que se corporifica por meio da atribuição de um espaço próprio de competências a cada um dos entes federativos, correspondendo à repartição constitucional de competências, de acordo com o método escolhido pelo constituinte federal.[348] Ainda na perspectiva do respeito às diversidades locais, a federação reconhece a participação dos entes locais na formação da vontade do ente central. Aqui, a ideia de participação é nuclear para a caracterização do Estado Federal, assegurando-se o direito de os Estados-membros serem consultados e opinarem no processo de formação da vontade estatal. No caso brasileiro, o direito de participação é salvaguardado, em especial, por meio do mecanismo de representação política específica dos Estados-membros, a cargo do Senado Federal.[349] Essa dimensão, no peculiar federalismo do Brasil, é excepcionalizada no tocante aos municípios, os quais, embora reconhecidos como entes federativos autônomos, não exercem participação direta na formação da vontade do ente central.

Há, de outro lado, um elemento da federação que, embora traduza respeito pela diversidade local, é, ao mesmo tempo, temperado por um compromisso de unidade nacional. Cuida-se do reconhecimento da autonomia constitucional do Estado-membro, com maior ou menor limitação ao poder de auto-organização,[350] segundo critérios do constituinte federal.[351] Com efeito, a noção de federação está assentada em uma estrutura de sobreposição, de sorte que cada cidadão esteja

---

É possível conhecê-los e controlá-los. Eles não caem na tentação de tomas decisões alheias ao mundo e à vida. Eles devem, ao contrário, poder sempre justificar suas decisões aos seus concidadãos. O mesmo não se dá em relação à administração burocrática e distante. (...). Soluções federalistas permitem também, particularmente às minorias, se integrarem na comunidade estatal. Elas podem se desenvolver de modo autônomo no interior do agrupamento estatal e mesmo, sob certas circunstâncias, eleger um governo próprio e decidir sobre a sua própria sorte em relação a várias questões" (FLEINER-GERSTER, Thomas. *Teoria Geral do Estado*. Tradução de Marlene Holzhausen. São Paulo: Martins Fontes, 2006. p. 271-273).

[348] HORTA, Raul Machado. Problemas do Federalismo. Artigo citado, p. 14. No Brasil, a técnica mais frequente de repartição de competências é a que enumera a competência da União Federal e reserva aos Estados-membros os poderes não delegados, ou seja, aqueles que não lhes sejam explícita ou implicitamente vedados pela Constituição Federal.

[349] Artigo 46 da CRFB/88: "O Senado Federal compõe-se de representantes dos Estados e do Distrito Federal, eleitos segundo o princípio majoritário".

[350] A ideia de auto-organização dos entes federativos é consensual no direito constitucional brasileiro. De toda sorte, vale lembrar as observações de Anna Cândida da Cunha Ferraz, ao esclarecer que "o primeiro elemento da autonomia estadual é a capacidade atribuída à unidade federada para dar-se uma Constituição particular" (FERRAZ, Anna Cândida da Cunha. *Poder Constituinte do Estado-membro*. São Paulo: Revista dos Tribunais, 1979. p. 54).

[351] HORTA, Raul Machado. *Problemas do Federalismo*. Artigo citado, p. 15.

simultaneamente submetido a duas Constituições – a federal e a do Estado-membro, produto de sua capacidade de auto-organização –, sendo destinatário de atos e normas editados nas duas instâncias, revelando a coexistência de várias ordens jurídicas no interior do Estado federal[352] (ou, no caso do Brasil, em três instâncias, por conta da posição dos municípios como verdadeiros entes federativos). Tratando-se de federação, essa estrutura de sobreposição não comporta polarizações e, muito pelo contrário, demanda mecanismos de integração política e jurídica, que vêm contemplados na Constituição Federal.

É exatamente no campo das limitações ao poder de auto-organização do Estado-membro que o tema do federalismo desponta como relevante. Afinal, a Constituição de 1988, em matéria de controle externo das finanças públicas, adotou postura de rígida *limitação ao experimentalismo* das unidades federativas, impondo amplamente o modelo federal nessa área, a ponto de promover uma total asfixia dos Estados-membros ao elaborarem suas constituições.[353]

Essa limitação decorre da previsão constante do artigo 75 do texto constitucional, segundo o qual as normas estabelecidas na Constituição da República na seção pertinente à fiscalização financeira "aplicam-se, no que couber, à organização, composição e fiscalização dos Tribunais de Contas dos Estados e do Distrito Federal, bem como dos Tribunais e Conselhos de Contas dos Municípios". Em seguida, o parágrafo único do dispositivo afirma que as Constituições estaduais devem dispor sobre os respectivos Tribunais de Contas, a serem integrados por sete conselheiros.[354] Nada obstante a diversidade de elaborações doutrinárias que procuram catalogar as limitações à auto-organização federativa, parece-me que a classificação que mais adequadamente identifica a norma do artigo 75 da CRFB é a que lhe reconhece como "norma de preordenação institucional",[355] ou seja, norma específica

---

[352] MIRANDA, Jorge. *Teoria do Estado e da Constituição*. Obra citada, p. 308.

[353] FERRARI, Sergio. *Constituição Estadual e Federação*. Rio de Janeiro: Lumen Juris, 2003. p. 131.

[354] Essa limitação ao número de conselheiros dos Tribunais estaduais segue a linha da Constituição de 1967, que definia em sete o número máximo de membros das Cortes estaduais.

[355] Essa categoria encontra-se descrita na obra de Manoel Gonçalves Ferreira Filho, que cinde as limitações em apenas duas categorias: princípios de limitação e normas de preordenação. Outras possíveis classificações podem ser vistas nos trabalhos dos seguintes autores: FERRAZ, Anna Cândida da Cunha. *Poder Constituinte do Estado-membro*. Obra citada; SILVA, José Afonso da. *Curso de Direito Constitucional Positivo*. 15. ed. São Paulo: Malheiros, 1998; HORTA, Raul Machado. Obra citada; FERRARI, Sergio. *Constituição estadual e Federação*. Obra citada. Para este último autor, o artigo 75 representa, de maneira emblemática, o que ele denomina de "regra de organização dos Estados membros já previamente enunciada na Constituição Federal" (Obra citada, p. 144).

que o constituinte estadual não pode deixar de observar e que define a estrutura de órgãos de outras unidades federativas.

À luz da preordenação estabelecida na Constituição da República, resulta que o tratamento dispensado pelas Constituições estaduais em matéria de controle externo financeiro é um dos que maior uniformidade apresenta, muitas vezes com a transcrição literal dos dispositivos federais versando sobre competências dos Tribunais de Contas. A exceção situa-se nas normas atinentes à composição e aos critérios de indicação dos conselheiros dos Tribunais de Contas estaduais, matéria sujeita a "alta instabilidade normativa",[356] reflexo da busca por "novas acomodações de força entre os Poderes Executivo e Legislativo estaduais".[357] Por uma questão de metodologia, porém, essa dimensão do problema será enfrentada em outro momento do livro.

Diante da diretriz nacional perfilhada pela Constituição de 1988, pouco espaço resta ao constituinte estadual para inovar em matéria de fiscalização financeira estatal. As linhas básicas do sistema encontram-se detalhadas no plano federal, com força normativa que se irradia para os sistemas dos demais entes federativos. E, na qualidade de intérprete da Constituição, essa vertente do federalismo nacional tem sido constantemente reforçada pelo STF, cuja construção jurisprudencial vem limitando severamente o aproveitamento do potencial experimentalista do federalismo ao dificultar que unidades regionais ou locais dentro do país possam se afastar do regime geral e idealizar suas próprias soluções para problemas comuns.

Assim, ao assentar o sentido e o alcance da norma do artigo 75 da Constituição da República, o STF tem afirmado, sem hesitação, que "os Estados-membros estão sujeitos, na organização e composição dos seus Tribunais de Contas, a um modelo jurídico heterônomo estabelecido pela própria Carta Federal, que lhes restringe o exercício e a extensão do poder constituinte decorrente de que se acham investidos".[358] Demais disso, seus precedentes também caminham para estabelecer um *modelo nacionalmente uniforme de Tribunais de Contas* no quesito relativo ao espectro da fiscalização que tais órgãos exercem, reputando de observância obrigatória pelos Estados-membros as normas atinentes às competências institucionais do TCU.[359]

---

[356] FERRARI, Sergio. *Constituição Estadual e Federação*. Obra citada, p. 164.

[357] FERRARI, Sergio. *Constituição Estadual e Federação*. Obra citada, p. 164.

[358] STF, Plenário, ADI nº 3.715-3/TO, relator ministro Gilmar Mendes, julgado em 24.05.2006.

[359] Sobre o ponto, reforça o então ministro Carlos Ayres Britto: "(...) o modelo de organização, composição e fiscalização do TCU, no lastro formal da Constituição Federal,

Nesse sentido, o STF vem declarando inconstitucionais normas estaduais que eventualmente estabeleçam atribuições para os tribunais locais em dissonância ao modelo federal. Assim, exatamente pela inobservância à simetria prevista no artigo 75 da CRFB, já considerou inconstitucional norma da Constituição do Estado de Tocantins que criava a possibilidade de recurso, dotado de efeito suspensivo, para o Plenário da Assembleia Legislativa, contra as decisões tomadas pelo respectivo Tribunal de Contas com base em sua competência judicante,[360] Igualmente, declarou inconstitucional norma do Estado do Mato Grosso que obrigava o Tribunal de Contas a examinar previamente a validade de contratos firmados pela Administração Pública, sublinhando a inexistência de obrigação semelhante imposta ao TCU.[361] Em mais de uma oportunidade reconheceu a inconstitucionalidade de normas estaduais que pretendiam subtrair do Tribunal de Contas a competência para julgar as contas apresentadas por órgãos do Poder Legislativo, submetendo-as ao regime de parecer prévio.[362] A Corte, também, declarou inconstitucionais disposições de Constituição estadual que conferiram à Assembleia Legislativa a competência para julgar as contas de sua própria Mesa Diretora, bem como as que autorizaram as Câmaras Municipais a apreciar as contas apresentadas pelo chefe do Executivo sem prévio parecer do Tribunal de Contas estadual, caso este não o elaborasse dentro de 180 dias do seu recebimento.[363]

Em todos esses casos, a compreensão firmada e reafirmada pelo STF foi invariavelmente no sentido de que a competência fiscalizatória dos Tribunais de Contas deve guardar estrita observância ao modelo federal aplicável ao TCU, sendo, como regra, desimportante se a solução estadual ampliou ou restringiu as atribuições dos Tribunais de Contas ou se prestigiou ou negligenciou os princípios fundamentais da república.

É bem de ver que essa tendência de se conferir predomínio quase absoluto à observância do marco federal foi oportunamente

---

é de obrigatória extensão, é um modelo impositivo para os demais Tribunais de Contas; apenas a Constituição expressa 'no que couber', porque muda a nomenclatura, o nome dos membros do tribunal, não sendo mais Ministro e passando a ser Conselheiro" (STF, Plenário, ADI nº 3.715-3/TO, relator ministro Gilmar Mendes, julgado em 24.05.2006).

[360] STF, Plenário, ADI nº 3.715-3/TO, relator ministro Gilmar Mendes, julgado em 24.05.2006.

[361] STF, Plenário, ADI nº 916-8/MT, relator ministro Joaquim Barbosa, julgado em 02.02.2009.

[362] STF, Plenário, ADI nº 849-8/MT, relator ministro Sepúlveda Pertence, julgado em 11.02.1999; STF, Plenário, ADI nº 1.779/PE, relator ministro Ilmar Galvão, julgado em 1º.08.2001; e STF, Plenário, ADI nº 1.964/ES, relator ministro Dias Toffoli, julgado em 04.09.2014.

[363] STF, Plenário, ADI nº 3.077/SE, relatora ministra Cármen Lúcia, julgado em 16.11.2016.

excepcionalizada pelo Supremo Tribunal Federal ao apreciar ação direta de inconstitucionalidade versando sobre o julgamento das contas prestadas pelo próprio Tribunal de Contas.[364] Tratava-se, na hipótese, de questionamento dirigido à norma da Lei Orgânica do Distrito Federal segundo a qual caberia ao Tribunal de Contas respectivo (TCDF) prestar contas anualmente de sua execução orçamentária, financeira e patrimonial à Câmara Legislativa, que deveria apreciá-las e julgá-las. Na linha dos precedentes, a medida cautelar foi inicialmente deferida, sob o argumento de que o modelo federal é compulsório para os Tribunais de Contas locais e que não há na Constituição da República disposição semelhante que submeta as contas do TCU a julgamento pelo Congresso Nacional. Na apreciação do mérito, porém, acabou prevalecendo o entendimento divergente levantado pelo ministro Marco Aurélio, que preconizou "uma interpretação construtiva"[365] para revelar a existência de um órgão com competência para controlar financeiramente os gastos dos próprios Tribunais de Contas, sob pena de serem tidos como os únicos que não prestam contas a qualquer instância externa. Invocando um fundamento democrático e republicano, que repele a existência de um órgão com competência para julgar as suas próprias contas,[366] o STF

---

[364] STF, Plenário, ADI nº 1.175-8/DF, relator ministro Carlos Velloso, relator para acórdão ministro Marco Aurélio, julgado em 04.08.2004. Ficaram vencidos os ministros Carlos Velloso e Carlos Britto.

[365] Nas palavras do ministro Marco Aurélio: "Tem de haver uma interpretação construtiva que revele a existência de um órgão para tomar essas contas; e, se o Tribunal de Contas é órgão auxiliar do Legislativo, a Casa Legislativa deve arcar com essa incumbência. Não vejo, Presidente, com a devida vênia, – a menos que se possa assentar que os Tribunais de Contas estão fora de uma supervisão relativamente aos gastos públicos – nos dispositivos atacados pelo Governador do Distrito Federal, inconstitucionalidade" (STF, Plenário, ADI nº 1.175-8/DF, relator ministro Carlos Velloso, relator para acórdão ministro Marco Aurélio, julgado em 04.08.2004).

[366] São ilustrativos do debate os seguintes trechos dos votos dos ministros Sepúlveda Pertence, Cezar Peluso, Ellen Gracie e Gilmar Mendes, respectivamente: "(…) entendo que o sistema constitucional repele a ideia de que fosse o Tribunal de Contas o único órgão com competência para julgar as suas próprias contas (…)"; "Parece-me não ser compatível com o princípio democrático de que todos devem prestar contas, o fato de que o órgão que colhe as contas fique a *legibus solutus*, isto é, não preste contas a ninguém"; "O dever de prestar contas decorre, na verdade, do próprio mecanismo de *checks and balances* do sistema constitucional, regra inafastável à perfeita realização do princípio democrático. (…) Sendo a função de fiscalizar, função típica do Poder Legislativo (CF, art. 70), que se estende com o mesmo delineamento às unidades federadas, emerge do próprio sistema constitucional a natural prerrogativa institucional deste Poder para apreciar e julgar as contas das Cortes de Contas"; e, finalmente, "(…) se subscrevêssemos a interpretação defendida no voto do ministro Carlos Velloso, teríamos o Tribunal de Contas como o único órgão que não prestaria contas, a não ser a si mesmo, o que parece uma heresia em termos de Estado de Direito" (STF, Plenário, ADI nº 1.175-8/DF, relator ministro Carlos Velloso, relator para acórdão ministro Marco Aurélio, julgado em 04.08.2004).

acabou por considerar constitucional a sistemática instaurada no Distrito Federal para a supervisão do TCDF, embora não haja mecanismo equivalente no plano federal.

Tratou-se, à toda evidência, de interpretação que mitigou a simetria imposta pela regra do artigo 75 da CRFB para prestigiar os princípios democrático e republicano e, com isso, contribuir para o aperfeiçoamento do sistema de *accountability* das finanças públicas. Esse precedente sinaliza a abertura do STF para uma interpretação menos intransigente da centralidade do modelo federal em matéria de Tribunais de Contas, especialmente diante de situações em que iniciativas inovadoras dos Estados-membros possam favorecer a efetividade e a credibilidade do sistema.

4.1.1 O controle das contas municipais

O controle externo financeiro municipal merece abordagem em separado em razão das particularidades federativas que apresenta no marco da Constituição da República de 1988. Destaca-se, nesse contexto, o fato de que o controle das contas municipais é realizado pelo Poder Legislativo municipal com o auxílio dos Tribunais de Contas estaduais,[367] ou seja, com o auxílio de órgãos que integram a estrutura de unidade federativa diversa. Essa circunstância, como facilmente se intui, traz significativas implicações e dificuldades para a autonomia municipal.

Nos termos do artigo 31, *caput* e §1º, da CRFB, a fiscalização financeira municipal é exercida pelo respectivo Poder Legislativo, mediante controle externo, "com o auxílio dos Tribunais de Contas dos estados ou do município ou dos Conselhos ou Tribunais de Contas dos municípios, onde houver". Logo em seguida, o §4º do mesmo dispositivo veda a criação de tribunais, conselhos ou órgãos de contas municipais. Além disso, estabelece a Constituição da República quórum qualificado de dois terços para que o parecer prévio emitido pelo órgão estadual possa ser superado pelas câmaras de vereadores quando do julgamento das contas anuais apresentadas pelos prefeitos.[368]

---

[367] Essa sistemática, conforme será aprofundado oportunamente, é excepcionalizada nos municípios do Rio de Janeiro e de São Paulo.

[368] Para a melhor compreensão da matéria, transcreve-se a íntegra da norma constitucional que trata do controle externo financeiro no plano municipal: "Art. 31. A fiscalização do Município será exercida pelo Poder Legislativo Municipal, mediante controle externo, e pelos sistemas de controle interno do Poder Executivo Municipal, na forma da lei. §1º

À luz das repercussões que o tratamento constitucional dessa matéria já provocou, é essencial fazer uma referência preliminar a respeito da vedação contida no artigo 31, §4º, da CRFB, eis que reveladora de aparente antinomia com a norma do §1º do mesmo dispositivo. A seu propósito, sublinha José Afonso da Silva:

> O controle externo da administração municipal é exercido, em cada Município, pela respectiva Câmara de Vereadores, com o auxílio dos Tribunais de Contas do Estado ou do Conselho de Contas Municipais que é também órgão estadual, que já existia em alguns Estados nos termos da Constituição revogada e que pode ser preservado em face da Constituição de 1988, ressalvados os Municípios que possuíam Tribunais de Contas próprios, como o de São Paulo e Rio de Janeiro, que ficaram definitivamente instituídos por força do disposto no art. 31, parágrafo 1º. Não há mais possibilidade de criar Tribunais, Conselhos ou órgãos de contas Municipais, ou seja, integrantes da estrutura governamental de Município, pois isso foi expressamente vedado pelo parágrafo 4º do art. 31 da Constituição. Os que já existem foram mantidos sem a possibilidade de serem extintos por ato do governo municipal, como era possível em face do art. 191 da Constituição revogada.[369]

Considera o autor, portanto, que a vedação constante do artigo 31, §4º, da CRFB dirige-se apenas à criação de Tribunais de Contas na estrutura dos municípios, inexistindo impedimento a que os Estados-membros, no exercício de seu autogoverno, optem por criar Tribunais de Contas estaduais voltados para o auxílio do controle externo dos municípios situados em seu território. Situação excepcional é encontrada apenas naqueles municípios em que, anteriormente à Constituição de 1988, já haviam sido instituídos Tribunais de Contas integrantes da estrutura governamental do próprio município – caso dos municípios do Rio de Janeiro e de São Paulo. Segundo o constitucionalista, tais tribunais teriam sido "definitivamente institucionalizados"[370] por força do texto constitucional.

O controle externo da Câmara Municipal será exercido com o auxílio dos Tribunais de Contas dos Estados ou do Município ou dos Conselhos ou Tribunais de Contas dos Municípios, onde houver. §2º O parecer prévio, emitido pelo órgão competente sobre as contas que o Prefeito deve anualmente prestar, só deixará de prevalecer por decisão de dois terços dos membros da Câmara Municipal. §3º As contas dos Municípios ficarão, durante sessenta dias, anualmente, à disposição de qualquer contribuinte, para exame e apreciação, o qual poderá questionar-lhes a legitimidade, nos termos da lei. §4º É vedada a criação de Tribunais, Conselhos ou órgãos de Contas Municipais".

[369] O Município na Constituição de 1988. São Paulo: Revista dos Tribunais, 1989. p. 60.

[370] SILVA, José Afonso da. Curso de Direito Constitucional Positivo. Obra citada, p. 723.

Essa controvérsia constitucional foi apreciada pelo Supremo Tribunal Federal pela primeira vez no caso envolvendo a criação do Conselho de Contas dos Municípios do Rio de Janeiro. A situação no respectivo Estado da federação era particularmente interessante em razão da convivência simultânea de três órgãos de controle externo: (i) o Tribunal de Contas do Estado (TCERJ), responsável por auxiliar a Assembleia Legislativa a exercer o controle financeiro da administração direta e indireta do Estado do Rio de Janeiro, bem como de suas demais unidades administrativas; (ii) o Conselho Estadual de Contas dos Municípios do Rio de Janeiro, órgão estadual competente para o exercício do controle externo financeiro dos municípios situados no território do Estado do Rio de Janeiro, com exceção da capital; e, finalmente, (iii) o Tribunal de Contas do Município do Rio de Janeiro (TCMRJ), órgão municipal de controle externo com competência para atuar unicamente sobre os órgãos e entidades da capital fluminense, criado em 1980.[371]

O entendimento firmado naquela oportunidade considerou constitucional a situação narrada, vindo o STF a estabelecer que a vedação contida no artigo 31, §4º, da CRFB destina-se a impedir a criação de Tribunais de Contas inseridos na estrutura dos municípios, mas "não proíbe a instituição de órgão, Tribunal ou Conselho, pelos Estados, com jurisdição sobre as contas municipais".[372] Essa orientação foi reiterada em dois julgamentos posteriores,[373] sendo válido transcrever trecho da ementa da decisão proferida na Ação Direta de Inconstitucionalidade nº 687/PA, por ser extremamente esclarecedora sobre a questão:

> MUNICÍPIOS E TRIBUNAIS DE CONTAS. A Constituição da República impede que os Municípios criem os seus próprios Tribunais, Conselhos ou órgãos de contas municipais (CF, art. 31, §4º), mas permite que os Estados-membros, mediante autônoma deliberação, instituam órgão estadual denominado Conselho ou Tribunal de Contas dos Municípios (RTJ 135/457, Rel. Min. OCTAVIO GALLOTTI - ADI 445/DF, Rel. Min. NÉRI DA SILVEIRA), incumbido de auxiliar as Câmaras Municipais no exercício de seu poder de controle externo (CF, art. 31, §1º). Esses Conselhos ou Tribunais de Contas dos Municípios - embora qualificados como órgãos estaduais (CF, art. 31, §1º) - atuam, onde tenham sido instituídos, como órgãos auxiliares e de cooperação técnica das Câmaras de Vereadores. A prestação de contas desses Tribunais de Contas dos Municípios, que são órgãos estaduais (CF, art. 31, §1º), há de se fazer,

---

[371] O TCMRJ foi criado por meio da Lei Municipal nº 183, de 23 de outubro de 1980.

[372] STF, Plenário, ADI nº 154-0/RJ, relator ministro Octavio Galloti, julgado em 18.04.1990.

[373] STF, Plenário, ADI nº 445/DF, relator ministro Néri da Silveira, julgado em 02.06.1993; e STF, Plenário, ADI nº 687/PA, relator ministro Celso de Mello, julgado em 02.02.1995.

por isso mesmo, perante o Tribunal de Contas do próprio Estado, e não perante a Assembleia Legislativa do Estado-membro. Prevalência, na espécie, da competência genérica do Tribunal de Contas do Estado (CF, art. 71, II, c/c o art. 75).[374]

Vê-se, portanto, que o controle externo das contas municipais apresenta uma importante particularidade federativa: a competência para o seu exercício primário é das respectivas câmaras de vereadores, mas com o auxílio de órgão integrante da estrutura estadual – seja o Tribunal de Contas do Estado, seja o Tribunal de Contas dos Municípios, ambos órgãos estaduais.[375] Na verdade, porém, como se verá mais a frente, inúmeros são os casos em que a competência da Corte estadual é exercida sobre as finanças públicas municipais independente de qualquer intermediação do Legislativo municipal,[376] fato que inexoravelmente interfere no grau de autonomia municipal.

Não há dúvida de que submissão das contas municipais a controle e fiscalização dos Tribunais de Contas estaduais revelou-se como a alternativa possível diante do objetivo maior de se coibir a proliferação de Cortes de Contas na esfera de cada município, o que geraria um aumento de despesa insuportável para a grande maioria dos entes locais.[377] Ao mesmo tempo, porém, não se pode negar que a fórmula adotada – embora compreensível, é bom registrar – acarreta uma perplexidade em termos federativos e nos remete à figura dos chamados "departamentos de municipalidades" criados na Constituição de 1934 e tão severamente criticados por Victor Nunes Leal em sua clássica obra sobre poder local.[378]

Com efeito, a Constituição de 1934 foi contraditória nesse ponto: ao mesmo tempo que buscou, por um lado, garantir a autonomia municipal e evitar o sufocamento das autoridades locais, facultou

---

[374] STF, Plenário, ADI nº 687/PA, relator ministro Celso de Mello, julgado em 02.02.1995.

[375] Essa situação somente é excepcionalizada nos municípios do Rio de Janeiro e de São Paulo, porque ambos já contavam com Cortes de Contas municipais criadas em momento anterior à vigência da Constituição de 1988.

[376] Esse tema será examinado no próximo capítulo, oportunidade em que serão detalhadas as competências reconhecidas pela CRFB aos Tribunais de Contas, propondo-se uma divisão dicotômica: competências de apoio ao controle parlamentar e competências autônomas.

[377] Como se destacou no capítulo anterior ao se resgatar o processo constituinte na ANC, foi o 2º Substitutivo apresentado na Comissão de Sistematização que vedou a criação de Tribunais de Contas municipais. O encaminhamento da matéria até aquele momento mantinha a orientação constante do regime constitucional revogado, de acordo com o qual apenas municípios com população superior a determinado patamar populacional poderiam criar Cortes de Contas municipais.

[378] LEAL, Victor Nunes. *Coronelismo, Enxada e Voto*. Obra citada, p. 107-112.

paradoxalmente aos Estados a criação de um órgão de assistência técnica à administração municipal e fiscalização de suas finanças, conhecidos como "departamentos de municipalidades".[379] Ainda que justificados por uma preocupação (verdadeira ou falsa) com os descontroles administrativos e financeiros dos municípios,[380] o fato é que a atuação de tais departamentos refletia claramente um instrumento político da situação estadual[381] e permitia aos Estados exercerem "a tutela administrativa e política"[382] sobre gestão municipal.

A reflexão historicamente datada oferece importante orientação quando se pensa, nos dias atuais, a respeito da atuação dos Tribunais de Contas estaduais em matéria de fiscalização financeira municipal. Esse campo de competências deve ser manejado com redobrada cautela e prudência por parte das Cortes estaduais, sem perder de vista a situação anômala de que ela se reveste. O amplo leque de atribuições exercidas autonomamente pelos Tribunais de Contas estaduais sobre a gestão financeira municipal favorece a ingerência do Estado-membro em matérias e assuntos da administração municipal. Em certa medida, expande a possibilidade de os municípios submeterem-se a uma tutela administrativa e política da esfera estadual, ainda que de maneira indireta e nem sempre ostensiva.

---

[379] Nos termos do artigo 13, §3º, da Constituição de 1934, "É facultado ao Estado a criação de um órgão de assistência técnica à administração municipal e fiscalização das suas finanças".

[380] MOHN, Paulo Fernando. Autonomia municipal, centralização e liberdade. *Revista de Informação Legislativa*, ano 43, v. 171, p. 199-209, jul./set. 2006.

[381] LEAL, Victor Nunes. *Coronelismo, Enxada e Voto*. Obra citada, p. 109.

[382] LEAL, Victor Nunes. *Coronelismo, Enxada e Voto*. Obra citada, p. 112. O autor salienta que a preocupação voltada para o uso político dos departamentos de municipalidades foi calorosamente debatida durante os trabalhos constituintes que precederam o texto de 1934, relatando que: "(...) a situação dominante queria permitir aos Estados armarem o departamento de municipalidades com poderes mais efetivos. Mas isso não passou sem grande resistência. Daniel de Carvalho declarou que aquele órgão, 'denominado de assistência técnica e fiscalização financeira', reduziria a 'nada' o município, porque daí em diante não poderia dar um passo sem consultar o centro e aguardar suas decisões. Em sua opinião, a medida visava (*sic*) 'entregar os municípios submissos ao governo do Estado'. Sujeitos não a um tribunal de contas, dotado de garantias, 'mas a uma organização burocrática de qualquer secretaria de governo', ficariam os municípios 'jungidos ao carro do poder'. E concluía: 'Deixa-se a expressão – autonomia municipal –e retira-se o conteúdo. Fica a casca e tira-se o miolo'. Diversos outros deputados se pronunciaram da tribuna, já contra a existência dos projetados departamentos, já contra sua função fiscalizadora, e outros fizeram declaração de voto em tal sentido. O Deputado Augusto Viegas, depois de dizer que, no melhor dos casos, aquele órgão técnico e fiscalizador acabaria por dispor à vontade das finanças municipais, e que o dispositivo do projeto 'possibilitaria todos os desatinos' aos administradores 'que pretendessem fazer politicagem', encerrou o seu libelo de modo patético: 'faço sinceros votos a Deus para que eu esteja em erro e para que, assim, não se verifiquem meus sombrios prognósticos'. Esses votos não foram ouvidos, porque os departamentos de municipalidades, no depoimento de Orlando M. Carvalho, não tardaram a servir de instrumento político" (LEAL, Victor Nunes. *Coronelismo, Enxada e Voto*. Obra citada, p. 110-111).

A particularidade federativa aqui destacada encontra-se em apreciação no Supremo Tribunal Federal, em sede de recurso extraordinário com repercussão geral já reconhecida em Plenário Virtual.[383] A hipótese versa originariamente sobre mandado de segurança impetrado para questionar decisão do Tribunal de Contas do Estado do Rio Grande do Sul (TCERS) que recusou registro a ato administrativo municipal. O acórdão proferido pelo Tribunal de Justiça local (TJRS) entendeu que as decisões dos Tribunais de Contas estaduais não podem ostentar caráter coercitivo e obrigatório em relação aos municípios por pertencerem a outro ente da federação, sob pena de infringência aos princípios federativo e da autonomia municipal. Assentou o TJRS que, "em relação aos municípios, as conclusões dos Tribunais de Contas estaduais, no exercício de sua função institucional, possuem tão somente natureza opinativa, cabendo ao Poder Executivo o juízo de valor sobre seu acolhimento ou não".[384]

Como se vê, a questão posta em discussão perante o STF enfrenta precisamente a extensão do controle externo a cargo dos Tribunais de Contas estaduais (TCEs) em relação à gestão municipal. Busca definir se, à luz da estrutura constitucional estabelecida para a matéria, deve-se reconhecer às decisões das Cortes de Contas estaduais adotadas em face da atuação municipal a mesma natureza e alcance daquelas adotadas em face da administração estadual; ou se, em sentido inverso, como corolário do pacto federativo, a atuação dos TCEs teria caráter meramente opinativo em relação aos municípios, destituída de força cogente e obrigatória.

A posição que vier a ser seguida pelo Supremo Tribunal Federal poderá ser um divisor de águas na temática, eis que a rotina e a tradição dos Tribunais de Contas subnacionais no país não identificam qualquer diferença de abordagem em se tratando de apreciação de contas municipais. Caso se direcione para negar autoridade coercitiva à atuação dos TCEs em relação às finanças municipais, estará o STF esvaziando significativamente o controle externo municipal e

[383] STF, Plenário Virtual, RE nº 576.920 RG/RS, relator ministro Ricardo Lewandowski, julgado em 20.03.2008. A decisão que reconhece a repercussão geral da matéria encontra-se assim ementada: "CONSTITUCIONAL. NATUREZA DO CONTROLE EXTERNO EXERCIDO PELO TRIBUNAL DE CONTAS ESTADUAL. EXISTÊNCIA DE REPERCUSSÃO GERAL. Questão relevante do ponto de vista político-jurídico que ultrapassa o interesse subjetivo da causa".

[384] Trecho do acórdão recorrido citado pelo STF ao apreciar a repercussão geral da matéria: STF, Plenário Virtual, RE nº 576.920 RG/RS, relator ministro Ricardo Lewandowski, julgado em 20.03.2008.

praticamente excluindo os entes locais da fiscalização de índole técnica. Além disso, também estará indo de encontro à rotina e à tradição seguidas pelas Cortes de Contas estaduais, que não atuam em relação aos municípios em caráter exclusivamente opinativo ou pedagógico. Muito pelo contrário, são absolutamente rotineiras as decisões dos TCEs adotadas quanto aos municípios com a mesma força e cogência daquelas que envolvem assuntos estaduais, abrangendo o julgamento de contas de gestores públicos municipais, a aplicação de sanção, a imputação de débito por dano causado ao erário, dentre outros.

Com efeito, negar autoridade às decisões dos tribunais estaduais em matéria municipal não parece ser o melhor caminho interpretativo, uma vez que o pacto federativo firmado em 1988 contempla expressamente esse campo de atuação para os TCEs. Não há, assim, violação ao princípio federativo ou à autonomia municipal, eis que a opção constituinte foi exatamente no sentido de vedar a criação de Cortes de Contas municipais e outorgar aos órgãos de controle externo dos Estados a competência para o seu exercício no tocante à esfera municipal. Assim, embora reflita uma excepcionalidade, trata-se do arranjo federativo adotado pela Constituição de 1988, de forma que não há qualquer inconstitucionalidade nas decisões adotadas pelos TCEs com força cogente e obrigatória em matéria de contas municipais. Nada obstante, como se trata de competência que irradia seus efeitos para esfera federativa diversa da instância decisória, o seu exercício deve efetivamente cercar-se de cautela e prudência, a fim de evitar que se transforme em ferramenta de submissão dos municípios à tutela dos Estados-membros.

Ultimada, assim, a abordagem do alcance nacional do sistema de *accountability* das finanças públicas na Constituição de 1988, bem como de suas particularidades federativas, passa-se, a seguir, à análise da posição institucional ocupada pelos Tribunais de Contas no ordenamento constitucional, com especial destaque para as dificuldades encontradas na sua inserção no âmbito da tradicional separação de poderes.

4.2 Os Tribunais de Contas e o controle externo financeiro no contexto dos "poderes neutrais": consolidação de sua independência e autonomia em relação aos demais poderes orgânicos do Estado

Situar os Tribunais de Contas no cenário amplo da separação funcional de poderes não é exatamente uma tarefa fácil. Quando se lança um olhar sobre tais instituições ao longo de seu percurso no constitucionalismo brasileiro, percebe-se que posicionamentos divergentes já foram assumidos a respeito da matéria, invariavelmente sinalizando a dificuldade de sua precisa identificação com qualquer dos poderes orgânicos do Estado. O capítulo anterior, ao restaurar a trajetória histórica das Cortes de Contas no país, ilustra essa dificuldade, especialmente ao destacar entendimentos que ora promovem uma aproximação de tais órgãos com o Poder Judiciário, ora com o Poder Legislativo.[385]

A inexistência de consenso quanto à natureza jurídica dos Tribunais de Contas no Brasil espelha a dificuldade de sua compatibilização com uma teoria da separação funcional de poderes que se encontra desatualizada e ultrapassada, corroborando a problematização feita por Karl Loewenstein ao preconizar uma nova tripartição de funções estatais em que o *controle* é elevado à categoria autônoma.[386] Em sua clássica "Teoria da Constituição", Loewenstein desautoriza a separação de poderes da tradição francesa ao apontá-la como um "dogma político"

---

[385] Dentre os defensores da natureza jurisdicional dos Tribunais de Contas, Pontes de Miranda merece destaque. Para ele seria inconcebível que o colegiado julgasse e que sua decisão ficasse sujeita a eventual novo julgamento por parte de outro juiz, hipótese que configuraria inaceitável *bis in idem*. Comentando a Constituição dos Estados Unidos do Brasil, o autor sustentava que, muito embora vislumbrando o Tribunal como órgão auxiliar do Poder Legislativo, o texto não lhe teria retirado a função judicante. Tanto assim que, segundo o jurista, apenas formalmente seria a Corte de Contas auxiliar do legislativo, visto que materialmente estaria afeta ao corpo judiciário. O Tribunal de Contas seria, portanto, no plano material, corpo judiciário, e no plano formal, corpo auxiliar do Congresso Nacional, porque coopera na sua missão de controle da execução orçamentária (PONTES DE MIRANDA, Francisco Cavalcanti. *Comentários à Constituição da República dos Estados Unidos do Brasil*. Rio de Janeiro: Ed. Guanabara, 1937). No mesmo sentido, também Seabra Fagundes entendia que, ao julgar a regularidade das contas dos gestores da coisa pública, o Tribunal estaria exercendo função judicante. O autor não faz referência à terminologia empregada para fundamentar seu pensamento, invocando, de outro lado, o "(...) sentido definitivo da manifestação da Corte, pois se a regularidade das contas pudesse dar lugar a nova apreciação (pelo Poder Judiciário), o seu pronunciamento resultaria em mero e inútil formalismo" (SEABRA FAGUNDES, Miguel. *O controle dos atos administrativos pelo poder judiciário*. Atualizado por Gustavo Binembojm. 7. ed. Rio de Janeiro: Forense, 2006. p. 170). A doutrina formulada na atualidade, porém, já não hesita em afastar o caráter jurisdicional do Tribunal de Contas e de suas decisões. Segundo José Afonso da Silva, "(...) Tribunal de Contas competente que, assim, se apresenta como órgão técnico, e suas decisões são *administrativas, não jurisdicionais*, como, às vezes, se sustenta, à vista da expressão 'julgar as contas'" (SILVA, José Afonso. *Curso de Direito Constitucional Positivo*. Obra citada, p. 685). Seguindo a mesma linha, o magistério de Hely Lopes Meirelles: "O Tribunal de Contas da União tem uma posição singular na Administração brasileira, pois está instituído constitucionalmente como órgão auxiliar do Poder legislativo (art. 71), mas desempenha atribuições jurisdicionais administrativas, relacionadas com a fiscalização da execução orçamentária, com a aplicação dos dinheiros públicos, com a legalidade dos contratos, aposentadorias e pensões" (MEIRELLES, Hely Lopes. *Direito Administrativo Brasileiro*. Obra citada, p. 663).

[386] LOEWENSTEIN, Karl. *Teoría de la Constitución*. Traducción y estudio sobre la obra por Alfredo Gallego Anabitarte. Barcelona: Editorial Ariel S.A, 1970.

ultrapassado a demandar urgente exame crítico. O autor elabora uma nova teoria tripartite, que se preocupa com a distribuição e a concentração no exercício do poder político e confere *autonomia à função de controle* – que seria, então, uma das funções estatais, juntamente com as funções de decisão política fundamental (*policy determination*) e de execução da decisão política (*policy execution*). Salientando a imperiosa necessidade de se controlar o exercício do poder político, Karl Loewenstein eleva o controle a um dos vértices da "tripartição de poderes" e o desdobra em duas espécies: o controle horizontal e o controle vertical. Nas palavras do autor:

> O núcleo dessa nova divisão radica na terceira função, é dizer, no controle político. Em uma perspectiva histórica, o Constitucionalismo tem sido a busca do meio mais eficaz para moderar e limitar o poder político, primeiro o do governo e, em seguida, de todos e de cada um dos detentores do poder. O homem racional desconfia por natureza de todo poder ilimitado, e o faz com toda razão. Se o fim mais nobre da sociedade é alcançar aquele estado que permita o máximo de desenvolvimento da personalidade de cada membro, pode-se dizer que o grau de proximidade a tal finalidade guarda correspondência com os progressos que cada sociedade estatal tenha realizado com relação àquelas instituições destinadas a controlar e a limitar o poder político.[387]

De fato, as instituições de *accountability* horizontal revolucionam a divisão das funções estatais concebida nos moldes do constitucionalismo clássico e demandam, para sua perfeita compreensão, uma nova formulação. Como argumenta Pierre Rosanvallon:

> Outro caminho pelo qual a nova teoria democrática pode ser mais realista é indo além do tradicional *approach* da separação de poderes, que se provou insatisfatório. Não é mais possível argumentar que o legislativo e o executivo são verdadeiramente separados. A atual divisão de poderes nas democracias contemporâneas reside na existência de instituições contrademocráticas e de democracia indireta em tensão com a esfera dos poderes majoritários.[388]

Coloca-se em pauta, então, o resgate doutrinário da chamada teoria dos poderes neutrais,[389] contemporaneamente afastada das

---

[387] LOEWENSTEIN, Karl. *Teoría de la Constitución*. Obra citada, p. 68.

[388] ROSANVALLON, Pierre. *Democratic Legitimacy*: Impartiality, Reflexivity, Proximity. Obra citada, p. 222.

[389] À luz da unicidade do poder estatal, o correto é falar-se em teoria das funções neutrais.

tendências autoritárias e antidemocráticas que lhe marcaram a origem.[390] Partindo de sua difusão por Benjamin Constant no século XIX[391] e de sua recuperação por Carl Schmitt já no século XX,[392] a

---

Contudo, tendo em vista que a expressão "poderes neutrais" ainda é muito utilizada nos trabalhos dedicados ao tema, optou-se por utilizar, indistintamente, as duas terminologias no livro. Na doutrina francesa, a expressão *pouvoir neutre* é bem mais corrente, assim como acontece nas abordagens em língua espanhola.

[390] A índole antidemocrática da elaboração originária da teoria dos poderes neutrais associa-se à defesa do monarca constitucional como poder neutral, tal como apresentado por Benjamin Constant em sua célebre obra *Princípios de Política*, datada de 1815. Em suas palavras: "É, com efeito, segundo me parece, a chave de toda a organização política. O poder real (eu o entendo como o poder do chefe de estado, não importa o título que se lhe dê) é um poder neutro. Aquele dos ministros, é um poder ativo. Para explicar essa diferença, definamos os poderes políticos, tal como os conhecemos. O poder executivo, o poder legislativo e o poder judiciário são três instâncias que devem cooperar, cada qual no que lhe cabe, ao movimento geral; mas quando essas instâncias se chocam, é necessária uma força que lhes recupere o espaço. Essa força não pode estar dentro de qualquer das instâncias, porque ela serviria para destruir as demais. É necessário que ela esteja do lado de fora, que ela seja neutra (...) para que seja preservadora, reparadora, sem ser hostil. A monarquia constitucional cria esse poder neutro, na pessoa do chefe de estado. (...). O poder real está dentre os demais, é uma autoridade ao mesmo tempo superior e intermediária, sem qualquer interesse em perturbar o equilíbrio e, bem ao contrário, com todo o interesse em mantê-lo" (CONSTANT, Benjamin. *Principes de politique*. Paris: Guillaumin, 1872. p. 20. Disponível em: www.unmondelibre.org. Acesso em: 13 set. 2014). Como se sabe, foi precisamente essa a fonte de inspiração para o poder moderador, previsto no artigo 98 da Carta Política do Império de 1824, inclusive com a reprodução literal da terminologia empregada por Benjamin Constant. Confira-se: "O Poder Moderador é a chave de toda organização política, e é delegado privativamente ao Imperador, como Chefe Supremo da Nação e seu Primeiro Representante, que incessantemente vele sobre a manutenção da Independência, equilíbrio e harmonia dos demais poderes políticos."

[391] Antes de discorrer doutrinariamente sobre o poder neutral, Benjamin Constant defendeu a criação de um órgão superior aos demais poderes constituídos durante os debates travados ao longo da Revolução de 1789, logo após a constatação quanto à necessidade de institucionalização de uma instância de poder que, acima do Executivo e do Legislativo, pudesse mantê-los nos limites definidos pela Constituição. Durante os debates políticos que atravessaram a época, opuseram-se, de um lado, Sieyès, que defendia a criação de um Júri Constitucional e, de outro, Benjamin Constant, que argumentava em favor do monarca constitucional como poder neutro ou moderador. Em verdade, segundo se pode apurar a partir da interpretação da obra de Benjamin Constant realizada por Stephen Holmes, quando Constant preconizou o estabelecimento do que denominou "poder neutral", ele tinha em mente evitar equívocos recentes pelos quais havia passado a França, em cenário descrito como de "laboratório de experimentos constitucionais abortivos" (HOLMES, Stephen. *Benjamin Constant and the Making of Modern Liberalism*. New Haven: Yale University Press, 1984, p. 131). Para uma análise mais aprofundada do tema, consulte-se também: FELDMAN, Jean-Philippe. Le constitutionnalisme selon Benjamin Constant. *Revue Française de Droit Constitutionnel*, n. 76, p. 675-702, 2008/4.

[392] A temática do poder neutral foi recuperada por Carl Schmitt no âmbito dos conhecidos embates travados com Hans Kelsen a respeito do controle de constitucionalidade e da guarda da Constituição. Para Carl Schmitt, as violações contra o texto constitucional deveriam ser solucionadas por um órgão que não seria superior aos demais, mas que devia ter a peculiar função de coordenar os demais poderes, ou seja, um poder "neutro, regulador, mediador e tutelar", que, embora se colocasse no mesmo nível dos outros poderes constituídos, contaria com atribuições especiais para garantir o funcionamento

construção teórica subjacente aos chamados "poderes neutrais" tem revelado utilidade para a compreensão de uma série de instituições contemporâneas, que abrangem "realidades díspares, desde as cortes constitucionais até as agências reguladoras, passando pelos Tribunais de Contas, conselhos com sede constitucional etc.".[393] [394] Por óbvio, trata-se

---

equilibrado dos demais. Tal poder, segundo Schmitt, deveria ser neutro precisamente para não fortalecer qualquer das demais instâncias. Ainda segundo seu entendimento, esse poder neutro seria reconhecido ao Presidente do Reich, com o que consubstancia uma teoria que reforça o poder presidencial em detrimento do Parlamento. Para o aprofundamento temático, consulte-se especialmente o capítulo III de: SCHMITT, Carl. *La Defensa de la Constitución*: estudio acerca de las diversas especies y posibilidades de salvaguardia de la Constitución. Prologo de Pedro de Vega. Madrid: Tecnos, 1983. Ainda sobre o tema, ver, na produção acadêmica nacional: BERCOVICI, Gilberto. Carl Schmitt, o Estado total e o guardião da Constituição. *Revista Brasileira de Direito Constitucional*, n. 01, p. 195-201, jan./jun. 2003.

[393] ARAGÃO, Alexandre. O controle da constitucionalidade pelo Supremo Tribunal Federal à luz da teoria dos poderes neutrais. *Revista de Direito da Procuradoria-Geral do Estado do Rio de Janeiro*, v. 57, 2003, p. 31. Como noticia o autor: "A Teoria dos Poderes Neutrais não é nova, devendo grande parte de sua construção a BENJAMIN CONSTANT e a CARL SCHMITT. Todavia, a sua importância só veio a ser notada com maior intensidade pela pena da mais moderna doutrina alemã, sobretudo através de FICHTMULLER, italiana com destaque para MICHELA MANETTI e SILVIA NOCCOLAI, espanhola, na qual JOSE MANUEL SALA ARQUER merece especial citação por seu pioneirismo, que livraram a Teoria dos Poderes Neutrais das concepções autoritárias que permearam a sua origem, transformando-a em importante instrumento para a compreensão da complexidade social e estatal em que vivemos". Ainda sobre a importância das funções enquanto "canais contemporâneos de expressão da democracia", esclarece Diogo de Figueiredo Moreira Neto: "A institucionalização desse novo bloco de funções constitucionais – que ostenta a característica distintiva de serem funções *político-partidariamente neutras* – é resultado de importantes mutações juspolíticas, incidentes, notadamente, na teoria dos *interesses públicos*, que dissiparam a antiga confusão categorial, gerada pela imprecisão da distinção entre os *interesses públicos originais*, ou *primários*, afetos às pessoas em sociedade, e os *interesses públicos derivados*, ou *secundários*, afetos às pessoas do Estado. (...). Portanto, a *teoria dos poderes neutrais* – que, mais apropriadamente, hoje assim não mais se definirão, mas como funções neutrais, em razão da própria *unicidade do poder estatal*, e entendida não como uma neutralidade genérica, mas como uma *neutralidade específica*, ou seja, tão somente restrita aos assuntos político partidários – parte da constatação dessa paulatina erosão *da legitimidade* das assembleias políticas, as quais, muito embora formalmente eleitas, perdem *legitimidade*, quando se trata de aferir, com imparcialidade e independência, a pletora de valores em constante concorrência e conflito nas sociedades contemporâneas" (MOREIRA NETO, Diogo de Figueiredo. *Novas mutações juspolíticas*: em memória de Eduardo García de Enterría, jurista de dois mundos. Belo Horizonte: Fórum, 2016. p. 68).

[394] Esses seriam, na expressão de Pierre Rosanvallon, os *neutral watchdogs*, especialmente importantes para se resgatar a confiança pública e aliviar as sistemáticas suspeitas dirigidas aos governos. Em suas palavras: "Se o governo deve realmente ser confiável e eficiente, *neutral watchdogs* devem vigiar o trabalho dos representantes do povo. Em outras palavras, a democracia pode florescer apenas se ela tiver ciência dos riscos de suas disfunções e se equipar com instituições capazes de submeter os seus próprios trabalhos a uma avaliação construtiva. O *neutral watchdog* pode assumir três distintas formas: ele pode existir como uma capacidade funcional (na forma de órgãos de auditoria interna, por exemplo); como um *ethos* (no caso das autoridades independentes de controle); ou como uma atividade social (como, por exemplo, a mídia, que oferece uma forma profissional de vigilância, ou

de uma apropriação contemporânea bastante temperada e complacente a respeito da doutrina das funções neutrais, até porque é amplamente sabido que sua abordagem originária deu-se historicamente em um contexto de disputa a respeito da instância mais adequada para enfrentar situações críticas e excepcionais nas quais a Constituição teria que se autodefender, o que evidenciaria a necessidade de um mediador autônomo entre os diversos poderes estatais.[395]

Apesar de a ideia de poder neutral comportar variadas traduções orgânicas nos regimes democráticos da atualidade, existem certas notas que lhes particularizam na paisagem institucional. Em primeiro lugar, destaca-se que a legitimidade de sua autoridade repousa sobre duas exigências que se entrelaçam, quais sejam, a qualificação técnica (*expertise*) e a imparcialidade, esta última compreendida no sentido de descompromisso partidário e neutralidade em relação aos diversos interesses que podem estar em jogo na sua esfera de atuação. Diretamente associado a esse ponto, há o caráter não eletivo do provimento de seus titulares, os quais ficam, ao menos teoricamente, afastados da dinâmica político-partidária. E há, por fim, o reconhecimento da independência necessária para assegurar a emancipação política da instituição.[396]

É fora de dúvida que um cenário dessa natureza inspira uma grande ambivalência. De uma parte, a autonomia e a independência próprias das instâncias neutrais diante dos poderes estatais podem ser interpretadas como uma forma de desempoderamento para o viés político, na medida em que se escapa do controle direto dos representantes eleitos. De outro lado, contudo, pode-se considerar que essa independência, necessariamente associada a um *déficit* democrático, é

---

como pequenos grupos de ativistas militantes)" (*Counter-Democracy*: Politics in an Age of Distrust. Obra citada, *Kindle edition*, posição 1.289).

[395] Nessa perspectiva mais estrita, duas instituições poderiam pretender o reconhecimento de poder neutral: a Presidência ou a Corte Constitucional. No século XX, essa disputa foi intensamente explorada na célebre controvérsia que opôs os juristas Hans Kelsen e Carl Schmitt, o primeiro confiando o poder neutro a uma Corte Constitucional, e o segundo à Presidência.

[396] BAUME, Sandrine. De l'usage des pouvoirs neutres. *Pouvoirs*, v. 143, n. 04, p. 25, 2012. Nessa mesma linha, resume Alexandre Aragão: "O que há em comum a todos estes órgãos, que, sem dúvida, possuem escala de autonomia variável, é (1) o caráter não eletivo do provimento de seus titulares, (2) a natureza preponderantemente técnica das suas funções, (3) a independência, ou seja, a ausência de subordinação aos poderes políticos eletivos do Estado como forma de propiciar (4) o exercício imparcial das suas funções em relação aos diversos interesses particulares que estiverem em jogo, aos interesses do próprio Estado, do qual fazem parte e à vontade majoritária da sociedade tal como expressa por seus representantes" (ARAGÃO, Alexandre. *O controle da constitucionalidade pelo Supremo Tribunal Federal à luz da teoria dos poderes neutrais*. Artigo citado, p. 31).

mesmo a condição *sine qua non* para a imparcialidade e a neutralidade e, em última análise, para a própria legitimidade de tais órgãos.

Embora sem se referir expressamente à função neutral do Estado nos termos anteriormente mencionados, Pierre Rosanvallon é um pensador contemporâneo que tem se dedicado intensamente à reflexão a respeito da legitimidade democrática fundada no *domínio da neutralidade*.[397] Após diagnosticar o colapso da democracia atrelada ao eixo das eleições, o sociólogo e historiador francês identifica a emergência de novas figuras de legitimidade democrática, dotadas de potencial corretivo das insuficiências da vertente puramente eleitoral-representativa. Aponta o autor, assim, a imparcialidade, a reflexividade e a proximidade como os novos fundamentos de legitimidade de um governo democrático.

A imparcialidade associa-se ao distanciamento de posições político-partidárias e de interesses particulares, institucionalizando-se a partir da adesão ao fenômeno das autoridades independentes, mediante a criação de corpos independentes de regulação e controle, tais como os bancos centrais, as agências reguladoras, os conselhos técnicos etc. A reflexividade articula-se com o reconhecimento das expressões plurais de bem comum, mediante o estabelecimento de instituições destinadas à regulação da maioria, cuja tradução mais cristalina reside na competência das cortes constitucionais. Por fim, a legitimidade pela proximidade vincula-se ao reconhecimento de todas as singularidades e tem como expressões emergentes as teorias da identidade, do reconhecimento e o apelo à "política da presença".

No ambiente das formulações de Rosanvallon, é a denominada "legitimidade de imparcialidade" a que diretamente interessa ao argumento deste livro, por tratar-se da legitimidade partidariamente descompromissada. Ela se institucionaliza por meio da expansão e aceitação do fenômeno das "autoridades independentes", expressão que, na França, abrange organismos como banco central, agências reguladoras, conselhos técnicos, comissões de fiscalização, os quais vêm assumindo responsabilidades cada vez mais amplas no âmbito das políticas públicas. Esses organismos são geralmente caracterizados por estruturas colegiadas em seus processos de tomada de decisão, em que seus membros debatem as questões postas com respaldo em conhecimento científico e técnico e com distanciamento de interesses

---

[397] ROSANVALLON, Pierre. *Democratic Legitimacy*: Impartiality, Reflexivity, Proximity. Obra citada.

partidários. A partir de tais notas características é que os institutos se articulam com as chamadas "funções neutrais" estatais.

Assentadas essas premissas, parece efetivamente possível associar a função exercida pelos Tribunais de Contas no Brasil ao campo das funções neutrais, como, aliás, já tem sido explorado por alguns autores nacionais. Nessa linha de entendimento, ao caracterizar os Tribunais de Contas no Brasil como uma das expressões contemporâneas de órgão que exerce função neutral, Diogo de Figueiredo Moreira Neto os identifica como:

> funções neutrais constitucionalmente independentes de fiscalização contábil, financeira e orçamentária, voltadas explicitamente à tutela da legalidade, da legitimidade e da economicidade da gestão administrativa, e, implicitamente, também à tutela da impessoalidade, moralidade, publicidade e eficiência da gestão pública, categorizadas como atividades de zeladoria e de controle.[398]

O aspecto fundamental a ser destacado em reforço à função neutral exercida pelos Tribunais de Contas no Brasil vincula-se

---

[398] MOREIRA NETO, Diogo de Figueiredo. *Poder, direito e Estado*: o direito administrativo em tempos de globalização. Belo Horizonte: Fórum, 2011. p. 90. Em primoroso e mais recente estudo, o autor aprofunda o tema das funções neutrais, sempre inserindo o "Sistema Nacional de Tribunais de Contas" na sua perspectiva. Confira-se: "Como evolução esperada – a par dos órgãos governativos parlamentares, que, ao menos em teoria, continuam a expressar, *de forma indireta*, a vontade dos vários *segmentos* (por isso denominados partidários) do poder popular originário, que operam, todos, segundo o *critério da maioria* – despontou a necessidade de institucionalizem-se órgãos diferenciados, que atuassem *contramajoritariamente* na sustentação de *valores politicamente indisponíveis*, mesmo antagonicamente. Tais órgãos, por definição, *neutrais* em relação à atuação político-partidária, inserir--se-iam a partir da sociedade, no aparelho de Estado, pela via do *mérito*, e não a eletiva, com a missão de expressar e de sustentar esses valores fundantes e permanentes, que, distintamente dos partidários, não são eventuais nem segmentários, se não que permanentes e indisponíveis, historicamente comuns a toda nacionalidade, destarte, *prevalecendo*, *até mesmo, contra a vontade de eventuais maiorias*. (...). Hoje, porém, além dos órgãos neutrais *judiciários*, pluralizam-se e difundem-se *novos órgãos neutrais constitucionalmente independentes*, com funções contramajoritárias, dirigidas tanto à proteção dos interesses das pessoas, quanto ao controle do Poder Estatal. No Brasil, já são identificados nada menos que cinco conjuntos de órgãos constitucionalizados com essa natureza, desempenhando diversificadas funções de *zeladoria, fiscalização, promoção, defesa e consultoria jurídica, referidas a interesses constitucionalmente protegidos*, por isso, todos apropriadamente insertos na Carta Política Brasileira, em seu Título IV – Da Organização dos Poderes, e assim identificados: 1) o Sistema Nacional de Tribunais de Contas; 2) o Conselho Nacional de Justiça; 3) o Conselho Nacional do Ministério Público; 4) o Sistema Nacional das Funções Essenciais à Justiça (com os subsistemas nacionais da Advocacia, do Ministério Público, da Advocacia Pública e da Defensoria Pública; e 5) o Sistema Nacional da Ordem dos Advogados do Brasil" (MOREIRA NETO, Diogo de Figueiredo. *Novas mutações juspolíticas*: em memória de Eduardo García de Enterría, jurista de dois mundos. Obra citada, p. 228).

ao reconhecimento de sua autonomia e independência em relação aos demais poderes orgânicos do Estado. A esse propósito, merece registro o fato de que a vinculação usualmente reconhecida entre Tribunais de Contas e Poder Legislativo é objeto de compreensões não raro distorcidas, sendo atualmente suplantada pela doutrina mais especializada na temática,[399] com destaque para o ponto de vista defendido por Ricardo Lobo Torres:

> O tribunal de contas, a nosso ver, *é órgão auxiliar dos poderes legislativo, executivo e judiciário*, bem como da comunidade e de seus órgãos de participação política: auxilia o legislativo no controle externo, fornecendo-lhe informações, pareceres e relatórios; auxilia a administração e o judiciário na autotutela da legalidade e do controle interno, orientando sua ação e controlando os responsáveis por bens e valores públicos. Rui Barbosa já lhe indicava essas características ao defini-lo como um "mediador independente posto de permeio entre o poder que autoriza periodicamente a despesa e o poder que

---

[399] Segundo Odete Medauar, "o Tribunal de Contas é instituição estatal independente, pois seus integrantes têm as mesmas garantias atribuídas ao Poder Judiciário (Constituição Federal, art. 73, §3º). Daí ser impossível considerá-lo subordinado ou inserido na estrutura do Legislativo. Se a sua função é de atuar em auxílio ao Legislativo, sua natureza, em razão das próprias normas constitucionais, é a de órgão independente, desvinculado da estrutura de qualquer dos três poderes" (MEDAUAR, Odete. *Direito Administrativo Moderno*. 18. ed. São Paulo: Ed. Revista dos Tribunais, 2014. p. 441). Perfilhando igual posicionamento, em produção acadêmica específica sobre a posição institucional das Cortes de Contas no país, afirma Carlos Ayres Britto: "3.1. Diga-se mais: além de não ser órgão do Poder Legislativo, o Tribunal de Contas da União não é órgão auxiliar do Parlamento Nacional, naquele sentido de inferioridade hierárquica ou subalternidade funcional. Como salta à evidência, é preciso medir com a trena da Constituição a estatura de certos órgãos públicos para saber até que ponto eles se põem como instituições autônomas e o fato é que o TCU desfruta desse altaneiro status normativo da autonomia. Donde o acréscimo de ideia que estou a fazer: quando a Constituição diz que o Congresso Nacional exercerá o controle externo com o auxílio do Tribunal de Contas da União (art. 71), tenho como certo que está a falar de auxílio do mesmo modo como a Constituição fala do Ministério Público perante o Poder Judiciário. Quero dizer: não se pode exercer a jurisdição senão com a participação do Ministério Público. Senão com a obrigatória participação ou o compulsório auxílio do Ministério Público. Uma só função (a jurisdicional), com dois diferenciados órgãos a servi-la. Sem que se possa falar de superioridade de um perante o outro. 3.2. As proposições se encaixam. Não sendo órgão do Poder Legislativo, nenhum Tribunal de Contas opera no campo da subalterna auxiliaridade. (...). 3.3. Toda essa comparação com o Ministério Público é, deveras, apropriada. Assim como não se pode exercer a jurisdição com o descarte do 'Parquet', também é inconcebível o exercício da função estatal de controle externo sem o necessário concurso ou contributo obrigatório dos Tribunais de Contas. Mas esse tipo de auxiliaridade nada tem de subalternidade operacional (...). Traduz a coparticipação inafastável de um dado Tribunal de Contas no exercício da atuação controladora externa que é própria de cada Poder Legislativo, no interior da respectiva pessoa estatal-federada" (O Regime Constitucional dos Tribunais de Contas. *In*: SOUSA, Alfredo José de (Org.). *Novo Tribunal de Contas – órgão protetor dos direitos fundamentais*. 3. ed. Belo Horizonte: Fórum, 2005. p. 73).

quotidianamente a executa, auxiliar de um e outro, que, comunicando com a legislatura e intervindo na administração, seja não só o vigia, como a mão forte da primeira sobre a segunda, obstando a perpetração das infrações orçamentárias por um voto oportuno". É imensa a doutrina, assim brasileira que estrangeira, favorável à colocação do tribunal de contas como órgão auxiliar dos poderes do estado, principalmente do legislativo e do executivo. Demais disso, o tribunal de contas auxilia a própria comunidade, uma vez que a constituição federal aumentou a participação do povo no controle do patrimônio público e na defesa dos direitos difusos. O tribunal de contas, por conseguinte, tem o seu papel dilargado na democracia social e participativa e não se deixa aprisionar no esquema da rígida separação de poderes.[400]

As contribuições doutrinárias a respeito da matéria alinham-se aos precedentes mais recentes firmados pelo Supremo Tribunal Federal. Nesse ponto, duas decisões adotadas no ano de 2010 merecem um registro especial, porque são paradigmáticas na definição da posição institucional dos Tribunais de Contas no Brasil.

A primeira delas foi relatada pelo ministro Celso de Mello e versava sobre uma ação direta de inconstitucionalidade ajuizada em face de dispositivos da Constituição do Estado do Rio de Janeiro que, alterados por emenda de iniciativa parlamentar, traduziam diversas hipóteses de ingerência direta do Legislativo estadual na atuação e no funcionamento da Corte de Contas, sendo a mais grave delas a tipificação de crimes de responsabilidade aos integrantes do colegiado. O Supremo Tribunal Federal, ao decidir a matéria, acompanhou o voto do ministro relator, que assim se pronunciou:

> Cabe enfatizar, neste ponto, uma vez mais, na linha da jurisprudência do Supremo Tribunal Federal – considerado o teor da emenda constitucional estadual 40/2009 –, *que inexiste qualquer vínculo de subordinação institucional dos Tribunais de Contas ao respectivo Poder Legislativo, eis que esses órgãos auxiliam o Congresso Nacional, as Assembleias Legislativas, a Câmara Legislativa do Distrito Federal e as Câmaras Municipais e possuem, por expressa outorga constitucional, autonomia que lhes assegura o autogoverno, dispondo, ainda, os membros que os integram, de prerrogativas próprias, como os predicamentos inerentes à magistratura.*
>
> *Revela-se inteiramente falsa e completamente destituída de fundamento constitucional a ideia, de todo equivocada, de que os Tribunais de Contas seriam meros órgãos auxiliares do Poder Legislativo.*

---

[400] TORRES, Ricardo Lobo. *Tratado de Direito Constitucional, Financeiro e Tributário.* 3. ed. Rio de Janeiro: Renovar, 2008. v. V: O Orçamento na Constituição, p. 487-488.

> *Na realidade, os Tribunais de Contas ostentam posição eminente na estrutura constitucional brasileira, não se achando subordinados, por qualquer vínculo de ordem hierárquica, ao Poder Legislativo,* de que não são órgãos delegatários nem organismos de mero assessoramento técnico, como o reconhecem autorizadíssimos doutrinadores (...).[401] (Os grifos não são do original)

A outra decisão relevante e elucidativa acerca do perfil institucional das Cortes de Contas no país foi adotada em situação de intenso conflito entre o referido órgão e o Poder Legislativo estadual,[402] tendo por questionamento fundamental a edição de lei, de iniciativa parlamentar, para disciplinar a forma de atuação, competências, garantias, deveres e organização do Tribunal de Contas do respectivo estado. As normas impugnadas foram declaradas inconstitucionais pelo STF por violarem as prerrogativas da autonomia e do autogoverno e, na oportunidade, salientou o ministro relator que:

> (...) a melhor doutrina reconhece a independência do Tribunal de Contas frente ao Poder Legislativo, ao qual não se subordina. *Ambos os órgãos funcionam, na realidade, em uma relação de cooperação, na atividade de controle externo do poder público, dispondo, para tal finalidade, de competências autônomas.*[403] (Os grifos não são do original)

A posição seguida pelo STF ao identificar os Tribunais de Contas no Brasil como *órgãos centralmente constitucionais independentes e autônomos* coaduna-se efetivamente com o arcabouço normativo que a Constituição da República de 1988 lhes dedica, mediante o reconhecimento de garantias institucionais e subjetivas que têm por finalidade assegurar e resguardar a sua atuação neutra e imparcial, distanciada de

---

[401] STF, ADI nº 4.190/DF, Pleno, relator ministro Celso de Mello, julgado em 10.03.2010. Em sua ementa, o julgado faz a referência ao tema: "(...). A POSIÇÃO CONSTITUCIONAL DOS TRIBUNAIS DE CONTAS – ÓRGÃOS INVESTIDOS DE AUTONOMIA JURÍDICA – INEXISTÊNCIA DE QUALQUER VÍNCULO DE SUBORDINAÇÃO INSTITUCIONAL AO PODER LEGISLATIVO – ATRIBUIÇÕES DO TRIBUNAL DE CONTAS QUE TRADUZEM DIRETA EMANAÇÃO DA PRÓPRIA CONSTITUIÇÃO DA REPÚBLICA. – Os Tribunais de Contas ostentam posição eminente na estrutura constitucional brasileira, não se achando subordinados, por qualquer vínculo de ordem hierárquica, ao Poder Legislativo, de que não são órgãos delegatários nem organismos de mero assessoramento técnico. A competência institucional dos Tribunais de Contas não deriva, por isso mesmo, de delegação dos órgãos do Poder Legislativo, mas traduz emanação que resulta, primariamente, da própria Constituição da República."

[402] O cenário adversarial entre Tribunais de Contas estaduais e Legislativo do respectivo Estado-membro, infelizmente, representa circunstância bem mais usual do que se poderia esperar. Trata-se, como já caracterizou em certa oportunidade o então ministro Sepúlveda Pertence, de mais uma vicissitude histórica da política provinciana brasileira (STF, ADI-MC nº 3.715-3/TO, relator ministro Gilmar Mendes, julgado em 24.05.2006).

[403] STF, ADI nº 4418-MC/TO, Pleno, relator ministro Dias Toffoli, julgado em 06.10.2010.

ingerências político-partidárias ou de outros órgãos estatais. Tais garantias lhes são asseguradas por intermédio de uma cláusula constitucional de extensão, especificamente aquela prevista no artigo 73, segundo a qual o "Tribunal de Contas da União, integrado por nove Ministros, tem sede no Distrito Federal, quadro próprio de pessoal e jurisdição em todo o território nacional, exercendo, no que couber, as atribuições previstas no artigo 96". Ou seja, a referência organizativo-operacional dos Tribunais de Contas no Brasil reside no Poder Judiciário.

Como se sabe, o mencionado artigo 96 da Constituição da República traduz o núcleo normativo das prerrogativas institucionais reconhecidas ao Poder Judiciário, assegurando aos seus órgãos capacidade de autoadministração e de autogoverno. Fundamentalmente, os mesmos mecanismos de proteção que resguardam a independência da ação política para o Judiciário estendem-se aos Tribunais de Contas: a autoadministração inclui diretamente a autonomia administrativa e financeira, ao passo que o autogoverno inclui, essencialmente, a iniciativa reservada para instaurar o processo legislativo que pretenda dispor sobre sua organização e funcionamento.

De fato, a partir da interpretação sistemática dos artigos 73, 75 e 96 da Constituição da República, resulta que, como garantia de sua independência orgânica, os Tribunais de Contas gozam de autonomia administrativa, que lhes confere o exercício das seguintes competências próprias: (i) eleger seus órgãos diretivos; (ii) elaborar seu regimento interno; (iii) dispor sobre a competência e funcionamento dos respectivos órgãos administrativos; (iv) organizar sua secretaria e serviços auxiliares; prover os cargos necessários à administração de seus órgãos; (v) conceder licença, férias ou outros afastamentos a seus membros e aos servidores que lhes sejam subordinados; e (vi) propor ao Poder Legislativo a criação e a extinção de cargos e a fixação de vencimentos de seus membros e de seus serviços auxiliares.

A autonomia financeira e orçamentária das Cortes de Contas no Brasil é, assim como a autonomia administrativa,[404] um atributo neutralizador de ingerências externas e materializa-se por meio da prerrogativa para elaboração das suas propostas orçamentárias dentro

---

[404] Recentemente, o Supremo Tribunal Federal reafirmou a autonomia financeira dos Tribunais de Contas e impediu que o Estado da Paraíba fosse inscrito no cadastro de inadimplentes da União Federal em decorrência da não observância, por parte do Tribunal de Contas paraibano, dos limites de gastos previstos na lei orçamentária. A decisão, que se assentou no princípio da *intranscendência subjetiva das sanções*, destacou que os Tribunais de Contas são órgãos dotados de autonomia institucional, administrativa e financeira e que, portanto, o Governo do Estado da Paraíba, por intermédio de seu Poder Executivo, não teria competência para intervir na esfera orgânica da referida instituição (STF, ACO nº 1501 AgR/PB, Primeira Turma, relator ministro Luiz Fux, julgado em 09.06.2015).

dos limites estipulados na Lei de Diretrizes Orçamentárias e encaminhamento ao Poder Executivo respectivo para consolidação.[405] Além disso, assim como acontece com os órgãos do Poder Judiciário, os Tribunais de Contas têm assegurado o direito ao repasse dos recursos relativos à sua dotação orçamentária até o vigésimo dia de cada mês, correspondendo ao que convencionalmente se conhece por direito ao duodécimo constitucional.[406]

Além das garantias de índole institucional que visam a resguardar a imparcialidade e a função neutra dos Tribunais de Contas no Brasil, o ordenamento constitucional de 1988, atento à relevância de sua atividade para o regime democrático e republicano, também reconheceu a imprescindibilidade de preservar subjetivamente os membros de tais colegiados e estabeleceu um regime vocacionado a tutelar e proteger sua atuação funcional. Dessa forma, os integrantes das instâncias deliberativas dos Tribunais de Contas no Brasil submetem-se a um estatuto jurídico especial, por meio do qual lhes são estendidos os predicamentos inerentes à magistratura.[407]

Como resultado, os ministros e conselheiros dos Tribunais de Contas dispõem das prerrogativas jurídico-constitucionais da vitaliciedade, da inamovibilidade e da irredutibilidade de subsídio, destinadas a proteger-lhes a independência funcional. Isso significa dizer, em especial, que os membros das Cortes de Contas no país ostentam prerrogativas equiparadas às dos membros do Poder Judiciário, possuindo, assim, significativa proteção contra a perda do cargo, que só pode ocorrer mediante decisão judicial com trânsito em julgado.

---

[405] Conforme artigo 99 da CRFB: "Ao Poder Judiciário é assegurada autonomia administrativa e financeira. §1º. Os tribunais elaborarão suas propostas orçamentárias dentro dos limites estipulados conjuntamente com os demais Poderes na lei de diretrizes orçamentárias". A respeito da extensão de tal garantia institucional da magistratura aos Tribunais de Contas, já decidiu o STF: "3. O autor ataca trecho do art. 50 da Carta estadual que outorgou ao Tribunal de Contas do Estado, além da capacidade de autogestão, a autonomia de caráter financeiro. Constitucionalidade decorrente da outorga à Corte de Contas das mesmas garantias dadas ao Poder Judiciário (arts. 73 e 96 da CF/88), o que inclui a autonomia financeira" (STF, ADI nº 119/RO, Pleno, relator ministro Dias Toffoli, julgado em 19.02.2014).

[406] O artigo 168 da CRFB disciplina a matéria: "Os recursos correspondentes às dotações orçamentárias, compreendidos os créditos suplementares e especiais, destinados aos órgãos dos Poderes Legislativo e Judiciário, do Ministério Público e da Defensoria Pública, ser-lhes-ão entregues até o dia 20 de cada mês, em duodécimos, na forma da lei complementar a que se refere o art. 165, §9º".

[407] A cláusula de extensão relativa às garantias subjetivas consta da norma do artigo 73, §3º, da Constituição da República: "Os Ministros do Tribunal de Contas da União terão as mesmas garantias, prerrogativas, impedimentos, vencimentos e vantagens dos Ministros do Superior Tribunal de Justiça, aplicando-se-lhes, quanto à aposentadoria e pensão, as normas constantes do art. 40".

Em conclusão, entende-se que o quadro normativo acima delineado revela nitidamente que os Tribunais de Contas no Brasil ostentam posição que, avançando no dogma tradicional da separação funcional de poderes, legitima sua aproximação teórica com instituições as quais se reconhece o exercício de funções neutrais, com ênfase para sua capacidade de reforçar e alargar a concepção democrática para além da entropia representativa. A divisão de poderes nas democracias contemporâneas não tem como fechar seus olhos para a existência e para a importância de organismos que, à semelhança dos Tribunais de Contas, conformam modelos de democracia indireta ou de contrademocracia e que se colocam em tensão com a esfera dos poderes majoritários.[408]

É exatamente nesse contexto que as Cortes de Contas apresentam-se aptas a um novo tipo de apropriação teórica, identificando-se como agências de democracia indireta que retiram sua legitimidade a partir dos atributos de neutralidade e imparcialidade, fortalecidos pelo reconhecimento da independência funcional anteriormente descrita.

O ponto pertinente à intrínseca relação entre independência e imparcialidade/neutralidade, porém, merece aprofundamento e submete-se a alguns testes de validação. Afinal, a independência não é, em si mesma, garantia de imparcialidade. Ao contrário, a independência define um *status*, enquanto a imparcialidade é uma qualidade, uma característica do comportamento de certos indivíduos. A independência pode ser uma marca intrínseca de certas instituições, ao passo que a imparcialidade é uma nota característica de um ator em particular. A imparcialidade, para ser exercida, pressupõe independência, mas esta, isoladamente, não é suficiente para assegurar neutralidade.[409]

Com o advento da Lei nº 13.655/2018, que promoveu diversas alterações na Lei de Introdução às Normas do Direito Brasileiro (LINDB, que é o Decreto-Lei nº 4.657/1942), as discussões em torno do reconhecimento dos Tribunais de Contas enquanto órgãos de controle assumem novos contornos. Cumpre, porém, fazer um breve relato a respeito do histórico da mencionada lei, a fim de melhor compreender seu intuito, antes de analisar detidamente suas disposições a respeito da posição do Tribunal de Contas no contexto da separação de poderes.

Em 2015, o senador Antonio Anastasia apresentou o PLS nº 349, cujo anteprojeto resultou de elaboração dos renomados professores

---

[408] ROSANVALLON, Pierre. *Democratic Legitimacy*: Impartiality, Reflexivity, Proximity. Obra citada, p. 221.

[409] ROSANVALLON, Pierre. *Democratic Legitimacy*: Impartiality, Reflexivity, Proximity. Obra citada, p. 94.

Carlos Ari Sundfeld e Floriano de Azevedo Marques Neto, desenvolvido no âmbito da Escola de Direito de São Paulo da Fundação Getulio Vargas (FGV). Segundo o autor da proposição, seu objetivo é "o de elevar os níveis de segurança jurídica e de eficiência na criação e aplicação do direito público", em razão da falta de uniformidade nacional do tratamento do tema.[410]

Nas atividades exercidas pelas ISCs, a discussão em torno do tema assume relevância. Isso porque, à luz do federalismo cooperativo forjado pela Constituição de 1988 ao realizar a repartição de competências legislativas, todos os entes federados podem editar normas de Direito Administrativo e Financeiro, disciplinas estas umbilicalmente ligadas à função de controle exercida pelos Tribunais de Contas. Daí decorre, muitas vezes, falta de uniformidade no tratamento dispensado por tais órgãos de controle aos gestores públicos nas diversas pessoas políticas, o que, sem dúvidas, é fator de insegurança jurídica e, em última análise, de ameaça à isonomia.

Tomando tais premissas em conta e com o objetivo de modificar tal cenário é que foi editada a Lei nº 13.655/2018, que incluiu os artigos 21 a 30 da LINDB, trazendo disposições gerais a respeito da interpretação e aplicação do Direito Público, embora seu nítido foco resida justamente no controle externo da atividade administrativa. Porém, não serão tecidos maiores comentários a respeito de tais disposições em razão do escopo deste trabalho.

Em diversos dispositivos,[411] nota-se a intenção do legislador em reconhecer a autonomia da atividade de controle, apartada das

---

[410] BRASIL. Senado Federal. Justificativa para o PLS nº 349/2015. Disponível em https://legis. senado.leg.br/sdleg-getter/documento?dm=2919883&disposition=inline. Acesso em: 03 out. 2018.

[411] Confiram-se os dispositivos que tratam do tema ora em estudo: "Art. 20. Nas esferas administrativa, controladora e judicial, não se decidirá com base em valores jurídicos abstratos sem que sejam consideradas as consequências práticas da decisão." "Art. 21. A decisão que, nas esferas administrativa, controladora ou judicial, decretar a invalidação de ato, contrato, ajuste, processo ou norma administrativa deverá indicar de modo expresso suas consequências jurídicas e administrativas." "Art. 23. A decisão administrativa, controladora ou judicial que estabelecer interpretação ou orientação nova sobre norma de conteúdo indeterminado, impondo novo dever ou novo condicionamento de direito, deverá prever regime de transição quando indispensável para que o novo dever ou condicionamento de direito seja cumprido de modo proporcional, equânime e eficiente e sem prejuízo aos interesses gerais." "Art. 24. A revisão, nas esferas administrativa, controladora ou judicial, quanto à validade de ato, contrato, ajuste, processo ou norma administrativa cuja produção já se houver completado levará em conta as orientações gerais da época, sendo vedado que, com base em mudança posterior de orientação geral, se declarem inválidas situações plenamente constituídas." "Art. 27. A decisão do processo, nas esferas administrativa, controladora ou judicial, poderá impor compensação por benefícios indevidos ou prejuízos anormais ou injustos resultantes do processo ou da conduta dos envolvidos."

funções administrativa e judicial. Diante do cenário de incerteza a respeito da posição institucional dos Tribunais de Contas no âmbito da fórmula tradicional de separação de poderes, parece haver melhor adequação às mais modernas teorias anteriormente expostas. Nesse conceito de instância controladora adotado pela lei, pode-se incluir, além dos Tribunais de Contas, órgãos tais como o Ministério Público e as controladorias internas de cada poder.

De fato, em matéria de Tribunais de Contas, os aspectos que lhes resguardam a independência foram cuidadosamente delineados na Constituição e, como visto, têm sido fortalecidos no terreno da interpretação constitucional. Mas resta o problema pragmático da imparcialidade: sendo esta uma qualidade, ela não se exaure e não tem como ser puramente institucionalizada por procedimentos ou regras, tampouco pode ser encarada como uma conquista histórica. Muito ao contrário, o predicado da imparcialidade – como visto, central e primário para a legitimidade dos Tribunais de Contas – precisa ser constantemente construído e afirmado. Em outros termos, a imparcialidade precisa ser vista, ser externalizada, pois ainda que exista uma presunção em seu sentido quando do exercício de certa autoridade, apenas isso não é suficiente. É preciso mais: é preciso demonstrar, na rotina de atuação do órgão, que essa presunção se justifica.

E com isso se chega a um dos aspectos mais sensíveis do desenho institucional dos Tribunais de Contas em nosso país, cuja fragilidade e incoerência pode eventualmente comprometer seu reconhecimento como instituição neutra de democracia indireta. Trata-se do aspecto relativo à composição de tais órgãos no Brasil, tema desafiador e repleto de perplexidades que serão a seguir enfrentadas.

4.3 A composição dos Tribunais de Contas e o histórico de resistência à implementação do modelo constitucional

Ao longo do capítulo anterior, mais precisamente no tópico relativo à conformação do "Sistema Tribunal de Contas" no curso dos debates constituintes, atentou-se para o fato de que a tramitação do tema na Assembleia Nacional Constituinte (ANC) foi marcada pela polarização em torno das estratégias para definir o regime de indicação dos membros das Cortes de Contas, bem como a qualidade de sua investidura. Como se viu, quanto aos critérios de composição, embora se tenha avançado no sentido de quebrar o monopólio dominante do

Poder Executivo nas indicações, a solução final negligenciou uma série de fatores considerados em alternativas veiculadas ainda na primeira etapa de trabalho descentralizado da ANC, particularmente os fatores que buscavam algum tipo de restrição para as indicações puramente políticas a cargo do Legislativo. Ainda a esse respeito, atentou-se que, dentre as alternativas cogitadas para o provimento dos cargos decisórios dos Tribunais de Contas, a ideia de criação de uma carreira específica, com vagas preenchidas por meio de concurso público, não chegou sequer a constar de algum texto ou projeto deliberado nas diversas fases constituintes.

Com o advento do regime constitucional atual, a forma de recrutamento dos membros do Tribunal de Contas da União passou a reger-se por dois critérios básicos de partilha, a saber: (i) uma partilha interpoderes, fundada no princípio da separação de poderes e que reconhece a participação do Executivo e do Legislativo nas indicações; e (ii) uma partilha intrapoder, na esfera do Poder Executivo, justificada pela necessidade de conferir *expertise* e independência ao órgão.[412] Tais critérios de partilha encontram-se previstos na norma do artigo 73, §2º, da CRFB:

> Art. 73. O Tribunal de Contas da União, integrado por nove Ministros, tem sede no Distrito Federal, quadro próprio de pessoal e jurisdição em todo o território nacional, exercendo, no que couber, as atribuições previstas no art. 96.
> (…).
> §2º. Os Ministros do Tribunal de Contas da União serão escolhidos:
> I – um terço pelo Presidente da República, com aprovação do Senado Federal, sendo dois alternadamente dentre auditores e membros do Ministério Público junto ao Tribunal, indicados em lista tríplice pelo Tribunal, segundo os critérios de antiguidade e merecimento;
> II – dois terços pelo Congresso Nacional.

No que diz respeito aos Tribunais de Contas subnacionais, a Constituição impôs a obrigatoriedade de observância de tal regramento, conforme visto anteriormente ao se comentar o sentido do artigo 75 da CRFB, ressaltando, porém, que as Cortes estaduais deveriam ser compostas por sete conselheiros. Colocou-se, então, uma primeira

---

Essa distinção baseia-se na elaboração constante do voto do ministro Marco Aurélio adotado no seguinte processo: STF, RE nº 717.424/AL, Pleno, relator ministro Marco Aurélio, julgado em 21.08.2014.

dificuldade constitucional, tendo em vista que a proporcionalidade contemplada para a esfera federal não é passível de transposição aritmética para a realidade dos Estados-membros. O Supremo Tribunal Federal, então, foi provocado a intervir no tema para esclarecer o conteúdo normativo do texto constitucional e, após inúmeros precedentes, veio a consolidar seu entendimento quanto à proporcionalidade nas indicações estaduais no Enunciado nº 653 da súmula de sua jurisprudência, fixando a seguinte diretriz: dos sete conselheiros das Cortes estaduais, quatro serão indicados pela Assembleia Legislativa e três pelo chefe do Poder Executivo Estadual, cabendo a este indicar um dentre auditores e outro dentre membros do Ministério Público, e somente o terceiro à sua livre escolha.[413]

Solucionado esse impasse, colocou-se a questão relativa à transição dos modelos constitucionais e a necessidade de fixação de regras transitórias que, afinadas com o *princípio da máxima efetividade*,[414] permitissem a implementação, tão rapidamente quanto possível, do modelo de composição heterogênea trazido pela Constituição de 1988. Isso porque, como já se constatou, rompeu-se com a fórmula tradicional de exclusividade da livre indicação dos membros pelo Poder Executivo, o que deu origem a situações marcadas com indicações feitas sob quadros normativos diferentes, necessitando de ajustes para se amoldar ao perfil trazido pela CRFB/88. A orientação que veio a prevalecer no Supremo Tribunal Federal conferiu, de um lado, a precedência ao Poder Legislativo nas primeiras indicações que surgissem após o advento da CRFB e, de outro, a destinação das duas primeiras vagas da cota do Executivo aos quadros técnicos de auditores e de membros do Ministério Público.[415]

---

[413] Eis o teor literal do Enunciado nº 653 da súmula da jurisprudência do STF: "No Tribunal de Contas Estadual, composto por sete conselheiros, quatro devem ser escolhidos pela Assembleia Legislativa e três pelo chefe do Poder Executivo Estadual, cabendo a este indicar um dentre auditores e outro dentre membros do Ministério Público, e um terceiro a sua livre escolha".

[414] O princípio da máxima efetividade traduz o reconhecimento, por parte do STF, de que "a solução mais adequada aos desígnios constitucionais é aquela que melhor promove a mais célere recomposição do Tribunal de Contas local, satisfazendo, assim, a proporcionalidade de indicados pela Assembleia Legislativa e pelo Governador do Estado" (STF, ADI nº 374/ DF, Pleno, relator ministro Dias Toffoli, julgado em 22.03.2012). Em outras palavras, "na solução dos problemas de transição de um para outro modelo constitucional, deve prevalecer, sempre que possível, a interpretação que viabilize a implementação mais rápida do ordenamento" (STF, ADI nº 2.596/PA, Pleno, relator ministro Sepúlveda Pertence, julgado em 19.03.2003).

[415] São inúmeros os precedentes do STF a esse respeito, valendo citar, a título exemplificativo: STF, ADI nº 1068-9/ES, Pleno, relator ministro Francisco Rezek, julgado em 11.10.1995;

O exame da jurisprudência firmada no âmbito do STF a respeito da forma de recrutamento dos membros dos Tribunais de Contas no Brasil evidencia o elevado grau de litigiosidade que o tema gera, assim como a histórica resistência à implementação do modelo constitucionalmente previsto, especialmente no que diz respeito ao preenchimento das vagas de origem técnica. Além disso, a pesquisa cronológica da estruturação das Cortes de Contas no país revela claramente que as carreiras de auditor (ou conselheiro substituto) e de procurador do Ministério Público de Contas tardaram a ser criadas, postergando e, eventualmente, até mesmo inviabilizando a adoção da partilha intrapoder concebida constitucionalmente.

Nesse contexto, no marco dos vinte e cinco anos da promulgação da Constituição da República, a Associação dos Tribunais de Contas do Brasil (ATRICON) realizou ambicioso projeto de avaliação da qualidade do controle externo no país (Projeto Agilidade e Qualidade do Controle Externo – 2013) e, dentre os indicadores analisados, destacou-se a observância do marco constitucional pertinente à composição dos colegiados.[416] A pesquisa detectou que o modelo constitucional ainda não foi implementado em mais da metade das Cortes de Contas (64%), com "resultados que apontam para a fragilidade do sistema de controle externo, porquanto a não implementação do modelo constitucional revela-se prejudicial à atuação eficiente dos Tribunais de Contas e à sua imagem perante a sociedade".[417]

A pesquisa avaliou 28 (vinte e oito) dos 34 (trinta e quatro) Tribunais de Contas no país, constatando-se que apenas 10 (dez) dentre os pesquisados têm sua composição plenamente adequada ao comando constitucional e em conformidade com as interpretações consolidadas no âmbito do STF. O exame do resultado detalhado por critérios esclarece pontos relevantes: (i) 29% dos Tribunais de Contas não possuem, em seu corpo deliberativo, conselheiro originário do quadro de auditores; (ii) 36% não têm em sua composição o conselheiro originário do quadro do Ministério Público de Contas; e (iii) em 14% dos órgãos, aqueles que substituem os conselheiros não fizeram concurso específico para o cargo de auditor.

STF, ADI nº 2.596/PA, Pleno, relator ministro Sepúlveda Pertence, julgado em 19.03.2003; e STF, ADI nº 3.255/PA, Pleno, relator ministro Sepúlveda Pertence, julgado em 07.12.2007.

[416] Os dados completos da pesquisa encontram-se consolidados em www.atricon.org.br/wp-content/uploads/2013/07/atricon/-_-Diagnostico-Digital.pdf. Acesso em: 20 ago. 2015.

[417] Trecho extraído da Resolução ATRICON nº 03/2014, disponível em: www.atricon.org.br. Acesso em: 20 ago. 2015.

Expandindo a pesquisa para colher os dados relativos aos 6 (seis) Tribunais não analisados no projeto,[418] pude constatar, a partir do exame dos dados disponibilizados pelas Cortes de Contas em seus sítios eletrônicos, especialmente nos ícones referentes à composição da instituição e apresentação dos currículos de seus membros, que apenas três dos seis Tribunais faltantes têm sua composição plenamente adequada ao modelo da Constituição de 1988. Conjugando tais dados, conclui-se que, passados mais de vinte e cinco anos desde a promulgação da CRFB, o quadro ainda é dramático, pois menos da metade dos Tribunais de Contas no país observam plenamente o modelo constitucional de composição.

Sem sequer ingressar no debate sobre a adequação dos critérios de partilha contemplados no texto constitucional, a simples inobservância desses marcos pelas próprias Cortes de Contas já é, por si só, um dos aspectos mais sensíveis de sua conformação, submetendo o sistema de *accountability* das finanças públicas a uma situação de vulnerabilidade incapaz de coibir iniciativas destinadas a questionar, enfraquecer ou a mitigar a sua atuação. O sistema acaba convivendo com uma trágica contradição em suas bases estruturais, nocivamente comprometedora de sua confiabilidade e integridade.

A situação emblemática de dois estados da Federação brasileira e os termos em que foram apreciadas pelo Supremo Tribunal Federal merecem destaque neste trabalho, porque são paradigmáticas da resistência que até hoje pode ser encontrada quando está em jogo a observância do modelo constitucional de composição das Cortes de Contas.

O primeiro caso envolve o maior estado da Federação brasileira, recaindo sobre o Tribunal de Contas do Estado de São Paulo, cuja composição foi judicializada nos autos da ADI nº 374/DF. Na apreciação meritória da referida ação direta de inconstitucionalidade, ocorrida em março de 2012, o ministro relator Dias Toffoli sublinhou "o tumulto que o Estado de São Paulo vem fazendo na composição da sua Corte de Contas" e que o caso seria preocupante e estaria a merecer reparos.[419] A decisão do STF, ao verificar a origem das indicações e das nomeações para o TCE-SP após a promulgação da Constituição de 1988, deparou-se

---

[418] Os seis Tribunais de Contas que não aderiram ao projeto de avaliação conduzido pela ATRICON foram: TCU, TCE-RJ, TCM-SP, TCM-BA, TCE-MS e TCE-AM. Dentre eles, após pesquisar os dados relativos à sua composição nas respectivas páginas institucionais oficiais na *internet*, pude constatar que apenas TCU, TCE-MS e TCE-AM observam satisfatoriamente os critérios de composição previstos na Constituição de 1988.

[419] STF, ADI nº 374/DF, Pleno, relator ministro Dias Toffoli, julgado em 22.03.2012.

com um quadro em total descompasso com o modelo imposto pela Constituição de 1988, caracterizado pela hipertrofia do Poder Legislativo nas escolhas em detrimento das indicações de origem técnica. Ao longo de seu voto – acompanhado pela maioria do plenário –, o relator foi categórico e empregou termos incisivos para descrever a situação vivenciada na Corte de Contas em questão. Confira-se:

> A aplicação que vem sendo dada no Estado de São Paulo às normas em questão tem retardado e inviabilizado a nomeação de auditores e membros do Ministério Público junto ao Tribunal de Contas, *com a consequente hipertrofia do Poder Legislativo em relação ao Executivo, afetando, ainda, sobremaneira, a proporcionalidade, a heterogeneidade e a pluralidade na composição do Tribunal de Contas estadual.*
>
> Percebe-se que, caso houvessem sido adotadas as regras constitucionais e as orientações já firmadas por esta Corte, a transição da composição do Tribunal de Contas paulista já se teria completado, tanto em relação às indicações do Poder Legislativo, quanto em relação às indicações do Governador, pois desde a promulgação da Constituição de 1988 já foram preenchidas seis das sete vagas de conselheiros.
>
> (…).
>
> Contudo, a aplicação indiscriminada do art. 31 da Constituição paulista e as injustificáveis interpretações adotadas pelo Estado de São Paulo, *ao invés de permitirem à Corte de Contas alcançar sua composição permanente, geraram um verdadeiro retrocesso na transição de um regime a outro, invertendo, inclusive, a proporcionalidade exigida na Constituição.*
>
> Desse modo, *os sabores da política local estão não apenas a impedir a máxima efetividade da Constituição, a qual conferiu novo formato a esse órgão de controle, mas também a dar a ele uma configuração totalmente descompassada com o modelo imposto pela Carta de 1988.*[420] (Os grifos não são do original)

Diante da situação exposta, a Suprema Corte interveio de forma atípica, considerando que se tratava de discussão em sede de controle concentrado e abstrato de constitucionalidade. Visando a equalizar a disposição das vagas do corpo deliberativo do TCE-SP, o STF especificamente vinculou as escolhas dos cargos que viessem a vagar subsequentemente, obrigando, inclusive, que um dos cargos vagos durante a tramitação do processo judicial fosse necessariamente provido por membro integrante da carreira de auditor, embora a vacância tenha decorrido de aposentadoria de conselheiro indicado pela Assembleia Legislativa. Assim, em tal caso, o critério da "vaga cativa" decorrente da

---

[420] STF, ADI nº 374/DF, Pleno, relator ministro Dias Toffoli, julgado em 22.03.2012.

partilha interpoderes cedeu espaço para privilegiar a representatividade, na composição plenária, das clientelas técnicas – representatividade decorrente da partilha intrapoder.

Essa linha de entendimento, contudo, não foi reproduzida em outro caso relevante apreciado pelo STF pouco tempo depois – em agosto de 2014 –, envolvendo a situação específica do Tribunal de Contas do Estado de Alagoas. O aspecto controvertido referia-se à possibilidade, ou não, de cargo vago de conselheiro cujo ocupante anterior fora nomeado mediante indicação da Assembleia Legislativa vir a ser preenchido por membro do Ministério Público de Contas, em observância à representatividade do órgão no aludido Tribunal.[421]

É bem verdade que a controvérsia girava em torno de moldura fática relativamente diversa do precedente do Estado de São Paulo, embora em ambos os casos fosse ostensiva a inconstitucionalidade da composição da Corte de Contas. A diferença residia na circunstância de que, enquanto no TCE-SP havia cinco conselheiros oriundos de indicação do Legislativo, no TCE-AL eram quatro os membros indicados pelo Parlamento; a semelhança dos casos estava em que, em ambos, inexistia representação das carreiras técnicas no corpo deliberativo. Pretendia-se, então, reservar "vaga cativa" do Legislativo para que fosse provida por indicação da chefia do Poder Executivo, com escolha que recaísse dentre membros do Ministério Público junto ao TCE-AL.

O caso do TCE-AL foi simbólico porque colocou o STF diante da necessidade de estabelecer, dentre duas situações de inconstitucionalidade, aquela que se revelava a menos grave. E isso foi vigorosamente destacado na divergência instaurada pelo ministro Teori Zavascki, que acentuou em sua manifestação que qualquer decisão do STF a respeito do caso concreto comprometeria, em boa medida, uma determinação constitucional.

A decisão final foi intensamente debatida e veio a ser adotada pela apertada maioria de cinco votos a quatro, com o desempate proferido pelo ministro Gilmar Mendes.[422] O ministro relator Marco Aurélio, em

---

[421] Esses foram os termos utilizados pelo STF quando do reconhecimento da repercussão geral do tema, nos autos do Recurso Extraordinário nº 717.424-AL (STF, RE nº 717.424-AL, Pleno, relator ministro Marco Aurélio, julgado em 21.08.2014).

[422] STF, RE nº 717.424-AL, Pleno, relator ministro Marco Aurélio, julgado em 21.08.2014. Eis a ementa do acórdão: "TRIBUNAL DE CONTAS – COMPOSIÇÃO – VAGA CATIVA DA ASSEMBLEIA LEGISLATIVA – EGRESSO DO MINISTÉRIO PÚBLICO – ALCANCE DO ARTIGO 73, §2º, DA CONSTITUIÇÃO FEDERAL. Prevalece a regra constitucional de divisão proporcional das indicações entre os Poderes Legislativo e Executivo, revelado o critério da 'vaga cativa', sobre a obrigatória indicação de clientelas específicas pelos governadores, inexistente exceção, incluída a ausência de membro do Ministério Público Especial".

seu voto, prestigiou a partilha interpoder em detrimento da obrigatória indicação de clientelas específicas pelos governadores, por considerar que se trataria de regras sucessivas: "primeiro, observa-se a proporção de escolhas entre os poderes para, apenas então, cumprirem-se os critérios impostos ao Executivo, não havendo exceção a tal sistemática (...)".[423] Esse entendimento foi acompanhado pelos ministros Dias Toffoli, Cármen Lúcia, Ricardo Lewandowski e, em desempate, pelo ministro Gilmar Mendes.

Divergiram dessa orientação os ministros Teori Zavascki, Rosa Weber, Luiz Fux e Celso de Mello, por entenderem que os critérios de partilha inter e intrapoder teriam a mesma eminência constitucional e que, portanto, caberia ao STF, em uma ponderação de sacrifícios e interesses, definir a maneira pela qual a composição da Corte de Contas atenderia melhor aos interesses da sociedade. Segundo o posicionamento externalizado pelo ministro Luiz Fux, seria razoável exigir "realmente membros fora da classe política, como integrantes do Ministério Público de Contas, que vão exatamente auxiliar o Poder Legislativo na aferição da exatidão do gasto do dinheiro público".[424]

Embora não tenha prevalecido, a divergência instaurada no STF a respeito da matéria tangenciou um dos aspectos mais complexos e controvertidos do arranjo dos Tribunais de Contas no Brasil, pois pretendeu, a meu ver acertadamente, conferir primazia à indicação oriunda dos quadros técnicos em detrimento da escolha a cargo da elite política, ainda fortemente marcada por práticas clientelistas e patrimonialistas amplamente presentes na experiência institucional brasileira. Ao decidir o caso do TCE-AL, o Supremo Tribunal Federal deixou escapar uma excelente oportunidade de dar um passo importante no tema e estabelecer a impossibilidade de se transigir com as vagas dos Tribunais de Contas reservadas aos quadros técnicos – procuradores e auditores.[425]

Em reforço ao que se disse anteriormente, é importante mencionar a densa e detalhada pesquisa realizada por Marcus Andre Melo,

---

[423] STF, RE nº 717.424-AL, Pleno, relator ministro Marco Aurélio, julgado em 21.08.2014.

[424] Trecho do voto do ministro Luiz Fux.

[425] O tema voltou à discussão, no âmbito do estado do Rio de Janeiro, envolvendo a indicação do nome de deputado estadual para o cargo de conselheiro do Tribunal de Contas (Ação Popular nº 0288675-54.2017.8.19.0001, que tramitou perante a 9ª Vara de Fazenda Pública da Comarca da Capital). Nela, os autores sustentaram que a vaga deveria ser preenchida por membro da carreira de auditor, considerando que o Tribunal não possuía, à época, conselheiro dela oriundo. Contudo, o processo foi extinto sem resolução de mérito, em razão de ter havido a superveniente nomeação de um auditor para preencher o cargo de conselheiro então vago.

Carlos Pereira e Carlos Maurico Figueiredo acerca da *performance* das Instituições Superiores de Controle no Brasil, tendo por objeto de investigação os trinta e três Tribunais de Contas subnacionais brasileiros. Os pesquisadores demonstraram que uma variável explicativa fundamental para a compreensão a respeito do grau de ativismo de uma ISC no Brasil é a presença ou a ausência de auditor e de membros do Ministério Público no corpo deliberativo. E concluíram que Tribunais que têm, dentre seus membros, conselheiros oriundos das "vagas cativas" técnicas tendem a ser mais ativos e efetivos.[426]

Essa sucessiva resistência à implementação do modelo constitucional nos Tribunais de Contas é efetivamente um dos aspectos significativos que impactam negativamente a sua conformação. Esse é o diagnóstico, também, de Bruno Wilhelm Speck, para quem:

> Outros pressupostos para ganhar independência e reconhecimento da sociedade é a criação do cargo de Auditor e de Ministério Público próprio nos TCs, o preenchimento das vagas de conselheiros pela quota dos auditores e procuradores, bem como a substituição dos conselheiros por auditores exclusivamente concursados. Estes requisitos são básicos para que os TCs sejam reconhecidos como instituições independentes usando a plenitude das provisões constitucionais para garantir a sua autonomia. (...).
>
> Somente com base nestes pressupostos de explorar ao máximo as garantias constitucionais para tornar os TCs órgãos autônomos e tecnicamente qualificados, os TCs podem desenvolver iniciativas para se aproximar às ALs como instituições fortes e reconhecidas, comprometidas com o impacto positivo da auditoria governamental sobre a administração pública.[427]

A seriedade desse quadro intensifica-se quando se pesquisam dados a respeito dos processos de escolha dos ministros e conselheiros indicados pelo Legislativo ou oriundos da denominada "vaga cativa" livremente preenchida pela chefia do Poder Executivo. O resultado inquestionavelmente aponta para a primazia da influência política sobre o rigor técnico, comprovada pela ampla predominância nessas

---

[426] MELO, M.; PEREIRA, C.; FIGUEIREDO, C. Political and Institutional Checks on Corruption: Explaining the Performance of Brazilian Audit Institutions. *Comparative Political Studies*, v. 42, issue 9, p. 1217-1244, 2009.

[427] SPECK, Bruno Wilhelm. Estratégia para melhorar o relacionamento entre Tribunais de Contas Estaduais com a Sociedade Civil. *Revista do Tribunal de Contas do Estado da Bahia*, p. 105, 2013.

indicações de ex-agentes políticos.[428] Segundo levantamento realizado pela Transparência Brasil e divulgado em abril de 2014, "de cada dez conselheiros dos Tribunais de Contas no Brasil, seis são ex-políticos".[429] Ou seja, 60% (sessenta por cento) dos membros das instâncias decisórias das Cortes de Contas foram alçados aos seus cargos em paralelo a uma atividade política pregressa, majoritariamente exercida no âmbito de Assembleias Legislativas (dos 238 membros dos tribunais brasileiros, 93 eram deputados estaduais). Os resultados da atualização dessa pesquisa, divulgados em 2016, não são discrepantes, concluindo que 80% (oitenta por cento) dos membros dos corpos deliberativos ocuparam, antes de sua nomeação, cargos eletivos ou de destaque na alta administração pública (como dirigente de autarquia ou secretário estadual, por exemplo).[430] Essa sistemática tem sido uma constante nas indicações parlamentares, e como regra, o processo de escolha transcorre como um "jogo de cartas marcadas".[431]

Em síntese, uma vez que os Poderes Executivo e Legislativo protagonizam o processo de indicação e escolha dos ministros e conselheiros, resulta que a cidadania somente está envolvida nessa cadeia de representação de maneira indireta e reflexa. Com isso, a *accountability* vertical acaba sendo determinante para o bom funcionamento do mecanismo de controle horizontal, de forma que se a primeira é falha, a segunda também será deficiente.[432] Além disso, a intensa politização dos cargos decisórios nos Tribunais de Contas é facilitada pela fluidez do texto constitucional no que se refere ao estabelecimento dos atributos exigidos para o seu provimento e pela postura autocontida

---

[428] Importante esclarecer, desde logo, que a crítica ora apresentada não se vincula ao fato de o corpo deliberativo ser composto, em muito dos casos, por ex-parlamentares. O ex-parlamentar, como qualquer outro cidadão, pode ser indicado pelo Poder Legislativo para integrar os Tribunais de Contas. O que se pretende discutir no tópico seguinte é o preenchimento dos requisitos previstos na CRFB/88 pelos indicados a ocupar o cargo, já que não há espaço no sistema constitucional para se "premiar" pessoas com tão importante função apenas porque se aposentou na vida parlamentar ou, simplesmente, porque não logrou êxito em um pleito eleitoral.

[429] Transparência Brasil. *Quem são os conselheiros dos Tribunais de Contas*. Disponível em: http://www.atricon.org.br/wpontent/uploads/2014/04/TransparenciaBrasil_TribunaisdeContas_Abril2014.pdf. Acesso em: 31 ago. 2015.

[430] Disponível em: http://www.transparencia.org.br/downloads/publicacoes/TBrasil%20-%20Tribunais%20de%20Contas%202016.pdf. Acesso em: 10 maio 2016.

[431] A esse respeito, consultem-se dados constantes do relatório mencionado na nota de rodapé nº 423, em especial os casos relativos aos Estados do Ceará, Paraná e São Paulo.

[432] LOUREIRO, M. R.; TEIXEIRA, A. A. C.; MORAES, T. C. Democratização e reforma do Estado: o desenvolvimento institucional dos tribunais de contas no Brasil recente. *Revista de Administração Pública – RAP*, v. 43, p. 739-772, jul./ago. 2009.

convencionalmente adotada pelo Poder Judiciário quando provocado a exercer controle sobre as indicações. Esse é o tema que, doravante, se passa a enfrentar.

4.3.1 Os atributos constitucionais para a escolha dos membros dos Tribunais de Contas e os limites de sua sindicabilidade

A Constituição da República de 1988 estabelece, em seu artigo 73, §1º,[433] um complexo de pré-qualificações[434] a serem observadas no provimento dos cargos de ministros e conselheiros das Cortes de Contas no país. A primeira delas é objetiva, pois se trata de um atributo etário, segundo o qual os ministros do TCU – e, por simetria, os conselheiros dos TCEs e TCMs – devem ter mais de trinta e cinco e menos de sessenta e cinco anos de idade.[435] [436]

---

[433] Art. 73. O Tribunal de Contas da União, integrado por nove Ministros, tem sede no Distrito Federal, quadro próprio de pessoal e jurisdição em todo o território nacional, exercendo, no que couber, as atribuições previstas no art. 96. §1º Os Ministros do Tribunal de Contas da União serão nomeados dentre brasileiros que satisfaçam os seguintes requisitos: I – mais de trinta e cinco e menos de sessenta e cinco anos de idade; II – idoneidade moral e reputação ilibada; III – notórios conhecimentos jurídicos, contábeis, econômicos e financeiros ou de administração pública; IV – mais de dez anos de exercício de função ou de efetiva atividade profissional que exija os conhecimentos mencionados no inciso anterior.

[434] Como argumenta Bruno W. Speck, a exigência de pré-qualificações técnicas pode ser considerada um mecanismo de proteção, agindo como um filtro e, simultaneamente, uma forma de introduzir ética profissional no corpo da auditoria (SPECK, Bruno W. Auditing Institutions. *In*: POWER, T.; TAYLOR, M. (Ed.). *Corruption and Democracy in Brazil: the struggle for accountability*. Obra citada, p. 133).

[435] O pressuposto etário, tendo em vista sua objetividade, não costuma apresentar maiores dificuldades para ser averiguado. A sua relativização pode ser eventualmente problematizada na hipótese de provimento dos cargos em vagas destinadas a clientelas específicas, como ocorre com a destinação ao Ministério Público e aos auditores. A jurisprudência do STF, porém, costuma ser resistente à possibilidade de se superar o limite etário, mesmo em hipótese em que isso significa inviabilizar a elaboração de lista tríplice, restringindo, com isso, a possibilidade de escolha por parte do chefe do Poder Executivo. Nesse contexto, o STF já considerou válida lista que submetia à Presidência da República apenas um único candidato, em situação em que os demais potenciais interessados ao cargo não preenchiam a idade exigida. Confira-se a ementa: "Mandado de Segurança. 2. Elaboração de lista singular para preenchimento de cargo de Ministro do Tribunal de Contas da União. 3. Pedido de elaboração de nova lista tríplice. 4. Limite objetivo de idade não admite exceções, CF art. 73, §1º. 5. A lista deve ser tríplice quando houver candidatos aptos, RI/TCU art. 281, §5º. 6. Lista singular elaborada em conformidade com o RI/TCU. 7. Prejuízo do mandado de segurança em virtude do fato de o Impetrante já ter completado 70 anos. 8. Mandado de segurança prejudicado" (STF, MS nº 23.968/DF, Pleno, relator ministro Gilmar Mendes, julgado em 14.04.2008).

[436] A Emenda Constitucional nº 88/15 – apelidada informalmente de "PEC da Bengala" – não alterou os marcos do atributo etário para ingresso nos Tribunais de Contas; manteve

Já os demais pressupostos constitucionalmente exigidos podem encerrar algumas dificuldades para sua análise, tendo em vista o emprego de *conceitos jurídicos indeterminados* na sua identificação. Exige a Constituição que os candidatos aos cargos deliberativos dos Tribunais de Contas possuam (i) idoneidade moral; (ii) reputação ilibada e, ainda (ii) notórios conhecimentos jurídicos, contábeis, econômicos e financeiros ou de administração pública. Há, como se vê, inequívoca carga de fluidez e vagueza na interpretação de tais conceitos, o que acaba por intrincar – mas não inviabilizar! – o exercício do controle sobre as indicações. E essa dificuldade se reflete em dados estatísticos preocupantes, como aqueles revelados em pesquisa recentemente levada a efeito pela Transparência Brasil.[437]

Quando se cogita de controle incidente sobre tais indicações, duas são as possíveis frentes de atuação. Uma primeira alternativa é o recurso ao Poder Judiciário, geralmente por provocação do Ministério Público ou, eventualmente, pela via da ação popular, com o que se transfere para as instâncias judiciais a tarefa de fixar, em cada caso, o sentido e o alcance dos conceitos indeterminados e os limites do controle jurisdicional. A segunda alternativa depende, fundamentalmente, do grau de apelo e mobilização social que a matéria pode ensejar.

Em casos extremos, a reação social ostensivamente desfavorável a uma indicação política desconforme aos condicionamentos constitucionais pode surtir efeito. Foi emblemático, nessa perspectiva, o caso envolvendo a indicação do então senador Gim Argello (PTB) para ocupar uma das vagas do TCU,[438] o que gerou intensa mobilização contrária por parte de segmentos da imprensa e diversos atos de repúdio organizados especialmente por servidores do próprio Tribunal e por entidades vinculadas ao controle externo. A indicação era tão inusitada que o Presidente do TCU à época, ministro Augusto Nardes, em atitude

---

a idade mínima de 35 anos e o limite máximo de 65 anos. Alterou, porém, o artigo 40, §1º, inciso II, da CRFB, e, assim, a idade para aposentadoria compulsória de servidores públicos, notadamente de ministros do TCU, de 70 anos para 75 anos. A Lei Complementar nº 152, de 03.12.2015, estendeu o limite máximo de idade para aposentadoria compulsória a todos os conselheiros de Tribunais de Contas estaduais e municipais.

[437] Os dados colhidos a esse respeito encontram-se consolidados em: Transparência Brasil. *Quem são os conselheiros dos Tribunais de Contas.* Disponível em: http://www.atricon.org. br/wpontent/uploads/2014/04/TransparenciaBrasil_TribunaisdeContas_Abril2014.pdf. Acesso em: 31 ago. 2015.

[438] A enorme resistência ao nome do senador Gim Argello decorreu do fato de ser, à época, alvo de seis inquéritos junto ao STF e já ter sido responsabilizado em segunda instância no Tribunal de Justiça do Distrito Federal em virtude da criação irregular de cargos comissionados na Câmara Legislativa do DF.

incomum, chegou a ponto de advertir o Presidente do Senado Federal que, caso efetivamente prevalecesse a indicação, o TCU recusaria posse a Gim Argello, circunstância que acabou fazendo com que a própria postulação ao cargo fosse reconsiderada.[439]

Dentro da estratégia de integrar a sociedade civil no assunto e, com isso, fortalecer os canais de controle social sobre as indicações, diversas entidades de classe ligadas à atividade de controle externo[440] vêm intensificando campanhas para tornar acessíveis à população em geral os processos de escolha e indicação aos cargos decisórios dos Tribunais de Contas no país. Destaca-se, nesse contexto, o programa intitulado "Conselheiro Cidadão", cuja intenção é agregar forças em torno de uma pauta comum que possa contribuir para tornar os Tribunais de Contas mais efetivos e abertos ao diálogo com a sociedade. Um dos principais pontos desse programa é precisamente o incentivo a candidaturas aos cargos de ministro e conselheiro de pessoas comprometidas com os resultados da atividade de controle externo e com a democratização das Cortes de Contas no país.

De outro lado, o controle judicial passível de ser exercido sobre as nomeações para tais cargos enfrenta as limitações próprias da sindicabilidade de atos administrativos fundados em normas que empregam conceitos jurídicos indeterminados, os quais exigem do intérprete uma valoração cuja margem de apreciação não comporta subsunção a critérios objetivos. Tais limitações, porém, não afastam o controle jurisdicional, como, aliás, tem sido amplamente reconhecido em sede doutrinária, com a recusa da associação entre os conceitos jurídicos indeterminados e a discricionariedade administrativa.

Como noticia Almiro do Couto e Silva, a linha divisória entre o poder discricionário e a utilização de conceitos jurídicos indeterminados é tema enfrentado no direito germânico desde o final do século XIX, que atravessa toda a República de Weimar e é retomado, com novas cores, após a edição da Lei Fundamental de Bonn, momento a partir do qual se consolida a orientação no sentido de que, embora vago e

---

[439] A esse propósito, veja-se, por todos, a entrevista concedida pelo ministro Augusto Nardes ao Estado de São Paulo, em que afirmou que a indicação do senador Gim Argello seria constrangedora para o TCU. Disponível em: http://politica.estadao.com.br/noticias/eleicoes,nao-podia-aceitar-um-condenado-diz-presidente-do-tcu-imp-,1152739. Acesso em: 02 set. 2015.

[440] Dentre as entidades que apoiam a campanha, destacam-se a Associação Nacional dos Auditores de Controle Externo dos Tribunais de Contas do Brasil (ANTC), a Federação Nacional das Entidades dos Servidores dos Tribunais de Contas do Brasil (FENASTC) e a AMPCON (Associação Nacional do Ministério Público de Contas).

impreciso, o conceito jurídico indeterminado não encerra para o administrador público atuação discricionária. Trata-se da construção alemã convencionalmente conhecida como "teoria dos conceitos jurídicos indeterminados", que os insere no suporte fático da norma e resume seus problemas à interpretação da regra jurídica, contrariamente ao que ocorre com o poder discricionário, que se constitui em um poder de eleição da consequência ou do efeito jurídico.[441]

No Brasil, essa teoria tem sido recuperada por influentes autores de direito administrativo que se dedicam a estudar a temática do controle jurisdicional dos atos administrativos, revelando-se majoritária a concepção segundo a qual os conceitos jurídicos indeterminados não expressam exercício de poder discricionário.[442] Fundamentalmente, nega-se que haja discricionariedade – liberdade de conformação pautada em conveniência e oportunidade – na aplicação administrativa de conceitos indeterminados. E é precisamente aqui que reside a chave para

---

[441] SILVA, Almiro do Couto e. Poder discricionário no direito administrativo brasileiro. *Revista de Direito Administrativo*, nº 179/180, jan./jun. 1990, p. 58. Sobre a construção da doutrina alemã, veja-se o histórico traçado por: MAURER, Helmut. *Direito Administrativo Geral*. 14. ed. Tradução de Luís Afonso Heck. Barueri: Manole, 2006. p. 154-163. Na doutrina espanhola, a influência de Eduardo García de Enterría merece ser destacada: "A aplicação de tais conceitos (jurídicos indeterminados) ou a qualificação de circunstâncias concretas não admite mais do que uma solução: ou se dá ou não se dá o conceito. *Tertium non datur*. Isso é o essencial do conceito jurídico indeterminado: a indeterminação do enunciado não se traduz em uma indeterminação das aplicações do mesmo, as quais somente permitem uma unidade de solução justa em cada caso" (GARCÍA DE ENTERRÍA, Eduardo; FERNANDEZ RODRÍGUEZ, Tomás-Rámon. *Curso de Derecho Administrativo*. Madrid: Civitas, 1997. p. 449). Para o aprofundamento do tema, recomenda-se ainda: SADDY, Andre. *Apreciatividade e discricionariedade administrativa*. Rio de Janeiro: Lumen Juris, 2014. p. 214-240.

[442] Por todos, sugere-se a leitura do apanhado doutrinário e jurisprudencial realizado por Gustavo Binembojm. Nas palavras do autor: "Como visto, o ato discricionário pressupõe um poder de escolha do administrador. Este, diante de uma situação concreta, pode optar por um ou outro caminho, de acordo com critérios racionais que, a seu ver, produzam a melhor solução. Tal resultado pode: (i) já estar previsto na norma de competência, havendo, nesse caso, a opção por uma solução A, B ou C (*discricionariedade de escolha*); ou (ii) ser de livre escolha do administrador, que se mantém vinculado, apenas, pela finalidade estabelecida na lei (*discricionariedade de decisão*). Já os atos fundados em conceitos jurídicos indeterminados não são fruto de uma opção do administrador. Se é que há uma eleição, esta é do próprio legislador, que escolheu o uso de termos vagos e conceitos imprecisos, sendo que a sua aplicação resolve-se com a interpretação de seu sentido" (BINEMBOJM, Gustavo. *Uma teoria do direito administrativo*: direitos fundamentais, democracia e constitucionalização. Rio de Janeiro: Renovar, 2006. p. 219). Em sentido contrário, na doutrina nacional, sustentando que o emprego de conceitos jurídicos indeterminados traduz hipótese de discricionariedade, veja-se, por todos: BANDEIRA DE MELLO, Celso Antonio. *Curso de Direito Administrativo*. Obra citada, p. 428). Para uma apreciação crítica das doutrinas que não admitem discricionariedade na aplicação de conceitos jurídicos indeterminados, veja-se: FILGUEIRAS JÚNIOR, Marcus Vinicius. *Conceitos Jurídicos Indeterminados e Discricionariedade Administrativa*. Rio de Janeiro: Lumen Juris, 2007.

a compreensão acerca dos limites ao controle jurisdicional das nomeações para os cargos decisórios dos Tribunais de Contas, uma vez que, não se tratando de discricionariedade, ampliam-se as possibilidades de exame judicial quanto à correção ou incorreção da escolha realizada.

A adesão à teoria dos conceitos jurídicos indeterminados traz, como efeito prático, o alargamento do controle judicial, que seguirá balizas distintas daquelas aplicáveis nos casos de discricionariedade. A esse respeito, a lição de Almiro do Couto e Silva é precisa:

> 15. Em conclusão, relativamente à diferença, quanto à sindicabilidade judicial, dos atos administrativos que aplicam conceitos jurídicos indeterminados e dos que envolvem exercício de poder discricionário é possível resumir tudo do seguinte modo:
>
> (a) – O exame judicial dos atos administrativos de aplicação de conceitos jurídicos indeterminados não está sujeito a um limite *a priori* estabelecido na lei. O próprio julgador, no instante de decidir, é que verificará se há um limite, ou não, ao controle judicial. Haverá limite se, em face da complexidade do caso, da diversidade de opiniões e pareceres, não podendo ver com clareza qual a melhor solução, não lhe couber outra alternativa senão a de pronunciar um *non liquet*, deixando intocada a decisão administrativa.
>
> (b) – o exame judicial de atos administrativos que envolvem exercício de poder discricionário está, *a priori*, limitado pela lei, a qual fixou desde logo as linhas dentro das quais poderá a autoridade administrativa livremente tomar suas decisões. Dentro daquele espaço, qualquer uma delas será incensurável e inexaminável pela autoridade judiciária.[443]

Pois bem. Assentada a possibilidade de controle judicial dos atos praticados com fundamento em conceitos jurídicos indeterminados, cumpre verificar quais os limites para tanto, pois claramente não se trata de hipótese de sindicabilidade plena. Nessa matéria, a distinção oferecida por Phillip Heck foi decisiva ao identificar que tais conceitos teriam "um núcleo de significação preciso e um halo periférico e nebuloso",[444] ideias que evoluíram para as chamadas "zonas de certeza" e "zonas de penumbra" dos conceitos indeterminados.

A "zona de certeza" – *positiva ou negativa* – corresponde ao núcleo de significado preciso, em que se tem uma noção clara do conceito e

---

[443] SILVA, Almiro do Couto e. *Poder discricionário no direito administrativo brasileiro*. Artigo citado, p. 60.

[444] Conforme noticiado por: SILVA, Almiro do Couto e. *Poder discricionário no direito administrativo brasileiro*. Artigo citado, p. 58.

inexiste dúvida a respeito de sua utilização. Nesse caso, como é possível identificar com segurança e convicção os fatos que se enquadram no conceito (certeza positiva) e os fatos que nele não se enquadram (certeza negativa), o controle jurisdicional é pleno. Inversamente, na zona de penumbra, em que há um conteúdo periférico vago e impreciso, com algum grau de controvérsia e incerteza, preserva-se a margem de apreciação administrativa, afastada a possibilidade de sua substituição pelo Poder Judiciário. Nesses casos duvidosos, como a administração pública está mais perto dos problemas e, de regra, mais bem aparelhada para resolvê-los, entende-se que só a ela deve caber a decisão, não competindo ao Poder Judiciário modificar ou substituir a decisão administrativa.[445]

Aplicando essa linha de compreensão ao controle incidente sobre as nomeações de membros dos Tribunais de Contas, resulta claramente que a postura de autocontenção do Judiciário (*judicial self-restraint*) somente se legitima naqueles casos limítrofes típicos de uma "zona cinzenta ou de penumbra", em que a satisfação dos critérios de idoneidade moral, reputação ilibada e notórios conhecimentos é objeto de algum grau de incerteza. Já nas hipóteses de nomeações situadas na "zona de certeza negativa" – em que a nomeação recai sobre indivíduo que seguramente não preenche os requisitos constitucionais –, as instâncias judiciais, caso provocadas, encontram-se perfeitamente autorizadas a intervir na indicação administrativa.

Esse entendimento, embora não seja seguido de maneira unânime pela jurisprudência no Brasil,[446] já foi utilizado em casos envolvendo

---

[445] SILVA, Almiro do Couto e. *Poder discricionário no direito administrativo brasileiro*. Artigo citado, p. 59.

[446] Perfilhando posição extremamente conservadora a respeito dos limites de atuação do Poder Judiciário no controle das indicações para os cargos de conselheiro dos Tribunais de Contas, citam-se duas decisões adotadas pelo Tribunal de Justiça do Estado do Rio de Janeiro. A primeira delas, que se remete a 1998, traz em sua ementa as seguintes diretrizes: "Ação popular e ação civil publica. Nomeação de membro do Tribunal de Contas em vaga da Assembleia Legislativa, no âmbito do Estado do Rio de Janeiro. Ato administrativo de natureza complexa, tanto que sua interação exige a participação do chefe do Executivo e a escolha pelo Legislativo, dois poderes do Estado, os quais, juntamente com o Judiciário, devem atuar de modo independente e harmônico entre si (CF, art. 2.). Privativa do Poder Legislativo, a escolha é um ato político e, portanto, discricionário, nada obstante ʼa sua vinculação às diretrizes do par. 1. do art. 128 da Constituição Estadual, corolário da simetria imposta pelo art. 75 da Carta Magna. Idoneidade moral e reputação ilibada, dois dos requisitos exigidos para a escolha e a nomeação do Conselheiro do Tribunal de Contas. Expressões de conceito indeterminado cuja valoração pertence exclusivamente ao legislativo, em relação ao preenchimento das vagas que lhe são constitucionalmente destinadas. Vale dizer, os critérios para aferição de idoneidade moral e reputação ilibada, 'in casu', são políticos e pertencem privativamente à Assembleia, apresentando conotação

nomeações para as Cortes de Contas. No Supremo Tribunal Federal, porém, os dois precedentes significativos sobre a matéria são divergentes e foram julgados há mais de quinze anos, abordando especificamente a questão relativa à titularidade de "notórios conhecimentos" para o exercício do cargo.

No julgamento do Recurso Extraordinário nº 167.137/TO, adotado em 1994, a Segunda Turma do STF fixou que a nomeação dos membros dos Tribunais de Contas não seria ato discricionário, mas ato vinculado a determinados critérios e que, especificamente em relação ao "notório saber", fazia-se necessário um mínimo de pertinência entre as qualidades intelectuais do nomeado e o ofício a ser desempenhado. Ou seja, de acordo com tal decisão, haveria uma "zona de certeza negativa" na indicação de um indivíduo que não tivesse formação com um mínimo de pertinência com as funções a serem exercidas no órgão de controle externo e, em tais situações, perfeitamente legítima seria a intervenção do Poder Judiciário impeditiva da nomeação.[447]

---

subjetiva. Trata-se de atuação *'interna corporis'*. Logo, por serem critérios políticos, subjetivos e privativos da Assembleia, são, por lógica e técnica, conceptualmente discricionários, insuscetíveis, dessarte, ao controle do Poder Judiciário, pena de quebra daquele postulado insculpido no art. 3. da Carta da República. Inconcebível que o Judiciário substitua, na escolha, os critérios políticos do Legislativo pelos seus, sabidamente técnicos. Muito menos por aqueles que envolvam apenas o subjetivismo do Magistrado, às vezes emanação de sua formação filosófica e cultural (...)" (TJRJ, AC nº 2270/97, V Grupo de Câmaras Cíveis, relator desembargador Laerson Mauro, julgado em 13.05.1998). A segunda decisão, adotada mais recentemente (2011), reproduz o mesmo entendimento. Confiram-se os seguintes trechos da ementa: "(...). 5. DE OUTRO LADO, O ARGUMENTO QUE SUSTENTA A INICIAL, AUSÊNCIA DE IDONEIDADE MORAL E REPUTAÇÃO ILIBADA, AMBAS DE CARÁTER SUBJETIVO, NÃO PODEM SER AFERIDAS PELO PODER JUDICIÁRIO, SENDO PRIVATIVOS DO PODER LEGISLATIVO, NA FORMA DOS ARTIGOS 73 E 75 DA CARTA MAGNA, SIMETRICAMENTE ADOTADOS PELO ARTIGO 128 DA CONSTITUIÇÃO ESTADUAL E PELO ARTIGO 91 DA LEI ORGÂNICA DO MUNICÍPIO, INCIDENTE A REGRA DA SEPARAÇÃO DOS PODERES, INSCRITA NO ARTIGO 2º DA CONSTITUIÇÃO FEDERAL. 6. MANIFESTA A IMPOSSIBILIDADE JURÍDICA DO PEDIDO. 7. A ESCOLHA SE CONSTITUI EM ATO DE PODER, DISCRICIONÁRIO, IMUNE À APRECIAÇÃO PELO PODER JUDICIÁRIO, QUE SOMENTE PODERIA PRONUNCIAR-SE SE DESOBEDECIDO CRITÉRIO OBJETIVO. 8. PRECEDENTE DESTE TRIBUNAL, RELATIVAMENTE AO TRIBUNAL DE CONTAS DO ESTADO. (...)" (TJRJ, Processo nº 0016114-63.2010.8.19.0000, 4ª Câmara Cível, relator desembargador Mario dos Santos Paulo, julgado em 26.01.2011).

[447] STF, RE nº 167.137/TO, Segunda Turma, relator ministro Paulo Brossard, julgado em 18.10.1994. Eis a ementa da decisão: "TRIBUNAL DE CONTAS. NOMEAÇÃO de seus membros em Estado recém-criado. Natureza do ato administrativo. Parâmetros a serem observados. AÇÃO POPULAR desconstitutiva do ato. TRIBUNAL DE CONTAS DO ESTADO DE TOCANTINS. PROVIMENTO DOS CARGOS DE CONSELHEIROS. A nomeação dos membros do Tribunal de Contas do Estado recém-criado não é ato discricionário, mas vinculado a determinados critérios, não só estabelecidos pelo art. 235, III, das disposições gerais, mas também, naquilo que couber, pelo art. 73, par. 1, da CF. NOTÓRIO SABER – Incisos III, art. 235 e III, par. 1., art. 73, CF. Necessidade de um mínimo de

Três anos depois, contudo, o Plenário da Corte Suprema posicionou-se de maneira diametralmente oposta, em decisão intensamente debatida e adotada, por maioria, nos autos da Ação Originária nº 476/RR, oportunidade em que considerou discricionária a avaliação da autoridade nomeante em relação ao requisito de "notório saber". Esse precedente é muito significativo sobre a matéria por ter dissociado tal requisito da exigência de qualificação profissional formal,[448] abrindo espaço para nomeações de indivíduos cujas formações são completamente alheias às funções desempenhadas pelos Tribunais de Contas.[449]

O precedente firmado na referida AO nº 476/RR merece ser urgentemente revisitado pelo Supremo Tribunal Federal, pois vem produzindo efeitos negativos para a credibilidade do sistema de controle externo no país na medida em que legitima que seus mais elevados cargos sejam ocupados por indivíduos que não apresentam a qualificação técnica e científica compatível com as funções que exercem.[450] Não parece razoável supor que a Constituição de 1988 tenha exigido

---

pertinência entre as qualidades intelectuais dos nomeados e o ofício a desempenhar. Precedente histórico: parecer de Barbalho e a decisão do Senado. AÇÃO POPULAR. A não observância dos requisitos que vinculam a nomeação, enseja a qualquer do povo sujeitá-la a correção judicial, com a finalidade de desconstituir o ato lesivo à moralidade administrativa. Recurso extraordinário conhecido e provido para julgar procedente a ação".

[448] STF, AO nº 476/RR, Pleno, relator ministro Marco Aurélio, relator para acórdão ministro Nelson Jobim, julgado em 16.10.1997. Na ementa consta o que se segue: "AÇÃO ORIGINÁRIA. CONSTITUCIONAL. TRIBUNAL DE CONTAS ESTADUAL. CONSELHEIROS. NOMEAÇÃO. QUALIFICAÇÃO PROFISSIONAL FORMAL. NOTÓRIO SABER. A qualificação profissional formal não é requisito à nomeação de Conselheiro de Tribunal de Contas Estadual. O requisito notório saber é pressuposto subjetivo a ser analisado pelo Governador do Estado, a seu juízo discricionário".

[449] Esse equívoco do julgado foi enfaticamente sublinhado pelos ministros Marco Aurélio, Carlos Velloso e Sepúlveda Pertence, que ficaram vencidos na matéria. Ao sustentar seu voto, o ministro Marco Aurélio ressaltou que "pode uma pessoa ser distinto matemático, físico ilustre, filósofo competente, astrônomo de nomeada, botânico eminente, e até teólogo respeitado e, evidentemente, não possuir o saber, relativamente especializado, para exercer com adequação e propriedade as atribuições de conselheiro do tribunal de contas".

[450] O levantamento realizado pela Transparência Brasil a respeito do perfil dos membros das Cortes de Contas no Brasil identifica algumas dessas incongruências, verbis: "A frouxidão dos requisitos profissionais definidos na Constituição para o exercício da função deixa espaço para o que se quiser. O conselheiro Antonio Cristóvão Correia de Messias, do TCE-AC, por exemplo, atuou como médico até sua nomeação pelo então governador do estado Orleir Messias Cameli (PPR), seu primo. A conselheira do TCE-GO Carla Cíntia Santillo, filha do ex-governador do estado e ex-conselheiro do TCE-GO Henrique Antonio Santillo, é formada em odontologia e foi deputada por quatro anos antes da sua nomeação. No TCM-BA, os conselheiros Fernando Vita e Paolo Marconi são jornalistas, tendo trabalhado em veículos de comunicação e – tipicamente – assessores de imprensa" (Transparência Brasil. Quem são os conselheiros dos Tribunais de Contas. Disponível em: http://www.atricon. org.br/wpontent/uploads/2014/04/TransparenciaBrasil_TribunaisdeContas_Abril2014. pdf. Acesso em: 31 ago. 2015).

expressamente "notórios conhecimentos" nas ciências mencionadas no artigo 73 e venha a permitir que os Tribunais de Contas sejam integrados por membros leigos, aos quais confere, sem exigência de ordem intelectual equivalente, as mesmas prerrogativas da magistratura.

Sobre o tema, é válido mencionar o pensamento manifestado por Gilmar Ferreira Mendes em parecer emitido antes de vir a ocupar o cargo de ministro do STF, por ocasião de questionamento judicial dirigido a indicação de um odontólogo e de um indivíduo que tinha apenas o curso primário para exercerem o cargo de conselheiro de um Tribunal de Contas estadual. O seguinte trecho a respeito da exigência contida no artigo 73 da CRFB merece destaque:

> O dispositivo insere-se numa linha de evolução constitucional, que privilegia o rigor na seleção dos membros das cortes de contas, em prol do aprimoramento constante da sua excelência. (...). A evolução se completa no texto magno atual, em que, às exigências anteriores, acrescenta-se o requisito da prática, por dez anos, numa das áreas indicadas. Hoje, ainda que se conceda que o diploma universitário não seja indispensável para evidenciar conhecimentos específicos – tópico controvertido na doutrina – é inegável que o pressuposto constitucional do notório saber numa das ciências anotadas pelo constituinte deve ser demonstrado, antes da nomeação, de modo inequívoco. (...).
>
> Evidentemente, notório saber há de ser aquele relevante para o desempenho das funções técnicas dos tribunais de contas. Isto exclui o notório saber em odontologia como credencial para membro da corte, uma vez que entre as competências que a própria Lei Fundamental comete ao Tribunal, nenhuma requer proficiência com tal área de conhecimento. Exclui, outrossim, o mero senso comum, por mais notável e universalmente reconhecido que seja na coletividade. (...).
>
> Esse requisito de notável saber, exigido pela Constituição, refere-se especialmente à habilitação científica em alto grau nas matérias sobre que o tribunal tem de pronunciar-se, *jus dicere*, o que supõe nos nomeados a inteira competência e sabedoria que no conhecimento de direito devem ter os jurisconsultos.[451]

O "notório saber" está vinculado a determinadas áreas do conhecimento – jurídica, contábil, econômica e financeira ou de administração pública –, a significar que o indicado a vaga deve demonstrar, em trabalhos pretéritos, ser especialista em uma daquelas ciências, seja em razão de atuação acadêmica ou profissional. Trata-se de um

---

[451] MENDES, Gilmar Ferreira. Tribunal de Contas – Provimento do cargo – Notório saber. *Revista de Direito Administrativo*, v. 197, p. 338-340, 1994.

requisito de aptidão reconhecida naqueles campos do conhecimento humano, de maneira destacada e passível de averiguação por meio do histórico funcional, do engajamento acadêmico, da produção científica, sendo a qualificação profissional formal a condição mínima para fins de atendimento ao comando constitucional.

A titularidade de diploma de nível superior em uma das ciências arroladas pelo constituinte funciona como presunção de saber. Embora não substitua o conhecimento efetivo apto a credenciar um indivíduo para o cargo, serve como uma primeira linha demarcatória, de forma a evitar nomeações em total descompasso com as funções técnicas cometidas aos Tribunais de Contas. Nesse ponto, portanto, o entendimento prevalecente no STF ainda está a merecer revisão, para passar a considerar dentro de uma "zona de certeza negativa" a indicação de indivíduos que não sejam, pelo menos, portadores de diploma universitário em um dos segmentos mencionados no artigo 73 da CRFB. E, mais do que isso, para que haja notoriedade do conhecimento, essa qualificação isoladamente também não é bastante em si: o conhecimento deve ser manifesto, inconteste, indiscutível.[452]

Uma virada jurisprudencial nessa matéria já poderia, por si só, produzir efeitos positivos para a composição dos Tribunais de Contas do país, inibindo o velho vício de nomear para tais cargos pessoas sem a devida *expertise* e sem familiaridade com a sua missão institucional. A cada passo que o Poder Judiciário der para delimitar as chamadas "zonas de certeza" e, paralelamente, ampliar a possibilidade de controle sobre as nomeações, o sistema de *accountability* sai robustecido em uma de suas facetas de maior fragilidade.

É de se observar, nesse cenário, que no julgamento do Mandado de Segurança nº 25.624-9/SP, envolvendo a apreciação do "notório saber jurídico" para magistrados em vagas do chamado "quinto constitucional", o Plenário do STF já avançou no sentido de admitir a sindicabilidade das indicações, consignando claramente tratar-se de critério definível do ponto de vista objetivo. A posição firmada, embora não se refira especificamente ao recrutamento de membros das Cortes

---

[452] No mesmo sentido: MILESKI, Helio Saul. *O controle da gestão pública*. 2. ed. Belo Horizonte: Fórum, 2011. p. 257. Em suas palavras: "No entanto, como ainda permanecem críticas ao sistema de indicação, talvez fosse o caso de promover-se algumas alterações nos seus critérios, cujo aprimoramento possa ser motivo para redução da margem de possibilidades de indicação não consentânea com os objetivos técnicos do controle, como, por exemplo: além de notórios conhecimentos jurídicos, contábeis, econômicos ou de Administração Pública, exigir também formação em curso superior nas mesmas áreas de conhecimento; e aumentar a participação do corpo técnico em sua composição".

de Contas, espelha posicionamento mais consentâneo com o regime jurídico a ser observado na composição desses órgãos, onde se extrai claramente a existência de uma "zona de certeza negativa" aferível objetivamente quanto ao preenchimento do requisito constitucional para o provimento da vaga.[453]

Da mesma forma, merece relevo a decisão proferida pelo ministro Dias Toffoli, confirmada pela Primeira Turma do STF, em que busca definir um balizamento objetivo para os conceitos de "idoneidade moral" e "reputação ilibada", ambos condicionantes para a atuação nos órgãos decisórios das Cortes de Contas. Em suas palavras:

> Em que pese a indeterminação dos conceitos de "idoneidade moral" e "reputação ilibada", (...) podem, sim, ser auferidos de forma objetiva pela análise da vida funcional e pessoal do candidato a tão honroso e importante cargo público.
>
> (...).
>
> (...) idoneidade moral diz respeito à aptidão do indivíduo para situar-se no padrão de comportamento consagrado pelos costumes da sociedade. Reputação ilibada, por sua vez, diz respeito à visão que tem a sociedade de ser o indivíduo em análise "sem mancha, puro".
>
> Para o membro da Corte de Contas, não pode ser considerada ilibada a reputação de alguém envolvido em escândalos mal-resolvidos, sendo irrelevante tratar-se de assunto transitado em julgado ou não.
>
> (...) as funções que têm como requisito constitucional "idoneidade moral e reputação ilibada" são do mais alto nível de importância nacional. Um Ministro do Tribunal de Contas da União ou um Conselheiro de Tribunal de Contas estadual ou municipal tem a palavra final sobre a boa ou má gestão que o administrador haja tido quanto aos recursos que lhe foram confiados.
>
> Trata-se de julgamento no qual a reputação e a idoneidade do administrador são postas à prova e admitir que julgamento desse tipo possa ser proferido por quem tenha a própria reputação maculada constitui, no mínimo, falta de bom senso.
>
> A busca de definições para o requisito da "idoneidade moral e reputação ilibada" não ocorre sem propósito. O que se pretende é, ao mesmo tempo em que se deve reconhecer o predominante caráter subjetivo do termo, estabelecer-lhe um mínimo de balizamento objetivo.
>
> (...).

---

[453] STF, MS nº 25.624/SP, Pleno, relator ministro Sepúlveda Pertence, julgado em 06.09.2006. No ponto que interessa especificamente ao debate trazido para esta obra, vejam-se os votos proferidos pelos ministros Carmem Lúcia, Ricardo Lewandowski e Ayres Britto.

Os casos mais difíceis, entretanto, são aqueles em que não há trânsito em julgado e, haja vista a morosidade alarmante da processualística brasileira, são esses os mais numerosos.

Não pode ser considerado dono de uma reputação ilibada aquele sobre o qual pairam fundadas suspeitas de comportamento avesso ao bem público. Em especial, não pode ser considerado dono de uma reputação ilibada aquele sobre o qual pesa um processo judicial, uma tomada de contas que vise a apurar a malversação de dinheiro público ou, até mesmo, um processo administrativo.[454]

A aferição da "idoneidade moral e reputação ilibada" é efetivamente um ponto sensível e problemático dessa temática, pois é comum pretender desconstruí-la mediante argumentos vinculados à *presunção de não culpabilidade*.[455] Em verdade, porém, essa argumentação parte de premissa equivocada, uma vez que os requisitos constitucionalmente exigidos para o preenchimento das funções deliberativas dos Tribunais de Contas repousam precisamente sobre lógica inversa, onde a dúvida objetivamente fundada a respeito da retidão de comportamento do indivíduo já o inabilita para o cargo – ou seja, *in dubio pro societatis*. Não há, aqui, qualquer contrariedade à garantia estabelecida no artigo 5º, inciso LVII, da CRFB; muito inversamente, quando instâncias de

---

[454] STF, AI nº 696.375/RO, Primeira Turma, relator ministro Dias Toffoli, julgado em 17.09.2013.

[455] Promovendo exatamente essa associação entre presunção de não culpabilidade e critérios de "reputação ilibada e idoneidade moral", veja-se a decisão monocrática adotada pelo ministro Gilmar Mendes, ao suspender os efeitos de uma tutela antecipada deferida em ação popular que pretendia a nulidade de ato de nomeação de Conselheiro do TCE-RO: "(...) cumpre salientar que este Supremo Tribunal Federal (...) reafirmou o entendimento da Corte no sentido da aplicação do princípio da presunção de inocência à esfera extrapenal, de modo a impedir a aplicação, pelo Poder Judiciário, de medidas restritivas de direitos, em processos penais e não-penais, anteriormente ao trânsito em julgado da decisão condenatória, ressalvadas, é claro, as exceções constitucionalmente previstas. (...) a presunção de inocência, embora historicamente vinculada ao processo penal, também irradia seus efeitos, sempre em favor das pessoas, contra o abuso de poder e a prepotência do Estado, projetando-os para esferas processuais não criminais, em ordem a impedir, dentre outras graves consequências no plano jurídico – ressalvada a excepcionalidade de hipóteses previstas na própria Constituição –, que se formulem, precipitadamente, contra qualquer cidadão, juízos morais fundados em situações juridicamente ainda não definidas (e, por isso mesmo, essencialmente instáveis) ou, então, que se imponha, ao réu, restrições a seus direitos, não obstante inexistente condenação judicial transitada em julgado. O que se mostra relevante é (...) a preocupação, externada por órgãos investidos de jurisdição constitucional, com a preservação da integridade de um princípio que não pode ser transgredido por atos estatais que veiculem, prematuramente, medidas gravosas à esfera jurídica das pessoas, que são, desde logo, indevidamente tratadas, pelo Poder Público, como se culpadas fosse, porque presumida, por arbitrária antecipação fundada em juízo de mera suspeita, a culpabilidade de quem figura, em processo penal ou civil, como simples réu!" (STF, SL nº 234/RO, Presidência, relator ministro Gilmar Mendes, julgado em 22.10.2008).

controle impedem nomeações de pessoas sobre as quais recai algum tipo de suspeição pública séria e justificada quanto à sua reputação, confere-se absoluta prevalência ao interesse da sociedade em preservar a dimensão republicana dos Tribunais de Contas.

Ressalvadas situações muito pontuais em que a mobilização social consegue, de alguma forma, influenciar as instâncias decisórias e obstaculizar nomeações dissociadas dos parâmetros constitucionais, a regra geral acaba sendo a judicialização das indicações políticas, com o que se transfere para o Poder Judiciário a palavra final em um número considerável de nomeações. Daí a importância da evolução jurisprudencial a respeito dos limites de sindicabilidade dos "conceitos jurídicos indeterminados", mediante o reconhecimento da plena possibilidade de controle das nomeações situadas nas "zonas de certeza negativa". Como desenvolvido anteriormente, considera-se dentro de tal espectro as indicações de indivíduos que não apresentem qualificação profissional ou acadêmica nas áreas de atuação do controle externo financeiro – conforme especificadas pelo artigo 73 da CRFB – ou de pessoas em relação às quais pairem dúvidas objetivamente fundadas quanto à sua integridade moral, associadas à prática de atos contrários à dignidade do cargo aspirado.

No que tange, portanto, ao "calcanhar de Aquiles"[456] do recrutamento dos membros dos Tribunais de Contas no Brasil, há considerável margem de aprimoramento que pode ser obtido mediante simples avanço jurisprudencial, com um escrutínio mais rígido acerca dos requisitos constitucionais exigidos para o provimento dos cargos. O *self-restraint* do Judiciário nessa temática não contribui para o aperfeiçoamento do sistema de controle externo, eis que as decisões são adotadas em ambientes políticos nos quais o comportamento individualista dos legisladores é encorajado.

A aposta em uma maior intervenção do Judiciário nessa área – pelo menos a curto e médio prazo – liga-se à ausência de perspectiva quanto a iniciativas legislativas que busquem refletir, em profundidade, sobre o modelo de composição das ISCs no Brasil de maneira a aprimorar o sistema. Com efeito, tramitam atualmente no Congresso Nacional

---

[456] O emprego dessa expressão é sugestionado por Marcus Melo, Carlos Pereira e Saulo Souza em artigo acadêmico direcionado à avaliação da qualidade das ISCs no Brasil em face da superveniência da Lei de Responsabilidade Fiscal. Veja-se: MELO, M.; PEREIRA, C.; SOUSA, S. *Creative Accounting and the Quality of Audit Institutions: The Achilles' heel of the Fiscal Responsability*. Disponível em: http://papers.sioe.org/paper/428.html. Acesso em: 29 maio 2015.

algumas propostas de emenda à Constituição (PECs) versando sobre a modelagem do controle externo das finanças públicas no Brasil e, em alguns casos, há pretensão de se inovar no que tange à composição e à forma de recrutamento de seus ministros e conselheiros. Dentre as PECs mais relevantes em andamento,[457] o denominador comum que se pode encontrar está no estabelecimento da exigência de prévia aprovação em concurso público para o provimento dos cargos decisórios do TCU e, por simetria, dos Tribunais de Contas subnacionais.[458]

Como regra geral, as proposições legislativas versando o tema buscam enfrentá-lo recorrendo à sistemática do concurso público como a melhor alternativa a evitar a excessiva politização dos Tribunais de Contas no país. Essa opção pode, efetivamente, apresentar-se como um caminho seguro quando se cogita da natureza predominantemente técnica que se reconhece ao controle externo das finanças públicas. Porém, o que parece problemático nos encaminhamentos legislativos é que eles tendem a pensar as fragilidades e as disfunções do sistema de maneira isolada e estanque, como se o único embaraço à maior efetividade dos Tribunais de Contas no país se resumisse ao modelo de acesso às suas instâncias deliberativas.

---

[457] Por uma opção pragmática, não serão mencionadas neste livro as inúmeras PECs a respeito do assunto que já se encontram arquivadas. Todas as propostas legislativas a serem referidas nesta pesquisa encontram-se em tramitação no Congresso Nacional.

[458] No Senado Federal, estão em andamento as PECs (i) nº 07/2014, de autoria do senador Alvaro Dias, de acordo com a qual "Os Ministros do Tribunal de Contas da União serão escolhidos mediante concurso público de provas e títulos, anteriormente à sabatina do Senado Federal, sendo a banca julgadora composta por juízes do Superior Tribunal de Justiça"; e (ii) nº 52/2015, proposta pelo senador Reguffe, segundo a qual os cargos de Ministro do Tribunal de Contas da União serão providos mediante concurso público de provas e títulos, para exercício de mandato de cinco anos. Na Câmara dos Deputados, o número de PECs a respeito do assunto é maior: PECs (i) nº 143/2012, do deputado Nazareno Fonteles; (ii) nº 447/2014, do deputado Jesus Rodrigues; (iii) nº 303/2013, do deputado Rubens Bueno; e (iv) nº 262/2008, do deputado Neilton Mulin, à qual estão apensadas diversas outras PECs que têm como ponto comum o estabelecimento da regra do concurso público para o provimento dos cargos de ministro do TCU. Na doutrina, o trabalho de Helenilson Cunha Fontes promove o diagnóstico de alguns pontos críticos da atuação dos Tribunais de Contas e defende o ingresso pela via do concurso público. Segundo o autor: "Outro problema sério é a composição das Cortes de Contas. Somos de opinião de que os Tribunais de Contas devem ser democratizados e a melhor maneira de operacionalizar esta democratização, resguardando a independência de seus membros, é através do concurso público. A nosso ver, o ingresso nas Cortes de Contas através de concurso público, com as garantias da Magistratura – as quais os mesmos já possuem – asseguraria a independência das decisões dos órgãos contra a ingerência do "fator político". Por outro lado, contribuiria inclusive para trazer transparência ao critério de escolha dos membros que realizam tão importante função no Estado contemporâneo" (FONTES, Helenilson Cunha. Controle e avaliação dos gastos públicos. *In*: DI PIETRO, M. S.; SUNDFELD, C. A. (Org.). *Direito Administrativo*. São Paulo: Ed. Revista dos Tribunais, 2012. v. III, p. 782).

Além disso, o exame das propostas em trâmite no Congresso Nacional revela claramente que não há uma maturidade de reflexão a respeito do assunto. As PECs apresentadas são inconsistentes e sequer detalham em que consistiria uma eventual carreira de estado no âmbito da auditoria pública. Vê-se de maneira muito cristalina que as propostas veiculadas não resultam de um processo mais aprofundado de debate sobre a realidade institucional dos Tribunais de Contas no país, traduzindo, muito pelo contrário, iniciativas ocasionais e desordenadas.

Na moldura vigente, a alternativa que me parece mais plausível *de lege ferenda* – até porque não romperia drasticamente com o arranjo híbrido na composição dos Tribunais de Contas – seria ampliar o número de vagas reservadas aos quadros técnicos da Corte, sem retirar, portanto, a prerrogativa de o Legislativo indicar vagas em número mais reduzido e, ao mesmo tempo, participar do processo de composição mediante a aprovação dos nomes indicados pelo Executivo. Com isso, a maioria dos membros seria escolhida a partir das carreiras técnicas da Corte, mantendo-se, porém, indicações na esfera do Legislativo. Isso certamente já abrandaria significativamente as atuais críticas dirigidas à natureza política das decisões adotadas pelos Tribunais de Contas.

Ainda assim, o cenário encontrado na esfera legislativa para a questão aqui enfrentada aponta para o maior potencial construtivo e transformador das instâncias judiciais, que podem conter a primazia da influência político-partidária nas indicações mediante avanço jurisprudencial que imprima maior rigor na aferição dos pressupostos constitucionais para o provimento dos cargos. Ao menos em curto e médio prazo, acredita-se que importantes passos para o aperfeiçoamento do sistema de fiscalização das finanças públicas podem ser dados com singelas revisões jurisprudenciais.

4.4 A posição institucional incerta do Ministério Público de Contas

Outra temática afeta à atuação dos Tribunais de Contas no Brasil que pode se beneficiar fortemente de uma reavaliação jurisprudencial refere-se à posição do Ministério Público de Contas[459] – também

---

[459] Essa nomenclatura não consta da Constituição de 1988, mas tem sido mais recorrentemente utilizada para identificar o Ministério Público que atua junto aos Tribunais de Contas. Há referência também à expressão "Ministério Público Especial" com a mesma finalidade. Neste trabalho, as duas locuções serão utilizadas de maneira indistinta, como forma de qualificar a atuação ministerial perante as Cortes de Contas.

identificado como Ministério Público Especial – e seu reconhecimento como função essencial ao controle externo.[460] A consideração específica que será dedicada ao assunto justifica-se em razão de aspectos peculiares que se articulam, fundamentalmente, à *cláusula de extensão* prevista no artigo 130 da Constituição da República. Além disso, na atuação de tal ramo ministerial, coordenam-se dois vetores fundamentais do princípio republicano: o Ministério Público, como instituição independente vocacionada para a defesa da ordem jurídica, do regime democrático e dos interesses sociais e individuais indisponíveis; e sua atuação junto ao Tribunal de Contas, órgão responsável pelo controle da gestão financeira pública.

Historicamente, a legislação infraconstitucional de regência do Tribunal de Contas da União sempre contemplou a atuação de um representante ministerial junto ao órgão, a quem caberia, em termos gerais, a função de fiscal da lei e dos interesses fazendários.[461] A Constituição de 1967 e a Emenda Constitucional nº 01/69 fizeram menção reflexa à existência de um Ministério Público junto ao TCU,[462] cabendo à Constituição de 1988 robustecer o seu *status* constitucional ao dedicar, no capítulo pertinente ao Ministério Público, um dispositivo expresso a seu respeito, valendo-se, contudo, de redação extremamente infeliz

---

[460] Conforme já referido, assim como o Ministério Público de Contas, os auditores substitutos de conselheiros, como carreira autônoma, também cederão nomes para a composição do corpo deliberativo dos Tribunais de Contas – uma das duas vagas técnicas destinadas à indicação pelo Poder Executivo – e, por isso, constituem, de igual modo, função essencial ao controle externo.

[461] Sob a égide da Constituição de 1891, o Decreto nº 1.166/1892 previa, em seu artigo 19, a representação ministerial junto ao TCU. Na vigência da Constituição de 1934, o Decreto-Lei nº 12/34 também estabelecia a composição do Ministério Público junto ao TCU. Em 1938, o Decreto-Lei nº 426 disciplinou a estruturação do Tribunal de Contas, que seria composto do corpo deliberativo, especial, instrutivo e do Ministério Público. Na vigência da Constituição de 1946, editou-se a Lei nº 830/49 – Lei Orgânica do TCU –, segundo a qual funcionavam como parte integrante do órgão os auditores, o Ministério Público e a Secretaria. De acordo com o artigo 29 da mencionada lei, o Ministério Público junto ao TCU teria a função própria de promover, completar a instrução e requerer no interesse da administração, da justiça e da Fazenda Pública. Em seguida, na Constituição de 1967, sobreveio outra Lei Orgânica do TCU, não trazendo inovações de destaque quanto à atuação ministerial, mantendo, basicamente, a mesma essência da regulamentação que lhe precedeu. Esse esboço histórico a respeito do Ministério Público de Contas pode ser aprofundado em: SILVA, José Afonso da. O Ministério Público junto ao Tribunal de Contas. *Revista Interesse Público*, v. 26, jul./ago 2004. Segundo o eminente constitucionalista, a perspectiva histórica reforça a tendência de se configurar o MPC como uma organização fora do Ministério Público comum.

[462] A referência indireta era extraída da norma do artigo 72, §5º, que tinha a seguinte redação: "O Tribunal, de ofício ou mediante provocação do Ministério Público ou das auditorias financeiras e orçamentárias e demais órgãos auxiliares, se verificar a ilegalidade de qualquer despesa, inclusive as decorrentes de contratos, deverá (...)".

e altamente controvertida quanto ao seu real alcance, colocando em dúvida a própria natureza jurídica do denominado Ministério Público de Contas (MPC).

Como amplamente sabido, a Constituição de 1988 consagrou dois ramos do Ministério Público, em relação aos quais não há divergência quanto aos respectivos âmbitos de atuação. O artigo 128 da CRFB estabeleceu, de um lado, o Ministério Público da União (MPU), que compreende o Ministério Público Federal (MPF), o Ministério Público do Trabalho (MPT), o Ministério Público Militar (MPM) e o Ministério Público do Distrito Federal e Territórios (MPDFT); e, de outro, o Ministério Público dos Estados (MPEs).

Durante os trabalhos constituintes, a tramitação da matéria relativa à conformação dos ramos ministeriais foi vacilante no ponto relacionado à sua atuação junto às Cortes de Contas. Restringindo a análise aos projetos debatidos já na fase centralizada da Assembleia Nacional Constituinte, destaca-se que o anteprojeto consolidado na Comissão de Sistematização não contemplava o MPC como ramo autônomo do Ministério Público, estabelecendo, ao contrário, que caberia ao MPF oficiar perante o TCU.[463] Os dois substitutivos apresentados ainda na própria Comissão de Sistematização suprimiram essa previsão, de forma que o Projeto A, finalmente levado à votação em primeiro turno no Plenário da ANC, manteve absoluto silêncio a respeito do Ministério Público de Contas, inclusive sem lhe fazer qualquer menção ao cuidar da composição heterogênea dos Tribunais de Contas.[464]

O Projeto B, aprovado em primeiro turno e contendo a redação do texto constitucional para o segundo turno de votações plenárias, previu expressamente o Ministério Público junto ao Tribunal de Contas como ramo autônomo do MPU, alinhado ao MPF, MPT, MPM e MPDFT,[465] em virtude do acolhimento da Emenda Aditiva nº 2P-00598-5, apresentada pelo constituinte Gerson Peres.[466] Também foi o texto aprovado

---

[463] Artigo 235 do Anteprojeto da Comissão de Sistematização (Disponível em: http://www.camara.gov.br/internet/constituicao20anos/DocumentosAvulsos/vol219.pdf. Acesso em: 29 set. 2015).

[464] Disponível em: http://www.camara.gov.br/internet/constituicao20anos/Documentos Avulsos/vol253.pdf. Acesso em: 30 set. 2015.

[465] Artigo 134 do Projeto B (Disponível em: http://www.camara.gov.br/internet/constituicao 20anos/DocumentosAvulsos/vol299.pdf. Acesso em: 30 set. 2015.

[466] Na justificativa apresentada pelo autor da emenda constou o seguinte: "É de notar a conveniência jurídica de incluir aí o Ministério Público junto às Cortes de Contas, tendo em vista que as Procuradorias existentes nos Tribunais de Contas e Conselhos de Contas dos Municípios já têm atribuições pertinentes ao órgão fiscalizador do cumprimento da lei na execução financeira, orçamentária, operacional e patrimonial do Estado, precisamente

em primeiro turno que estabeleceu cláusula estendendo aos membros do Ministério Público junto aos Tribunais de Contas as disposições pertinentes a garantias, vedações e forma de investidura dos membros do Ministério Público comum.[467]

Obviamente, a redação constante do Projeto B apresentou, nesse aspecto, um contrassenso. Afinal, se o Ministério Público junto ao Tribunal de Contas era ramo autônomo do MPU, não fazia o menor sentido, por ser completamente despiciendo, prever que seus membros gozariam do mesmo regime jurídico subjetivo aplicável ao Ministério Público. Essa antinomia foi objeto da Emenda Supressiva nº 2T00452-4, apresentada por Ibsen Pinheiro, que optou, então, por eliminar a autonomia do MPC e manter apenas a cláusula de extensão. Em sua justificativa, expôs o constituinte que:

> (...) essa inclusão do "Ministério Público junto ao Tribunal de Contas" dentre os Ministérios Públicos da União acaba determinando a aplicação aos seus membros de todos os princípios aplicáveis aos demais membros dos outros segmentos do Ministério Público, apesar da redação do art. 136 aparentemente limitativa. Vale dizer: em relação aos predicamentos mencionados no art. 136 não há dúvida de que a norma infraconstitucional deverá respeitá-los; mas, quanto aos demais, não havendo restrição constitucional expressa, a aplicabilidade se torna patente.[468]

Em virtude do acolhimento da emenda supressiva, o texto final da Constituição de 1988, em péssima técnica legislativa, limitou-se a mencionar o Ministério Público de Contas em seu artigo 130, dispondo textualmente que aos seus membros aplicam-se as disposições pertinentes ao Ministério Público relativas a direitos, vedações e forma de investidura. A interpretação do dispositivo constitucional não tem sido fácil, eis que sua redação lacunosa permite tão somente concluir pela existência de um Ministério Público junto às Cortes de Contas, sem que se possa daí inferir seu conteúdo orgânico-institucional.

---

para que se estabeleça no texto constitucional, especificamente, o fundamento jurídico do Órgão, do mesmo modo como está enumerado para as demais áreas de atuação". (Disponível em: http://www.camara.gov.br/internet/constituicao20anos/DocumentosAvulsos/vol254.pdf. Acesso em: 30 set. 2015).

[467] Artigo 136 do Projeto B (Disponível em: http://www.camara.gov.br/internet/constituicao 20anos/DocumentosAvulsos/vol-299.pdf. Acesso em: 30 set. 2015). Não foi possível apurar a origem da cláusula.

[468] Disponível em: http://www.camara.gov.br/internet/constituicao20anos/Documentos Avulsos/vol-301.pdf Acesso em: 30 set. 2015.

Exatamente por conta das dúvidas e incertezas geradas pela redação do artigo 130 da CRFB é que, até meados da década de 90, diversas Cortes de Contas da Federação optaram por consolidar o MPC em suas estruturas internas, ao passo que, em outros Estados--membros, optou-se por atribuir sua atuação funcional ao próprio Ministério Público comum.

Já nessa época, porém, o Supremo Tribunal Federal sinalizou o equívoco da segunda opção, no *leading case* firmado em 1994, na ADI nº 789/DF, em que assentou a constitucionalidade dos dispositivos da Lei Orgânica do Tribunal de Contas da União que previam a existência de um Ministério Público consolidado na estrutura interna daquela Corte e dissociado do Ministério Público da União, destituído de autonomia administrativa e financeira.[469]

---

[469] Eis a ementa do acórdão: "LEI Nº 8.443/92. MINISTÉRIO PÚBLICO JUNTO AO TCU – INSTITUIÇÃO QUE NÃO INTEGRA O MINISTÉRIO PÚBLICO DA UNIÃO – TAXATIVIDADE DO ROL INSCRITO NO ART. 128, I, DA CONSTITUIÇÃO – VINCULAÇÃO ADMINISTRATIVA A CORTE DE CONTAS – COMPETÊNCIA DO TCU PARA FAZER INSTAURAR O PROCESSO LEGISLATIVO CONCERNENTE A ESTRUTURAÇÃO ORGÂNICA DO MINISTÉRIO PÚBLICO QUE PERANTE ELE ATUA (CF, ART. 73, CAPUT, IN FINE) – MATÉRIA SUJEITA AO DOMÍNIO NORMATIVO DA LEGISLAÇÃO ORDINÁRIA – ENUMERAÇÃO EXAUSTIVA DAS HIPÓTESES CONSTITUCIONAIS DE REGRAMENTO MEDIANTE LEI COMPLEMENTAR – INTELIGÊNCIA DA NORMA INSCRITA NO ART. 130 DA CONSTITUIÇÃO – AÇÃO DIRETA IMPROCEDENTE. – O Ministério Público que atua perante o TCU qualifica-se como órgão de extração constitucional, eis que a sua existência jurídica resulta de expressa previsão normativa constante da Carta Política (art. 73, par. 2., I, e art. 130), sendo indiferente, para efeito de sua configuração jurídico-institucional, a circunstância de não constar do rol taxativo inscrito no art. 128, I, da Constituição, que define a estrutura orgânica do Ministério Público da União. O Ministério Público junto ao TCU não dispõe de fisionomia institucional própria e, não obstante as expressivas garantias de ordem subjetiva concedidas aos seus Procuradores pela própria Constituição (art. 130), encontra-se consolidado na "intimidade estrutural" dessa Corte de Contas, que se acha investida – até mesmo em função do poder de autogoverno que lhe confere a Carta Política (art. 73, *caput, in fine*) – da prerrogativa de fazer instaurar o processo legislativo concernente a sua organização, a sua estruturação interna, a definição do seu quadro de pessoal e a criação dos cargos respectivos. – Só cabe lei complementar, no sistema de direito positivo brasileiro, quando formalmente reclamada a sua edição por norma constitucional explícita. A especificidade do Ministério Público que atua perante o TCU, e cuja existência se projeta num domínio institucional absolutamente diverso daquele em que se insere o Ministério Público da União, faz com que a regulação de sua organização, a discriminação de suas atribuições e a definição de seu estatuto sejam passíveis de veiculação mediante simples lei ordinária, eis que a edição de lei complementar é reclamada, no que concerne ao Parquet, tão-somente para a disciplina normativa do Ministério Público comum (CF, art. 128, par. 5.). – A cláusula de garantia inscrita no art. 130 da Constituição não se reveste de conteúdo orgânico-institucional. Acha-se vocacionada, no âmbito de sua destinação tutelar, a proteger os membros do Ministério Público Especial no relevante desempenho de suas funções perante os Tribunais de Contas. Esse preceito da Lei Fundamental da República submete os integrantes do MP junto aos Tribunais de Contas ao mesmo estatuto jurídico que rege, no que concerne a direitos, vedações e forma de investidura no cargo, os membros do Ministério Público comum" (STF, ADI nº 789/DF, Pleno, relator ministro Celso de Mello, julgado em 26.05.1994).

A partir dos inúmeros julgados do Supremo Tribunal Federal a respeito do Ministério Público de Contas,[470] todos eles reafirmando a jurisprudência formada na ADI nº 789/DF, podem-se sintetizar as principais diretrizes adotadas na busca do sentido e do alcance da norma do artigo 130 da CRFB: (i) o Ministério Público que atua junto ao Tribunal de Contas não integra o Ministério Público da União, tampouco o Ministério Público dos Estados;[471] [472] (ii) é órgão de extração constitucional, cuja existência jurídica resulta da previsão normativa constante do artigo 130, sendo indiferente que não haja menção expressa no artigo 128 da Constituição; (iii) o Ministério Público de Contas não dispõe de fisionomia institucional própria e, não obstante as expressivas garantias de ordem subjetiva conferidas aos seus integrantes, encontra-se consolidado na intimidade estrutural da Corte de Contas. É dizer,

---

[470] Na cronologia descendente, os precedentes a respeito da matéria são os seguintes, todos eles reafirmando a linha interpretativa adotada na ADI nº 789/DF, com eventuais votos vencidos apresentados pelo ministro Marco Aurélio e pelo então ministro Carlos Ayres: STF, ADI nº 3307/MT, Pleno, relatora ministra Cármen Lucia, julgado em 02.02.2009; STF, ADI nº 328/SC, Pleno, relator ministro Ricardo Lewandowski, julgado em 02.02.2009; STF, ADI nº 3160/CE, Pleno, relator ministro Celso de Mello, julgado em 25.10.2007; STF, ADI nº 3.192/ES, Pleno, relator ministro Eros Grau, julgado em 24.05.2006; STF, ADI nº 2.884/RJ, Pleno, relator ministro Celso de Mello, julgado em 02.12.2004; STF, ADI nº 2.378/GO, Pleno, relator ministro Mauricio Correa, relator para acórdão ministro Celso de Mello, julgado em 19.05.2004; STF, ADI nº 2.068/MG, Pleno, relator ministro Sydney Sanches, julgado em 03.04.2003; STF, ADI nº 1.791/PE, Pleno, relator ministro Sydney Sanches, julgado em 23.11.2000; STF, ADI nº 160/TO, Pleno, relator ministro Octavio Gallotti, julgado em 23.04.1998.

[471] Em consonância a essa jurisprudência, o Conselho Nacional do Ministério Público (CNMP) editou, em 2007, a Resolução nº 22, por meio da qual determinou e estabeleceu prazo para o fim das atividades dos membros dos Ministérios Públicos Estaduais perante Tribunais de Contas. Decisão concreta adotada pelo próprio CNMP chegou a ser impugnada no STF, o qual veio a referendar a iniciativa do órgão de controle externo ministerial. Em sua decisão, asseverou o STF ser "escorreita a decisão do CNMP que determinou o imediato retorno de dois Procuradores de Justiça, que oficiavam perante o Tribunal de Contas do Estado do Rio Grande do Sul, às suas funções próprias no Ministério Público estadual, não sendo oponíveis os princípios da segurança jurídica e da eficiência, a legislação estadual ou as ditas prerrogativas do Procurador-Geral de Justiça ao modelo institucional definido na própria Constituição" (STF, MS nº 27.339, Pleno, relator ministro Menezes Direito, julgado em 02.02.2009).

[472] Conforme já se observou, não mais é possível a criação de Tribunais de Contas municipais, por conta da expressa vedação contida no artigo 30, §4º, da CRFB/88. Todavia, nos dois Tribunais de Contas criados anteriormente à promulgação da Constituição de 1988 (nos Município do Rio de Janeiro e de São Paulo), é legítimo admitir a atuação *sui generis* – do ponto de vista federativo – de um Ministério Público de Contas Municipal, uma vez que não é permitida a atuação do Ministério Público estadual e, tampouco, do Ministério Público de Contas do TCE naquelas Cortes de Contas municipais. Também não se concebe que Tribunais de Contas municipais funcionem sem a presença do órgão ministerial, que exerce função essencial ao controle externo. Além disso, seus membros devem ter assento no corpo deliberativo da Corte em uma das vagas técnicas destinadas à indicação pelo Poder Executivo.

os membros do *Parquet* de Contas gozam das mesmas garantias de ordem subjetiva conferidas aos procuradores e promotores de Justiça (independência funcional, vitaliciedade, irredutibilidade de subsídio); no entanto, a instituição não goza de autonomia administrativa e financeira, eis que se encontra consolidada na intimidade estrutural da própria Corte de Contas perante a qual atua.[473]

É precisamente na fixação da diretriz indicada no item (iii) que, a meu ver, a interpretação adotada pelo Supremo Tribunal Federal merece ser revisitada. Isso porque não são raras as situações em que o reconhecimento de garantias institucionais revela-se como pressuposto indeclinável para o efetivo exercício de garantias de ordem subjetiva, especialmente quando se trata de independência funcional.

Na realidade, as garantias institucionais reconhecidas ao Ministério Público são essencialmente instrumentais, justificando-se precisamente para salvaguardar a independência de seus membros em sua atuação finalística. Daí o inevitável paradoxo: os membros dos MPCs brasileiros têm reconhecido em seu favor o regime jurídico subjetivo do Ministério Público, mas não dispõem de instrumentos efetivos para realizá-lo na prática. Estão inseridos na "intimidade estrutural" da Corte de Contas perante a qual atuam, sem que disponham de autonomia administrativa ou financeira. A sua organização e estruturação ficam totalmente dependentes de leis de iniciativa do próprio Tribunal de Contas, que, com isso, interfere diretamente na atuação ministerial.

Evidencia-se, assim, a absoluta incoerência da interpretação conferida ao artigo 130 da CRFB, especialmente quando se afirma que as prerrogativas conferidas individualmente aos membros do Ministério Público Especial compreenderiam "a plena independência de atuação perante os poderes do Estado, a começar pela Corte junto

---

[473] Nesse sentido, em diversos precedentes, o Supremo Tribunal Federal entendeu pela ilegitimidade ativa do Ministério Público junto ao Tribunal de Contas para atuar em juízo, limitando sua atividade tão somente ao âmbito do próprio Tribunal de Contas que integra. No entender da Suprema Corte, em caso no qual se discutiu a legitimidade do *Parquet* para propositura de reclamação, "a cláusula de garantia inscrita no art. 130 da CF/88 é de ordem subjetiva e, portanto, refere-se a direitos, vedações e forma de investidura no cargo dos membros do Ministério Público junto às Cortes de Contas, não constituindo regra de ampliação da atribuição institucional do Parquet especial. Os integrantes do *Parquet* especial possuem atuação funcional exclusiva perante as Cortes de Contas, não detendo legitimidade *ad causam* para executar as decisões formadas no âmbito administrativo por meio de ação desenvolvida pelos meios ordinários ou pela via reclamatória" (STF, Ag. Reg. na Rcl. 24162/DF, relator ministro Dias Toffoli, julgado em 22.11.2016. Seguindo o mesmo posicionamento, STF, Ag. Reg. na Rcl 24.164/DF, Segunda Turma, relator ministro Gilmar Mendes, julgado em 09.05.2017).

a qual oficiam".[474] Muito ao contrário disso, a experiência dos MPCs brasileiros ao longo dessas duas décadas desde o precedente firmado na ADI nº 789/DF tem revelado que, sem a blindagem institucional adequada, amputam-se as garantias de índole subjetiva.[475]

Esse alerta é feito por José Afonso da Silva ao debruçar-se especificamente sobre a natureza do Ministério Público Especial. Eis sua perplexidade:

> 19. A ementa da ADI 160, de que foi Relator o Min. Octavio Gallotti, sobre a posição do Ministério Público junto aos Tribunais de Contas declara que "em sua organização,ou estruturalmente, não é ele dotado de autonomia funcional (como sucede ao Ministério Público comum), pertencendo, individualmente, a seus membros, essa prerrogativa, nela compreendida a plena independência de atuação perante os poderes do Estado, a começar pela Corte junto à qual oficiam". *Confesso que tenho muita dificuldade de entender que os membros de um órgão tenham autonomia funcional, individualmente, prerrogativa que compreende a plena independência de atuação perante os poderes, inclusive perante a Corte junto à qual oficiam, sem que o próprio órgão seja igualmente dotado de tal prerrogativa.*
> (...).
> 21. Mas aqui nesse final de voto do ínclito Ministro Sepúlveda Pertence surge uma colocação que para mim ininteligível no contexto de sua manifestação, qual seja, *não vejo como ter autonomia funcional sem autonomia administrativa. Pois, se não tiver autonomia administrativa, significa que fica subordinado à estrutura administrativa em que insere. Assim, se falta a autonomia administrativa, seus membros e seu pessoal ficam na dependência de outro órgão, e, consequentemente, carecerá daquelas prerrogativas que configuram a autonomia funcional, reconhecida pelo Eminente Ministro!.* (Os grifos não são do original) [476]

De fato, esse entendimento consolidado no STF necessita urgente oxigenação. Diante de realidades e conjunturas fáticas que já

---

[474] STF, ADI nº 160/TO, Pleno, relator ministro Octavio Gallotti, julgado em 23.04.1998.

[475] Em extensa manifestação apresentada pela Associação Nacional do Ministério Público de Contas – AMPCON – nos autos da ADI nº 3.804, relatam-se as agonias experimentadas na atuação funcional dos membros de alguns MPCs brasileiros, destacando-se que retaguarda institucional é raramente fornecida pelos Tribunais de Contas: "Em algumas unidades da federação a atuação independente e imparcial dos procuradores de contas resta afligida por ameaças de despejo, de supressão de pessoal de apoio; de restrições à prerrogativa de oficiar para obtenção de documentos e à remessa de correspondências e até mesmo ao acesso dos materiais mais elementares ao funcionamento de qualquer repartição pública" (Disponível em: http://redir.stf.jus.br/estfvisualizadorpub/jsp/consultarprocessoeletronico/ConsultarProcessoEletronico.jsf?seqobjetoincidente=2419993. Acesso em: 09 out. 2015).

[476] SILVA, José Afonso da. *O Ministério Público junto aos Tribunais de Contas*. Artigo citado, p. 265.

demonstraram, à saciedade, o equívoco dos seus precedentes, é fundamental que o STF enfrente novamente a matéria de forma a reavaliar a exegese firmada ainda na década de noventa.[477]

As duas vozes vencidas no STF a propósito desse tema são as do então ministro Carlos Britto e a do ministro Marco Aurélio, que atentam para a necessidade de superação da visão jurisprudencial endógena sobre a questão da autonomia administrativa do Ministério Público de Contas. O ministro Carlos Britto, em extenso voto vencido proferido na ADI nº 2.378/GO, consignou:

> *Está implícita no tracejamento de regime jurídico igual no plano subjetivo a outorga de prerrogativas iguais no plano objetivo (que já é de caráter institucional ou colegial). Pois na autonomia administrativa de uma Instituição é que as prerrogativas funcionais de cada qual dos seus membros ganham plena possibilidade factual de expressão.*
>
> (...).
>
> É deduzir: um Ministério Público sem a compostura de um aparelho substante em si não passa de um aparelho administrativo tão burocrático quanto subalternamente hierarquizado, para não dizer uma sonora mas quase ornamental nominalidade – uma vez que privado daquela dignidade institucional que tipifica o democrático fenômeno da desconcentração política da autoridade.[478]

O ministro Marco Aurélio, por sua vez, tem posicionamento diverso do defendido pelo então ministro Carlos Britto, eis que não extrai diretamente do texto constitucional a autonomia administrativa e financeira do MPC; sua posição avança em relação ao entendimento sedimentado na Corte, uma vez que coloca a matéria na *perspectiva federativa*, inserindo no âmbito de autogoverno de cada unidade a federação (artigo 25 da CRFB) a definição do modelo a ser observado por seus Ministérios Públicos de Contas.[479]

---

[477] No mesmo sentido: MAZZILLI, Hugo Nigro. Os membros do Ministério Público junto aos Tribunais de Contas. *In: Licitações e Contratos Administrativos*: Uma visão atual à luz dos Tribunais de Contas. Curitiba: Juruá, 2007. p. 105-111.

[478] Voto vencido apresentado em: STF, ADI nº 2.378/GO, Pleno, relator ministro Mauricio Correa, relator para acórdão ministro Celso de Mello, julgado em 19.05.2004.

[479] Extrai-se esse posicionamento a partir da leitura sistemática dos votos proferidos pelo ministro Marco Aurélio nas ADIs nº 160/TO e nº 2.378/GO, já referidas anteriormente. Essa também é a posição defendida por José Afonso da Silva: "Entendo que os princípios fundamentais que regem o Ministério Público em geral se aplicam também ao Ministério Público junto aos Tribunais de Contas. É verdade que essa aplicação não é automática. Mas é lícito, segundo me parece, às constituições dos Estados ou mesmo às Leis Complementares Orgânicas do Ministério Público, ou mesmo uma lei ordinária específica, definir-lhes o

A leitura constitucional da temática tal como realizada pelo ministro Marco Aurélio, se pode implicar verdadeiro avanço para a situação de alguns Estados-membros da federação, absolutamente não endereça o problema em sua dimensão nacional e, inversamente, pode até mesmo fragilizar a realidade ministerial em algumas regiões do país. Nesse ponto específico, prestigiar o autogoverno em detrimento da simetria para com o modelo federal significa deixar um órgão com limitadas possibilidades de influência na arena política e pouco apelo social completamente à mercê dos Poderes Legislativos estaduais, o que aponta para a manutenção do *status* atualmente vivenciado. Por essa razão, penso que a solução constitucional adequada não pode se limitar a enveredar pelo caminho da autonomia dos entes federativos.

O Supremo Tribunal Federal terá a chance de promover uma virada jurisprudencial na matéria ao apreciar três ações diretas de inconstitucionalidade recentemente ajuizadas e ainda pendentes de julgamento. Especialmente diante da renovação da composição plenária, afigura-se efetivamente possível que o tema seja enfrentado a partir de novas perspectivas, eis que seis ministros ainda não tiveram a oportunidade de deliberar especificamente sobre o assunto desde a última vez em que discutido no Plenário da Corte.[480]

Nesse contexto, os três casos que estão a merecer a devida atenção envolvem as situações dos Estados de Alagoas, Roraima e Pará. Na ADI nº 3.804-MC/AL, sob a relatoria do ministro Dias Toffoli, discute-se a constitucionalidade de dispositivo da constituição alagoana que reconhece ao MPC iniciativa para instaurar o processo legislativo tendente à sua organização. Em sequência, há a ADI nº 4.725/RR, sob a relatoria originária do então ministro Joaquim Barbosa, em que são questionados dispositivos de emenda à Constituição do Estado de Roraima que conferiram ao MPC autonomia administrativa, orçamentária, financeira e funcional. O relator votou pela procedência do pedido formulado na ADI, acompanhando a jurisprudência sedimentada da Corte. O julgamento foi suspenso após o pedido de vista apresentado pelo então

---

regime orgânico e administrativo, incluindo a autonomia funcional e administrativa. Se a Constituição Federal não lhes deu expressa e especificamente essas prerrogativas, também não as proibiu. Ao contrário, o sentido que ela deu ao Ministério Público em geral comporta reconhecer que ela o admite" (SILVA, José Afonso da. *O Ministério Público junto aos Tribunais de Contas*. Artigo citado, p. 269).

[480] Ao que se pôde apurar, o último precedente do Plenário na matéria foi adotado em 02 de setembro de 2009, nos autos da ADI nº 3307/MT, relatado pela ministra Carmen Lúcia. Significa, pois, que os ministros Dias Toffoli, Luiz Fux, Rosa Weber, Teori Zavascki, Roberto Barroso e Edson Fachin ainda não enfrentaram o assunto.

ministro Carlos Britto e, atualmente, os autos encontram-se conclusos ao relator atual. Finalmente, o terceiro caso refere-se à ADI nº 5.254/PA, sob a relatoria do ministro Roberto Barroso, por meio da qual é impugnada lei complementar do Estado do Pará que concede autonomia administrativa e financeira aos órgãos ministeriais que atuam junto ao TCE e ao TCM naquela unidade federativa.

Como se percebe, em maior ou menor extensão, todos os três casos envolvem a interpretação da norma do artigo 130 da CRFB realizada por instâncias legislativas estaduais, as quais, perfilhando compreensão distinta daquela afirmada pelo Poder Judiciário, deliberaram por reconhecer ao Ministério Público de Contas garantias institucionais.

Se, diante da nova composição plenária, houver efetivamente uma tendência de o Supremo Tribunal Federal superar seus precedentes e avançar no conteúdo da denominada *"cláusula de garantia"* prevista no artigo 130 da CRFB, não há dúvida de que o caminho mais seguro será afirmar a autonomia política dos Estados-membros na matéria, prestigiar o experimentalismo federativo e estabelecer que compete às constituições e às leis estaduais definir o regime orgânico-institucional do Ministério Público de Contas, incluindo aí a possibilidade de assegurar-lhe autonomia administrativa e financeira.

Essa orientação pode até revelar-se adequada para solucionar satisfatoriamente o problema enfrentado nos três casos particulares pendentes de julgamento. Porém, pelas razões já explicitadas quando dos comentários feitos à posição do ministro Marco Aurélio, penso que tal solução seria imperfeita ao negligenciar reflexos nacionais inevitáveis. Por essa razão, reputo absolutamente necessário refletir-se a respeito de uma fórmula mais arrojada para endereçar o assunto.

Não me parece viável, contudo, defender-se uma interpretação do artigo 130 da CRFB que promova, sem qualquer interposição legislativa, a extensão do regime jurídico-institucional do Ministério Público comum ao Ministério Público de Contas.[481] Na prática, essa solução esbarraria em dificuldades concretas associadas à dimensão dos MPCs no país, pois suas carreiras costumam ser extremamente enxutas, com menos de uma dezena de membros em sua atuação finalística, número proporcional ao quantitativo de integrantes do corpo deliberativo. Essa realidade torna problemático o transplante de toda a estrutura organizacional do Ministério Público comum ao seu congênere com atuação dos Tribunais de Contas.

---

[481] Registre-se que a cláusula prevista no artigo 130 estende, sem intermediação do legislador, o regime protetivo de natureza subjetiva.

Diante desse cenário, é cabível uma interpretação conciliatória que extraia da norma constitucional toda a sua potencialidade para resguardar a independência funcional dos membros dos MPCs, fixando um núcleo mínimo de garantias instrumentais que prescindam de um aparato administrativo e financeiro independente – sem afastar, porém, a possibilidade de tal retaguarda institucional ser conferida no exercício da autonomia política de cada unidade federativa.

Firmada a premissa hermenêutica de que existe uma relação simbiótica entre garantias subjetivas e garantias institucionais, o Supremo Tribunal Federal poderia avançar expressivamente para definir que, independente do reconhecimento de autonomia administrativa e financeira própria ao MPC, existe um *conteúdo mínimo assecuratório das prerrogativas funcionais* que se irradiam diretamente do texto constitucional. Esse conteúdo mínimo é vocacionado à tutela da independência e autonomia funcional dos membros do Ministério Público de Contas e abrange, necessariamente, a iniciativa dos projetos de lei versando sobre suas atribuições e competências, bem como sobre sua organização interna, matérias em que é vedada a ingerência dos respectivos Tribunais de Contas. Além disso, a vinculação administrativa e financeira impõe à Corte de Contas em cuja estrutura se encontra o Ministério Público, a obrigação de destacar uma parcela de sua dotação orçamentária para o custeio dos recursos materiais e humanos necessários e compatíveis com o exercício das funções ministeriais, uma vez que sua ausência ou insuficiência pode comprometer o próprio funcionamento do órgão.

Nessa temática, portanto, a par de reconhecer a cada Estado-membro a possibilidade de experimentar estratégias diferentes na arquitetura do órgão ministerial que atua junto à sua Corte de Contas, o Supremo Tribunal Federal poderia contribuir para o aperfeiçoamento do sistema de controle externo estabelecendo *standards* mínimos a serem observados nessa estruturação, como forma de concretamente assegurar a atuação independente e imparcial de seus membros.[482] Esse seria um avanço jurisprudencial plenamente compatível com uma releitura pragmática da norma do artigo 130 da Constituição de 1988, a permitir o robustecimento dos MPCs do país e seu reconhecimento como função essencial ao controle externo das finanças públicas.

---

[482] Seguindo essa linha, a manifestação da Procuradoria-Geral da República nos autos da mencionada ADI nº 5.254 aponta que "o silêncio da Constituição quanto à extensão dessas garantias objetivas ao MPC não constitui obstáculo à sua outorga por norma infraconstitucional federal ou estadual nem pelo constituinte derivado das unidades federativas. Deve o art. 130 da CR ser visto como núcleo mínimo de prerrogativas subjetivas dos integrantes do MPC, não como impedimento à concessão de outras garantias de ordem objetiva à instituição, mormente daquelas voltadas a assegurar atuação independente de seus membros e a resguardá-la de ingerência indevida em suas funções institucionais".

A ARQUITETURA FUNCIONAL DOS TRIBUNAIS DE CONTAS: EXTENSÃO E ALCANCE DAS COMPETÊNCIAS DE CONTROLE EXTERNO NA CONSTITUIÇÃO DA REPÚBLICA DE 1988

> *Os direitos fundamentais têm uma relação profunda e essencial com as finanças públicas. Dependem, para a sua integridade e defesa, da saúde e do equilíbrio da atividade financeira do Estado, ao mesmo tempo em que lhe fornecem o fundamento de legalidade e legitimidade. Os direitos fundamentais se relacionam com os diversos aspectos das finanças públicas. (...). Cabendo ao Tribunal de Contas, de acordo com o art. 70 da Constituição Federal, a fiscalização contábil, financeira, orçamentária, operacional e patrimonial da União e das entidades da administração direta e indireta, quanto à legalidade, legitimidade e economicidade, segue-se que passa ele a exercer papel de suma importância no controle das garantias normativas ou principiológicas da liberdade, ou seja, no controle da segurança dos direitos fundamentais.*[483]

---

[483] TORRES, Ricardo Lobo. A legitimidade democrática e o tribunal de contas. *Revista de Direito Administrativo*, n. 149, p. 31-45, out./dez. 1993.

O capítulo ora inaugurado aborda a arquitetura funcional dos Tribunais de Contas no país, buscando identificar a extensão e o alcance do controle por eles exercido com base nas competências estabelecidas pela Constituição de 1988. Inicialmente, formula-se uma divisão binária que reconhece a existência de *competências coadjuvantes* – de apoio ou de suporte ao controle parlamentar – em paralelo a *competências autônomas*, estas últimas exercidas sem ingerência ou participação do Poder Legislativo. Com isso, pretende-se desconstruir, no campo de sua função material, a ideia equivocada segundo a qual os Tribunais de Contas atuariam sempre em auxílio ao Poder Legislativo. Como já se viu no capítulo anterior, essa noção não procede do ponto de vista de sua estruturação orgânica, e tampouco se sustenta quando se considera o plexo de sua competência material.

Intimamente relacionado a esse aspecto, enfrenta-se em seguida a controvérsia a respeito do julgamento das contas dos chefes do Poder Executivo quando exercem funções de ordenador de despesa e praticam atos de gestão. Trata-se de discussão com significativa repercussão na esfera municipal e que foi intensamente judicializada nos últimos anos, especialmente em razão das consequências eleitorais advindas de uma decisão no sentido da irregularidade de contas. Contrapondo as competências estabelecidas nos incisos I e II do artigo 71 da Constituição da República, o tema polariza interpretações e teve recente definição conclusiva no Supremo Tribunal Federal, em sede de repercussão geral.[484]

Ainda no terreno das competências funcionais, aborda-se neste capítulo a controvérsia a respeito da possibilidade de as Cortes de Contas, no exercício de suas atribuições, realizarem controle de constitucionalidade, assunto que envolve a discussão em torno da subsistência

---

[484] Trata-se do tema nº 835 da repercussão geral, que foi analisado a partir do RE nº 848.826/CE, Plenário, relator ministro Roberto Barroso, redator para o acórdão ministro Ricardo Lewandowski, julgado em 10.08.2016, e que será visto em detalhes no item 5.1.4. Esta, por sua vez, é a ementa do acórdão que reconhece a repercussão geral da matéria: "DIREITO CONSTITUCIONAL E ELEITORAL. RECURSO EXTRAORDINÁRIO. JULGAMENTO DAS CONTAS DO CHEFE DO PODER EXECUTIVO COMO ORDENADOR DE DESPESAS. COMPETÊNCIA: PODER LEGISLATIVO OU TRIBUNAL DE CONTAS. REPERCUSSÃO GERAL. 1. Inadmissão do recurso no que diz respeito às alegações de violação ao direito de petição, inafastabilidade do controle judicial, devido processo legal, contraditório, ampla defesa e fundamentação das decisões judiciais (arts. 5º, XXXIV, a, XXXV, LIV e LV, e 93, IX, da CF/1988). Precedentes: AI 791.292 QO-RG e ARE 748.371 RG, Rel. Min. Gilmar Mendes. 2. *Constitui questão constitucional com repercussão geral a definição do órgão competente – Poder Legislativo ou Tribunal de Contas – para julgar as contas de Chefe do Poder Executivo que age na qualidade de ordenador de despesas, à luz dos arts. 31, §2º; 71, I; e 75, todos da Constituição.* 3. Repercussão geral reconhecida" (RE nº 848.826/CE, Plenário, Plenário Virtual, relator ministro Roberto Barroso, julgado em 27.08.2015) (Grifou-se).

do Enunciado nº 347 do STF, o qual sintetiza entendimento firmado ainda na década de sessenta, momento em que a jurisdição constitucional no país seguia formatação bastante diversa daquela observada nos dias de hoje.

Analisam-se, ainda, os vetores que pautam o exercício do controle externo no país, devotando especial atenção ao exame dos limites e possibilidades de sua intervenção em matéria de políticas públicas, assim como no campo da política regulatória do Estado. A esse propósito, invoca-se a produção acadêmica que tem enfrentado o tema sob a ótica do controle jurisdicional, temperando-se suas críticas e partindo em defesa do desenvolvimento de uma concepção dialógica que reduza o potencial invasivo na esfera discricionária do Estado-Administração e proporcione, ao mesmo tempo, o amadurecimento e a evolução das decisões na matéria.

Ao final do capítulo, destaca-se uma debilidade relacionada às competências materiais dos Tribunais de Contas, tributária da interpretação restritiva perfilhada pelo Supremo Tribunal Federal no que pertine ao *enforcement* das decisões adotadas em sede de controle externo. Essa deficiência apresenta-se atualmente como expressivo fator de inibição à capacidade de afirmação das medidas sancionatórias e ressarcitórias deliberadas pelos Tribunais de Contas e aponta para a necessidade de serem pensadas estratégias visado ao seu reforço.

5.1 Divisão dicotômica da atuação dos Tribunais de Contas: competências de apoio ao controle parlamentar e competências autônomas

Ao longo desta obra, já foram feitos apontamentos a respeito da natureza das funções exercidas pelos Tribunais de Contas, destacando-se seu reconhecimento como estrutura extralegislativa que integra o ciclo de *accountability* horizontal das finanças públicas em auxílio ao Legislativo, guardando com este relação fundada na teoria da agência. Viu-se que, apesar disso, a arquitetura de tais Cortes no Brasil está alinhada a preocupações com os níveis de independência a serem confiados às Instituições Superiores de Controle – ISCs, como forma de minimizar os riscos de sua captura por influências e interesses político-partidários. Coerente com o elevado grau de independência e autonomia assegurados pela Constituição da República de 1988 aos Tribunais de Contas, eles foram caracterizados, no capítulo anterior, como funções neutrais dissociadas do tradicional esquema da tripartição de poderes.

Não apenas no que pertine à sua configuração orgânica, mas também – e especialmente – no que concerne à extensão de suas competências, resta bastante evidente que, contemporaneamente, os Tribunais de Contas no Brasil atuam em duas frentes distintas: em alguns casos, sua intervenção no ciclo de controle da gestão financeira estatal ocorre em suporte à função fiscalizadora parlamentar; e, em ocasiões outras, o controle realiza-se de maneira autônoma, sem interação ou dependência para com o Poder Legislativo.[485] Por esta razão, perfilha-se neste trabalho uma divisão binária das competências centralmente constitucionais outorgadas às Cortes de Contas, contrapondo as atribuições de suporte àquelas que se exaurem no plano do próprio Tribunal – competências *ex propria autoritate*.

5.1.1 A atuação coadjuvante em apoio ao controle parlamentar

Inquestionavelmente, a mais relevante competência de suporte ao controle parlamentar consiste na *emissão de parecer prévio* acerca das contas anualmente prestadas pela chefia do Poder Executivo, a serem objeto de deliberação legislativa. Trata-se da competência estabelecida no artigo 71, inciso I,[486] da Constituição da República, complementar à atribuição conferida ao Congresso Nacional para julgar as contas

---

[485] No mesmo sentido, veja-se a lição de Carlos Ari Sundfeld: "É indiscutível a importância do Tribunal de Contas no controle dos gastos públicos e, nesse contexto, no equilíbrio de forças entre os Poderes integrantes do Estado brasileiro. Órgão dotado de prerrogativas especiais, ele atua como auxiliar do Legislativo na função de controle externo da administração (art. 71 da Constituição Federal). Mas não é por ser 'auxiliar' do Legislativo que ele não desempenhe, de modo autônomo, competências próprias. Somam-se, ao papel de auxílio ao Legislativo, funções autônomas de controle, pelas quais o Tribunal de Contas exerce, por força própria, competências de caráter interventivo em relação à atuação das entidades administrativas e de particulares quanto a recursos públicos. Podem ser citadas, a título ilustrativo, as atribuições de julgar contas dos administradores e sancionar os responsáveis por irregularidades (art. 71, II e VIII, da Constituição Federal). Nesses casos, as decisões da Corte de Contas produzem seus próprios efeitos, independentemente de deliberação ou aprovação do Legislativo. Institucionalmente, portanto, para determinadas situações, o Tribunal de Contas exerce de modo autônomo o papel de controlador externo do Executivo e das entidades que compõem a administração indireta" (SUNDFELD, Carlos Ari; CÂMARA, Jacintho Arruda. Controle das contratações públicas pelos Tribunais de Contas. *RDA – Revista de Direito Administrativo*, ano 2011, n. 257, maio/ago. 2011).

[486] Art. 71. O controle externo, a cargo do Congresso Nacional, será exercido com o auxílio do Tribunal de Contas da União, ao qual compete: I – apreciar as contas prestadas anualmente pelo Presidente da República, mediante parecer prévio que deverá ser elaborado em sessenta dias a contar de seu recebimento.

anuais prestadas pelo Presidente da República.[487] A decisão final a respeito das contas anuais, concluindo por sua aprovação ou rejeição, é do Poder Legislativo; o Tribunal de Contas atua na matéria como verdadeiro órgão de apoio, emitindo pronunciamento com abordagem técnica sem conteúdo deliberativo, visando a subsidiar o exercício das funções fiscalizadoras do Legislativo. Trata-se de uma manifestação técnico-opinativa que não vincula a instituição parlamentar quanto ao desempenho de sua competência decisória.

A adequada compreensão sobre a abrangência da competência técnico-opinativa prevista no artigo 71, inciso I, da CRFB pressupõe uma breve digressão quanto ao *regime das contas públicas*, particularmente quanto à distinção convencionalmente identificada entre as chamadas *contas de governo* e as *contas de gestão*. As *contas de governo* referem-se aos resultados gerais do exercício financeiro, com o exame minucioso de todos os aspectos da arrecadação de ingressos e da execução de despesas, retratando a situação financeira do ente federativo como um todo. São contas globais – é o chamado "balanço anual" –, que demonstram a atuação governamental e seus resultados ao longo de um determinado ano, evidenciando a realização do orçamento e dos planos e programas de governo, bem como o cumprimento dos dispositivos constitucionais e legais relativos ao endividamento público e aos gastos com saúde, educação e pessoal.

As denominadas *contas de gestão*, por sua vez, relacionam-se ao resultado específico de determinado ato de governo e são prestadas por todo e qualquer gestor de recurso público, seja pessoa física ou jurídica, pública ou privada, na forma do artigo 70, parágrafo único,

---

[487] Segundo o artigo 49, inciso X, da CRFB, compete exclusivamente ao Congresso Nacional "julgar anualmente as contas prestadas pelo Presidente da República e apreciar os relatórios sobre a execução dos planos de governo". Na esfera federal, há historicamente uma prática de o julgamento das contas anuais do Presidente da República ser realizado em sessão separada do Congresso Nacional. Além disso, diante da inexistência de prazo constitucional para o julgamento, havia, inclusive, diversos pareceres prévios pendentes de deliberação congressual até o ano de 2015, momento em que, em razão do parecer contrário à aprovação das contas referentes ao exercício de 2014, o tema acabou ganhando projeção e, após intensas discussões, foram colocados em pauta na Câmara dos Deputados inúmeros pareceres de gestões pretéritas. Essa postura da Câmara dos Deputados foi questionada junto ao STF, pela via mandamental, argumentando-se que as referidas contas deveram ser apreciadas em sessão conjunta, sob a presidência do Presidente do Senado Federal. Ao examinar a matéria, o ministro Roberto Barroso, na qualidade de relator, indeferiu a liminar pleiteada explicitando, precisamente, a prática estabelecida em sentido diverso. O relator sinalizou, porém, que decorria do sistema constitucional a conclusão de que o julgamento das contas do Presidente da República deve ser feito pelo Congresso Nacional em sessão conjunta de ambas as casas legislativas (STF, MS nº 33.729/DF, relator ministro Roberto Barroso, decisão monocrática adotada em 20.10.2015).

da Constituição da República.[488] São, portanto, contas específicas dos responsáveis diretos pela atividade financeira das unidades administrativas do Estado, submetidas a exame casuístico e a julgamento individualizado pelo Tribunal de Contas.[489]

As contas anuais sobre as quais recai o parecer prévio emitido à luz do artigo 71, inciso I, da CRFB são as chamadas *contas de governo*, prestadas pela chefia do Poder Executivo na qualidade de responsável pela execução orçamentária ao longo de um dado exercício financeiro, e não na qualidade de chefe administrativo de um dos poderes da República. Exatamente por isso – e essa é uma noção da maior importância – é que a aprovação política das contas presidenciais não libera do julgamento de suas contas específicas os responsáveis diretos pela gestão financeira das inúmeras unidades orçamentárias do próprio Poder Executivo, entregues à decisão definitiva do próprio Tribunal de Contas.[490] Estas últimas conformam as contas de gestão, em relação às quais detêm os Tribunais competência judicante, por força do que dispõe o artigo 71, inciso II, da CRFB.[491]

Quanto à amplitude das chamadas *contas de governo*, é importante noticiar que a Lei de Responsabilidade Fiscal (Lei Complementar Federal nº 101/00) pretendeu incluir, nas contas prestadas pelo chefe do Executivo, além destas, as contas dos presidentes dos órgãos dos Poderes Legislativo e Judiciário e do chefe do Ministério Público, as

---

[488] O parágrafo único do artigo 70 da CRFB tem a seguinte dicção: "Prestará contas qualquer pessoa física ou jurídica, pública ou privada, que utilize, arrecade, guarde, gerencie ou administre dinheiros, bens e valores públicos ou pelos quais a União responda, ou que, em nome desta, assuma obrigações de natureza pecuniária".

[489] Essa distinção é detalhada por José de Ribamar Caldas Furtado da seguinte forma: "Enquanto na apreciação das contas de governo o Tribunal de Contas analisará os macroefeitos da gestão pública; no julgamento das contas de gestão, será examinado, separadamente, cada ato administrativo que compõe a gestão contábil, financeira, orçamentária, operacional e patrimonial do ente público, quanto à legalidade, legitimidade e economicidade, e ainda os relativos às aplicações das subvenções e às renúncias de receitas. É efetivando essa missão constitucional que a Casa de Contas exercitará toda a sua capacidade para detectar se o gestor público praticou ato lesivo ao erário, em proveito próprio ou de terceiro, ou qualquer outro ato de improbidade administrativa" (Os regimes de contas públicas: contas de governo e contas de gestão. *Revista do Tribunal de Contas da União*, n. 109, maio/ago. 2007, p. 61/89. Disponível em: http://revista.tcu.gov.br/ojsp/index.php/RTCU/article/download/438/488. Acesso em: 13 out. 2015).

[490] STF, ADI nº 849/MT, Pleno, relator ministro Sepúlveda Pertence, julgado em 11.02.1999.

[491] Art. 71. O controle externo, a cargo do Congresso Nacional, será exercido com o auxílio do Tribunal de Contas da União, ao qual compete: (...); II – julgar as contas dos administradores e demais responsáveis por dinheiros, bens e valores públicos da administração direta e indireta, incluídas as fundações e sociedades instituídas e mantidas pelo Poder Público federal, e as contas daqueles que derem causa a perda, extravio ou outra irregularidade de que resulte prejuízo ao erário público.

CAPÍTULO 5 | 255

A ARQUITETURA FUNCIONAL DOS TRIBUNAIS DE CONTAS: EXTENSÃO E ALCANCE DAS COMPETÊNCIAS DE CONTROLE...

quais receberiam parecer prévio, separadamente, do respectivo Tribunal de Contas.[492] Essa previsão, contudo, foi suspensa cautelarmente pelo Supremo Tribunal Federal, na esteira do voto proferido pelo então ministro Ilmar Galvão nos autos da ADI nº 2.238-MC/DF.[493] Entendeu-se precisamente que a previsão legal negligenciava a distinção tradicional entre contas de governo e contas de gestão, distinção esta que se extrai da cisão de competências estabelecida no texto constitucional – artigo 71, incisos I e II. Em outros termos, reputou-se que qualquer prestação de contas por órgãos outros que não vinculados ao Poder Executivo somente poderá ser objeto de julgamento pelo respectivo Tribunal de Contas. Assim, a inclusão das contas referentes às atividades financeiras dos Poderes Legislativo, Judiciário e do Ministério Público dentre aquelas prestadas anualmente pelo chefe de governo "tonaria inócua a distinção efetivada pelos incisos I e II do art. 71, já que todas as contas seriam passíveis de controle técnico – a cargo do Tribunal de Contas – e político – de competência do Legislativo".[494]

Por sua vez, em se tratando de contas prestadas pela chefia do Poder Executivo municipal, há uma particularidade importante que merece maior atenção, pois, em tal hipótese, a previsão constitucional confere ao parecer prévio *natureza quase-vinculante*, estabelecendo textualmente que ele só deixará de prevalecer se vier a ser superado pela maioria de dois terços dos membros da Câmara Municipal.[495] Trata-se de uma dinâmica diferenciada aplicável apenas às *contas municipais* e que suscita questionamento em caso de silêncio legislativo. A matéria teve repercussão geral[496] reconhecida pelo Supremo Tribunal Federal, com manifestações dos ministros Dias Toffoli e Cármen Lúcia sinalizando que o parecer emitido em relação às contas municipais tem plena eficácia até que sobrevenha uma mudança, a cargo do Poder Legislativo, ao julgar as contas. A mesma posição também já havia foi adotada pelo

---

[492] Artigo 56 da Lei de Responsabilidade Fiscal: "As contas prestadas pelos Chefes do Poder Executivo incluirão, além das suas próprias, as dos Presidentes dos órgãos dos Poderes Legislativo e Judiciário e do Chefe do Ministério Público, referidos no artigo 20, as quais receberão parecer prévio, separadamente, do respectivo Tribunal de Contas".

[493] STF, ADI nº 2.238-MC/DF, Pleno, relator ministro Ilmar Galvão, julgado em 09.08.2007.

[494] STF, ADI nº 2.238-MC/DF, Pleno, relator ministro Ilmar Galvão, julgado em 09.08.2007.

[495] O artigo 31, §2º, da CRFB tem a seguinte dicção: "O parecer prévio, emitido pelo órgão competente sobre as contas que o Prefeito deve anualmente prestar, só deixará de prevalecer por decisão de dois terços dos membros da Câmara Municipal".

[496] Tema nº 157 da repercussão geral do Supremo Tribunal Federal. O recurso paradigma era, inicialmente, o RE nº 597.362/BA, sob a relatoria do então ministro Erro Grau. Tal recurso perdeu seu objeto, mas a repercussão geral foi mantida, convolando-se o paradigma para o RE nº 729.744/MG, sob a relatoria do ministro Gilmar Mendes.

então ministro Carlos Britto anda em fase de admissibilidade do recurso extraordinário, salientando que:

> (...) em se tratando de prestação de contas municipais, o parecer é previamente, antecipadamente, qualificado pela Constituição, não como um singelo, mas é um parecer tecnicamente qualificado porque produz efeitos desde logo. Daí porque a Constituição diz que o parecer somente não prevalecerá, então ele já prevaleceu no seu conteúdo desde que emitido, se sobrevier uma decisão qualificadíssima – várias vezes a Constituição fala de deliberação legislativa de 2/3 – da Câmara Municipal, por 2/3, contrariamente ao parecer do Tribunal de Contas.[497]

Ao concluir o julgamento de mérito da matéria, o STF fixou tese jurídica que considera incabível o julgamento ficto das contas por decurso de prazo, reafirmando a natureza meramente opinativa do parecer técnico elaborado pelo Tribunal de Contas.[498] O problema que mereceu a atenção do STF tem grande impacto na esfera municipal e, caso viesse a ser reconhecida a produção de efeitos do parecer prévio até decisão contrária da Câmara de Vereadores, isso certamente promoveria uma alteração na vida parlamentar, a qual, em prática usual nos municípios, tem permitido que a maioria presencial dos parlamentares venha a postergar as votações dos pareceres mediante sucessivas retiradas de pauta. Com isso, embora com o voto de um terço dos membros do Legislativo o parecer prévio seja aprovado, essa deliberação é, não raro, adiada indefinidamente. E a questão problemática é que, da forma como atualmente se concebe o sistema, a manifestação pela rejeição das contas acaba não produzindo qualquer efeito, pois, por um desajuste da vida política, fica sem apreciação por tempo indeterminado.

Nada obstante isso, entender que o parecer prévio contrário sobre as contas municipais prevalece e produz regulares efeitos até que o Legislativo delibere sobre o assunto, vindo, eventualmente, a superá-lo, tem uma implicação muito forte em tema extremamente delicado e

---

[497] STF, RE nº 597.362/BA, Pleno, relator ministro Eros Grau, relator para acórdão ministra Cármen Lúcia, julgado em 21.02.2013.

[498] STF, RE nº 729.744/MG, Pleno, relator ministro Gilmar Mendes, julgado em 17.08.2016. A tese jurídica fixada na apreciação da repercussão geral teve o seguinte teor: "O parecer técnico elaborado pelo Tribunal de Contas tem natureza meramente opinativa, competindo exclusivamente à Câmara de Vereadores o julgamento das contas anuais do Chefe do Poder Executivo local, sendo incabível o julgamento ficto das contas por decurso de prazo". Ficaram vencidos os ministros Roberto Barroso, Edson Fachin, Rosa Weber e Luiz Fux. Foram opostos embargos de declaração em face do acórdão, os quais se encontram pendentes de julgamento.

sensível do regime federativo brasileiro e que, nessa qualidade, não pode ser desconsiderado: a autonomia municipal. Caso a compreensão perfilhada pela minoria vencida do STF tivesse prevalecido, a autonomia dos municípios seria consideravelmente afetada, pois ter-se-ia a prevalência de uma análise realizada por um órgão estadual intervindo diretamente na vida dos municípios. Em outras palavras, esse acabaria sendo mais um fator de ingerência dos Estados-membros na esfera municipal, com a ressalva da posição de apenas dois municípios da federação – Rio de Janeiro e São Paulo, que tiveram mantidos seus Tribunais de Contas municipais.

Além disso, não se pode deixar de notar que o parecer prévio contrário, ao produzir efeitos imediatos diante da inércia legislativa, traz importantes consequências políticas relativas à inelegibilidade do gestor que vier a ter suas contas reprovadas, como deflui do artigo 1º, inciso I, alínea "g", da Lei Complementar nº 64/90, com a redação que lhe foi dada pela Lei Complementar nº 135/2010 – conhecida como "Lei da Ficha Limpa".[499] Essa circunstância coloca ainda mais em relevo a posição do Estado-membro no jogo de forças da política local, traduzindo extrema fragilização da autonomia municipal, o que, a meu ver, inviabiliza o reconhecimento de efeitos imediatos ao parecer prévio contrário.

Por fim, ainda no que diz respeito ao regime diferenciado de contas públicas, há uma questão constitucional de extremo impacto que envolve a definição do órgão competente – Poder Legislativo ou Tribunal de Contas – para julgar as contas do chefe do Poder Executivo quando este age na qualidade de ordenador de despesas. Essa temática, em razão de suas especificidades e abrangência, será desenvolvida em tópico separado, visando à melhor sistematização dos seus aspectos jurídicos.

Assim, analisados os principais aspectos concernentes à função técnico-opinativa dos Tribunais de Contas, prossegue-se no exame de sua atuação coadjuvante no ciclo de *accountability* com o destaque para as duas outras frentes de intervenção dessa natureza. A primeira delas associa-se ao exercício da função informativa, através da qual

---

[499] Eis a redação do dispositivo legal: "São inelegíveis: I – para qualquer cargo: (...); g) os que tiverem suas contas relativas ao exercício de cargos ou funções públicas rejeitadas por irregularidade insanável que configure ato doloso de improbidade administrativa, e por decisão irrecorrível do órgão competente, salvo se esta houver sido suspensa ou anulada pelo Poder Judiciário, para as eleições que se realizarem nos 8 (oito) anos seguintes, contados a partir da data da decisão, aplicando-se o disposto no inciso II do art. 71 da Constituição Federal, a todos os ordenadores de despesa, sem exclusão de mandatários que houverem agido nessa condição".

o Tribunal de Contas cumpre o dever de prestar informações ao seu "principal" – empregando, aqui, os termos da "teoria da agência". A segunda, por sua vez, envolve a competência corretiva ou impugnativa incidente sobre contratos administrativos.

O exercício da *função informativa* assenta-se na competência prevista no inciso VII do artigo 71 da CRFB, de acordo com o qual compete ao Tribunal de Contas "prestar as informações solicitadas pelo Congresso Nacional, por qualquer de suas Casas, ou por qualquer das respectivas Comissões, sobre a fiscalização contábil, financeira, orçamentária, operacional e patrimonial e sobre resultados de auditorias e inspeções realizadas". Vincula o Tribunal de Contas ao Poder Legislativo respectivo e, de uma forma mais ampla, à sociedade como um todo, tornando acessíveis a todos os interessados os dados relativos à gestão financeira estatal.

O *dever de informar* imposto aos Tribunais de Contas alinha-se à competência congressual estabelecida no artigo 49, inciso X, da CRFB, sublinhando, nesse aspecto, o papel coadjuvante da Corte de Contas no controle externo das finanças públicas. Assim, cabe ao Congresso Nacional "fiscalizar e controlar, diretamente ou por qualquer de suas casas, os atos do Poder Executivo, incluídos os da administração indireta". E, em suporte a essa atribuição fiscalizatória, compete ao Tribunal de Contas prestar todas as informações solicitadas a esse propósito. O aspecto importante a ser destacado acerca dessa atuação coordenada do Legislativo e do órgão técnico reside apenas em que, segundo entendimento firmado pelo STF, predomina nessa matéria o princípio da colegialidade, de forma que o poder de fiscalização legislativa da ação administrativa do Executivo é outorgado aos órgãos coletivos de cada casa ou de suas comissões, e nunca aos membros individualmente – ressalvadas, é claro, as hipóteses em que atuam em representação.[500]

A *função corretiva ou impugnativa* dos Tribunais de Contas, por sua vez, vincula-se à competência que o texto constitucional lhes reconhece para sustar a execução dos atos ilegais, ilegítimos ou antieconômicos submetidos à sua apreciação. Trata-se de controle de natureza híbrida, por meio do qual o Tribunal de Contas intervém no plano da produção de efeitos do ato administrativo *a posteriori*, buscando impedir a consumação de despesas que dele decorreriam. A esse propósito, é importante destacar que a Constituição não atribui ao órgão de controle externo competência para anular ou desconstituir ato ilegal; a

---

[500] STF, ADI nº 3.046, Pleno, relator ministro Sepúlveda Pertence, julgado em 15.04.2004.

intervenção prevista constitucionalmente tem por objeto a sustação – e não a anulação – da execução do ato impugnado.[501]

Em verdade, porém, antes de abrir caminho para o exercício da função impugnativa, a CRFB estabelece um arranjo de controle externo pautado em uma dinâmica de natureza cooperativa, a revelar uma fórmula construída cuidadosamente para equilibrar dois valores fundamentais: de um lado, a imprescindibilidade da fiscalização, que estimule externamente a legalidade e a eficiência; e, de outro lado, a autonomia da administração, preservando seu campo de competências de forma a evitar que controladores pretendam se substituir aos gestores.[502]

Nessa linha, ao constatar uma possível irregularidade na gestão pública – o que pode ocorrer, processualmente, por diversas maneiras –, o Tribunal de Contas deve agir, inicialmente, em colaboração com a administração fiscalizada, oportunizando ao responsável que promova voluntariamente as medidas necessárias para seu saneamento, antes que qualquer medida de sustação possa ser adotada. Trata-se de competência prevista no artigo 71, inciso IX, da CRFB, segundo o qual cabe ao TCU – e, por simetria, aos TCEs e TCMs – "assinar prazo para que o órgão ou entidade adote as providências necessárias ao exato cumprimento da lei, se verificada ilegalidade".

A partir desse ponto, os desdobramentos do modelo de controle diante do insucesso da ação colaborativa já exige que se tenha uma compreensão muito clara quanto à distinção entre os limites de atuação em se tratando de *atos administrativos* e de *contratos administrativos*. Isso porque, estando em pauta o controle de atos administrativos, e já tendo sido superada a fase de colaboração com a administração fiscalizada, o Tribunal passa a intervir na matéria direta e autonomamente, cabendo-lhe sustar a execução do ato impugnado *ex propria autoritate*, sem qualquer dependência para com o Poder Legislativo.[503]

---

[501] Ensina Carlos Ari Sundfeld: "Sustar ato não é sinônimo de anular ato. Sustar é paralisar a execução, total ou parcialmente. Anular seria bem mais do que isso: seria desfazer os efeitos produzidos, quando viável e necessário, seria fazer recomposições patrimoniais acaso cabíveis e seria eliminar em definitivo o ato como centro produtor futuro de efeitos. Nada disso a Corte de Contas pode fazer, mesmo quanto a atos: sua competência se esgota na sustação do ato, na paralisação de seus efeitos. E para que serve isso? Para prevenir a ocorrência de uma lesão em virtude da incidência do ato supostamente irregular. Portanto, no controle de atos, a Constituição deu sim ao Tribunal de Contas, de modo expresso, uma competência cautelar, impondo-lhe certos procedimentos prévios e, claro, limitando-a" (SUNDFELD, Carlos Ari; CÂMARA, Jacinto Arruda. *Controle das contratações públicas pelos Tribunais de Contas*. Artigo citado).

[502] SUNDFELD, Carlos Ari; CÂMARA, Jacinto Arruda. *Controle das contratações públicas pelos Tribunais de Contas*. Artigo citado.

[503] Esse entendimento decorre da norma do artigo 71, inciso X, segundo a qual compete ao TCU "sustar, se não atendido, a execução do ato impugnado, comunicando a decisão à Câmara dos Deputados e ao Senado Federal".

Contudo, em se tratando de controle realizado sobre contratos administrativos, o comportamento é marcadamente distinto, revelando-se aqui o traço da natureza coadjuvante do Tribunal de Contas. Essa sistemática singularizada, por sua relevância e pelas implicações práticas que apresenta, será abordada a seguir em tópico separado.

5.1.2 A intervenção dos Tribunais de Contas em matéria contratual

O tratamento diferenciado dispensado ao controle sobre contratos administrativos encontra-se disciplinado nos §§1º e 2º do artigo 71 da CRFB, cuja transcrição merece ser feita excepcionalmente no próprio texto tendo em vista as divergências interpretativas por ele geradas:

> Art. 71. (…).
>
> §1º. No caso de contrato, o ato de sustação será adotado diretamente pelo Congresso Nacional, que solicitará, de imediato, ao Poder Executivo as medidas cabíveis.
>
> §2º. Se o Congresso Nacional ou o Poder Executivo, no prazo de noventa dias, não efetivar as medidas prevista no parágrafo anterior, o Tribunal decidirá a respeito.

Nos capítulos anteriores deste trabalho, foram feitos comentários a propósito da lamentável técnica legislativa utilizada na redação do dispositivo citado, bem como quanto às alternativas cogitadas durante os trabalhos da Assembleia Nacional Constituinte – ANC. À luz do resgate dos textos constitucionais anteriores e da cronologia seguida na ANC, um elemento ficou absolutamente claro no que toca à fiscalização externa dos contratos administrativos: tradicionalmente, sempre prevaleceu no país a concepção segundo a qual a decisão sobre a sustação dos contratos administrativos não deve obedecer a critérios exclusivamente jurídico-formais, mas a critérios políticos.[504]

---

[504] Como anotam Carlos Ari Sundfeld e Jacintho Arruda Câmara, "a impossibilidade de sustar contratos, contudo, não representa uma completa insignificância do papel dos Tribunais de Contas no controle e fiscalização dessa matéria. Longe disso. É função da Corte de Contas conferir prazo às autoridades competentes para que estas corrijam possíveis irregularidades apontadas na fiscalização. Embora seja esta uma competência de natureza *colaborativa*, o poder de influência que ele representa é muito grande. Ao determinar um prazo para correção, o Tribunal de Contas não está, de fato, ordenando ou adotando diretamente uma determinada providência. O dispositivo constitucional é claro ao reservar à própria autoridade administrativa responsável a competência de ajustar o ato impugnado à lei. E qual a razão dessa devolução do assunto à autoridade administrativa?

Nesse sentido, a opção do texto constitucional de 1988 não é aleatória ou arbitrária, mas revela, contrariamente, absoluta coerência com uma percepção já cristalizada no constitucionalismo brasileiro e que tem claramente uma razão de ser: a decisão sobre a sustação de contratos administrativos não se fundamenta exclusivamente em parâmetros de legalidade estrita porque o objeto fiscalizado, em tais casos, repercute diretamente no fornecimento de bens ou serviços, na execução de obras públicas, na prestação de serviços não raro de alta complexidade, envolvendo a consecução do interesse público primário e a continuidade do serviço público, os quais restariam comprometidos mediante a paralisação determinada por aspectos exclusivamente jurídicos.[505] Essa a razão por que, em matéria contratual, optou o constituinte por privilegiar a fiscalização a cargo do órgão político, que avaliará, conforme critérios de conveniência e oportunidade, os benefícios e os prejuízos que poderão advir da sustação.

A fórmula utilizada pela Constituição de 1988 deixa fora de dúvida que cabe ao Poder Legislativo, na qualidade de titular do controle externo, arbitrar a respeito da sustação contratual, a partir da provocação do Tribunal de Contas. O texto constitucional estabelece, ainda, o prazo de noventa dias para a deliberação parlamentar, estatuindo que, findo o prazo, "o tribunal decidirá a respeito". Essa redação lacunosa levanta, obviamente, controvérsia a respeito dos efeitos do *silêncio legislativo*.

O dispositivo em questão apresenta o mérito de ter superado o mecanismo de "decurso de prazo" previsto em 1967/1969, pelo qual da omissão dos Poderes Legislativo e Executivo simplesmente decorria a insubsistência da impugnação feita pelo Tribunal. Nesse ponto, merece ser lembrado o fato de que na Assembleia Nacional Constituinte essa

---

É, de um lado, uma oportunidade para eventual alinhamento consensual entre controlado e controlador, no espírito de atuação colaborativa. Mas, de outro, é o espaço para, se assim entender, a autoridade resistir, opondo-se à avaliação e conclusões do Tribunal, insistindo na legalidade do negócio e em sua continuidade. Porém, é indubitável que, diante da pronúncia do Tribunal de Contas no sentido da necessidade de adequar uma determinada prática contratual, haverá forte incentivo para o atendimento da medida por parte do responsável. Até porque, mesmo em matéria contratual, cabe a esse órgão externo de controle o julgamento das contas da administração pública e, no caso de irregularidades, a aplicação de sanções aos responsáveis" (SUNDFELD, Carlos Ari; CÂMARA, Jacintho Arruda. *Controle das contratações públicas pelos Tribunais de Contas*. Artigo citado).

[505] DI PIETRO, Maria Sylvia Zanella. O papel dos Tribunais de Contas no controle dos contratos administrativos. *Interesse Público*, Belo Horizonte, ano 15, n. 82, nov./dez. 2013; SUNDFELD, Carlos Ari; CÂMARA, Jacintho Arruda. *Controle das contratações públicas pelos Tribunais de Contas*. Artigo citado.

questão chegou a ser objeto de propostas mais avançadas e que endere-çavam o problema da competência congressual e da atribuição do TCU de maneira mais clara, sem deixar espaço para grandes divergências interpretativas. Basta recuperar a fórmula seguida pela Comissão V da ANC – Comissão do Sistema Tributário, Orçamento e Finanças –, que, inspirando-se na proposta da Comissão Afonso Arinos, contemplava o cabimento de recurso ao Congresso Nacional contra a decisão do TCU que sustasse um contrato administrativo. Ainda estabelecia que o Congresso Nacional teria o prazo de noventa dias para se manifestar, findo o qual prevaleceria a decisão da Corte de Contas.

Essa solução, ao que parece, orientava adequadamente a difi-culdade que pode surgir diante de uma sustação contratual, uma vez que abria a possibilidade de provocar-se o juízo político a seu respeito. É dizer: a decisão sobre a sustação competiria ao Tribunal de Contas da União, mas caberia contra ela recurso ao Poder Legislativo precisa-mente para transferir-lhe a valoração quanto aos seus desdobramentos extrajurídicos. E, uma vez provocado, o Legislativo teria o prazo de noventa dias para intervir e tornar sem efeito a decisão; não o fazen-do, compreendia-se sua inércia como indicativa de que a matéria não teria significado político relevante, conduzindo, pois, à prevalência do pronunciamento técnico.

Esse modelo, contudo, foi substancialmente alterado durante o primeiro turno de votações no Plenário da ANC, em decorrência da aprovação, em bloco, da Emenda Substitutiva 2P02040-2, apresentada pelo Centrão, conferindo o tratamento que acabou prevalecendo na matéria, com a atribuição direta do Congresso Nacional para a sustação contratual, sem se fazer menção às consequências do silêncio legislativo.

A redação dúbia e ambígua da norma constitucional finalmente aprovada gera, como inevitável, divergência interpretativa. Na doutri-na, encontram-se posicionamentos diametralmente opostos, embora seja majoritária a posição segundo a qual decorrido o prazo de noventa dias, apenas restará ao Tribunal de Contas decidir sobre a legalidade do contrato. Argumenta-se convencionalmente que, à luz da partilha constitucional de competências vigente no direito brasileiro, seria in-concebível que as Cortes de Contas pudessem, "sobrepondo seu próprio juízo ao do administrador e ao do órgão ao qual presta auxílio, sustar aquilo que o Executivo e o Legislativo entendem válido".[506] Em sentido

---

[506] BARROSO, Luís Roberto. Tribunais de Contas: algumas incompetências. *Revista de Direito Administrativo*, v. 203, p. 139, jan./mar. 1996). Prossegue o autor: "É preciso não esquecer: a fiscalização contábil, financeira, orçamentária e patrimonial é exercida, mediante controle

contrário, há também autores que entendem que, superado o prazo de noventa dias sem manifestação parlamentar, a decisão e as providências da Corte de Contas assumem caráter autônomo e definitivo. Invoca-se, em favor de tal compreensão, que "a não ser assim, estar-se-ia fazendo letra morta daquele comando constitucional e esvaziando-se por completo o permissivo da intervenção subsidiária do órgão constitucional de controle externo para suprimento da inércia dos poderes em causa".[507]

---

externo, pelo Congresso Nacional, com o auxílio dos Tribunais de Contas. Por evidente, a última palavra é do órgão legislativo, e não do Tribunal de Contas". Esse entendimento é compartilhado por Carlos Ari Sundfeld, para quem: "A Constituição de 1988 mudou, além do prazo de manifestação do Congresso (que saiu de 30 para 90 dias), os efeitos da omissão deste. De acordo com a Constituição anterior, a omissão do Congresso implicaria a extinção automática da impugnação feita pelo Tribunal de Contas. Referida falta de decisão aniquilaria qualquer desdobramento da impugnação lançada, uma vez que ela seria tomada como "insubsistente"; a despesa seria considerada lícita e os responsáveis não poderiam, por aquele motivo, receber punição. Isso mudou. Ao invés do silêncio do Congresso representar uma decisão contrária à impugnação como um todo, o novo regime jurídico constitucional assegurou o prosseguimento da apuração, determinando-se que o Tribunal de Contas "decida a respeito" (a respeito da legalidade ou não, para fins de punição dos responsáveis, embora não para fins de sustação, que só o Legislativo poderia fazer). A previsão atual é uma solução oposta à extinção sumária da impugnação, contida na Constituição anterior. Representa, na verdade, o reconhecimento de que o silêncio do Congresso não deve aniquilar a ordinária e regular apuração desenvolvida no âmbito da Corte de Contas. Não se pretendeu, com isso, transferir implicitamente ao Tribunal de Contas a específica prerrogativa para sustar o contrato. Essa competência foi reservada expressamente ao Congresso (§1º do art. 71). A decisão que cabe ser tomada pelo TCU, passado o prazo de 90 dias sem manifestação do Congresso, envolve, por óbvio, as competências do próprio TCU (tais como o de aplicar sanções e de julgar a legitimidade das contas)" (SUNDFELD, Carlos Ari; CÂMARA, Jacintho Arruda. *Controle das contratações públicas pelos Tribunais de Contas*. Artigo citado). Também José Afonso da Silva reconhece a ambiguidade do dispositivo e conclui pela competência exclusiva do poder legislativo para sustar o contrato, compreendendo que a atribuição do TCU para "decidir a respeito" envolve apenas a punição dos responsáveis e a declaração de nulidade do contrato (SILVA, José Afonso da. *Curso de Direito Constitucional*. 20. ed. São Paulo: Malheiros, 2002. p. 732). Por fim, também Maria Sylvia Zanella Di Pietro alinha a tal entendimento: "2. A omissão do Congresso Nacional em determinar a sustação de contratos e solicitar ao Poder Executivo as medidas cabíveis, nos termos dos §§1º e 2º do art. 71 da Constituição Federal, tem que ser entendida como posicionamento contrário à sustação do contrato, por tratar-se de competência privativa que envolve aspectos políticos, não implicando transferência de igual competência ao Tribunal de Contas. 3. A omissão do Poder Executivo em adotar as medidas cabíveis solicitadas pelo Congresso Nacional também não transfere ao Tribunal de Contas o poder de adotar ato de sustação do contrato, cabendo-lhe declarar a nulidade do contrato e adotar as medidas necessárias para responsabilização da autoridade administrativa, bem como para imputação do débito, com formação do título executivo e respectiva cobrança" (DI PIETRO, Maria Sylvia Zanella. O papel dos Tribunais de Contas no controle dos contratos administrativos. *Interesse Público*, Belo Horizonte, ano 15, n. 82, nov./dez. 2013).

[507] SIQUEIRA CASTRO, Carlos Roberto. A atuação do Tribunal de Contas em face da separação de poderes do Estado. *Revista do Tribunal de Contas do Estado do Rio de Janeiro*. Rio de Janeiro, n. 38, p. 49, out./dez. 1997. Igual entendimento defendem Celso Antonio Bandeira de Mello (Função Controladora do Tribunal de Contas. *Revista de Direito Público*, v. 99, p. 163), Toshio Mukai (Os Tribunais de Contas no Brasil e a Coisa Julgada. *Revista*

A prevalência da interpretação supressiva da competência dos Tribunais de Contas para a sustação de contratos administrativos conduz à continuidade da sistemática anterior à Constituição de 1988. Ou seja, transcorrendo *in albis* o prazo para a manifestação do Congresso Nacional e do Poder Executivo, a objeção levantada pela Corte continuaria como insubsistente. Esse ponto de vista revela-se absolutamente incoerente com o discurso de afirmação dos Tribunais de Contas no controle externo da atividade financeira do Estado verificado ao longo dos trabalhos da Assembleia Nacional Constituinte, especialmente à vista da fórmula recursal contemplada durante a fase descentralizada do processo constituinte.

A meu ver, a definição do sentido e alcance da locução "decidirá a respeito" não prescinde de uma análise detida quanto aos efeitos que podem ser extraídos do *silêncio legislativo*. A indagação essencial a ser feita envolve o seguinte binômio: quando o Legislativo silencia a respeito da sustação de um contrato administrativo, significa que corrobora com o prosseguimento de sua execução, desconsiderando a visão técnica externalizada pela Corte de Contas sobre a matéria? Ou será que, inversamente, ao silenciar sobre a questão está o Legislativo simplesmente neutralizando a relevância política do contrato? Em meu ponto de vista, a segunda indagação é a que merece resposta positiva.

Com efeito, no regime constitucional anterior, em que vigorava o mecanismo do decurso de prazo, era inquestionável que a inércia parlamentar tinha o efeito de aprovação ou de regularidade do contrato, implicando a rejeição da impugnação levantada pelo Tribunal. No quadro constitucional de 1988, porém, a lógica é diversa. Atento à repercussão política que alguns contratos administrativos apresentam, o constituinte abriu a possibilidade de o Poder Legislativo atuar na matéria realizando uma valoração extrajurídica, orientada por critérios de conveniência e oportunidade. O Poder Legislativo, diante da impugnação feita pelo Tribunal de Contas, tem o prazo de noventa dias para exercer e expressar essa ponderação política. O seu silêncio, nessa hipótese, há de ser compreendido como indicativo da ausência de relevância política do ajuste negocial em exame, razão por que se devolve a deliberação, inclusive quanto à sustação, para o Tribunal.

---

do *Tribunal de Contas da União*. Brasília, n. 70, p. 83-86, out./nov. 1996) e Ives Gandra Martins (*Comentários à Constituição do Brasil*. 2. ed. São Paulo: Saraiva, 2000. v. 4, p. 75). Essa também é a interpretação consagrada pelo legislador federal, que fez constar na Lei Orgânica do TCU dispositivo que expressamente reconhece que a competência prevista no §2º do artigo 71 devolve a decisão sobre a sustação do contrato para o tribunal (artigo 45, §3º, da Lei nº 8.443/92).

A solução interpretativa passa, portanto, pela definição do escopo da intervenção parlamentar e dos desdobramentos de sua inação. A inércia congressual corresponde à ausência de impacto político da matéria, fato que conduz à prevalência da análise técnica realizada, cabendo, pois, ao próprio Tribunal de Contas decidir sobre a sustação contratual.

Essa discussão, embora tenha ressonância no campo doutrinário, não chega a produzir reflexos na esfera jurisprudencial. O nível de conflito interinstitucional precisa alcançar patamares drásticos para que o tema venha a ser judicializado e, ao menos até o momento, não houve sua submissão à apreciação do Supremo Tribunal Federal.[508] Nada obstante isso, guarda íntima conexão com esse debate outra frente comportamental que vem sendo intensamente adotada no âmbito do TCU e que tem gerado algumas perplexidades e importantes questionamentos práticos: trata-se da intervenção direta na execução de contratos administrativos realizada cautelarmente.

É bem verdade que se reconhece atualmente, sem maiores divergências, *poder geral de cautela* aos Tribunais de Contas, mecanismo tendente a resguardar a efetividade de suas decisões e, de maneira mais específica, prevenir a ocorrência de dano ao patrimônio público ou assegurar sua recomposição. A competência de índole cautelar conta com previsão expressa na Lei Orgânica do TCU,[509] e já foi reconhecida pelo STF em significativo julgado onde se concluiu, com base na *teoria*

---

[508] No campo jurisprudencial, a referência que se pode encontrar sobre a interpretação da locução "decidirá a respeito" no âmbito do Supremo Tribunal Federal restringe-se ao *obiter dictum* do ministro Marco Aurélio ao relatar importante precedente envolvendo a atuação dos Tribunais de Contas em sede contratual. Sinalizou o ministro pela competência do Tribunal de Contas para sustar a execução de contrato na hipótese de omissão do Poder Legislativo quando relatou o Mandado de Segurança nº 23.550/DF, oportunidade em que, pronunciando-se a respeito da norma do artigo 71, §2º, da CRFB, expôs: "A previsão de o Tribunal vir a fazê-lo somente se verifica na hipótese de omissão do Congresso Nacional ou do Poder Executivo competente, no prazo de noventa dias (§2º do citado artigo)" (STF, MS nº 23.550/DF, Pleno, relator ministro Marco Aurélio, redator para acórdão ministro Sepúlveda Pertence, julgado em 04.04.2001).

[509] Artigo 44 da Lei nº 8.443/92: "Art. 44. No início ou no curso de qualquer apuração, o Tribunal, de ofício ou a requerimento do Ministério Público, determinará, cautelarmente, o afastamento temporário do responsável, se existirem indícios suficientes de que, prosseguindo no exercício de suas funções, possa retardar ou dificultar a realização de auditoria ou inspeção, causar novos danos ao Erário ou inviabilizar o seu ressarcimento. §1º. Estará solidariamente responsável a autoridade superior competente que, no prazo determinado pelo Tribunal, deixar de atender à determinação prevista no caput deste artigo. §2º. Nas mesmas circunstâncias do caput deste artigo e do parágrafo anterior, poderá o Tribunal, sem prejuízo das medidas previstas nos arts. 60 e 61 desta Lei, decretar, por prazo não superior a um ano, a indisponibilidade de bens do responsável, tantos quantos considerados bastantes para garantir o ressarcimento dos danos em apuração".

dos poderes implícitos, que o TCU "possui legitimidade para a expedição de medidas cautelares para prevenir lesão ao erário e garantir a efetividade de suas decisões".[510]

A atuação cautelar coloca em evidência o papel de *veto player* que pode ser assumido pelas Cortes de Contas, mitigando a concepção constituinte que inegavelmente prestigiou, quanto ao *timing,* o controle concomitante e *a posteriori.* Com fundamento no poder geral de cautela, admite-se tranquilamente que os Tribunais de Contas suspendam a realização de licitações, sustem o pagamento de parcelas remuneratórias irregulares a servidores ativos ou inativos e declarem a indisponibilidade de bens de responsáveis para assegurar o ressarcimento de dano ao erário; enfim, admite-se que adotem providências em cognição sumária que podem interferir diretamente na atividade administrativa, caracterizando manifestação de poder de veto ou obstrução.

A dificuldade surge quando a atuação cautelar envolve atividade administrativa vinculada à execução contratual, uma vez que,

---

[510] STF, MS nº 24.510/DF, Pleno, relatora ministra Ellen Gracie, julgado em 19.11.2003. Extrai-se do voto do ministro Celso de Mello o seguinte: "(...) a atribuição de poderes explícitos, ao Tribunal de Contas, tais como enunciados no art. 71 da Lei Fundamental da Republica, supõe que se lhe reconheça, a essa Corte, ainda que por implicitude, a titularidade de meios destinados a viabilizar a adoção de medidas cautelares vocacionadas a conferir real efetividade às suas deliberações finais, permitindo, assim, que se neutralizem situações de lesividade, atual ou iminente, ao erário. (...) É por isso que entendo revestir-se de integral legitimidade constitucional a atribuição de índole cautelar, que, reconhecida com apoio na teoria dos poderes implícitos, permite, ao Tribunal de Contas da União, adotar as medidas necessárias ao fiel cumprimento de suas funções institucionais e ao pleno exercício das competências que lhe foram outorgadas, diretamente, pela própria Constituição da República. Não fora assim, e desde que adotada, na espécie, uma indevida perspectiva reducionista, esvaziar-se-iam, por completo, as atribuições constitucionais expressamente conferidas ao Tribunal de Contas da União. Na realidade, o exercício do poder de cautela, pelo Tribunal de Contas, destina-se a garantir a própria utilidade da deliberação final a ser por ele tomada, em ordem a impedir que o eventual retardamento na apreciação do mérito da questão suscitada culmine por afetar, comprometer e frustrar o resultado definitivo do exame da controvérsia. (...) Assentada tal premissa, que confere especial ênfase ao binômio utilidade/necessidade, torna-se essencial reconhecer – especialmente em função do próprio modelo brasileiro de fiscalização financeira e orçamentária, e considerada, ainda, a doutrina dos poderes implícitos – que a tutela cautelar apresenta-se como instrumento processual necessário e compatível com o sistema de controle externo, em cuja concretização o Tribunal de Contas desempenha, como protagonista autônomo, um dos mais relevantes papéis constitucionais deferidos aos órgãos e às instituições estatais". Esse entendimento tem sido reafirmado pelo STF em reiteradas decisões que envolvem, em maior ou menor medida, a discussão cautelar e meritória da abrangência do poder geral de cautela do TCU (STF, MS nº 33.902/DF, Segunda Turma, relator ministro Gilmar Mendes, julgado em 24.03.2015). Igualmente, colhe-se da jurisprudência do STF entendimento de que é possível, ainda que de forma excepcional, a concessão, sem audiência da parte contrária, de medidas cautelares, por deliberação fundamentada do Tribunal de Contas, sempre que necessárias à neutralização imediata de situações de lesividade ao interesse público ou à garantia da utilidade.

como visto anteriormente, não dispõem os Tribunais de Contas de competência para, primariamente, assim fazê-lo. Diante do quadro normativo concernente à matéria, a conclusão que se impõe conduz à antijuridicidade de qualquer atuação cautelar que se faça incidir sobre a execução de contratos administrativos, ainda que de maneira reflexa, como, por exemplo, medidas interventivas que interrompam gastos periféricos ao contrato. Esse destaque é relevante porque há precedentes determinando, a título cautelar, a suspensão de pagamentos e a revisão de valores pactuados a pretexto de que não se estaria tecnicamente sustando o contrato.[511]

Ocorre que tais medidas, embora aparentemente não impliquem a suspensão contratual, claramente surtem os seus mesmos efeitos. Afinal, nas contratações públicas, o pagamento a ser efetuado pela administração é condição indispensável para a continuidade da sua execução e integra a essência da relação sinalagmática. Por óbvio, se um contrato de obra ou de prestação de serviços continuados vem a ter seus pagamentos retidos, a consequência direta dessa decisão cautelar é, muito provavelmente, a sua paralisação. À luz da divisão constitucional de competências, se os Tribunais de Contas não possuem atribuição para sustar, de imediato, contratos administrativos, não podem, com base em poder geral de cautela, determinar a retenção de pagamentos ou impor ônus extraordinários que alterem a equação econômico-financeira pactuada entre poder público e contratado, sob pena de exorbitar os limites de suas competências.[512]

Por derradeiro, além de todo o debate envolvendo as possibilidades de atuação dos Tribunais de Contas a título cautelar ou diante da inércia parlamentar, em outra temática alinhada à matéria contratual encontram-se divergências que merecem ser enfrentadas neste trabalho, tendo em comum o fato de que se relacionam à atuação da Corte de Contas como um *veto player*: o controle realizado sobre editais de licitações como condição prévia para o prosseguimento de um certame licitatório.

Como já se referiu anteriormente, o modelo de controle externo perfilhado pela Constituição de 1988 adota, predominantemente,

---

[511] Citam-se, exemplificativamente, os seguintes acórdãos do Tribunal de Contas da União: TCU, Acórdão nº 1.553/2007, Plenário, relator ministro Marcos Vilaça, julgado em 08.08.2007; TCU Acórdão nº 284/2008, Plenário, relator ministro Marcos Vilaça, julgado em 27.02.2008; TCU, Acórdão nº 1.069/2016, Plenário, relator ministro Benjamin Zymler, julgado em 04.05.2016; e TCU, Acórdão nº 1.224/2012, Plenário, relator ministro José Jorge, julgado em 23.05.2012.

[512] Essa também é a compreensão de: SUNDFELD, Carlos Ari; CÂMARA, Jacintho Arruda. *Controle das contratações públicas pelos Tribunais de Contas*. Artigo citado.

quanto ao seu *timing*, a regra da intervenção *a posteriori* ou, no máximo, concomitante. Embora a fórmula de controle preventivo até já tenha sido adotada em regimes constitucionais pretéritos, o fato é que a Constituição de 1988 dele não cogita. Ainda assim, ao disciplinar os procedimentos licitatórios, a Lei nº 8.666/93 estabeleceu, em seu artigo 113, §2º, a possibilidade de os Tribunais de Contas solicitarem, para exame, "cópia do edital de licitação já publicado, obrigando-se os órgãos ou entidades da Administração interessada à adoção de medidas corretivas pertinentes que, em função desse exame, lhes forem determinadas".

Esse dispositivo sempre gerou algum grau de desconforto e certo inconformismo em parcela de gestores públicos,[513] que consideram que a previsão legal abre caminho para uma hipótese de controle prévio à despesa pública não contemplado pela Constituição da República. Em outras palavras, ainda que se pudesse argumentar que não se trata de controle prévio porque incidente sobre atos administrativos individualizados e concretos já adotados no bojo do procedimento licitatório, é, de outro lado, inegável que se trata de intervenção que antecede a realização da despesa pública e, por esse prisma, tem-se uma espécie de fiscalização que pode culminar com um veto à atuação administrativa. Afinal, em não sendo adotadas as medidas corretivas determinadas pelo Tribunal quando do exame do instrumento convocatório, a licitação não pode ter prosseguimento ou, se tiver, sujeita o gestor público a sanções.

Embora sua constitucionalidade tenha sido questionada perante o Supremo Tribunal Federal em ação direta de inconstitucionalidade ajuizada ainda na década de noventa,[514] o fato é que até os dias atuais não houve pronunciamento judicial a seu respeito, o que, à luz do princípio da presunção de constitucionalidade das leis, conduz à validade e à eficácia da previsão legal. É relevante ponderar, porém, que em sede de controle concreto, o STF já afirmou a compatibilidade constitucional do controle prévio dos editais de licitação contemplado no artigo 113 da Lei de Licitações, desde que não se trate de imposição genérica que automaticamente recaia sobre todos os instrumentos convocatórios pertinentes a alguma modalidade licitatória. Considerou o STF, por meio de julgamento proferido em sua Primeira Turma, que o controle prévio somente pode ser realizado "caso a caso, mediante expressa

---

[513] A petição inicial da ação direta de inconstitucionalidade ajuizada pelo Governador do Estado do Rio de Janeiro contra o dispositivo é emblemática a esse respeito. Embora ajuizada no final da década de noventa, a ação, autuada sob o número 1.514 e distribuída para relatoria do ministro Celso de Mello, não foi objeto de qualquer decisão até os dias atuais.

[514] Trata-se da ADI nº 1.514/RJ, mencionada na nota anterior.

solicitação do tribunal (…). Há, portanto, uma dependência do pedido do Tribunal de Contas para que seja encaminhado o edital e da ocorrência de atos viciados no procedimento da licitação".[515]

Como se percebe, apesar de o modelo de controle externo consagrado constitucionalmente não priorizar a atuação da instituição de *accountability* como instância com poder de veto, há situações em que esse tipo de intervenção conta com respaldo legal e jurisprudencial e, na prática, isso efetivamente pode implicar significativa ingerência do órgão de controle sobre a administração. Como se viu, as duas frentes de atuação dos Tribunais de Contas no Brasil em que essa característica se destaca alinham-se ao exercício do poder geral de cautela e ao controle incidente sobre os editais de licitação, ambas hipóteses detalhadas pela legislação infraconstitucional e reafirmadas no âmbito da jurisdição constitucional.

5.1.3 Competências autônomas *ex propria autoritate*

Dando seguimento à divisão binária das competências centralmente constitucionais outorgadas às Cortes de Contas, o que se faz mediante a contraposição entre as atribuições de suporte e aquelas que se exaurem no plano do próprio Tribunal, passa-se agora ao delineamento das atribuições exercidas *ex propria autoritate*. Como já se referiu anteriormente, o fato de os Tribunais de Contas no Brasil disporem de autoridade constitucional para atuar autonomamente na maior parte das fases dos processos de auditagem pública os coloca em posição de destaque no cenário internacional das *audit institutions*, concentrando poderes usualmente não reconhecidos às instituições congêneres de outros países.[516]

---

[515] STF, RE nº 547.063-6/RJ, Primeira Turma, relator ministro Menezes Direito, julgado em 07.10.2008. Reproduz-se, a seguir, a ementa da decisão: "Tribunal de Contas estadual. Controle prévio das licitações. Competência privativa da União (art. 22, XXVII, da Constituição Federal). Legislação federal e estadual compatíveis. Exigência indevida feita por ato do Tribunal que impõe controle prévio sem que haja solicitação para a remessa do edital antes de realizada a licitação. 1. O art. 22, XXVII, da Constituição Federal dispõe ser da União, privativamente, a legislação sobre normas gerais de licitação e contratação. 2. A Lei federal nº 8.666/93 autoriza o controle prévio quando houver solicitação do Tribunal de Contas para a remessa de cópia do edital de licitação já publicado. 3. A exigência feita por atos normativos do Tribunal sobre a remessa prévia do edital, sem nenhuma solicitação, invade a competência legislativa distribuída pela Constituição Federal, já exercida pela Lei federal nº 8.666/93, que não contém essa exigência. 4. Recurso extraordinário provido para conceder a ordem de segurança".

[516] Essa característica do modelo de *accountability* das finanças públicas no Brasil é ressaltada por Bruno W. Speck em trabalho produzido para obra que especificamente se dedica

A mais expressiva das competências autônomas previstas na Constituição de 1988 para o TCU – e, por simetria, a todos os demais Tribunais de Contas do país – é, sem sombra de dúvida, a de julgar as contas dos administradores e demais responsáveis por dinheiros, bens e valores públicos, assim como as contas daqueles que derem causa a perda, extravio ou outra irregularidade de que resulte prejuízo ao erário público. Trata-se da competência correlata ao dever republicano por excelência, qual seja, o dever de prestação de contas, estampado no artigo 70, parágrafo único, da Constituição de 1988.[517]

O julgamento a ser realizado diretamente pelos próprios Tribunais de Contas recai, como se observou em tópico anterior, sobre as chamadas *contas de gestão* (artigo 71, inciso II, da CRFB), as quais já foram diferenciadas das contas de governo (artigo 71, inciso I, da CRFB). Ao contrário do que ocorre com as chamadas contas anuais de governo, em que a análise da Corte realiza-se por intermédio da emissão de um parecer prévio a ser posteriormente submetido a julgamento pelo Poder Legislativo (artigo 71, inciso I, da CRFB), aqui, no que diz respeito às contas prestadas por aqueles que, a qualquer título, gerenciam recursos públicos, é o próprio Tribunal que efetivamente emite o julgamento a respeito da regularidade ou da irregularidade quanto à aplicação dos recursos, cabendo-lhe a emissão de decisão final a seu respeito, ressalvada apenas a possibilidade de revisão judicial – que, de toda sorte, sofre alguns temperamentos. Trata-se, portanto, de competência judicante reconhecida aos Tribunais de Contas no Brasil, abrangendo todos os consectários relativos à responsabilização dos agentes envolvidos em irregularidades, a ser exercida de forma absolutamente autônoma em relação ao Poder Legislativo, titular do controle externo.

Nesse ponto, sublinha-se mais uma marca própria do modelo de ISC desenhado no constitucionalismo brasileiro, uma vez que cabe ao Tribunal de Contas não apenas apreciar a regularidade das contas prestadas pelos gestores de recursos públicos, mas também lhe compete adotar, sem qualquer intermediação, as medidas sancionatórias e ressarcitórias correspondentes. Em outras palavras, diversamente do que ocorre com a maior parte dos modelos estrangeiros de ISCs, no

---

ao estudo da corrupção e da democracia no país. Veja-se: SPECK, Bruno W. Auditing Institutions. *In*: POWER, T.; TAYLOR, M. (Eds.). *Corruption and Democracy in Brazil*: the struggle for accountability. Obra citada, p. 136-142.

[517] Eis a redação do dispositivo constitucional: "Prestará contas qualquer pessoa física ou jurídica, pública ou privada, que utilize, arrecade, guarde, gerencie ou administre dinheiros, bens e valores públicos ou pelos quais a União responda, ou que, em nome desta, assuma obrigações de natureza pecuniária".

Brasil os Tribunais de Contas dispõem de competência para diretamente punir administrativamente os responsáveis por contas irregulares, bem como para adotar medidas visando à recomposição de eventual dano causado ao erário.[518]

A moldura normativa do controle externo financeiro no país atribui à capacidade sancionatória caráter estrutural do exercício da *accountability*. Resgatando a elaboração formulada por Andreas Schedler, já apresentada no capítulo 2 deste livro, vê-se que a dimensão do *enforcement*[519]– considerada, pelo autor, como constitutiva da *accountability* – encontra-se devidamente prestigiada pela Constituição de 1988 no que tange à atuação dos Tribunais de Contas, os quais não se limitam a identificar e a expor desvios de comportamento, mas também são encarregados de produzir as consequências materiais voltadas para a punição e para a recomposição de prejuízos eventualmente causados ao patrimônio público.

Dentre as medidas sancionatórias a serem deliberadas diretamente pelos Tribunais de Contas, destacam-se a aplicação de multa aos responsáveis por ilegalidades ou irregularidade de contas, a declaração de inidoneidade para participar, por até cinco anos, de licitação promovida pela Administração Pública[520] e a inabilitação

---

[518] Nos termos do artigo 71, inciso VIII, compete ao TCU "aplicar aos responsáveis, em caso de ilegalidade de despesa ou irregularidade de contas, as sanções previstas em lei, que estabelecerá, entre outras cominações, multa proporcional ao dano causado ao erário". Em seguida, relativamente ao ressarcimento do dano ao erário, dispõe o §3º do artigo 71 que as decisões do TCU que imputarem débito aos responsáveis ostentam a natureza de título executivo extrajudicial.

[519] SCHEDLER, Andreas. Conceptualizing Accountability. *In*: SCHEDLER, A.; DIAMOND, L; PLATTNER, M. (Ed.). *The Self-Restraining State*: power and accountability in new democracies. Artigo citado, p. 14. O *enforcement*, conforme conceituado pelo autor, engloba a potencial aplicação de sanções a maus comportamentos públicos e a valorização e premiação a boas posturas.

[520] Segundo o artigo 46 da Lei nº 8.443/92 – Lei Orgânica do Tribunal de Contas da União –, "verificada a ocorrência de fraude comprovada à licitação, o Tribunal declarará a inidoneidade do licitante fraudador para participar, por até cinco anos, de licitação na Administração Pública Federal". O Plenário do Supremo Tribunal Federal, em precedente específico sobre a matéria, reconheceu a constitucionalidade do art. 46 da Lei nº 8.443/92, que permite ao TCU impor a sanção administrativa de inidoneidade ao licitante na hipótese de ocorrência de fraude comprovada à licitação. Trata-se do julgamento plenário proferido na Petição nº 3.606 – AgR/DF, relatada pelo ministro Sepúlveda Pertence, cuja decisão encontra-se consubstanciada em acórdão assim ementado: "Conflito de atribuição inexistente: Ministro de Estado dos Transportes e Tribunal de Contas da União: áreas de atuação diversas e inconfundíveis. 1. A atuação do Tribunal de Contas da União no exercício da fiscalização contábil, financeira, orçamentária, operacional e patrimonial das entidades administrativas não se confunde com aquela atividade fiscalizatória realizada pelo próprio órgão administrativo, uma vez que esta atribuição decorre da de controle interno ínsito a cada Poder e aquela, do controle externo a cargo do Congresso Nacional (CF, art. 70).

do responsável, por período de cinco a oito anos, para o exercício de cargo em comissão ou função de confiança.[521] Já no que tange às competências ressarcitórias, uma vez identificada a ocorrência de dano ao erário devidamente quantificado, dispõem as Cortes de Contas de competência para promover a imputação do correspondente débito ao responsável, abrangendo inclusive particulares, em decisão dotada de eficácia de título executivo extrajudicial.[522]

Precisamente em razão das graves consequências que podem ser produzidas a partir de um processo de controle externo, sua tramitação observa a lógica de um processo administrativo sancionador, no qual devem ser observadas rigorosamente todas as garantias fundamentais relativas ao devido processo legal, à ampla defesa e ao contraditório. Há, nesse sentido, enunciado de súmula vinculante aprovada pelo Supremo Tribunal Federal, que somente afasta dessa obrigação os processos em que se aprecia a legalidade de ato de concessão inicial de aposentadoria, reforma e pensão.[523]

---

2. O poder outorgado pelo legislador ao TCU, de declarar, verificada a ocorrência de fraude comprovada à licitação, a inidoneidade do licitante fraudador para participar, por até cinco anos, de licitação na Administração Pública Federal (art. 46 da L. 8.443/92), não se confunde com o dispositivo da Lei das Licitações (art. 87), que – dirigido apenas aos altos cargos do Poder Executivo dos entes federativos (§3º) – é restrito ao controle interno da Administração Pública e de aplicação mais abrangente. 3. Não se exime, sob essa perspectiva, a autoridade administrativa sujeita ao controle externo de cumprir as determinações do Tribunal de Contas, sob pena de submeter-se às sanções cabíveis. (…)." Mais recentemente, o entendimento de plena validade e eficácia da norma que atribui ao TCU competência para aplicar a sanção de inidoneidade para participar de licitações administrativas foi reafirmado pelo Plenário do STF, a partir de divergência inaugurada pelo ministro Roberto Barroso, ficando vencido apenas o ministro Marco Aurélio. Eis a ementa do julgado: "MANDADO DE SEGURANÇA. DIREITO CONSTITUCIONAL E ADMINISTRATIVO. TRIBUNAL DE CONTAS. DEVIDO PROCESSO LEGAL. SANÇÃO DE INIDONEIDADE. 1. Em processo administrativo no âmbito do Tribunal de Contas, é válida a comunicação por edital depois de tentativa frustrada de comunicação postal (Lei nº 8.443/1992, art. 23, III). 2. É constitucional o art. 46 da Lei nº 8.443/1992, que institui sanção de inidoneidade a particulares por fraude a licitação, aplicável pelo TCU. Precedente: Pet 3.606 AgR, Rel. Min. Sepúlveda Pertence. 3. Ordem denegada" (STF, MS nº 30.788/MG, Pleno, relator ministro Marco Aurélio, relator para acórdão ministro Roberto Barroso, julgado em 21.05.2015).

[521] Essa sanção encontra-se prevista no artigo 60 da Lei nº 8.443/92 – Lei Orgânica do Tribunal de Contas da União –, com a seguinte dicção: "Sem prejuízo das sanções previstas na seção anterior e das penalidades administrativas, aplicáveis pelas autoridades competentes, por irregularidades constatadas pelo Tribunal de Contas da União, sempre que este, por maioria absoluta de seus membros, considerar grave a infração cometida, o responsável ficará inabilitado, por um período que variará de cinco a oito anos, para o exercício de cargo em comissão ou função de confiança no âmbito da Administração Pública".

[522] Artigo 71, §3º, da CRFB.

[523] Enunciado nº 03 da Súmula Vinculante do Supremo Tribunal Federal, com a seguinte dicção: "Nos processos perante o Tribunal de Contas da União asseguram-se o

Ainda no campo das consequências que podem resultar de uma decisão pela irregularidade de contas, importa destacar a questão pertinente aos seus *efeitos político-eleitorais*, matéria em que a atuação dos Tribunais de Contas associa-se à jurisdição eleitoral. À luz da legislação eleitoral atualmente em vigor no país, uma das hipóteses de inelegibilidade decorre precisamente da reprovação das contas relativas ao exercício de cargos ou funções públicas por irregularidade insanável que configure ato doloso de improbidade administrativa.[524] Como decorrência, cabe aos Tribunais de Contas, no período que antecede as eleições, encaminhar aos Tribunais Regionais Eleitorais (TREs) e ao Tribunal Superior Eleitoral (TSE) listagem contendo a relação de todos aqueles que tiveram contas julgadas irregulares por decisão irrecorrível, competindo à Justiça Eleitoral, com base em tais dados, declarar inelegíveis e recusar registro a candidaturas daqueles que se enquadrarem na hipótese legalmente prevista, ou seja, quando se tratar de irregularidade insanável que configure ato doloso de improbidade administrativa.[525]

---

contraditório e a ampla defesa quando da decisão puder resultar anulação ou revogação de ato administrativo que beneficie o interessado, excetuada a apreciação da legalidade do ato de concessão inicial de aposentadoria, reforma e pensão".

[524] Trata-se do artigo 1º, inciso I, alínea g, da Lei Complementar nº 64/90, com a redação que lhe foi conferida pela Lei Complementar nº 135/2010. Confira-se: "São inelegíveis: I – para qualquer cargo: (...); g) os que tiverem suas contas relativas ao exercício de cargos ou funções públicas rejeitadas por irregularidade insanável que configure ato doloso de improbidade administrativa, e por decisão irrecorrível do órgão competente, salvo se esta houver sido suspensa ou anulada pelo Poder Judiciário, para as eleições que se realizarem nos 8 (oito) anos seguintes, contados a partir da data da decisão, aplicando-se o disposto no inciso II do art. 71 da Constituição Federal, a todos os ordenadores de despesa, sem exclusão de mandatários que houverem agido nessa condição".

[525] Cuida-se de obrigação prevista no artigo 11, §5º, da Lei nº 9.504/97 – com a redação conferida pela Lei nº 13.165/2015 –, de acordo com a qual até o dia 15 de agosto do ano em que se realizarem as eleições, os Tribunais e Conselhos de Contas deverão tornar disponíveis à Justiça Eleitoral relação dos que tiveram suas contas relativas ao exercício de cargos ou funções públicas rejeitadas por irregularidades insanáveis e por decisão irrecorrível do órgão competente, ressalvados os casos em que a questão estiver sendo submetida à apreciação do Poder Judiciário ou que haja sentença judicial favorável ao interessado. Além disso, consoante jurisprudência pacífica do Tribunal Superior Eleitoral, compete à justiça especializada – e não ao Tribunal de Contas –verificar a presença das causas ensejadoras da inelegibilidade. Em outras palavras, a inelegibilidade referida no art. 1º, inciso I, alínea g, da LC nº 64/1990 não é imposta pela decisão que rejeita as contas do gestor de recursos públicos, mas pode ser efeito secundário desse julgamento, verificável no momento em que o cidadão requer o registro de sua candidatura. Isso porque, como já se observou, nem toda desaprovação de contas enseja a causa de inelegibilidade do art. 1º, inciso I, alínea g, da LC nº 64/1990, mas somente as que preenchem os requisitos cumulativos constantes dessa norma, assim enumerados: (i) decisão do órgão competente; (ii) decisão irrecorrível no âmbito administrativo; (iii) desaprovação devido a irregularidade insanável; (iv) irregularidade que configure ato doloso de improbidade administrativa; (v) prazo de

No que diz respeito à competência judicante sobre as contas prestadas por responsáveis pela gestão de recursos públicos, cumpre observar que, para melhor sistematização, a importante controvérsia a respeito do julgamento das contas da Chefia do Poder Executivo quando exerce funções de ordenador de despesa e pratica atos de gestão – ou seja, contas de gestão da Chefia do Executivo – será enfrentada mais a frente em tópico separado, dedicado exclusivamente ao assunto.

Por fim, para concluir o exame das competências autônomas reconhecidas aos Tribunais de Contas pela Constituição de 1988, duas funções de controle externo ainda restam ser apreciadas. São elas: (i) o controle incidente sobre a gestão de pessoal, envolvendo as admissões e as passagens para a inatividade de servidores públicos; e (ii) a realização de inspeções e auditorias, campo em que, inegavelmente, encontram-se as melhores perspectivas para o exercício, em profundidade, da atribuição fiscalizatória dos Tribunais de Contas.

5.1.3.1 O controle externo sobre a gestão de pessoal

A competência para apreciação dos atos de passagem para a inatividade de servidores públicos e a concessão de pensões envolve uma das mais tradicionais atribuições fiscalizatórias reconhecidas aos Tribunais de Contas no país, remontando à Constituição de 1946. O Texto de 1988, nesse ponto, inovou ao também considerar como susce-tíveis dessa natureza de intervenção os atos de admissão de pessoal na administração pública, excetuadas apenas as nomeações para cargos de provimento em comissão. A atuação das Cortes de Contas no campo das decisões administrativas em matéria de pessoal justifica-se não apenas em função do substancial volume de recursos públicos consumidos com esses gastos – inclusive com relevantes limitações percentuais sobre a receita corrente líquida de cada ente federativo impostas pela Lei de Responsabilidade Fiscal –, mas igualmente em razão do conjunto de regras e princípios que condicionam o acesso a cargos, empregos e funções públicas, cuja observância é também alvo de controle externo.

Nada obstante a relevância da atuação administrativa em matéria de pessoal e sua repercussão para o cenário das finanças públicas, a forma como a Constituição de 1988 concebe a intervenção do órgão de

---

oito anos contados da decisão não exaurido; (vi) decisão não suspensa ou anulada pelo Poder Judiciário. Sobre a matéria, confira-se, por todos, o seguinte julgado: TSE, REspe nº 531.807/MG, relator ministro Gilmar Ferreira Mendes, julgado em 19.03.2015.

controle nessa matéria é completamente anacrônica e inadequada, pois preserva uma atribuição predominantemente burocrática e formalista de registro que pouco contribui para a consolidação de uma cultura de controle voltado para a qualidade e para a performance da ação estatal. A função reservada aos Tribunais de Contas nessa temática pressupõe a análise individual e específica, um a um, dos atos administrativos de admissão de pessoal e de inativação de servidores,[526] o que inevitavelmente se reflete em um volume inesgotável de processos administrativos e de rotinas burocráticas, consumindo tempo e energia que certamente seriam melhor aproveitados se dedicados a outras frentes de atuação das estruturas de controle. Na realidade, esse assunto pode ser endereçado de maneira muito mais produtiva e eficaz se inserido no escopo de inspeções e auditorias, realizadas rotineiramente nos órgãos e entidades sujeitos à fiscalização. Apenas dessa forma é que se consegue obter verdadeiramente um retrato global a respeito da administração de pessoal em uma determinada estrutura administrativa, e é precisamente essa visão de conjunto que tem ser priorizada pelos organismos de controle.

A atuação dos Tribunais de Contas por meio de fiscalizações seletivas e por amostragem nessa matéria ainda sofre maiores embaraços em função do entendimento fortemente enraizado na jurisprudência nacional a respeito da natureza jurídica dos atos de aposentadoria e concessão de pensão. Trata-se da conhecida visão segundo a qual tais atos administrativos ostentam natureza jurídica de atos complexos,[527]

---

[526] Trata-se da competência estabelecida na norma do inciso III do artigo 71 da CRFB, com a seguinte redação: "III – apreciar, para fins de registro, a legalidade dos atos de admissão de pessoal, a qualquer título, na administração direta e indireta, incluídas as fundações instituídas e mantidas pelo Poder Público, excetuadas as nomeações para cargo de provimento em comissão, bem como a das concessões de aposentadorias, reformas e pensões, ressalvadas as melhorias posteriores que não alterem o fundamento legal do ato concessório".

[527] A classificação dos atos administrativos em atos simples, compostos e complexos tem como critério definidor o *iter* necessário para a formação da vontade administrativa. Consoante a doutrina clássica de Hely Lopes Meirelles, ato simples "é o que resulta da manifestação de vontade de um único órgão, unipessoal ou colegiado. (...). *Ato complexo*: é o que se forma pela conjugação de vontades de *mais de um órgão administrativo*. O essencial, nesta categoria de atos, é o concurso de vontades de órgãos diferentes para formação de um ato único (...). Essa distinção é fundamental para saber-se em que momento o ato se torna perfeito e impugnável: ato complexo somente se aperfeiçoa com a integração da vontade final da Administração, e a partir desde momento é que se torna atacável por via administrativa ou judicial. (...). *Ato composto*: é o que resulta da vontade única de um órgão, mas depende da *verificação por parte de outro*, para se tornar exequível. (...) O *ato composto* distingue-se do *ato complexo* porque este só se forma com a conjugação de vontades de órgãos diversos, ao passo que aquele é formado pela vontade única de um órgão, sendo apenas ratificado

que somente se aperfeiçoam com o registro perante a Corte de Contas. De acordo com esse entendimento, a manifestação volitiva do órgão de controle integra a própria formação do ato de inativação, que se apresenta como produto da ação conjugada de vontade de dois órgãos distintos, quais sejam, a instância administrativa com a qual o servidor possuía vínculo e o Tribunal de Contas perante o qual o registro ocorre.

Foi exatamente a partir dessa premissa que o Supremo Tribunal Federal, ao editar o Enunciado nº 03 de sua súmula vinculante, manteve-se coerente com seus precedentes[528] e excepcionalizou a exigência de ampla defesa e de contraditório nos casos de negativa de registro dos atos de concessão inicial de aposentadoria, reforma e pensão. A inaplicabilidade das referidas garantias de devido processo legal decorre da compreensão segundo a qual o ato de pessoal não está aperfeiçoado até que devidamente registrado pelo respectivo Tribunal de Contas. É importante anotar, contudo, que o próprio STF vem relativizando casuisticamente esse entendimento em atenção ao princípio da segurança jurídica e à sua projeção subjetiva de tutela da confiança legítima, o que traduz um importante indicativo de que essa sistemática será revisitada em curto espaço de tempo.[529]

---

por outra autoridade. Essa distinção é essencial para se fixar o momento da formação do ato e saber-se quanto se torna operante e impugnável" (MEIRELLES, Hely Lopes. *Direito Administrativo Brasileiro*. Obra citada, p. 154-155). Ainda sobre a conceituação de ato complexo, invoca-se a lição de Oswaldo Aranha Bandeira de Mello: "O ato complexo é formado pela manifestação de vontade, que se expressa pela participação de dois ou mais órgãos, cujas exteriorizações se verificam em uma só vontade. Há como um feixe unitário de impulsos volitivos, de forma que o ato jurídico é produto da ação conjugada da vontade desses órgãos. Nesse ato há unidade de conteúdo e unidade de fins de várias vontades que se congregam, operando em fases simultâneas ou sucessivas para formar um único ato jurídico, como vontades concorrentes que cooperam na sua constituição" (*Princípios gerais de direito administrativo*. 2. ed. Belo Horizonte: Forense, 1979. p. 531).

[528] Foi a partir do julgamento do RMS nº 3.881, relatado pelo então ministro Nelson Hungria, que o Supremo Tribunal Federal consagrou a tese de que a aposentadoria é ato complexo, que somente se aperfeiçoa com o registro perante o Tribunal de Contas. Desde então, esse entendimento tem sido reproduzido na jurisprudência da Corte, encontrando-se apenas algumas pontuais reflexões a respeito dessa natureza jurídica (STF, RMS nº 3.881/SP, Pleno, relator ministro Nelson Hungria, julgado em 22.11.1957).

[529] É representativo desse fenômeno o julgado a seguir ementado, com destaque especial para a o que consta em seu item II: "Mandado de Segurança. 2. Acórdão da 2ª Câmara do Tribunal de Contas da União (TCU). Competência do Supremo Tribunal Federal. 3. Controle externo de legalidade dos atos concessivos de aposentadorias, reformas e pensões. Inaplicabilidade ao caso da decadência prevista no art. 54 da Lei 9.784/99. 4. Negativa de registro de aposentadoria julgada ilegal pelo TCU. Decisão proferida após mais de 5 (cinco) anos da chegada do processo administrativo ao TCU e após mais de 10 (dez) anos da concessão da aposentadoria pelo órgão de origem. Princípio da segurança jurídica (confiança legítima). Garantias constitucionais do contraditório e da ampla defesa. Exigência. 5. Concessão parcial da segurança. I – Nos termos dos precedentes firmados

A meu ver, o postulado sobre o qual se assenta toda a elaboração teórica a respeito da natureza dos atos de concessão inicial de aposentadoria, reformas e pensões é equivocado e deve mesmo ser superado, abrindo espaço para uma concepção que possa emancipar os Tribunais de Contas nessa matéria, permitindo-lhes intervir de forma oxigenada em suas rotinas e práticas, deixando para trás a experiência cartorária que só serve para multiplicar inesgotáveis processos individuais, com baixo impacto em termos de resultados favoráveis para a *accountability* pública.

Com efeito, parece-me inadequado compreender os atos de concessão de aposentadoria, reformas e pensões como atos complexos pela singela circunstância de que não há, na sua formação, qualquer integração de vontades autônomas de órgãos distintos. Não há conjugação de manifestações volitivas que se completam e que não subsistem ou produzem efeitos isoladamente. Muito pelo contrário, o pronunciamento administrativo concedendo a aposentadoria ou a pensão já constitui, ele próprio, um ato perfeito, embora condicionado à aprovação ou ao registro. O Tribunal de Contas não concede a inativação, tampouco lhe

---

pelo Plenário desta Corte, não se opera a decadência prevista no art. 54 da Lei 9.784/99 no período compreendido entre o ato administrativo concessivo de aposentadoria ou pensão e o posterior julgamento de sua legalidade e registro pelo Tribunal de Contas da União – que consubstancia o exercício da competência constitucional de controle externo (art. 71, III, CF). II – A recente jurisprudência consolidada do STF passou a se manifestar no sentido de exigir que o TCU assegure a ampla defesa e o contraditório nos casos em que o controle externo de legalidade exercido pela Corte de Contas, para registro de aposentadorias e pensões, ultrapassar o prazo de cinco anos, sob pena de ofensa ao princípio da confiança – face subjetiva do princípio da segurança jurídica. Precedentes. III – Nesses casos, conforme o entendimento fixado no presente julgado, o prazo de 5 (cinco) anos deve ser contado a partir da data de chegada ao TCU do processo administrativo de aposentadoria ou pensão encaminhado pelo órgão de origem para julgamento da legalidade do ato concessivo de aposentadoria ou pensão e posterior registro pela Corte de Contas. IV – Concessão parcial da segurança para anular o acórdão impugnado e determinar ao TCU que assegure ao impetrante o direito ao contraditório e à ampla defesa no processo administrativo de julgamento da legalidade e registro de sua aposentadoria, assim como para determinar a não devolução das quantias já recebidas. V – Vencidas (i) a tese que concedia integralmente a segurança (por reconhecer a decadência) e (ii) a tese que concedia parcialmente a segurança apenas para determinar a devolução das importâncias pretéritas recebidas, na forma do que dispõe a Súmula 106 do TCU" (STF, MS nº 24.781/DF, Pleno, relator para o acórdão ministro Gilmar Mendes, julgado em 02.03.2011). Esse entendimento foi reafirmado no AgR no MS nº 32336/DF, Primeira Turma, relatora ministra Rosa Weber, julgado em 23.06.2017. Há, ainda, o Recurso Extraordinário nº 636.553/RS, com repercussão geral já reconhecida pelo Plenário Virtual, versando exatamente sobre essa matéria, que se encontra sintetizada no tema nº 445 do repertório do STF (STF, RE nº 636.553/RS, Plenário Virtual, relator ministro Gilmar Mendes, julgado em 24.06.2011). Ainda a respeito dos abalos que o Enunciado nº 03 da Súmula Vinculante do STF tem sistematicamente sofrido, veja-se o resgate cronológico constante do seguinte artigo acadêmico: VALLE, Vanice Regina Lírio do. Ampla defesa e defesa técnica nos Tribunais de Contas. *Fórum Administrativo – FA*, Belo Horizonte, ano 12, n. 140, p. 64-76, out. 2012.

confirma ou ratifica. A sua intervenção se faz pura e simplesmente a título de controle *a posteriori* ou sucessivo, cuja análise circunscreve-se ao plano da legalidade e da tutela da despesa pública. A vontade do Tribunal não compõe o ato administrativo concessivo, o qual se consuma regularmente na esfera administrativa.[530]

Aliás, a própria lógica consagrada no artigo 71, inciso III, da CRFB, ao não diferenciar as hipóteses de admissão de pessoal e de passagem para a inatividade, impõe que se dispense exatamente o mesmo regime jurídico para as duas situações contempladas no dispositivo. Ora, se não se controverte a respeito da natureza dos atos de admissão de pessoal – os quais se aperfeiçoam mediante a atuação isolada da autoridade administrativa –, não há como se atribuir disciplina diversa aos atos de inativação. Por um imperativo de coerência, deve-se identificar, em ambas as hipóteses, a existência de dois atos distintos: de um lado, o ato de admissão ou o ato concessivo da aposentadoria e da pensão, exarados pela autoridade competente, a beneficiar seu destinatário de modo plenamente operante; e, de outro, o ato de controle de sua juridicidade, posteriormente praticado pelo Tribunal de Contas.[531]

À luz de tais considerações, o fato de a Constituição da República sujeitar os atos de admissão de pessoal e as concessões iniciais de aposentadorias, reformas e pensões a registro pelo Tribunal de Contas não implica atribuir-lhes a natureza de atos complexos. Significa, quando muito, reconhecer-lhes a essência de ato administrativo composto,[532] com o que se recupera e prestigia a verdadeira e autêntica razão de

---

[530] Essa já era a voz minoritária de Caio Tácito desde o final da década de cinquenta, manifestada em parecer a propósito do tema. Ver: TÁCITO, Caio. Revisão administrativa de atos julgados pelo Tribunal de Contas. *Revista de Direito Administrativo*, v. 53, p. 216-223, jul./set. 1958. Contemporaneamente, defendem a necessidade de revisão da jurisprudência do Supremo Tribunal Federal, dentre outros: JUSTEN FILHO, Marçal. *Curso de Direito Administrativo*. 7. ed. Belo Horizonte: Fórum, 2011. p. 933; MOTTA, Fabrício. O registro dos atos de aposentadoria pelos Tribunais de Contas. *Fórum de Contratação e Gestão Pública – FCGP*, Belo Horizonte, ano 12, n. 134, p. 09-19, fev. 2013; e CARVALHO FILHO, José dos Santos. *Manual de Direito Administrativo*. 25. ed. São Paulo: Atlas, 2012. p. 689-690.

[531] Anota, com propriedade, Marçal Justen Filho: "Essa é a única solução possível em vista do disposto no art. 71, III, da CRF/88. O dispositivo trata sobre o registro tanto dos atos de admissão de pessoal como de aposentadoria. Ora, é incontroverso que a admissão não é ato complexo e que se aperfeiçoa mediante a atuação isolada da autoridade e que o registro pelo Tribunal de Contas tem natureza de controle. Idêntica orientação tem que ser admitida, então, em relação à aposentadoria. Não existiria fundamento lógico-jurídico para que as duas categorias de atos, objeto de idêntica disciplina num único dispositivo constitucional, tivessem regime jurídico diverso" (*Curso de Direito Administrativo*. Obra citada, p. 933).

[532] Como já se referiu, consideram-se atos compostos aqueles que resultam da vontade única de um órgão, mas que dependem da verificação por parte de outro para se tornarem exequíveis.

ser da intervenção do órgão de controle externo nessa temática. E, para enfatizar que não se trata de debate meramente acadêmico ou de preciosismo taxionômico, penso que a suplantação desse entendimento jurisprudencial clássico pode trazer boas perspectivas para o funcionamento das Cortes de Contas, que estarão liberadas para fiscalizar e exercer o controle sobre a matéria de pessoal a partir de estratégias seletivas que permitam otimizar o tempo e a energia a ela dedicadas.

5.1.3.2 O grande observatório da Administração Pública: inspeções e auditorias

Ao longo do capítulo inicial deste livro atentou-se para o novo percurso que tem sido trilhado pelo direito administrativo no Brasil, repercutindo na revisão de seus pressupostos epistemológicos. Contemporaneamente, projeta-se a superação da rigidez lógico-formal que era característica dessa disciplina, anunciando a remodelagem de institutos tradicionais da ciência da administração. Sob o influxo dos paradigmas modernos da Administração Pública, reorienta-se a atividade controladora do Estado, fazendo com que fórmulas clássicas percam prestígio e cedam espaço, progressivamente, a instrumentos voltados para a análise do desempenho e da *performance* das estruturas administrativas.

É nesse contexto que assume especial relevância a competência estabelecida no artigo 71, inciso IV, da Constituição de 1988,[533] que confere às Cortes de Contas a prerrogativa de realizarem, de ofício ou por provocação do Poder Legislativo, inspeções e auditorias nas unidades administrativas do Estado. Por seu intermédio, os Tribunais de Contas podem exercer uma fiscalização que transborda o mero exame ou a análise burocrática de documentos, processos, planilhas ou rituais de despesa pública. Em inspeções e auditorias, o corpo técnico acessa direta e concomitantemente a atuação estatal, fiscalizando *in loco* a implementação de medidas administrativas, sem filtragem de qualquer espécie.

De acordo com a sistemática prevista constitucionalmente, as inspeções e auditorias podem ter natureza contábil, financeira,

---

[533] Segundo sua dicção, compete ao TCU – e, por simetria, aos demais Tribunais de Contas do país – "realizar, por iniciativa própria, da Câmara dos Deputados, do Senado Federal, de Comissão técnica ou de inquérito, inspeções e auditorias de natureza contábil, financeira, orçamentária, operacional e patrimonial, nas unidades administrativas dos Poderes Legislativo, Executivo e Judiciário, e demais entidades referidas no inciso II".

orçamentária, patrimonial e operacional. Os quatro primeiro tipos de auditoria seguem critérios tradicionais de controle que focam na regularidade ou na conformidade da atuação administrativa, integrando o que a literatura especializada identifica por *compliance accountability*.[534] Trata-se do controle historicamente desenvolvido e praticado no Brasil, que busca examinar e avaliar a gestão pública financeira a partir dos seguintes elementos informadores: (i) regularidade material/patrimonial, entendida como a salvaguarda da integridade física dos bens que conformam o patrimônio público; (ii) regularidade legal, que afere o cumprimento da normatividade financeira e administrativa aplicável aos procedimentos de gestão dos recursos públicos; (iii) regularidade contábil, que incide sobre o adequado reflexo da situação patrimonial e financeira do Estado nas contas anuais e na execução orçamentária; e (iv) regularidade econômica, aferindo se as operações e a gestão administrativa são realizadas de acordo com critérios de racionalidade econômica.[535]

Ao estabelecer a função dos Tribunais de Contas na realização de auditorias e inspeções, a CRFB emprega designação "extensa e até redundante",[536] conferindo amplos poderes de investigação que recaem sobre a gestão financeira, contábil, orçamentária, patrimonial e operacional. Ao precisar o sentido e o alcance do dispositivo constitucional, Diogo de Figueiredo Moreira Neto afirma que a gestão financeira seria o gênero, abrangendo a disposição administrativa dos recursos públicos como um todo. Já a gestão orçamentária seria voltada para a submissão contábil dos dispêndios públicos à previsão legislativa expressa pelas três modalidades de leis de natureza orçamentária (Lei Orçamentária Anual, Lei de Diretrizes Orçamentárias e Plano Plurianual). Por gestão patrimonial compreender-se-ia a disposição jurídica do patrimônio mobiliário e imobiliário do Estado. E, por fim, a gestão operacional recairia sobre a busca da eficiência administrativa, por meio da maximização quantitativa e qualitativa dos resultados, com a minimização dos dispêndios.[537]

---

[534] Nesse sentido, entre outros: BEHN, Robert D. *Rethinking democratic accountability*. Obra citada, p. 113; SPECK, Bruno W. *Auditing Institutions*. Artigo citado, p. 139.

[535] AJENJO, José Antonio Fernandez. *El control de las administraciones públicas y la lucha contra la corrupción*. Obra citada, p. 484.

[536] MOREIRA NETO, Diogo de Figueiredo. *Curso de Direito Administrativo*. 15. ed. Rio de Janeiro: Forense, 2009. p. 634.

[537] MOREIRA NETO, Diogo de Figueiredo. *Curso de Direito Administrativo*. Obra citada, p. 634.

A grande inovação constitucional nessa matéria reside efetivamente na consagração das *auditorias operacionais* como instrumentos de realização do controle externo financeiro, permitindo que o longo percurso de uma *accountability* voltada para a *compliance* avance em direção ao desempenho e à performance dos entes auditados. Em verdade – convém que isso seja destacado –, não se trata de uma substituição de critérios de controle e fiscalização. Cuida-se, ao contrário, de agregar aos fatores de conformidade/regularidade novos parâmetros de avaliação compatíveis com a diversificação da ação pública e com a evolução das exigências democráticas. A perspectiva, portanto, é de uma *accountability* cada vez mais proteiforme,[538] intercalando a realização de auditorias de conformidade (*compliance*) e auditorias operacionais (de desempenho/*performance*). Essa convivência põe em destaque a diversidade entre *accountability for finances and fairness* (*accountability* de processos) e *accountability for performance* (*accountability* de resultados),[539] nos termos abordados por Robert Behn:

> *Accountability* de processos concerne a como o governo utiliza e trata seus recursos: o governo os aplica honestamente? Ele obtém os seus recursos humanos e materiais de maneira correta? Ele trata de maneira equitativa as diversas categorias humanas que conformam a sua clientela: os estudantes; os portadores de necessidades especiais; os acusados criminalmente; aqueles que requerem consentimento administrativo para obter um passaporte, uma licença para conduzir ou uma licença para construir? Nós temos algumas claras expectativas sobre como o governo deve gerenciar os recursos financeiros e humanos, que podemos codificar em variadas regras específicas. A partir disso, podemos identificar se os agentes públicos atenderam a tais expectativas verificando se eles atuaram em conformidade com o regramento. *Accountability* de processos é *accountability* de conformidade.
>
> *Accountability* de *performance*, entretanto, concerne aos *outputs* e resultados que o governo consegue produzir com seus recursos. Diz respeito à capacidade de o governo atingir os resultados por nós desejados. Nós podemos ter expectativas muito claras a respeito dos resultados que o governo deve produzir, alguns dos quais podem ser especificados como alvos de *performance*. Então, nós podemos identificar se os agentes públicos atenderam às nossas expectativas aferindo se

---

[538] WALINE, C.; DESROUSSEAUX, P.; BERTRAND, P. *Contrôle et évaluation des finances publiques*. Obra citada, p. 81.

[539] Essa forma de traduzir *"accountability for finances and fairness"* inspira-se na versão já traduzida para o português do seguinte trabalho de Robert Behn: O novo paradigma da gestão pública e a busca da accountability democrática. *Revista do Serviço Público*, n. 49, p. 05-45, 1998.

eles conseguiram alcançar aqueles alvos. Para exercer accountability de *performance*, nós devemos detalhar as nossas expectativas em termos de resultados – e não em termos de regras, regulamentações ou processos. *Accountability* de *performance* não é *accountability* de conformidade.[540]

As denominadas auditorias operacionais instrumentalizam exatamente a chamada *accountability* de performance. Seu enfoque prioritário não é a regularidade de determinada conduta em face de normas legais ou regulamentares preestabelecidas; muito ao contrário, seu objetivo está na identificação de fatores e circunstâncias que podem estar prejudicando o desempenho da Administração Pública,[541] comprometendo que sejam alcançados os resultados legitimamente esperados pelos destinatários dos programas governamentais. A partir disso, no âmbito de uma auditoria operacional, os órgãos de controle podem formular propostas de aperfeiçoamento e contribuir para melhorar o seu impacto na sociedade.

Aqui está uma importante marca distintiva entre as auditorias de conformidade e as auditorias de desempenho: as primeiras são predominantemente adversariais, enquanto as segundas priorizam a lógica colaborativa e de cooperação. As auditorias de conformidade, ao se concentrarem na verificação da regularidade do comportamento do gestor público à luz das normas financeiras, contábeis, procedimentais etc., valorizam as consequências sancionatórias decorrentes dos erros e das irregularidades detectadas. As auditorias de performance seguem lógica diversa: valorizam o acerto, a busca pelo bom e satisfatório desempenho através do incremento de medidas cooperativas que tornam os atores do ciclo de *accountability* aliados e parceiros, e não adversários.

Por meio das auditorias operacionais promove-se a avaliação sistemática do desempenho dos programas, projetos e atividades governamentais, sendo o *locus* apropriado para se examinar a ação pública sob a perspectiva dos famosos três "Es" da *accountability* financeira: economicidade, eficácia e eficiência. No plano da economicidade, analisa-se a minimização dos custos da atividade, sem comprometimento dos padrões de qualidade. O exame da eficiência busca expressar a relação entre os produtos gerados (bens e serviços) e os custos dos insumos empregados. Já a eficácia concerne ao grau de atingimento das metas

---

[540] BEHN, Robert D. *Rethinking democratic accountability*. Obra citada, p. 113.

[541] FERRAZ, Luciano. Modernização da Administração Pública e Auditorias de Programa. *Revista Brasileira de Direito Público – RBDP*, Belo Horizonte, ano 1, n. 02, p. 133-139, jul./set. 2003.

programadas em determinado espaço de tempo, independentemente dos custos.[542]

Mas não é só. Ao concentrar-se sobre um determinado programa de governo, a auditoria operacional foca o ciclo completo desde sua gestão até os efeitos sociais por ele produzidos. A atividade de controle recai, portanto, sobre o funcionamento em si do programa, sobre as metas mensuráveis na sua respectiva área de atuação, projetando-se, ainda, para a os seus desdobramentos em termos sociais, confrontando-se os seus resultados à luz dos objetivos fundamentais da República. Assim, a título ilustrativo, uma auditoria operacional que incida sobre um determinado programa na área educacional irá avaliar, por exemplo, o número de escolas construídas ou reformadas e, para além disso, o impacto dessa medida em termos de redução da evasão escolar.[543] Em outras palavras, a auditoria operacional avalia o acerto ou o equívoco da política pública implementada e contribui para a reflexão contínua sobre os eixos centrais da tomada de decisão na esfera pública.

Nesse contexto, é de certa forma intrigante a linha adotada por Bruno Speck ao preconizar que, diante da realidade orçamentária do país, as auditorias de conformidade ainda devem ser a prioridade dos Tribunais de Contas. Argumenta o autor:

> A análise de auditorias realizadas ao longo da última década demonstra que o corpo técnico do TCU tem capacidade de acessar os programas governamentais em termos de seu desenho, de sua gestão econômica e financeira, de seus mecanismos internos de controle e seus impactos na sociedade. Contudo, não está claro se o TCU deve efetivamente priorizar auditorias de *performance* dessa natureza, dada a realidade da gestão orçamentária no Brasil. Do ponto de vista técnico, *performance* demanda métodos mais sofisticados e produz valiosas percepções para o aprimoramento da administração das finanças públicas. Mas os resultados das auditorias de conformidade no Brasil revelam que a violação da lei e dos padrões de contabilidade ainda é abundante. Auditorias levadas a efeito pelo TCU descortinam que mesmo na última década (1997-2006), entre um terço e três quartos dos mais onerosos programas de governo apresentaram severas irregularidades. Portanto, dada a realidade da gestão orçamentária no Brasil, auditorias de conformidade ainda são uma prioridade. Mais do que uma decisão programática, o equilíbrio entre auditoria de conformidade e de

---

[542] FERRAZ, Luciano. *Modernização da Administração Pública e Auditorias de Programa.* Artigo citado, p. 135-136.

[543] FERRAZ, Luciano. *Modernização da Administração Pública e Auditorias de Programa.* Artigo citado, p. 137.

performance é o resultado de padrões de gestão orçamentária no país. Considerando o ambiente em que ele funciona, ainda será necessário que o TCU se dedique mais à análise de conformidade e à responsabilização de agentes por mais algum tempo.[544]

Por um lado, efetivamente a *accountability* financeira no Brasil não tem como prescindir da realização de auditorias de conformidade. A observância da normatividade aplicável às finanças públicas, abrangendo regras de procedimentos administrativos e restrição orçamentária, é parte essencial do ciclo de responsabilização nas ações estatais, o que conduz inevitavelmente à perenidade desse tipo de controle. De outro lado, porém, também parece evidente que esse modelo isoladamente considerado demonstra-se obsoleto e insatisfatório, não impactando suficientemente sobre a qualidade das decisões públicas. Daí a relevância das auditorias de desempenho como mecanismos que viabilizam o controle sobre os resultados das políticas estatais, promovendo o exame dos aspectos substantivos – e não apenas procedimentais – que se alinham com a eficiência e a efetividade das políticas públicas. Como aponta Robert Behn:

> A suspeita institucionalizada mina a confiança. Uma instituição encarregada de suspeitar revelará, a menos que seja totalmente incompetente, comportamentos suspeitos. Pouco importa se a conduta dúbia tiver um erro significante, na tentativa de seguir regras para compra de suprimentos, ou um erro maior e mais grave, no julgamento de uma política. De fato, os pequenos erros de procedimento devem ter um efeito maior na destruição da confiança no governo do que os principais fracassos políticos. Isso porque a realidade do pequeno erro de procedimento é óbvia para todos, enquanto a existência de um grande fracasso político é sempre objeto de muita discussão. Assim, a descoberta diária e repetida de pequenas faltas de atenção aos detalhes das regras burocráticas deve ter um impacto negativo maior na confiança no governo do que os debates políticos contínuos sobre temas maiores e mais substantivos.[545]

Percebe-se, em conclusão, que a discussão sobre os avanços no terreno da *accountability* das finanças públicas não deve representar a contraposição ou a rivalidade entre a análise de conformidade e análise

---

[544] SPECK, Bruno W. *Auditing Institutions*. Artigo citado, p. 139.
[545] BEHN, Robert. *O novo paradigma da gestão pública e a busca da accountability democrática*. Artigo citado, p. 26.

operacional, que incide sobre o desempenho governamental e a avaliação de programas. Esse novo modelo de *accountability*, que cobra dos governantes a qualidade de suas opções políticas, é complementar – e não substitutivo – dos sistemas de responsabilização fundados em *compliance* e probidade procedimental. Os dois modelos devem caminhar juntos, abrindo espaço para novas formas de se conceber as intrincadas relações entre técnica e política. Os desafios levantados por essa *accountability* multifacetada serão explorados com maior profundidade na parte reservada às investigações quanto aos limites e possibilidades de atuação dos Tribunais de Contas em políticas públicas.

5.1.4 A dualidade de competência para o julgamento das contas da chefia do Poder Executivo

Como já se observou, o modelo federal de apreciação das contas públicas – extensível a estados, municípios e ao distrito federal – institui dois regimes diversos, contemplados respectivamente nos incisos I e II do artigo 71 da Constituição da República. Dessa dualidade decorre o reconhecimento usual das categorias de contas de governo e contas de gestão, cujos pontos de distinção foram apresentados em momento anterior. Igualmente, quanto à natureza da atuação dos Tribunais de Contas no exame de tais regimes, já se esclareceu que: (i) quanto às contas de governo anualmente prestadas pelos Chefes do Executivo, os Tribunais exercem função técnico-opinativa, mediante a emissão de parecer prévio para subsidiar o julgamento a cargo do Poder Legislativo; e (ii) quanto às contas de gestão, exercem as Cortes de Contas função propriamente judicante, atuando verdadeiramente como instância jurisdicional, competindo-lhes julgar as contas apresentadas nessa qualidade.

Essa dualidade de regime não costuma levantar dificuldades quando envolve contas prestadas em nível federal ou estadual. Isso porque, em tais esferas federativas, a experiência demonstra que a chefia do Executivo assume exclusivamente a responsabilidade pelas contas de governo, valendo-se rotineiramente da delegação de competências para a prática de atos administrativos que importem despesa pública. Como as estruturas administrativas dessas entidades são mais robustas, o Presidente da República e os Governadores dos Estados não costumam exercer, eles próprios, função de ordenador de despesas, de forma que não se responsabilizam pelas chamadas contas de gestão. Em outros termos, a organização administrativa da União Federal e dos Estados-membros permite que, em tais casos, a chefia do Executivo não assuma os riscos e a condição de responsáveis diretos pelas contas de gestão, as quais recaem, geralmente, nos titulares das instâncias resultantes de desconcentração e de descentralização administrativa.

Essa realidade, todavia, é bem diversa quando se cogita de estruturas administrativas mais singelas e enxutas, como acontece em municípios pequenos e com orçamento diminuto, que constituem a maioria das cidades no país. Em tais situações, é bastante comum que o próprio Prefeito exerça dupla função, política e administrativa, e assuma a condição de ordenador de despesas, circunstância que o torna responsável não apenas pelas contas de governo, mas também por contas de gestão. É precisamente essa duplicidade que gera a discussão em torno do órgão competente para julgar suas contas. Discute-se, em tais casos, se deve prevalecer a competência do Poder Legislativo por se tratar de contas prestadas por Chefe do Poder Executivo; ou se, inversamente, deve prevalecer a atribuição do Tribunal de Contas, fixando-se a competência à luz da natureza e conteúdo das contas em análise, e não propriamente com base no cargo ocupado pelo ordenador da despesa.

Na jurisprudência dos Tribunais de Contas estaduais, esse tema não chega a ser problematizado. Na rotina das Cortes estaduais não se identifica tratamento diferenciado na apreciação das contas de gestão quando prestadas por chefe do Executivo: independente da posição ocupada pelo ordenador de despesa, tratando-se de contas de gestão – relacionadas ao resultado específico de determinado ato de governo –, os Tribunais exercem sua competência plena, julgando-as tecnicamente com base no artigo 71, inciso II, da CRFB. Mas a definição do órgão competente para esse julgamento revela particular importância do ponto de vista do direito eleitoral, uma vez que sua rejeição, por irregularidade insanável, tem o condão de gerar a inelegibilidade do agente público.[546]

Efetivamente, essa temática repercute de maneira considerável nos TREs e no TSE, em especial nos períodos que antecedem os pleitos eleitorais, momento em que são apreciados os pedidos de registro de candidaturas. A esse propósito, a jurisprudência do TSE havia se firmado no sentido de reconhecer às Câmaras Municipais a competência para o julgamento das contas de Prefeito, ainda que atuando como ordenador de despesas, cabendo aos Tribunais de Contas somente a emissão de parecer prévio a seu respeito. Como resultado, à luz do

---

[546] Conforme norma do artigo 1º, inciso I, alínea g, da Lei Complementar nº 64/90, com a redação que lhe foi conferida pela Lei Complementar nº 135/2010.

posicionamento consolidado no âmbito do TSE, ainda que o Prefeito tivesse contas irregulares julgadas pelo Tribunal de Contas, estas não teriam o efeito de obstar o registro de sua candidatura, pois, para tanto, o julgamento teria que advir do Poder Legislativo.[547]

O posicionamento do TSE alinhava-se à jurisprudência do STF que, remontando a precedente adotado em 1992, vinha reafirmando o entendimento segundo o qual o julgamento das contas do chefe do Poder Executivo sempre incumbe ao Poder Legislativo, ainda que se refira a contas prestadas na qualidade de ordenador de despesa.[548]

Contudo, a superveniência da Lei Complementar nº 135/2010 – conhecida como "Lei da Ficha Limpa" – trouxe novas cores ao debate. Ao cuidar das hipóteses de inelegibilidade, a inovação legislativa expressamente determinou a aplicação do inciso II do artigo 71 da Constituição da República "a todos os ordenadores de despesas sem exclusão dos mandatários que houverem agido nessa condição". Parece claro, portanto, que a lei pretendeu fazer incidir o regime de julgamento de contas de gestão a todo e qualquer ordenador de despesa, sem diferenciar a posição dos agentes titulares de mandato político.

Em razão da alteração promovida pela legislação infraconstitucional, o TSE revisitou o tema e, ao examinar processos envolvendo registros de candidaturas para as eleições de 2014, alterou radicalmente sua jurisprudência, firmando novo entendimento segundo o qual compete aos Tribunais de Contas o julgamento das contas de Prefeitos

---

[547] Sobre o assunto, confiram-se os seguintes julgados referentes ao pleito de 2012, entre outros: TSE, Respe nº 48.726/CE, relator ministro Henrique Neves, julgado em 11.12.2012; TSE, Respe nº 7.165/BA, relatora ministra Nancy Andrighi, julgado em 25.10.2012; TSE, Respe nº 5.184/CE, relator ministro Dias Toffoli, julgado em 17.12.2012; TSE, Respe nº 16.357/BA, relatora ministra Luciana Lossio, julgado em 17.12.2012; TSE, Respe nº 14.540/BA, relatora ministra Laurita Vaz, julgado em 20.11.2012; TSE, Respe nº 13.464/PE, relator ministro Arnaldo Versiani, julgado em 06.11.2012.

[548] O precedente apontado como *leading case* na matéria após a CRFB/88 é o RE nº 132.747/DF, relatado pelo ministro Marco Aurélio, ficando vencido apenas o então ministro Carlos Velloso. Veja-se sua ementa: "RECURSO EXTRAORDINÁRIO – ACÓRDÃO DO TRIBUNAL SUPERIOR ELEITORAL – FUNDAMENTO LEGAL E CONSTITUCIONAL. O fato de o provimento atacado mediante o extraordinário estar alicerçado em fundamentos estritamente legais e constitucionais não prejudica a apreciação do extraordinário. No campo interpretativo cumpre adotar posição que preserve a atividade precípua do Supremo Tribunal Federal – de guardião da Carta Política da Republica. INELEGIBILIDADE – PREFEITO – REJEIÇÃO DE CONTAS – COMPETÊNCIA. Ao Poder Legislativo compete o julgamento das contas do Chefe do Executivo, considerados os três níveis – federal, estadual e municipal. O Tribunal de Contas exsurge como simples órgão auxiliar, atuando na esfera opinativa – inteligência dos artigos 11 do Ato das Disposições Constitucionais Transitórias, 25, 31, 49, inciso IX, 71 e 75, todos do corpo permanente da Carta de 1988. Autos conclusos para confecção do acórdão em 9 de novembro de 1995" (STF, RE nº 132.747/DF, Pleno, relator ministro Marco Aurélio, julgado em 17.06.1992).

quando estes atuam na qualidade de ordenadores de despesas. Entendeu-se, portanto, nos registros de candidaturas para o pleito de 2014, que a inelegibilidade poderia, sim, ser examinada a partir de decisão irrecorrível proferida pela Corte de Contas, sem a necessidade da deliberação parlamentar. O fundamento decisivo para a alteração jurisprudencial baseou-se na superveniência da Lei Complementar nº 135/2010, cuja constitucionalidade já havia sido afirmada pelo Supremo Tribunal Federal em sede de controle concentrado.[549]

Como intuitivo, a mudança jurisprudencial ocorrida no âmbito do TSE chegou, pela via recursal, ao Supremo Tribunal Federal, que reconheceu a repercussão geral da matéria em acórdão relatado pelo ministro Roberto Barroso. Cuida-se do tema nº 835 do rol de questões constitucionais com repercussão geral na esfera da Suprema Corte.[550] A controvérsia constitucional foi assim sintetizada na ementa do acórdão do julgado:

> A questão a ser dirimida, portanto, é a seguinte: qual o órgão competente para julgar as contas prestadas pelo Chefe do Poder Executivo que age como ordenador de despesas? Em outras palavras: as contas prestadas anualmente (arts. 31, §2º, e 71, I, da Constituição) pelo Chefe do Executivo, e que devem ser apreciadas mediante parecer prévio e não julgadas pelo Tribunal de Contas, são apenas as chamadas contas de

---

[549] A revisão jurisprudencial ocorreu após intenso debate no julgamento do Recurso Ordinário nº 40.137/CE, cuja decisão restou assim ementada: "ELEIÇÕES 2014. REGISTRO DE CANDIDATURA. RECURSO ORDINÁRIO. INELEGIBILIDADE. ALÍNEA G. REJEIÇÃO DE CONTAS. TRIBUNAL DE CONTAS. PREFEITO. ORDENADOR DE DESPESAS. CARACTERIZAÇÃO. 1. As alterações das hipóteses de inelegibilidades introduzidas pela Lei Complementar nº 135, de 2010, foram consideradas constitucionais pelo Supremo Tribunal Federal no julgamento da ADI nº 4.578 e das ADCs 29 e 30, em decisões definitivas de mérito que produzem eficácia contra todos e efeito vinculante, nos termos do art. 102, §2º, da Constituição da República. 2. Nos feitos de registro de candidatura para o pleito de 2014, a inelegibilidade prevista na alínea g do inciso I do art. 1º da LC nº 64, de 1990, pode ser examinada a partir de decisão irrecorrível dos Tribunais de Contas que rejeitam as contas do prefeito que age como ordenador de despesas. 3. Entendimento, adotado por maioria, em razão do efeito vinculante das decisões do Supremo Tribunal Federal e da ressalva final da alínea g do art. 1º, I, da LC nº 64/90, que reconhece a aplicação do 'disposto no inciso II do art. 71 da Constituição Federal, a todos os ordenadores de despesa, sem exclusão de mandatários que houverem agido nessa condição'. 4. Vencida neste ponto, a corrente minoritária, que entendia que a competência para julgamento das contas do prefeito é sempre da Câmara de Vereadores. 5. As falhas apontadas pelo Tribunal de Contas, no caso, não são suficientes para caracterização da inelegibilidade, pois não podem ser enquadradas como ato doloso de improbidade. No caso, não houve sequer condenação à devolução de recursos ao erário ou menção a efetivo prejuízo financeiro da Administração. Recurso provido, neste ponto, por unanimidade. Recurso ordinário provido para deferir o registro da candidatura" (TSE, RO nº 40.137/CE, Pleno, relator ministro Henrique Neves da Silva, julgado em 27.08.2014).

[550] STF, RE nº 848.826 RG/DF, Plenário Virtual, relator ministro Roberto Barroso, julgado em 27.08.2015.

governo, que se referem aos resultados gerais do exercício financeiro? Ou abrangem também as denominadas contas de gestão, estas relacionadas ao resultado específico de determinado ato de governo e prestadas por todos os administradores públicos, inclusive Chefes do Executivo que agem como ordenadores de despesas, como é muito comum na maioria dos Municípios do país?

Ao apreciar o tema, o ministro relator Roberto Barroso ofereceu voto em que se alinha à competência dos Tribunais de Contas para o julgamento das contas de gestão prestadas por chefe do Poder Executivo e, por tal razão, negou provimento ao recurso. Em divergência, o ministro Ricardo Lewandowski votou pelo provimento do recurso, de forma a reconhecer que as contas prestadas pela chefia do Poder Executivo devem ser sempre objeto de julgamento pelo Poder Legislativo, ainda quando se trate de contas apresentadas na qualidade de ordenador de despesa. A divergência acabou prevalecendo em apertada decisão adotada por seis votos a cinco,[551] fixando-se tese jurídica nos seguintes termos:

> Para os fins do art. 1º, inciso I, alínea "g", da Lei Complementar 64, de 18 de maio de 1990, alterado pela Lei Complementar 135, de 4 de junho de 2010, a apreciação das contas de prefeitos, tanto as de governo quanto as de gestão, será exercida pelas Câmaras Municipais, com o auxílio dos

---

[551] STF, RE nº 848.826 RG/DF, Plenário Virtual, relator ministro Roberto Barroso, redator para acórdão ministro Ricardo Lewandowski, julgado em 10.08.2016. Ficaram vencidos na temática, além do relator original, os ministros Teori Zavascki, Rosa Weber, Luiz Fux e Dias Toffoli. Confira-se a ementa do julgado: "RECURSO EXTRAORDINÁRIO. PRESTAÇÃO DE CONTAS DO CHEFE DO PODER EXECUTIVO MUNICIPAL. PARECER PRÉVIO DO TRIBUNAL DE CONTAS. EFICÁCIA SUJEITA AO CRIVO PARLAMENTAR. COMPETÊNCIA DA CÂMARA MUNICIPAL PARA O JULGAMENTO DAS CONTAS DE GOVERNO E DE GESTÃO. LEI COMPLEMENTAR 64/1990, ALTERADA PELA LEI COMPLEMENTAR 135/2010. INELEGIBILIDADE. DECISÃO IRRECORRÍVEL. ATRIBUIÇÃO DO LEGISLATIVO LOCAL. RECURSO EXTRAORDINÁRIO CONHECIDO E PROVIDO. I - Compete à Câmara Municipal o julgamento das contas do chefe do Poder Executivo municipal, com o auxílio dos Tribunais de Contas, que emitirão parecer prévio, cuja eficácia impositiva subsiste e somente deixará de prevalecer por decisão de dois terços dos membros da casa legislativa (CF, art. 31, §2º). II - O Constituinte de 1988 optou por atribuir, indistintamente, o julgamento de todas as contas de responsabilidade dos prefeitos municipais aos vereadores, em respeito à relação de equilíbrio que deve existir entre os Poderes da República ('checks and balances'). III - A Constituição Federal revela que o órgão competente para lavrar a decisão irrecorrível a que faz referência o art. 1º, I, g, da LC 64/1990, dada pela LC 135/ 2010, é a Câmara Municipal, e não o Tribunal de Contas. IV - Tese adotada pelo Plenário da Corte: 'Para fins do art. 1º, inciso I, alínea g, da Lei Complementar 64, de 18 de maio de 1990, alterado pela Lei Complementar 135, de 4 de junho de 2010, a apreciação das contas de prefeito, tanto as de governo quanto as de gestão, será exercida pelas Câmaras Municipais, com o auxílio dos Tribunais de Contas competentes, cujo parecer prévio somente deixará de prevalecer por decisão de 2/3 dos vereadores'. V - Recurso extraordinário conhecido e provido".

Tribunais de Contas competentes, cujo parecer prévio somente deixará de prevalecer por decisão de 2/3 dos vereadores.

Tendo em vista essa decisão, o TSE vem adaptando sua jurisprudência ao entendimento exarado pelo Supremo – fazendo, inclusive, referência expressa à tese firmada em sede de repercussão geral –, passando a tratar indistintamente tanto as contas de governo quanto as contas de gestão dos prefeitos, tornando a reprovação das contas pela Câmara Municipal como um dos requisitos para ensejar a inelegibilidade com fulcro no artigo 1º, inciso I, alínea "g", da LC 64/2010.[552]

A interpretação conferida pelo STF à matéria, com o devido respeito, representa um grande retrocesso no que tange à eficácia da Lei da Ficha Limpa. A meu ver, a Lei Complementar nº 135/2010, ao deixar claro que o regime do artigo 71, inciso II, da CRFB aplica-se a todos os ordenadores de despesas, sem exclusão dos mandatários políticos, promoveu a denominada *correção ou superação legislativa da jurisprudência constitucional*, caracterizada pela manifestação da divergência do legislador ordinário em relação à interpretação conferida pelo STF em determinado tema constitucional. O fenômeno da reação ou da resposta legislativa à jurisprudência constitucional enfatiza o potencial construtivo que divergências interpretativas naturalmente apresentam e, nesse sentido, busca maximizar a dinâmica dialógica da jurisdição constitucional criando espaços que propiciem a formulação de melhores respostas para as questões constitucionais, combinando as perspectivas de variados atores de forma a se alcançar equilíbrio em relação ao significado constitucional.[553]

---

[552] Neste sentido, TSE, RO nº 39881, relator ministro Napoleão Nunes Maia Filho, julgado em 08.03.2017; TSE, RESPE nº 26694, relatora ministra Rosa Weber, julgado em 02.08.2018.

[553] A respeito desse fenômeno, registra Christine Bateup: "Enquanto a Corte exerce seu controle sobre os demais poderes por meio do *judicial review*, o controle político também pode ser exercido sobre a Corte quando atores políticos divergem da sua interpretação sobre a Constituição. Esse sistema de mútuo controle é importante na medida em que é possível a qualquer esfera de poder, incluindo a Corte, chegar a resultados inconstitucionais. Uma vez que as decisões da Corte estejam abertas a escrutínio e a desafio por parte de outras esferas públicas, as decisões judiciais deixam de ser finais; 'na melhor das hipóteses, elas resolvem momentaneamente a disputa submetida à apreciação da Corte'. Desafios diretos podem ser colocados na forma de recusa de obediência, recusa de execução ou ameaças para enfraquecer a Corte. O Congresso e as legislaturas estaduais também podem gerar desafios mais sutis por meio da aprovação de leis que contrariam ou que testem os limites da interpretação judicial. (...). Em tais circunstâncias, a Corte pode revisar e talvez reverter suas decisões anteriores, viabilizando assim, que a interpretação constitucional promovida por outra esfera de poder venha a tornar-se a interpretação autorizada" (BATEUP, Christine. *The Dialogical Promise*: assessing the normative potential of theories of constitutional dialogue. New York University School of Law: Public Law & Legal Theory Research Paper Series, Working Paper n. 05-24, Nov. 2005. Disponível em: http://ssrn.com/abstract=852884. Acesso em: 13 set. 2012).

Na hipótese ora em análise, parece-me que, de fato, a interpretação constitucional prevalecente até a sobrevinda da Lei da Ficha Limpa era equivocada e censurável, daí por que absolutamente pertinente o desafio lançado pelo legislador ordinário ao revisitar a matéria.[554] Ao contrário da compreensão perfilhada pelo STF, o exame da norma do artigo 71, incisos I e II, da CRFB revela que o critério constitucional para a fixação da competência para o julgamento das contas tem fundamento objetivo, assentando-se em sua natureza e conteúdo – se contas anuais de governo ou contas pontuais de gestão –, e não na qualidade do cargo titularizado pelo responsável.

Em reforço a esse entendimento pode-se resgatar a própria norma do artigo 31 da Constituição da República que, ao cuidar do parecer prévio a ser submetido a julgamento pela Câmara Municipal, alude inequivocamente às contas "que o Prefeito deve anualmente prestar". Ora, como apenas as contas de governo têm essa periodicidade anual, resulta claro que o parecer prévio não abarca as contas de gestão, as quais, portanto, submetem-se o regime geral de julgamento pelos Tribunais de Contas, na forma do artigo 71, inciso II, do texto constitucional.

Além disso, sob o prisma *consequencialista*,[555] retirar da esfera de competência dos Tribunais de Contas o julgamento das contas de gestão

---

[554] Na doutrina dedicada ao estudo do direito eleitoral, essa também tem sido a compreensão dominante. Confira-se, a título ilustrativo, a lição de José Jairo Gomes: "(...) ao ordenar pagamentos e praticar atos concretos de gestão administrativa, o Prefeito não atua como agente político, mas como técnico, administrador de despesas públicas. Não haveria, portanto, razão para que, por tais atos, fosse julgado politicamente pelo Poder Legislativo. Na verdade, a conduta técnica reclama métodos e critérios de julgamento, o que – em tese, ressalve-se – só pode ser feito pelo Tribunal de Contas" (GOMES, José Jairo. *Direito Eleitoral*. 11. ed. São Paulo: Atlas, 2015. p. 212).

[555] O consequencialismo é apontado como elemento constitutivo essencial do pragmatismo jurídico, que vem a ser uma das principais correntes filosóficas do direito contemporâneo, dedicando-se à investigação sobre a atividade judicial e o comportamento dos juízes no processo de tomada de decisão. De acordo com tal concepção, as consequências que podem advir de uma decisão judicial devem ter peso decisivo na deliberação, conferindo-se ênfase não apenas à repercussão imediata de um julgamento, mas também aos seus desdobramentos sistêmicos. Como explica Thamy Pogrebinschi, três notas fundamentais caracterizam o pragmatismo legal: o contextualismo, o consequencialismo e o antifundacionalismo. O contextualismo implica que toda e qualquer proposição seja julgada a partir de sua conformidade com as necessidades humanas e sociais. Já o consequencialismo demanda que as proposições sejam testadas por meio da antecipação de suas consequências e possíveis resultados. Trata-se do chamado "teste pragmatista", em que se verificam quais as diferenças que as consequências desta ou daquela proposição podem acarretar no futuro. E, por fim, o antifundacionalismo rejeita quaisquer espécies de entidades metafísicas, de conceitos abstratos, categorias apriorísticas, dogmas, entre outros tipos de fundações possíveis ao pensamento (POGREBINSCHI, Thamy. *Pragmatismo*: teoria social e política. Rio de Janeiro: Relume Dumará, 2015. Cap. 01). No debate norte-americano, para o aprofundamento do tema, consulte-se: POSNER, Richard. *Law, Pragmatism, and Democracy*. Cambridge: Harvard University Press, 2003.

dos Prefeitos compromete de maneira irremediável o controle externo e a *accountability* das finanças públicas, já que o julgamento dos atos de gestão passa a ter conotação exclusivamente política. No limite, ao se anteciparem suas consequências e seus possíveis resultados sistêmicos, vê-se que essa concepção facilita que gestores mal intencionados simplesmente burlem o sistema de controle financeiro e vulnerem integralmente a competência das Cortes de Contas, bastando, para tanto, que a chefia do Poder Executivo concentre e exerça diretamente todas as ordenações de despesas de seu município, esvaziando, via de consequência, o papel do Tribunal de Contas em sua fiscalização.

Por todos os motivos delineados, a tese jurídica que acabou sendo fixada pelo STF limita consideravelmente a atuação desses órgãos de fiscalização, comprometendo inclusive a adoção de medidas voltadas ao ressarcimento de danos eventualmente causados ao erário sob a responsabilidade da Chefia do Executivo. Representa, portanto, um grave retrocesso em termos de *accountability* das finanças públicas, na contramão das exigências contemporâneas que, invariavelmente, tendem ao seu fortalecimento.

5.2 Parâmetros do controle externo: a legalidade e a legitimidade da gestão pública financeira

A matriz do controle externo financeiro na Constituição de 1988 estampa sua transcendência à apreciação da legalidade formal da gestão pública ao estender-se também ao seu controle de legitimidade e economicidade. O artigo 70 da CRFB cristaliza como parâmetros a informar a fiscalização a cargo dos Tribunais de Contas a legalidade, a economicidade e a legitimidade da administração financeira. Inspira-se, conforme noticia Ricardo Lobo Torres, no artigo 114 da Constituição de Bonn, segundo o qual o "Tribunal Federal de Contas, cujos membros possuem a independência judicial, controlará as contas assim como a economicidade e a legalidade da gestão orçamentária e econômica". Aproxima-se igualmente do artigo 100 da Constituição da Itália, em cuja redação consta que a "Corte de Contas exerce o controle preventivo quanto à legitimidade dos atos do Governo, como também sobre a exatidão do balanço do Estado". Guarda conexão, ainda, com o artigo 31 da Constituição da Espanha, que estabelece que o "gasto público realizará uma designação equitativa dos recursos públicos e sua programação e execução observarão critérios de eficiência e economia".[556]

---

[556] TORRES, Ricardo Lobo. *A legitimidade democrática e o tribunal de contas*. Artigo citado, p. 32-33.

Diante dessa clara e inequívoca orientação constitucional, emerge a questão relativa à definição do sentido e do alcance da legalidade, da legitimidade e da economicidade enquanto critérios de controle externo a nortear a atuação dos Tribunais de Contas. No que tange ao controle de legalidade, o tema coloca em relevo a possibilidade, ou não, de os Tribunais de Contas, no exercício de suas competências constitucionais, estarem autorizados a apreciar a constitucionalidade de leis e atos normativos do poder público e, em caso positivo, quais os condicionantes a serem observados em tal atuação. Por sua vez, ao expressar a preocupação quanto à legitimidade e à economicidade, o debate volta-se para os limites da separação entre administração e política e seus impactos sobre a *accountability* na busca pela coerência das decisões sobre políticas públicas, supondo uma conciliação entre as exigências relativas ao dever de boa administração e os imperativos democráticos.

5.2.1 Controle de constitucionalidade pelos Tribunais de Contas: o debate em torno do Enunciado nº 347 da jurisprudência do Supremo Tribunal Federal

De início, é importante reconhecer que o postulado clássico da precedência da lei no âmbito da atividade administrativa encontra-se reformulado a partir do reconhecimento da força vinculante da Constituição para o agir administrativo. Nesse contexto, ressalvadas as hipóteses de reserva de lei expressamente consignadas no próprio texto constitucional, a atuação da Administração Pública encontra fundamento direto na Constituição, sem a necessidade de interposição legislativa. Trata-se do fenômeno caracterizado por Paulo Otero como a "quebra do mito da omnipotência da lei face à Administração",[557] fazendo com que a lei deixe de ter o "monopólio habilitante da atividade administrativa".[558] Em suas palavras:

> Houve aqui como que um processo de autodeterminação constitucional face ao poder legislativo nas suas relações com o poder administrativo: a Constituição emancipou-se da lei no seu relacionamento com a Administração Pública, passando a consagrar preceitos que, sem dependência de intervenção do legislador, vinculam directa e imediatamente as autoridades administrativas. Compreende-se, nesse preciso sentido, que

---

[557] OTERO, Paulo. *Legalidade e administração pública*: o sentido da vinculação administrativa à juridicidade. 2. reimp. Coimbra: Almedina, 2011. p. 733.

[558] OTERO, Paulo. *Legalidade e administração pública*: o sentido da vinculação administrativa à juridicidade. Obra citada, p. 735.

se afirma, segundo expressa disposição constitucional, que os órgãos e agentes administrativos, além de subordinados à lei, estejam também subordinados à Constituição.

Como já foi sublinhado, em comentário à nossa posição defendida em anterior estudo, a reserva vertical de lei foi substituída por uma reserva vertical de Constituição.[559]

A formulação contemporânea do princípio da legalidade administrativa – que evoluiu para a juridicidade administrativa, traduzindo a vinculação da Administração Pública ao ordenamento jurídico como um todo[560] – é especialmente importante para que se endereçe o tema relativo ao controle de constitucionalidade pelos Tribunais de Contas, uma vez que tais órgãos devem atuar, ordinariamente, *secundum legem*. E, inversamente, quando negam cumprimento a uma lei por inconstitucionalidade, tal atuar revela uma postura *contra legem*.

À luz do que já se disse a respeito do princípio da legalidade e da sua progressiva evolução para a noção de juridicidade – no sentido de uma exigência de vinculação direta e imediata das instâncias decisórias à Constituição –, é quase intuitivo concluir-se que o controle de "legalidade" a cargo dos Tribunais de Contas não se exaure no exame infraconstitucional. As Cortes de Contas carecem de competência para declarar a inconstitucionalidade de lei ou ato normativo em abstrato; contudo, incidentalmente, no caso concreto, podem reconhecê-la, inclusive conforme orientação sumulada pelo Supremo Tribunal Federal.[561] Assim sendo, os Tribunais de Contas têm o poder-dever de deixar de aplicar um ato normativo por considerá-lo inconstitucional e podem, ademais, sustar atos praticados com base em leis inconstitucionais, por força da competência que lhes atribui o inciso X do artigo 71 da CRFB.

---

[559] OTERO, Paulo. *Legalidade e administração pública*: o sentido da vinculação administrativa à juridicidade. Obra citada, p. 735.

[560] Conforme leciona Gustavo Binenbojm, o princípio da juridicidade traduz a vinculação da Administração Pública a um bloco de legalidade, que é o ordenamento jurídico como um todo sistêmico. Assim, ainda segundo o autor, "a atividade administrativa continua a realizar-se, via de regra, (i) segundo a lei, quando esta for constitucional (atividade *secundum legem*), (ii) mas pode encontrar fundamento direto na Constituição, independente ou para além da lei (atividade *praeter legem*), ou, eventualmente, (iii) legitimar-se perante o direito, ainda que contra a lei, porém com fulcro numa ponderação da legalidade com outros princípios constitucionais (atividade *contra legem*, mas com fundamento numa otimizada aplicação da Constituição)" (BINEMBOJM, Gustavo. *Uma Teoria do Direito Administrativo*. Obra citada, p. 143).

[561] Nos termos do Enunciado nº 347 do STF, o Tribunal de Contas, no exercício de suas atribuições, pode apreciar a constitucionalidade das leis e dos atos do Poder Público. Esse entendimento foi aprovado pelo Supremo Tribunal Federal em sessão plenária de 13.12.1963.

Nesse sentido, veja-se a lição de Ricardo Lobo Torres:

> A inconstitucionalidade das leis *in abstracto* não a decretam o Tribunal de Contas nem os órgãos de controle externo ou interno, posto que, além de não exercerem função jurisdicional, limitam-se a apreciar casos concretos. Mas a inconstitucionalidade dos atos administrativos pode ser reconhecida *in casu* pelos órgãos encarregados do controle, que se negarão a aprová-los ou a dar quitação aos responsáveis, alinhando-se com a lei e a Constituição. (...). A declaração incidental da inconstitucionalidade tornou-se evidente no texto de 1988, mercê da possibilidade de controle de legitimidade.[562]

Os Tribunais de Contas, no exercício de sua atividade finalística de controle externo, vinculam-se, direta e imediatamente à Constituição e, como resultado, têm o poder-dever de apreciar concretamente a constitucionalidade de leis e atos normativos subjacentes a atos e ajustes submetidos à sua apreciação. A título ilustrativo, as Cortes de Contas, ao apreciarem um ato de aposentadoria, devem recusar-lhe registro caso a concessão tenha se baseado em lei reputada, pela própria Corte, inconstitucional. Da mesma forma, em se tratando de atos administrativos praticados com base em lei que, à luz da interpretação conferida pelo Tribunal de Contas, revele-se inconstitucional, tem a Corte a competência para determinar à autoridade administrativa que se abstenha de sua prática e, em caso de recusa, caberá aplicar sanção ao agente que descumpriu a determinação do Tribunal.

Contudo, esse tema – consensualmente aceito, até por força do Enunciado nº 347 do STF – vem sendo revisitado no âmbito do próprio Supremo Tribunal Federal, em decisões monocráticas adotadas em mandados de segurança envolvendo a submissão da Petrobrás ao Regulamento de Procedimento Licitatório Simplificado, aprovado pelo Decreto nº 2.745/98.[563] Em 2002, o Tribunal de Contas da União (TCU), por entender que a submissão da Petrobrás a um procedimento licitatório simplificado atentaria contra disposições constitucionais, determinou que aquela entidade se abstivesse de aplicá-lo.[564] Foram

---

[562] TORRES, Ricardo Lobo. *A legitimidade democrática e o tribunal de contas*. Artigo citado, p. 36.

[563] Artigo 67 da Lei nº 9.478/97, regulamentado pelo Decreto nº 2.745/98. Esse dispositivo, contudo, foi revogado pela Lei nº 13.303/2016 ("Estatuto das Estatais"), que veiculou procedimento próprio para a realização de licitações por empresas públicas, sociedades de economia mista e suas subsidiárias (artigos 28 a 41).

[564] Essa decisão encontra-se materializada no Acórdão TCU nº 663/2002, proferido em Relatório de Auditoria realizada na Petrobrás com foco na área de licitações e contratos. A decisão apresenta a seguinte ementa: "Relatório de Auditoria realizada na área de licitações

impetrados, então, diversos mandados de segurança contra tal decisão do TCU,[565] oportunidade em que se reavivou, junto à Suprema Corte, a questão relativa à possibilidade de as Cortes de Contas, no exercício de suas atribuições, estarem legitimadas a proceder à apreciação da constitucionalidade de leis e atos normativos.

A matéria tem sido examinada, até o momento, monocraticamente, e encontra-se aguardando apreciação definitiva em sede de recurso extraordinário afetado ao Plenário do STF.[566] O interessante, porém, é que as decisões já proferidas sobre o assunto invariavelmente fazem referência ao precedente do ministro Gilmar Mendes, adotado

---

e contratos. Considerações acerca do art. 67 da Lei nº 9.478/97 e do Decreto nº 2.745/98, que aprovou o Regulamento do Procedimento Licitatório Simplificado da Petrobras. Inconstitucionalidade das normas. Comunicação à Petrobrás. Existência de outras irregularidades. Determinações. Realização de Audiências. Remessa de cópias". O ponto fulcral da decisão consta do item 8.1, a seguir transcrito: "8.1 – determinar à Petrobrás que se abstenha de aplicar às suas licitações e contratos o Decreto nº 2.745/98 e o artigo 67 da Lei nº 9.478/97, em razão de sua inconstitucionalidade, e observe os ditames da Lei nº 8.666/93 e seu anterior regulamento próprio, até a edição da lei de que trata o §1º do artigo 173 da Constituição Federal, com a redação dada pela Emenda Constitucional nº 19/98" (TCU, TC nº 016.176/2000-5, Pleno, relator ministro Ubiratan Aguiar, julgado em 19.06.2002).

[565] Eis alguns dos mandados de segurança em que a matéria está sendo debatida: STF. MS nº 31.325/DF, relator ministro Dias Toffoli, decisão monocrática de 26.03.2012; STF. MS nº 26.783/DF, relator ministro Marco Aurélio, decisão monocrática de 05.12.2011; MS nº 28,774/DF, relatora ministra Ellen Gracie, decisão monocrática em 11.11.2010; STF, MS nº 27.743/DF, relatora ministra Carmen Lúcia, decisão monocrática em 1º.12.2008, entre outros.

[566] O caso líder no Supremo Tribunal Federal é o Recurso Extraordinário nº 441.280/ES, sob a relatoria do ministro Dias Toffoli.

[567] STF, MS nº 25.888/DF, relator ministro Gilmar Mendes, decisão monocrática em 22.03.2006. O trecho representativo dessa controvérsia é o seguinte: "Não me impressiona o teor da Súmula nº 347 desta Corte, segundo o qual 'o Tribunal de Contas, o exercício de suas atribuições, pode apreciar a constitucionalidade das leis e dos atos do Poder Público'. A referida regra sumular foi aprovada na Sessão Plenária de 13.12.1963, num contexto constitucional totalmente diferente do atual. Até o advento da Emenda Constitucional nº 16, de 1965, que introduziu em nosso sistema o controle abstrato de normas, admitia-se como legítima a recusa, por parte de órgãos não-jurisdicionais, à aplicação da lei considerada inconstitucional. No entanto, é preciso levar em conta que o texto constitucional de 1988 introduziu uma mudança radical no nosso sistema de controle de constitucionalidade. Em escritos doutrinários, tenho enfatizado que a ampla legitimação conferida ao controle abstrato, com a inevitável possibilidade de se submeter qualquer questão constitucional ao Supremo Tribunal Federal, operou uma mudança substancial no modelo de controle de constitucionalidade até então vigente no Brasil. Parece quase intuitivo que, ao ampliar, de forma significativa, o círculo de entes e órgãos legitimados a provocar o Supremo Tribunal Federal, no processo de controle abstrato de normas, acabou o constituinte por restringir, de maneira radical, a amplitude do controle difuso de constitucionalidade. A amplitude do direito de propositura faz com que até mesmo pleitos tipicamente individuais sejam submetidos ao Supremo Tribunal Federal mediante ação direta de inconstitucionalidade. Assim, o processo de controle abstrato de normas cumpre entre nós uma dupla função: atua tanto como instrumento de defesa da ordem objetiva, quanto como instrumento de defesa de posições subjetivas. Assim, a própria evolução do sistema de controle de constitucionalidade no Brasil, verificada desde então, está a demonstrar a necessidade de se reavaliar a subsistência da Súmula 347 em face da ordem constitucional instaurada com a Constituição de 1988".

nos autos do Mandado de Segurança nº 25.888/DF, em que defende a necessidade de reavaliação da subsistência do Enunciado nº 347 à luz do arranjo de controle de constitucionalidade instaurado em 1988.[567][568]

O referido enunciado sumular foi aprovado em sessão plenária do STF em 1963, a partir do precedente firmado nos autos do RMS nº 8.372/CE,[569] em que se distinguiram os fenômenos da declaração de inconstitucionalidade e da não aplicação de leis inconstitucionais, tendo sido esta última considerada obrigação de qualquer Tribunal ou órgão dos poderes do Estado.[570] A leitura da decisão revela que a abordagem em torno da interpretação constitucional realizada pelos Tribunais de Contas não divergiu da perspectiva a partir da qual é analisada a recusa de aplicação de lei inconstitucional pelo Estado-Administração, tema enfrentado de maneira recorrente no direito administrativo e no direito constitucional.[571]

---

[568] A título de exemplo, as seguintes decisões monocráticas seguem de maneira expressa esse entendimento: STF, MS nº 34.482/DF, relator ministro Ricardo Lewandoski, decisão monocrática de 22.05.2018; STF, MS nº 35.490 MC/DF, relator ministro Alexandre de Moraes, decisão monocrática de 06.02.2018. Nesse julgado, o ministro relator entendeu que "É inconcebível (...) a hipótese do Tribunal de Contas da União, órgão sem qualquer função jurisdicional, permanecer a exercer controle difuso de constitucionalidade nos julgamentos de seus processos, sob o pretenso argumento de que lhe seja permitido em virtude do conteúdo da Súmula 347 do STF, editada em 1963, cuja subsistência, obviamente, ficou comprometida pela promulgação da Constituição Federal de 1988".

[569] STF, RMS nº 8.372/CE, Pleno, relator ministro Pedro Chaves, julgado em 11.12.1961.

[570] Na ementa do julgado consta o seguinte: "Não ofende direito líquido e certo o ato do Tribunal de Contas que nega registro a aposentadoria fundada em lei revogada. Recurso não provido". Nada obstante, o trecho da decisão que efetivamente influenciou para a aprovação do Enunciado nº 347 é singelo e limita-se a ressalvar ponto que havia sido incidentalmente mencionado no acórdão recorrido. Veja-se: "A meu ver, o acórdão recorrido bem decidiu a espécie, mas não posso deixar de lhe opor um reparo de ordem doutrinária, pois não quero ficar vinculado a uma tese que tenho constantemente repelido. Entendeu o julgado que o Tribunal de Contas não podia declarar a inconstitucionalidade de lei. Na realidade essa declaração escapa à competência específica dos Tribunais de Contas. Mas há que se distinguir entre declaração de inconstitucionalidade e não aplicação de leis inconstitucionais, pois esta é obrigação de qualquer tribunal ou órgão de qualquer dos poderes do Estado".

[571] A controvérsia pode ser sintetizada nos seguintes termos: como deve o Estado-Administração proceder diante de uma lei que repute inconstitucional? Deve privilegiar a vinculação administrativa à Constituição e ignorar o princípio da presunção de constitucionalidade das leis e a primazia do controle repressivo jurisdicional? Ou, inversamente, deve aplicar a lei, não obstante reputá-la inconstitucional, e provocar a revisão judicial? O tema foi amplamente debatido sob a égide da Constituição de 1967/69, revelando-se majoritária a tese que sustentava a legitimidade da postura administrativa de recusa à aplicação de lei motivadamente considerada inconstitucional. Os principais argumentos levantados em prol de tal concepção baseiam-se na supremacia da Constituição e na nulidade da lei inconstitucional, bem como no fato de que todos os Poderes da República têm a obrigação de zelar pela Constituição, sendo certo que sua interpretação e aplicação não é monopolizada pelo Poder Judiciário. O enfrentamento jurisprudencial da questão não era diverso. A propósito, o Supremo Tribunal Federal tinha, à época, entendimento firme no sentido da

Da mesma forma, o argumento que se dirige contra a subsistência do Enunciado nº 347 baseia-se na ampliação, operada pela Constituição de 1988, do rol de legitimados para provocar o controle concentrado e abstrato de constitucionalidade, fazendo com que "até mesmo pleitos tipicamente individuais sejam submetidos ao Supremo Tribunal Federal mediante ação direta de inconstitucionalidade".[572] A postura que contesta a Súmula nº 347 inclina-se, portanto, para o reconhecimento da supremacia judicial na tarefa hermenêutica da Constituição, evocando a

---

admissibilidade da inexecução da lei inconstitucional pelo Poder Executivo. Tanto assim que, no julgamento da Representação nº 980/SP, sob a relatoria do ministro Moreira Alves, a Corte considerou constitucional decreto do Governador do Estado de São Paulo que impunha aos seus órgãos subordinados a abstenção da execução de atos fundados em lei aprovada pela Assembleia Legislativa após derrubada de veto aposto sob o fundamento de inconstitucionalidade por vício de iniciativa. Esse precedente é consensualmente aceito como paradigmático da posição assumida pelo Supremo Tribunal Federal a respeito da matéria até o advento da Constituição de 1988. E, de fato, embora não tenha resultado de votação unânime, a premissa nele reconhecida – de que cabe ao Chefe do Poder Executivo negar cumprimento à lei inconstitucional – não é refutada em nenhum dos dois votos vencidos. De outro lado, o fim do monopólio do Procurador-Geral da República para deflagrar o controle concentrado de constitucionalidade, com a abertura do rol de legitimados pela Constituição de 1988, passou a exigir um novo olhar sobre a questão, pois ao Presidente da República e aos Governadores de Estados passou-se a reconhecer legitimidade para o questionamento judicial da constitucionalidade de leis em abstrato, o que poderia conduzir à desnecessidade da postura autodefensiva. Ainda assim, o STF, mesmo à luz da nova ordem constitucional, reiterou a possibilidade de recusa da lei inconstitucional pelo Poder Executivo, nos autos da ADI nº 221-0/DF-MC. A partir da análise de tal julgado, extrai-se que o Tribunal reafirmou a tese, mas ponderou a existência de questionamentos em razão do alargamento da legitimação ativa para a ADIs. Além disso, esse ponto específico, embora conste inclusive da ementa do julgado, não foi, absolutamente, o foco dos debates, uma vez que a questão de fundo versava, em realidade, sobre controle de constitucionalidade por meio de edição de lei ou ato normativo posterior. O tema, em verdade, ainda não foi objeto de endereçamento jurisprudencial conclusivo, o que reforça a importância de que seja abordado especialmente com o objetivo de que sejam fixados critérios que possam harmonizar, de um lado, a vinculação da Administração Pública à Constituição e, de outro, o respeito à produção legislativa, reflexo da soberania popular. A busca por parâmetros que viabilizem a criteriosa atuação administrativa *contra legem* é fundamental para que se minimizem potenciais tensões entre os poderes legislativo e executivo, incentivando o estabelecimento de uma cultura de diálogo entre as instituições, pautada por mútuo respeito. Para o aprofundamento doutrinário do tema, consultem-se: BARROSO, Luis Roberto. *O controle de constitucionalidade no Direito Brasileiro*. 5. ed. São Paulo: Saraiva, 2011; FREITAS, Juarez. O controle de constitucionalidade pelo Estado-Administração. *A&C – Revista de Direito Administrativo & Constitucional*, Belo Horizonte, ano 10, n. 40, abr./jun. 2010; FIGUEIREDO, Lúcia Valle. Competência dos Tribunais Administrativos para Controle de Inconstitucionalidade. *Interesse Público*, Belo Horizonte, Fórum, ano 6, n. 24, mar./abr. 2004; BINENBOJM, Gustavo. *A Nova Jurisdição Constitucional Brasileira*: legitimidade democrática e instrumentos de realização. 3. ed. Rio de Janeiro: Renovar, 2010; MENDES, Gilmar Ferreira. O Poder Executivo e o Poder Legislativo no controle de constitucionalidade. *Revista de Informação Legislativa*, Brasília, n. 134, abr./jun.1997.

[572] STF, MS nº 25.888/DF, relator ministro Gilmar Ferreira Mendes, julgado monocraticamente em 22.03.2006.

necessidade de uma autoridade interpretativa centralizadora que possa fixar o seu sentido e alcance, em reforço à proeminência do Poder Judiciário na guarda da Constituição e no controle de constitucionalidade. Contudo, a interpretação constitucional não é, e não pode ser, monopolizada pelas Cortes de justiça. Sem sombra de dúvida, os órgãos do Poder Judiciário – e, em especial, o Supremo Tribunal Federal, na qualidade de guardião da Constituição – protagonizam o controle de constitucionalidade e a interpretação constitucional no Brasil, mas é fundamental ter-se em mente que tais tarefas também se exercem extrajudicialmente, por instâncias decisórias que têm muito a contribuir para o fortalecimento de uma cultura dialógica em que as divergências e os desacordos interpretativos são recebidos de maneira produtiva para o amadurecimento do direito.[573]

Além disso, há que se ponderar que negar a possibilidade de as Cortes de Contas, em sua atuação finalística, recusarem aplicação à lei que, fundamentadamente, reputem inconstitucionais significa enfraquecer substancialmente a função de controle externo em hipótese em que qualquer outra forma de controle concentrado se revela extremamente dificultada. Isso porque os Tribunais de Contas, como se sabe, são órgãos destituídos de legitimidade para suscitar o controle de constitucionalidade pela via direta e, portanto, a

---

[573] O compartilhamento da autoridade interpretativa no controle de constitucionalidade tem sido preocupação recorrente em inúmeros países. Mecanismos de interação entre Judiciário e Parlamento ganharam assento, por exemplo, na Carta de Direitos e Liberdades do Canadá (1982), em fórmula que tem sido identificada como dialógica e ilustrativa de um *weak judicial review*, nos termos da classificação proposta por Mark Tushnet (TUSHNET, Mark. *Weak Courts, Strong Rights*: judicial review and social welfare rights in comparative constitutional law. Princeton: Princeton University Press, 2008). O modelo adotado em 1982 pela Carta de Direitos e Liberdades do Canadá é usualmente apontado como construção que claramente vislumbra a possibilidade de o Parlamento impor-se perante o judiciário em matéria de interpretação de direitos fundamentais com *status* de lei suprema. Com efeito, é a disposição contida na Seção 33 da Carta Canadense – conhecida como *notwithstanding clause* ou "cláusula não obstante" – que expressamente rejeita a característica peculiar dos modelos inspirados no constitucionalismo norte-americano de que a decisão do poder judiciário é final e não tem como ser revertida ordinariamente pelo legislativo. De acordo com a mencionada cláusula "não obstante", o Parlamento ou o legislativo de uma província pode simplesmente recusar que uma lei aprovada seja objeto de revisão judicial, imunizando-a pelo prazo inicial de cinco anos, passível de renovação pelas legislaturas subsequentes. Além disso, em conjugação com a Seção 1 da Carta, cria-se uma espécie de "válvula de escape constitucional" considerada importante para se superar o déficit democrático da revisão judicial, permitindo que o poder legislativo corrija decisões emanadas das cortes judiciais com as quais não esteja de acordo. Veja-se, sobre o tema: GARDBAUM, Stephen. O Novo Modelo de Constitucionalismo da Comunidade Britânica. *In*: BIGONHA, Antonio Carlos Alpino; MOREIRA, Luiz (Org.). *Legitimidade da Jurisdição Constitucional*. Rio de Janeiro: Lumen Juris, 2010. p.159-221.

prevalecer entendimento restritivo de sua competência para o exame de compatibilidade constitucional, a única alternativa que lhes restaria, diante de atos ou leis inconstitucionais, seria executá-los e, ao mesmo tempo, provocar um dos legitimados para submeter o tema ao controle pela via direta.

É importante destacar, novamente, que os Tribunais de Contas, ao exercerem o controle externo da gestão financeira administrativa, pautam sua atuação em três vetores expressamente contemplados pelo Texto Constitucional: legalidade, legitimidade e economicidade. Não parece razoável admitir que uma Corte de Contas, ao examinar determinado ato e constatar sua inconstitucionalidade ou a inconstitucionalidade da lei sobre o qual se funda, esteja impedida de aferir a compatibilidade constitucional do ato sob sua apreciação e adotar, no âmbito de suas competências, as medidas cabíveis para fazer valer a norma constitucional.

Em verdade, as decisões das Cortes de Contas nesse sentido devem ser compreendidas como um alerta, uma provocação ao destinatário de seu controle quanto à inconstitucionalidade de eventual postura que venha adotando. Esse alerta muitas vezes será apenas o primeiro passo para que se instaure debate salutar entre diversas esferas de decisão acerca da interpretação constitucional, reclamando uma interlocução argumentativa que tem a virtude de contribuir, e muito, para a adoção de melhores e mais criativas deliberações. O Enunciado nº 347 alinha-se, portanto, à dinâmica dialógica da jurisdição constitucional, criando espaços que propiciam a formulação de melhores respostas para as questões constitucionais, combinando as perspectivas de variados atores de forma a se alcançar equilíbrio em relação ao significado constitucional mediante o estabelecimento de uma relação de consideração recíproca para o exercício de tal responsabilidade.

Quando se preconiza a necessidade de revisão do entendimento atualmente sedimentado a respeito do controle de constitucionalidade pelos Tribunais de Contas, caminha-se para a centralidade e a primazia do Poder Judiciário na interpretação constitucional no Brasil, ao mesmo tempo que se reforça a confiança quase irrestrita depositada na interpretação juriscêntrica. Esse, a meu ver, não é o melhor caminho a ser trilhado: como adverte Keith Whittington, em uma democracia, a Constituição é importante demais para ser deixada nas mãos apenas do Judiciário[574] e, exatamente por isso, fórmulas como a do Enunciado

---

[574] WHITTINGTON, Keith. *Political Foundations of Judicial Supremacy*: the Presidency, the Supreme Court, and constitutional leadership in U.S. history. Princeton: Princeton

nº 347, que admitem a distribuição da autoridade interpretativa por entre várias instituições, devem ser prestigiadas.

Nessa linha, deve ser mencionada a decisão proferida pelo Supremo Tribunal Federal na Petição nº 4.656/PB.[575] No caso em tela, questionou-se a juridicidade de decisão do Conselho Nacional de Justiça que, entendendo pela inconstitucionalidade de lei estadual que criou cem cargos em comissão na estrutura do Poder Judiciário local, determinou a exoneração dos ocupantes de tais cargos.

Argumentou-se que, por se tratar de órgão de natureza administrativa – embora integrante da estrutura nacional do Poder Judiciário, por força do artigo 102 da Constituição Federal –, o CNJ não seria legitimado a afastar a incidência de normas que reputasse inconstitucionais, eis que tal medida somente seria possível em sede de controle de constitucionalidade.

O Plenário da Corte, porém, por unanimidade, rechaçou o argumento, seguindo o precedente oriundo do citado RMS nº 8.372/CE, que distinguiu os fenômenos da declaração de inconstitucionalidade e da não aplicação de leis inconstitucionais, sendo certo que este segundo pode ser realizado por todo e qualquer órgão do Estado, independentemente do poder que integre. Conforme consignado pela ministra relatora em seu voto:

> Cabe, aqui, a seguinte indagação: respeitaria a Constituição da República a aplicação, pela Administração Pública, de norma que o órgão verifica ser absolutamente contrária à Lei Fundamental? E, ainda, para o afastamento da norma, seria necessária a manifestação do Plenário do Supremo Tribunal Federal sobre a matéria? A resposta, para ambas as questões, revela-se desenganadamente negativa. A uma porque admitir eventual exclusividade de apreciação de constitucionalidade de atos pelo Poder Judiciário seria, data máxima vênia, admitir que determinado ato flagrantemente inconstitucional continuasse produzindo efeitos jurídicos até que sobrevenha intervenção jurisdicional, podendo causar intensa e intemporal insegurança jurídica (...). De fato, o princípio da força normativa da Constituição é potencializado, sobremaneira, quando, não apenas o Judiciário, mas também o Estado-Administração exerce o controle dos seus atos administrativos em conformidade com a Carta Maior.

University Press, 2007. p. 27. Ainda segundo o autor, na mesma referência: "Se a voz do judiciário é usualmente a primária em nosso debate a respeito do significado constitucional, ela não é a única voz que fala em nome da Constituição e por vezes não é a melhor".

[575] STF, Pet. nº 4.656/PB, Plenário, relatora ministra Carmen Lúcia, divulgado em 01.12.2017.

Nesse mesmo sentido e aderindo, expressamente, a este julgado, a Associação de Membros dos Tribunais de Contas do Brasil (ATRICON) editou a Nota Técnica 03/2018,[576] também reconhecendo a legitimidade dos Tribunais de Contas para, no exercício de suas funções instucionais, afastar a aplicação de atos normativos que reputem contrários à Constituição.

5.2.2 Limites e possibilidades de atuação dos Tribunais de Contas no controle de políticas públicas: função pedagógica e dimensão dialógica

A referência que a Constituição da República de 1988 faz à legitimidade[577] e à economicidade como critérios informadores do controle externo financeiro evoca imediatamente questões relacionadas à intervenção dos Tribunais de Contas em matérias sensíveis no campo das escolhas orçamentárias e da alocação de recursos para a

---

[576] ATRICON. Nota Técnica nº 03/2018. Disponível em http://www.atricon.org.br/wp-content/uploads/2017/03/Nota-Tecnica-003-2018.pdf. Acesso em: 24 set. 2018. No documento, conclui-se que "[a] posição majoritária e plenamente consolidada do Supremo Tribunal Federal é no sentido de que podem e devem os Tribunais de Contas, no exercício de suas funções, afastar a aplicação de leis que considere inconstitucionais, anulando ou sustando a aplicação de atos executivos nelas fundamentados. Tal posicionamento encontra, ainda, amplo apoio doutrinário" (p. 07).

[577] Para os objetivos aqui perseguidos, descabe aprofundar o amplo desacordo doutrinário existente quanto à delimitação semântica da noção de "legitimidade". Parte-se, aqui, de uma premissa hermenêutica singela: não há vocábulos inúteis no texto constitucional e, portanto, ao se referir à legitimidade como critério de controle externo, o constituinte inequivocamente avançou em relação ao controle de legalidade. Diogo de Figueiredo Moreira Neto, ao identificar uma exigência de assentimento democrático para a noção de legitimidade, sumariza a compreensão que inspira a abordagem realizada neste trabalho: "Ora, a *vontade juridicamente positivada pelo Estado* é o campo da *legalidade*, princípio geral já estudado, enquanto a *vontade democraticamente expressa pela sociedade*, indiferentemente positivada ou não, situa-se no campo mais vasto da *legitimidade*, como um princípio substantivo, específico do Direito Público, que informa particularmente a tríade do *Direito Constitucional, Administrativo e Tributário*, ramos em que se encontram regularmente previstas inúmeras possibilidades de manifestações discricionárias dos agentes estatais. A *legitimidade* se deriva diretamente do *princípio democrático*, destinada a informar fundamentalmente a relação entre a *vontade geral do povo* e as suas diversas *expressões estatais – políticas, administrativas e judiciárias*. Trata-se de uma *vontade difusa*, captada e definida *formalmente* a partir de debates políticos, de processos eleitorais e de instrumentos de participação política dispostos pela ordem jurídica, bem como captada e definida *informalmente* pelos veículos abertos à liberdade de expressão das pessoas, para saturar toda a estrutura do *Estado democrático*, de modo a se tornar *necessariamente informativa*, em maior ou menor grau, conforme a hipótese aplicativa, do *exercício de todas as suas funções* e em *todos os níveis* em que se deva dar alguma integração jurídica de sua ação" (MOREIRA NETO, Diogo de Figueiredo. *Curso de Direito Administrativo*. Obra citada, p. 89).

implementação de políticas públicas. O debate contemporâneo em torno da *accountability* financeira desafia as intrincadas conexões entre técnica e política, reforçando crescentemente a noção segundo a qual as funções de avaliação e julgamento constituem também ações com componente político, transcendendo a análise estritamente técnica. A correlação entre a "boa finança pública" e a "boa política" é inevitável. Nesse sentido, a observação de Ricardo Lobo Torres em estudo produzido já no início da década de 90:[578]

> Indubitável que a novidade do controle do aspecto da legitimidade significa a abertura para a política. Entenda-se: não para a política partidária nem para a pura atividade política ou discricionária, mas para a política fiscal, financeira e econômica. O intervencionismo e a ampliação do papel do Estado atual acarretam a necessidade de decisões políticas, da implementação de políticas e o aperfeiçoamento da política do bem-estar (*public choice, public purpose*), seja na via da elaboração dos planos e do orçamento, seja no momento posterior do controle de sua execução, que não pode deixar de ser político, finalístico, valorativo e balizado constitucionalmente pelos princípios financeiros. O aspecto político do controle se estende também ao Tribunal de Contas, que, sobre exercer fiscalização idêntica à do Congresso quanto à legalidade e economicidade da gestão financeira, precisa dotar as suas decisões do mesmo conteúdo e extensão dos atos administrativos que controla,

---

[578] Em sentido diametralmente contrário, inclusive dirigindo crítica ao posicionamento externado por Ricardo Lobo Torres, confira-se o ponto de vista defendido por Amauri Feres Saad: "(...) deve-se combater a confusão, já acima enunciada, entre os critérios de controle com a própria noção que se tem dessa atividade. Melhor explicando: não se pode confundir a natureza do controle, que é sempre "jurídica", com uma competência assim dita "política" dos Tribunais de Contas. O fato de o Tribunal de Contas da União auxiliar o Congresso Nacional no controle externo, como quis a Constituição, sob os critérios de legalidade, economicidade, legitimidade e finalidade, não pode fazer inferir que somente o primeiro deles (legalidade) seja jurídico, enquanto os demais (economicidade, legitimidade e finalidade) sejam 'políticos'". Em seguida, confrontando especificamente o trecho do pensamento de Ricardo Lobo Torres transcrito no corpo da obra, anota o mesmo autor: "Ainda, cabe ressaltar que a 'abertura para a política', mencionada pelo autor, não é, conforme já ressaltamos no item precedente, permitida pela Constituição Federal em sede de controle externo. Descabe distinguir entre 'política partidária' e 'política não-partidária' para significar que a primeira não seria permitida aos tribunais de contas, mas esta sim. Primeiro, porque não há critério objetivo aceitável para distinguir uma coisa de outra. Segundo, e principalmente, porque a ideia de Estado de Direito repudia o controle que não seja jurídico, isto é, que não seja baseado em normas jurídicas prévias aos atos controlandos. "A decisão justa há de, para ser justa, ser conforme a uma lei preexistente". Por isso é que 'abertura para a política', prescindindo de tais características, significa inequivocamente abertura para o arbítrio" (SAAD, Amauri Feres. *O controle dos Tribunais de Contas sobre contratos administrativos*. Disponível em: http://pt.slideshare.net/saadferes/artigo-tribunais-de-contas-afs-final-agosto-2013. Acesso em: 02 mar. 2016).

sem todavia, substituir as decisões da política econômica pelas suas preferências. Há que se distinguir entre o controle dos objetivos das decisões políticas, vedado às Cortes de Contas, e o controle das contas dos órgãos políticos ou das premissas constitucionais (legalidade e economicidade) das decisões políticas, plenamente compatível com a nova estrutura democrática do País.[579]

No tocante especificamente ao controle de políticas públicas, há extensa produção acadêmica sobre a matéria com abordagem voltada para o papel dos órgãos do Poder Judiciário.[580] De forma geral, enfrentam-se as objeções usualmente levantadas à possibilidade de um órgão destituído de representatividade popular interferir diretamente nas escolhas realizadas no âmbito dos Poderes Executivo e Legislativo. Busca-se, como regra, compatibilizar o grande entrave que se coloca quando o Judiciário é provocado a intervir e a revisar escolhas orçamentárias, superando questões relativas ao princípio da separação funcional de poderes e ao princípio democrático enquanto expressão da soberania popular.

Na perspectiva da atuação judicial, o problema costuma ser bem situado a partir do *caráter contramajoritário* do controle externo. De maneira extremamente sintética, a questão se resume a identificar as credenciais democráticas que autorizam que membros não eleitos e irresponsáveis politicamente perante a população possam interferir em escolhas realizadas por autoridades eleitas, que definem os gastos

---

[579] TORRES, Ricardo Lobo. *A legitimidade democrática e o Tribunal de Contas*. Artigo citado, p. 40.

[580] Há muitos trabalhos doutrinários e pesquisas acadêmicas de grande qualidade a respeito da matéria, o que dificulta imensamente a tarefa de selecionar alguns para mencionar neste livro, especialmente considerando que as referências são apenas incidentais para a abordagem aqui realizada. Feita essa ressalva, citam-se exemplificativamente os seguintes trabalhos de destaque: SARLET, Ingo Wolfgang. *A eficácia dos direitos fundamentais*. 10. ed. Porto Alegre: Livraria do Advogado, 2008; BARROSO, Luís Roberto. Da falta de efetividade à judicialização excessiva: direito à saúde, fornecimento gratuito de medicamentos e parâmetros para atuação judicial. *In: Temas de Direito Constitucional*. Rio de Janeiro: Renovar, 2009. v. IV, p. 217-256; BARCELLOS, Ana Paula de. *A Eficácia Jurídica dos Princípios Constitucionais*. Rio de Janeiro: Renovar, 2002; BARCELLOS, Ana Paula de. Constitucionalização das políticas públicas em matéria de direitos fundamentais: o controle político-social e o controle jurídico no espaço democrático. *Revista de Direito do Estado*, vol. 01, n. 03, p. 17-54, jul./set. 2006; MAURÍCIO JÚNIOR, Alceu. *A revisão judicial das escolhas orçamentárias*: a intervenção judicial em políticas públicas. Belo Horizonte: Editora Fórum, 2009; SARLET, Ingo Wolfgang; TIMM, Luciano (Coord.). *Direitos fundamentais e orçamento e reserva do possível*. Porto Alegre: Livraria do Advogado, 2008; SOUZA NETO, Claudio Pereira de; SARMENTO, Daniel (Coord.). *Direitos Sociais*: fundamentos, judicialização e direitos sociais em espécie. Rio de Janeiro: Lumen Juris, 2008; VALLE, Vanice Regina Lírio do. *Políticas públicas, direitos fundamentais e controle judicial*. Belo Horizonte: Fórum, 2009.

a serem priorizados diante da escassez de recursos.[581] Além disso, costuma-se apontar também a *incapacidade operacional* do Poder Judiciário para a avaliação de políticas públicas, destacando-se a dificuldade advinda da falta de conhecimentos específicos necessários para a realização de um exame "macro" quanto ao gerenciamento dos recursos públicos. Segundo essa "crítica operacional",[582] os juristas não dispõem do instrumental técnico ou de informações para interferir em políticas públicas sem desencadear amplas distorções no sistema globalmente considerado. Assim, no campo operacional, pode-se compreender que a melhor maneira de se otimizar a eficiência do gasto púbico é efetivamente mantê-la na esfera exclusiva do Poder Executivo, que possui visão global tanto a respeito das disponibilidades financeiras, quanto das demandas a serem satisfeitas.

Não há espaço nesta obra, tampouco seria esse seu foco, para aprofundar a complexidade da temática relativa ao controle judicial de políticas públicas. O escopo aqui é diverso, embora existam pontos em comum nas abordagens – e é apenas na medida desse denominador comum que a perspectiva da atuação judicial revela-se importante. Na verdade, sendo os Tribunais de Contas os órgãos constitucionais dotados de autoridade para o exercício da fiscalização financeira do Estado, resta pouco espaço para que se questione a possibilidade de tais órgãos virem a controlar a implementação de políticas públicas. Essa tarefa já integra a própria essência da missão constitucional confiada a tais instituições. Assim, a questão não reside tanto em teorizar a respeito da possibilidade ou não de controle, mas sim em buscar ferramentas e parâmetros que, conciliados aos imperativos democráticos, possam efetivamente favorecer a concretização dos direitos fundamentais.

Relativamente às objeções usualmente deduzidas em contraponto ao controle de políticas públicas pelo Poder Judiciário, alguns

---

[581] SARMENTO, Daniel. A proteção judicial dos direitos sociais: alguns parâmetros ético-jurídicos. *In*: SOUZA NETO, Claudio Pereira de; SARMENTO, Daniel (Coord.). *Direitos Sociais*: fundamentos, judicialização e direitos sociais em espécie. Rio de Janeiro: Lumen Juris, 2008. p. 556.

[582] Para o desenvolvimento dessa "crítica operacional", consulte-se: BARCELLOS, Ana Paula de. Constitucionalização das políticas públicas em matéria de direitos fundamentais: o controle político-social e o controle jurídico no espaço democrático. *Revista de Direito do Estado*, v. 01, n. 03, p. 17-54, jul./set. 2006. Trata-se de um dos aspectos de "cegueira" ou de "insensibilidade" institucional destacado por Adrian Vermeule em obra versando sobre a atuação do poder Judiciário, em que atenta para a limitação da magistratura na obtenção e no processamento das informações necessárias ao julgamento de casos complexos marcados por elevado grau de incerteza. Veja-se: VERMEULE, Adrian. *Judging under uncertainty*: an institutional theory of legal interpretation. Cambridge: Harvard University Press, 2006. p. 16-17.

temperamentos podem ser formulados quanto à sua transposição automática para o campo de atuação das Cortes de Contas. Em primeiro lugar, a crítica concernente à deficiência do arranjo institucional resulta significativamente enfraquecida e é facilmente contornada dada a própria natureza dos Tribunais de Contas e da função constitucional que exercem. O exercício da fiscalização financeira do Estado já pressupõe que tais órgãos sejam tecnicamente preparados e que tenham à sua disposição o aparato e as informações necessárias para uma visão global e abrangente das finanças públicas e, mais propriamente, do gerenciamento de recursos limitados.

De outro lado, quanto à crítica que aponta o déficit de legitimidade democrática do controle externo, embora se trate de perspectiva contestadora extensível aos Tribunais de Contas – cujos membros, à semelhança dos magistrados, não são eleitos –, ela ostenta viés menos problemático se comparada à sua aplicação aos órgãos do Poder Judiciário. E assim o é não só porque a própria Constituição da República consagra expressamente o controle de legitimidade,[583] mas também por dois fatores relevantes que amenizam a controvérsia: (i) o menor potencial invasivo das decisões dos Tribunais de Contas no controle de políticas públicas; e (ii) o caráter coadjuvante de algumas de suas deliberações, cuja decisão meritória é compartilhada com o Poder Legislativo, como acontece em matéria contratual.

Diferentemente do que ocorre com a atuação judicial, não cabe às Cortes de Contas solucionar conflitos de interesses, adotar decisões envolvendo bens da vida em litígio ou dar a última palavra quanto à efetivação de um direito subjetivo. Ao realizar o controle incidente sobre a política pública, o Tribunal de Contas, como regra geral, dirige-se prioritariamente ao gestor público, seja monitorando sua atividade, seja recomendando que reavalie suas escolhas, mediante ponderações e apresentação de soluções que podem servir de base para que a própria Administração Pública reconsidere suas opções e promova adaptações

---

[583] Sobre o ponto, veja-se a lição de Ricardo Lobo Torres: "A abertura do controle financeiro para a política, que sempre foi motivo de grande controvérsia, torna-se possível, repita-se, diante da reforma constitucional que autoriza o controle dos aspectos de legitimidade e de economicidade. Pesava sobre o Tribunal de Contas, como ademais sobre o Banco central e até sobre o próprio poder Judiciário, a suspeita de falta de legitimação para as decisões políticas, por ausência de representação popular na investidura de seus membros; hoje a Constituição eliminou o problema, como prever expressamente o controle de legitimidade, que tem entre as suas consequências o controle incidental de constitucionalidade das leis. A questão se resolve sob a ótica dos princípios superiores da democracia e da divisão de poderes" (TORRES, Ricardo Lobo. *A legitimidade democrática e o Tribunal de Contas*. Artigo citado, p. 40).

nas políticas implementadas.[584] Acentua-se aqui, em especial, a *função pedagógica e colaborativa* da intervenção das Cortes de Contas no campo das políticas públicas, pois se trata de área em que o controle não se volta à detecção de irregularidades e aplicação de sanções e, inversamente, prioriza o diagnóstico célere e tempestivo de equívocos e inconsistências, acompanhado da formulação das respectivas sugestões de aprimoramentos e possíveis soluções. Ou seja, em um contexto em que se valorizam os intercâmbios institucionais, a visão do Tribunal de Contas pode favorecer a melhoria das escolhas orçamentárias e das opções administrativas.

A esse propósito, é importante notar que, ao contrário do que tipicamente ocorre nas fiscalizações de conformidade legal (*compliance*), cujas conclusões assumem caráter coercitivo e podem ensejar determinações e sanções dirigidas à gestão fiscalizada, o espírito predominante no controle de políticas públicas tem contorno diverso. Ostenta natureza operacional e examina a produção de resultados sob o prisma da legitimidade, eficiência e eficácia, sendo suas conclusões formalizadas precipuamente mediante o encaminhamento de recomendação ao órgão controlado.

Assim, diante da identificação de falhas, imprecisões ou omissões em determinada área de atuação do poder público que venha a comprometer a efetividade de certa política pública, caberá ao Tribunal de Contas inaugurar, em um primeiro momento, um canal de interlocução com o administrador público, exortando-o para que promova as correções necessárias. Essa interlocução pode ser instrumentalizada por meio do emprego de modernas técnicas dialógicas, as quais, uma vez incorporadas à cultura do controle externo, podem ampliar as contribuições que os Tribunais de Contas têm a oferecer em prol da tutela dos direitos fundamentais, fornecendo uma melhor resposta à sociedade frente às limitações financeiras.

Esse ponto de vista insere as Cortes de Contas no contexto das chamadas *"teorias do diálogo institucional"*, as quais revelam grande utilidade para a reflexão em torno do papel de tais órgãos na temática ora enfrentada. Essas teorias têm sido intensamente invocadas para se repensar aspectos atinentes ao exercício da jurisdição constitucional e vem protagonizando o debate contemporâneo a respeito do polêmico monopólio judicial sobre a "última palavra" quanto ao significado da

---

[584] Ver, nesse sentido: QUEIROZ, Rholden Botelho de. Democracia, direitos sociais e controle de políticas públicas pelos Tribunais de Contas. *Revista Controle*, Fortaleza, v. 07, n. 01, p. 63-83, abr. 2009.

Constituição.[585] Apesar de usualmente associada a abordagens envolvendo a revisão judicial e o processo legislativo, o fato é que a premissa teórica subjacente à defesa da perspectiva dialógica extravasa os limites da interpretação constitucional e pode ser perfeitamente transposta para outras esferas de relações institucionais.

Em breves linhas, as teorias do diálogo têm como pano de fundo o princípio da separação de poderes, mas avançam ao focalizar as potencialidades de suas interações deliberativas.[586] Consideram que o arranjo institucional dos poderes estatais não corrobora uma atuação isolada ou unilateral, destacando-se a existência de mecanismos de reação e de resposta por meio dos quais as diversas instâncias agregam, cada uma com sua própria capacidade institucional, contribuições recíprocas para a construção de uma decisão pública. Reconhecem, portanto, o exponencial ganho que o diálogo pode trazer para a prática decisória dos poderes, como acentuado por Conrado Hübner Mendes:

---

[585] A problematização acerca da juscentralidade da interpretação constitucional já foi brevemente abordada neste trabalho por ocasião da ressalva constante do tópico introdutório ao capítulo 4. Naquela oportunidade, foram devidamente mencionados os principais autores nacionais e estrangeiros que vêm se dedicando ao estudo das relações dialógicas entre as diversas instâncias de poder decisório. Por uma questão de brevidade, remete-se o leitor às notas de rodapé nos 337 a 340 para a recuperação do tema. Contudo, em reforço à exposição, transcreve-se a seguir trecho da primorosa tese de doutorado defendida por Conrado Hübner Mendes, precisamente no ponto em que discorre introdutoriamente sobre as teorias do diálogo aplicadas no terreno da jurisdição constitucional: "Teorias do diálogo, com nuances variadas, procuram amenizar a preocupação com a 'dificuldade contra-majoritária', nos termos de Bickel. (...). Teorias do diálogo tentam escapar da armadilha da última palavra e defendem uma atividade teórica que rompa essa camisa-de- força. Propõem-se como uma 'terceira via', um meio-termo. A defesa desse prisma é feita por uma literatura multifacetada, composta por um grande número de autores. Além das nuances e versões das diferentes teorias do diálogo, deve-se perceber o que elas têm em comum e como contrastam com teorias da última palavra. Dois são seus principais denominadores comuns: a recusa da visão juricêntrica e do monopólio judicial na interpretação da Constituição, a qual deve ser legitimamente exercida pelos outros poderes; a rejeição da existência de uma última palavra, ou, pelo menos, de que a Corte a detenha por meio da revisão judicial. Dividem-se em duas categorias gerais. A primeira propõe uma teoria da decisão judicial que leve em conta a interação com o legislador. Não se trata propriamente de um método de interpretação, mas de uma demanda de que a corte reconheça e participe do diálogo. (...). A segunda define o diálogo como produto necessário da separação de poderes, uma decorrência do desenho institucional, não necessariamente da disposição de qualquer dos poderes por 'dialogar'" (MENDES, Conrado Hübner. 2008. *Direitos fundamentais, separação de poderes e deliberação*. Tese de Doutorado. Faculdade de Filosofia, letras e Ciências Humanas da Universidade de São Paulo. Departamento de Ciência Política da Universidade de São Paulo, São Paulo, 2008. p. 99).

[586] Aponta Conrado Hubner Mendes: "A expectativa é que a separação de poderes deliberativa tenha maior probabilidade de chegar à resposta certa" (MENDES, Conrado Hübner. *Direitos fundamentais, separação de poderes e deliberação*. Tese de Doutorado. Faculdade de Filosofia, letras e Ciências Humanas da Universidade de São Paulo. Departamento de Ciência Política da Universidade de São Paulo, São Paulo, 2008. p. 210).

Diálogo é uma imagem fecunda e expressiva para a política. É signo de igualdade, respeito mútuo e reciprocidade. Denota uma relação horizontal e não hierárquica. Carrega, portanto, um valor sedutor para justificar decisões de autoridade. Indivíduos dialogam em ambientes formais e informais da política. No interior das instituições, decisões não costumam ser tomadas sem um mínimo de diálogo.[587]

A aplicação da concepção dialógica no terreno do controle das políticas públicas pelos Tribunais de Contas minimiza o seu potencial invasivo na esfera discricionária do Estado-Administração e proporciona o amadurecimento e a evolução das decisões na matéria. É importante observar, nessa linha de abordagem, o caráter eventualmente provisório das decisões das Cortes de Contas, eis que sujeitas a contestações, reações e reversões que podem ser provocadas pelas entidades destinatárias da atividade fiscalizadora. Essa provisoriedade, ao contrário do que pode parecer em um primeiro momento, não é problemática para o processo decisório, tampouco representa fator de instabilidade comprometedor da segurança das relações em avaliação. Em verdade, é exatamente essa nota característica que não raro irá permitir melhores resultados na implementação de políticas públicas, exatamente porque derivados de interações e debates em que cada esfera de decisão participa de acordo com sua capacidade institucional.

Assentada a importância da perspectiva dialógica para a pauta da intervenção dos Tribunais de Contas em políticas públicas, cabe agora indagar a respeito dos possíveis instrumentos que favorecem a interação construtiva com a instância administrativa responsável pelo segmento controlado. Nesse contexto, destacam-se inequivocamente as auditorias operacionais, os termos de ajustamento de gestão, as audiências públicas e a cooperação interinstitucional.[588]

As *auditorias operacionais*, como já se viu em tópico anterior, apresentam-se como o principal instrumento à disposição das Cortes para de Contas para o exercício da fiscalização incidente sobre políticas públicas. Seria repetitivo explicitar, uma vez mais, os contornos e as nuances de tal processo de auditagem, pois suas características e, especialmente, o seu grau de inovação já foram devidamente destacados

---

[587] MENDES, Conrado Hübner. *Direitos fundamentais, separação de poderes e deliberação*. Tese de Doutorado. Faculdade de Filosofia, letras e Ciências Humanas da Universidade de São Paulo. Departamento de Ciência Política da Universidade de São Paulo, São Paulo, 2008. p. 97.

[588] Ver, a propósito: CUNHA, Daniela Zago. Controle de políticas públicas pelos Tribunais de Contas: tutela da efetividade dos direitos e deveres fundamentais. *Revista Brasileira de Políticas Públicas*. Brasília, v. 01, n. 02, p. 111-147, jul./dez 2011.

em passagem precedente deste próprio capítulo. O que importa efetiva-mente é acentuar que, por meio das auditorias operacionais, afigura-se possível averiguar se determinada política pública consegue atingir os resultados almejados e, mais do que isso, se essa tarefa vem sendo cumprida da forma mais econômica e eficiente possível. As conclusões alcançadas na avaliação do Tribunal de Contas servem de base e de conhecimento para que o próprio gestor público possa rever os rumos de sua administração, além de fornecer informações para os cidadãos interessados e, com isso, contribuir para o fortalecimento da vertente social do controle sobre a administração.[589]

Outro instrumento dotado de grandes potencialidades para o aprimoramento do controle de políticas públicas pelas Cortes de Contas é o denominado *termo de ajustamento de gestão (TAG)*,[590] que pode ser conceituado como mecanismo de controle consensual a ser celebrado entre o Tribunal de Contas e o órgão ou entidade auditados, por meio do qual a administração sob fiscalização assume obrigações de ade-quação de seu comportamento, mediante o estabelecimento de metas e prazos para sua concretização. Como intuitivo, o TAG no âmbito da atividade de controle encontra como fonte inspiradora o termo de ajustamento de conduta amplamente utilizado pelo Ministério Público com fundamento no artigo 5º, §6º, da Lei de Ação Civil Pública.[591] Vai

---

[589] Para ilustrar esse potencial das auditorias operacionais é válido mencionar importan-te trabalho realizado pelo Tribunal de Contas da União no âmbito do Programa Bolsa Família, instituído pela Lei nº 10.836/2004. Após a realização da auditoria (TCU, TC nº 007.329/2004-0, Pleno, relator ministro Benjamin Zymler, j. em 29.09.2004), a Corte de Con-tas identificou uma série de falhas na implementação do programa, especialmente relacio-nadas aos controles quanto aos seus beneficiários. Como resultado, formulou determina-ções e recomendações dirigidas às áreas responsáveis do governo federal e monitorou, ao longo dos anos seguintes, as providências adotadas para o aperfeiçoamento da matéria. Após três etapas de monitoramento, os impactos positivos da intervenção do TCU foram assim sintetizados: "As melhorias propostas quanto à execução do Programa Bolsa Família tiveram efeitos positivos no sentido de que os gestores estão procurando direcionar os benefícios do programa às famílias mais necessitadas. Ao aperfeiçoar seus controles inter-nos, de forma a evitar a existência de erros de inclusão (concessão de benefícios que não cumprem os critérios de programa) e reduzir os erros de exclusão (pessoas que cumprem os requisitos do programa, mas não são contemplados), o Programa Bolsa Família tem apresentado percentual elevado de focalização" (TCU, TC nº 001.870/2009-7).

[590] Essa terminologia é empregada, com propriedade, em: FERRAZ, Luciano. Termo de Ajustamento de Gestão (TAG): do sonho à realidade. *Revista Brasileira de Direito Público – RBDP*, Belo Horizonte, ano 8, n. 31, p. 43-50, out/dez. 2010. Ainda sobre o tema, confira-se: CUNHA, Daniela Zago. Um breve diagnóstico sobre a utilização dos termos de ajustamen-to de gestão pelos Tribunais de Contas estaduais. *Interesse Público – IP*, ano 10, n. 51, set./out. 2009.

[591] Artigo 5º, §6º, da Lei nº 7.347/85, com a redação dada pela Lei nº 8.078/90: Os órgãos públicos legitimados poderão tomar dos interessados compromisso de ajustamento de sua conduta às exigências legais, mediante cominações, que terá eficácia de título executivo extrajudicial.

perfeitamente ao encontro de um modelo de controle que, ao invés de centrar-se na imperatividade e na penalização, avança em direção à consensualidade[592] e ao diálogo compromissório como caminhos mais apropriados para o encontro de alternativas que favoreçam a gestão financeira do Estado.[593]

O TAG não se confunde com as técnicas usuais de decisão dos Tribunais de Contas. Enquanto as determinações adotadas com base no artigo 71, IX, da CRFB configuram uma imposição unilateral de índole coercitiva, o TAG retrata uma solução pactuada entre a Corte e o órgão ou ente fiscalizado. Além disso, ao envolver-se na construção da solução compartilhada – e o instrumento só faz sentido se assim for considerado –, o gestor público reconhece as falhas ou inconsistências apontadas pelo órgão de controle, circunstância que enfraquece o ônus argumentativo no eventual descumprimento das obrigações assumidas.

A realização de *audiências públicas* no âmbito das Cortes de Contas é também outra estratégia a ser desenvolvida em prol da atuação dialógica e concertada do controle externo na avaliação de políticas púbicas. Trata-se de incorporar a consensualidade ao próprio processo de tomada de decisão, identificando-a como coadjuvante na formação da convicção dos julgadores. Por meio de institutos dialógicos próximos às audiências públicas, os Tribunais de Contas podem ampliar sua visão

---

[592] Nesse sentido, veja-se a abordagem de Luciano Ferraz: "A proposta deste ensaio é demonstrar que, na perspectiva de um Estado Democrático, a consensualidade é alternativa fundamental e necessária ao uso da imperatividade em matéria de controle público, dando ensejo e fundamentação aos instrumentos de controle consensual da Administração Pública. (...). Assim é que se propõe a existência de um princípio da consensualidade a impor à Administração Pública o dever de, sempre que possível, buscar a solução para as questões jurídicas e conflitos que vivencia pela via do consenso. Dito princípio tem fundamento constitucional no preâmbulo da Constituição da República que afirma estar o Estado Brasileiro comprometido na ordem interna e internacional com a solução pacífica das controvérsias. Também no art. 4º, VII, da Constituição que impõe ao Estado Brasileiro, nas relações internacionais, como princípio, a solução pacífica dos conflitos" (FERRAZ, Luciano. *Termo de Ajustamento de Gestão (TAG)*: do sonho à realidade. Artigo citado, p. 44-45).

[593] O TAG já se encontra normativamente introduzido nos processos de fiscalização de alguns Tribunais de Contas do país. Sua utilização pioneira ocorreu na esfera do controle interno do município de Belo Horizonte e posteriormente aderiram à ideia os Tribunais de Contas dos Estados de Goiás (2011), Sergipe, (2011), Rio Grande do Norte (2012), Minas Gerais (2012), Mato Grosso (2013) e Amazonas (2013). O anteprojeto de lei nacional do processo de fiscalização dos Tribunais de Contas também contempla a figura, nos seguintes termos: "No exame da economicidade e da legitimidade, será admitido termo de ajustamento de gestão (TAG) para a correção de falhas, mediante a fixação de prazo razoável para que o fiscalizado cumpra espontaneamente as exigências estabelecidas pelos Tribunais de Contas, que regularão os respectivos procedimentos". Para o aprofundamento desses dados, veja-se: COSTA, Antonio França da. Termo de ajustamento de gestão: busca consensual de acerto na gestão pública. *Revista TCEMG*, jul./set. 2014. Disponível em: revista.tce.mg.gov.br/Content/Upload/Materia/2824.pdf. Acesso em: 21 fev. 2016.

sobre determinada política e, com isso, contribuir para maior consistência e acerto de suas decisões, buscando acessar as impressões dos interessados e diretamente afetados pela política. As Cortes de Contas podem se valer, por exemplo, de coleta de opinião, que lhe possibilita recolher informações em forma de tendências, preferências e de razões dos segmentos sociais interessados na decisão.[594]

A promoção de audiências públicas propriamente ditas, à semelhança daquelas realizadas pelo Supremo Tribunal Federal,[595] é também uma alternativa dialógica importante, focada no intercâmbio com atores da sociedade civil e fomentadora, pois, do controle social. Nas audiências públicas, amplia-se a participação dos interessados na decisão, com a observância de uma maior formalidade processual. Mas, ao contrário do que ocorre com os TAGs – que já estão disseminados na cultura de alguns Tribunais de Contas – projetos contemplando a abertura dos órgãos de controle ao diálogo pela via de audiências públicas temáticas ainda são extremamente tímidos. A esse propósito, foram identificadas iniciativas interessantes nos Tribunais de Contas do Paraná e da Paraíba,[596] as quais podem servir de estímulo e inspiração para que a prática seja aprofundada também em outras frentes, sempre explorando o potencial da sociedade civil como aliada e parceira da fiscalização.

Por fim, uma última fórmula dialógica com significativa importância para o controle de políticas públicas consiste no incremento da sinergia e dos canais de intercâmbio com as demais estruturas de controle do Estado, em particular com os órgãos do Poder Judiciário e com o Ministério Público.[597] Assiste-se atualmente um fenômeno

---

[594] MOREIRA NETO, Diogo de Figueiredo. Novos institutos consensuais da ação administrativa. *Revista de Direito Administrativo*, n. 231, p. 148 (p. 129-156), jan./mar. 2003.

[595] O entusiasmo inicial com o instrumento das audiências públicas tem sido relativizado por estudiosos do comportamento judicial no STF. Chama-se atenção para o fato de que o expediente tem sido usado basicamente para coletar argumentos de especialistas ou de segmentos com interesse no deslinde da causa. Critica-se a subutilização dos seus resultados, que não se voltam efetivamente para a compreensão da vontade social relativamente à matéria judicializada. Além disso, análises críticas também apontam o descompromisso, ao longo do processo de decisão, com o enfrentamento das informações e dos argumentos apresentados nas audiências. A esse respeito, veja-se: VALLE, Vanice Regina Lírio do; VIEIRA, José Ribas; SILVA, Alfredo Canellas Guilherma da. *In*: VALLE, Vanice Regina Lírio do (Coord.). *Audiências públicas e ativismo*: diálogo social no STF. Belo Horizonte: Fórum, 2012. p. 116.

[596] Informações disponíveis nos sítios eletrônicos oficiais dos respectivos Tribunais de Contas (www.tce.pr.gov.br e www.portal.tce.pb.gov.br).

[597] CUNHA, Daniela Zago. Controle de políticas públicas pelos Tribunais de Contas: tutela da efetividade dos direitos e deveres fundamentais. Artigo citado, p. 134.

que pode ser caracterizado como *accountability overload*,[598] ou seja, à sobrecarga e à superposição de instâncias de controle sobre a ação administrativa que, não raro, chega a comprometer a própria eficiência da gestão pública em decorrência de seus excessos e de suas patologias. Em outros termos, o culto à cultura do controle não pode ignorar suas externalidades negativas e seus efeitos indesejados. A tomada de decisão pública submete-se a tantas instâncias de controle hoje em dia que o administrador público chega a ser desencorajado a pensar em soluções criativas e heterodoxas para os problemas enfrentados, tantos são os riscos que acaba por assumir. De certa forma, o excesso de controle inibe o administrador público, que muitas vezes prefere permanecer em sua "zona de conforto", ainda que isso acarrete a estagnação e a paralisia da administração pública. Assim, "como consequência inevitável da retração do administrador, instala-se a ineficiência administrativa, com prejuízos evidentes ao funcionamento da atividade pública".[599]

A seguir, transcreve-se a síntese dessa preocupação nos termos expostos por Arie Halachmi:

> Ninguém questiona a necessidade de *accountability* para assegurar o funcionamento das organizações em geral, e das organizações públicas em particular. Poucos, no entanto, consideram que a ênfase excessiva em *accountability* pode resultar em não-intencional, mas sistemática diminuição da eficiência e da efetividade. (…) a sobrecarga de *accountability* mina a produtividade, a responsividade e a qualidade do serviço. Arranjos para assegurar *accountability* podem causar as investidas de patologias organizacionais. Tal desenvolvimento pode se manifestar de diversas formas e pode não ser fácil detê-lo ou corrigi-lo. (…). O paradoxo é que o fervor da *accountability* para assegurar performance pode ter consequências que, direta ou indiretamente, a enfraquecem. Casos extremos de *accountability* overload podem dissuadir inovações em outras organizações que consideram alternativas para endereçar a necessidade púbica. Essa interferência pode produzir efeitos adversos na política pública.[600]

Precisamente para minimizar os efeitos adversos inerentes à sobrecarga de controle é que ações concertadas e colaborativas entre

---

[598] HALACHMI, Arie. *Accountability overload*. Artigo citado, *Kindle edition*, posição 14.475.

[599] GUIMARÃES, Fernando Vernalha. *O Direito Administrativo do Medo*: a crise da ineficiência pelo controle. Disponível em: http//www.direitodoestado.com.br/colunistas/fernando-vernalha-guimaraes. Acesso em: 31 jan. 2016.

[600] HALACHMI, Arie. *Accountability overload*. Artigo citado, *Kindle edition*, posição 14.776-14.493.

as suas várias esferas merecem ser privilegiadas e fomentadas, promovendo-se uma espécie de "aprendizado interinstitucional".[601] Perceba-se que a perspectiva aqui perfilhada não incide sobre as relações entre órgão de controle e administração fiscalizada – até porque essa vertente do problema já foi anteriormente enfrentada. O que se pretende reforçar com a presente abordagem é a necessidade de as próprias instâncias de *accountability* dialogarem entre si, de forma a minimizar as contradições e incoerências inevitavelmente produzidas quando múltiplos órgãos possuem autoridade para exercer controle sobre um mesmo campo de ação.

Em suma, a solução, ao que parece, não passa por enfraquecer o papel de qualquer instituição de controle, mas sim por robustecer a capacidade de articulação e cooperação entre elas, de forma que suas intervenções nas diversas áreas de atuação do poder público sejam coordenadas e dotadas de coerência entre si. A busca por esse equilíbrio entre os órgãos de controle só tem a favorecer a concretização das políticas necessárias para a efetivação de direitos fundamentais.

A promoção dessa *cultura dialógica* no campo de atuação dos Tribunais de Contas reflete, com precisão, a perspectiva que, a meu ver, deve nortear o exercício do controle externo financeiro em matéria de políticas públicas. O desafio, porém, é que esse referencial ótimo de cenário institucional, embora factível em muitos casos, pode tornar-se quimérico em alguns outros, o que inevitavelmente conduz a que se avance para as hipóteses extremas de insuficiência ou de falência dos canais colaborativos.

No contexto da atuação estatal na implementação de políticas públicas e realização de escolhas orçamentárias, as posições adversariais e polarizadas são mais frequentes do que se gostaria. Essa circunstância revela a importância de se aprofundar o tema também em sua vertente reativa ou conflituosa, com a abordagem de seus possíveis desdobramentos. Em minha visão, dois destaques podem ser apresentados

---

[601] Expressão utilizada por José Vicente Santos de Mendonça, nos seguintes termos: "Além deste argumento constitucional, outro argumento prático e extrassistêmico, mas inteiramente aplicável, pode ser trazido: a ideia de *aprendizado interinstitucional*. É positiva a ideia de que duas instâncias de controle possam, mercê da troca de experiências e da disseminação de informações, evoluir em conjunto. O 'contato forçado' graças à admissão do controle por parte dos Tribunais de Contas parece mais promissor do que esperar que tais interações surjam naturalmente, uma vez que isso dependeria do interesse, e, no limite, da boa vontade de ambas as partes" (MENDONÇA, José Vicente Santos de. A propósito do controle feito pelos Tribunais de Contas sobre as agências reguladoras: em busca de alguns *standards* possíveis. *Revista de Direito Público da Economia – RDPE*, Belo Horizonte, ano 10, n. 38, p. 147-164, abr./jun. 2012).

quanto ao ponto: (i) a caracterização dos Tribunais de Contas enquanto *veto players* na temática; e (ii) a repercussão do controle na esfera do gestor público quando se esgotam alternativas dialógicas.

A problemática relacionada à atuação das Cortes de Contas como *veto players* no sensível terreno da legitimidade da atuação administrativa desponta como relevante nas hipóteses de intervenção em matéria contratual, casos em que o órgão de controle tanto pode atuar em fase preliminar – durante análise de editais ou em decorrência de representação ou denúncia –, como durante a própria execução contratual. O cerne da questão envolve a postura a ser adotada pelos Tribunais de Contas quando, em exame prévio de editais de licitação ou ao longo de determinada contratação, identificar que a escolha discricionariamente realizada pela administração pública viola o princípio da legitimidade enquanto exigência de assentimento democrático para o seu atuar.

As decisões orçamentárias, por envolverem a alocação de recursos públicos limitados, são essencialmente decisões dotadas de elevada carga de discricionariedade, ou seja, de grande margem de liberdade de escolha em sua concretização. No regime orçamentário plasmado na Constituição de 1988, o processo de definição das opções de gasto público projeta-se em etapas que mesclam o exercício de discricionariedade política e de discricionariedade administrativa. As etapas de planejamento e formulação do orçamento, compreendendo sua elaboração, aprovação, alteração e contingenciamento, revelam notoriamente a tomada de uma decisão política, em que se define a direção geral da atuação financeira estatal.[602] Nessas etapas, por se tratar de nítido exercício de discricionariedade política, não há espaço para que as Cortes de Contas possam contraditar as escolhas de prioridades realizadas por órgãos majoritários. Podem e devem, isto sim, colaborar para que, nesse exercício de discricionariedade política, sejam adotadas as melhores soluções, colocando-se como instância dialógica e informativa, mas não como instância contramajoritária.

De outro lado, a etapa de execução orçamentária apresenta elevada carga de discricionariedade administrativa. Uma vez vigente o orçamento, sua execução reclama uma integração discricionária do administrador público dentro do espaço de conformação que lhe foi deixado pela lei.[603] E é precisamente aqui, ao se debruçar sobre a rotina

---

[602] MAURICIO JÚNIOR, Alceu. *A revisão judicial das escolhas orçamentárias*: a intervenção judicial em políticas públicas. Obra citada, p. 91.

[603] Com explica Alceu Maurício Junior, "as escolhas orçamentárias se concentram, em cada exercício, na LOA, porém nela não se encerram. Após a aprovação do orçamento anual, em

e o cotidiano dessas escolhas, que os Tribunais de Contas podem ser instados a atuar ainda em fase preliminar, abrindo-lhes a possibilidade de intervenção com aptidão de veto em casos extremos, quando inequivocamente a escolha administrativa carece de substrato de legitimidade, *objetivamente aferível* à luz das informações disponíveis nos relatórios analíticos das contas de governo ou de inspeções e auditorias realizadas pela Corte.

Tais relatórios consubstanciam valiosa fonte de dados a respeito da implementação das escolhas orçamentárias. Muitas vezes denotam que as ações inicialmente consideradas importantes no momento de aprovação do orçamento acabam não sendo priorizadas na fase de execução orçamentária e, em função da escassez de disponibilidade financeira, não são realizadas. Assim, cogite-se, ilustrativamente, de uma situação em que se submete a exame do Tribunal de Contas um edital de licitação para a realização de obra voluptuária em área cultural e, paralelamente a isso, identifica-se o descompasso entre o planejamento orçamentário e as ações efetivamente cumpridas nos campos essenciais da saúde, educação e segurança. Em tal situação, afigura-se necessário excepcionalizar a regra geral de autocontenção e de deferência do órgão de controle à escolha empreendida pela autoridade administrativa para admitir-se sua intervenção como administrador negativo, inibindo a realização da obra, ainda que de maneira temporária. Perceba-se que não se trata de intervenção substitutiva ou de atuação do Tribunal de Contas como administrador positivo; trata-se de controle de legitimidade pautado na *centralidade do orçamento*.[604]

---

cada exercício tem lugar a execução orçamentária, quando então outras escolhas precisam ser realizadas. Na execução, as escolhas orçamentárias apresentam o maior nível de vinculação, estando subordinadas às escolhas prévias realizadas na Constituição, nas leis tributárias e nas leis que conferem direitos a prestações, e nas leis orçamentárias. Toda e qualquer despesa do Estado deve ter sua correspondente autorização no orçamento anual, bem como atender aos fins determinados pelos princípios constitucionais que regem as escolhas orçamentárias. Não obstante, ainda resta um largo campo de discricionariedade a cargo da Administração, que pode e deve exercer seu poder discricionário para a concretização dos fins constitucionais. Por mais que se queira programar a atividade estatal, considerá-la como completamente engessada não contribui para a busca da efetivação dos próprios princípios constitucionais, pois o administrador é quem normalmente está mais apto a avaliar a situação de fato inerente a cada caso. Exigir uma total vinculação do executor do orçamento seria afrontar ao princípio da divisão dos poderes, rompendo o equilíbrio institucional" (MAURICIO JÚNIOR, Alceu. *A revisão judicial das escolhas orçamentárias*: a intervenção judicial em políticas públicas. Obra citada, p. 93).

[604] A concepção relacionada à centralidade do orçamento inspira-se na produção de: MAURICIO JÚNIOR, Alceu. *A revisão judicial das escolhas orçamentárias*: a intervenção judicial em políticas públicas. Obra citada, p. 93.

Igual raciocínio pode ser aplicado às hipóteses em que o controle externo é exercido de maneira concomitante sobre as contratações realizadas pela Administração Pública. É perfeitamente possível que, em tais casos, os Tribunais de Contas deparem-se com situações de déficit de legitimidade em contratos administrativos. Da mesma forma como se desenvolveu anteriormente, a postura a ser seguida pela Corte diante da atuação discricionária deve pautar-se, em princípio, pela autocontenção e pela deferência ao juízo de conveniência e oportunidade realizado pelo gestor público. Em hipóteses extremas, porém, admite-se o controle de maneira mais intensa, orientado pelo *standard* fixado anteriormente, que se fundamenta no caráter central das escolhas e prioridades fixadas nas leis orçamentárias – expressão do consentimento democrático – e suas inconsistências no momento da execução orçamentária.

As críticas usualmente dirigidas contra a possibilidade de exercício de um controle de legitimidade mais intenso em matéria contratual perdem fôlego no campo de atuação dos Tribunais de Contas em função da sistemática constitucional aplicável ao tema, que prevê o compartilhamento dessa atividade entre a Corte e o Poder Legislativo. Vale relembrar que, em se tratando de contratos administrativos, os Tribunais de Contas carecem de competência primária para determinar a sustação de sua execução. Como consequência, caso identifique a violação ao princípio de legitimidade em determinado contrato, caberá ao Tribunal comunicar o fato ao Poder Legislativo e, a partir de então, incidirá o mecanismo já abordado no item 5.1.2 deste livro.

O último aspecto relevante a ser sublinhado quanto ao controle de legitimidade volta-se para sua repercussão na esfera do gestor público quando se esgotam alternativas dialógicas. Destacou-se que o referencial ideal de atuação dos Tribunais de Contas nessa matéria orienta-se pelo incremento de arranjos dialógicos e colaborativos que possam favorecer a atuação coordenada entre as diversas instâncias que participam do processo de tomada de decisão pública. Precisamente por isso, o caminho natural a ser seguido nas deliberações sobre o assunto pressupõe a adoção de fórmulas não coercitivas, prestigiando-se o eixo pedagógico do controle externo, em particular mediante a utilização de *recomendações* à administração controlada.

Haverá casos, contudo, em que essa postura próxima ao *soft law* não será suficiente para equacionar os desdobramentos do controle realizado sobre políticas públicas. Eventualmente pode ser necessária uma intervenção cogente por parte da Corte de Contas, o que costuma ocorrer mediante o direcionamento de *determinações* ao gestor público. Na hipótese de inobservância das determinações expedidas, a polarização entre as posições da Administração Pública e do órgão de controle não pode ser resolvida com a substituição da vontade administrativa pela visão da Corte, eis que isso importaria em uma indevida ingerência do Tribunal de Contas como administrador positivo, cenário já refutado anteriormente. A Corte, ao decidir pela violação do princípio da legitimidade, pode invalidar a decisão administrativa, mas não pode determinar que outra seja adotada em seu lugar. Nessas situações, a solução para o impasse acaba por recair sobre a esfera pessoal do gestor público responsável, que se sujeita à atuação sancionatória por parte da Corte.

Em resumo, portanto, partindo para uma tentativa de sistematização dos *standards* que devem guiar o exercício do controle externo financeiro em matéria de políticas públicas e de discricionariedade administrativa, apresentam-se as seguintes diretrizes:

(i) a postura das Cortes de Contas deve ser, em regra, de observância e respeito às decisões discricionárias e às soluções de mérito adotadas pela Administração Pública quanto à alocação de recursos públicos; aplica-se aqui o *princípio geral de autocontenção* como forma de compatibilizar a separação de poderes e a especialização funcional;[605]

(ii) deve ser enfatizada a função pedagógica e colaborativa dos órgãos de controle nesse campo, incorporando ao universo dos Tribunais de Contas ferramentas que favoreçam a interação construtiva e dialógica com as instâncias administrativas;

(iii) o descompasso entre as escolhas políticas projetadas na etapa de planejamento orçamentário e sua execução pela Administração Pública justifica que se excepcionalize a regra geral de autocontenção, autorizando-se que o controle a cargo dos Tribunais de Contas seja mais intenso, pautado na centralidade orçamentária;

(iv) quando a ilegitimidade da escolha administrativa for objetivamente aferível à luz dos dados extraídos das contas de governo e dos resultados de inspeções e auditorias, será possível à Corte de Contas atuar como *veto player*, inibindo, ainda que temporariamente, a ação administrativa;

---

[605] Esse ponto de vista é defendido por José Vicente Santos de Mendonça ao tratar da intervenção das Cortes de Contas em matéria regulatória, tema que será enfrentado no próximo tópico deste livro (MENDONÇA, José Vicente Santos de. *A propósito do controle feito pelos Tribunais de Contas sobre as agências reguladoras*: em busca de alguns *standards* possíveis. Artigo citado).

(v) o eventual desacordo entre a visão do órgão de controle e a postura administrativa não autoriza que o Tribunal de Contas atue como administrador positivo, substituindo a decisão administrativa pela sua posição. Nesse caso, o descumprimento da determinação deliberada pela Corte resolve-se no âmbito de responsabilização do gestor, que se sujeita a sanções em sua esfera pessoal.

5.2.3 O papel dos Tribunais de Contas nos acordos de leniência

Nos últimos anos, especialmente diante dos reflexos gerados pela denominada "Operação Lava-Jato", assumiu grande relevância no direito brasileiro a figura da colaboração premiada, enquanto meio de obtenção de prova utilizado largamente pelo Ministério Público Federal para desvendar um amplo esquema de corrupção envolvendo empresas do ramo da construção civil.

Ao se falar de colaboração premiada, cuida-se de gênero que engloba diversas espécies, as quais possuem como nota comum serem estruturadas da seguinte forma: o autor de um ato ilícito, de maneira livre e visando à obtenção de benefícios previstos em lei, fornece ao(s) órgão(s) de investigação informações idôneas a permitir a descoberta ou identificação dos demais autores desses ilícitos, ou a facilitação de procedimento investigatório já em curso. Dentre tais espécies de colaboração premiada, encontra-se o acordo de leniência, que possui previsão nos artigos 16 e 17 da Lei nº 12.846/2013 ("Lei Anticorrupção"), com natureza jurídica de negócio jurídico processual.[606]

Diante dos limites do presente trabalho, não será aprofundado o conteúdo do acordo de leniência em si, tomando como premissa a vastidão a respeito do tema, a exigir estudo em seara própria. Porém, faz-se necessário trazer algumas luzes sobre a repercussão desses acordos sobre a atividade de controle exercida pelos Tribunais de Contas.

Buscando trazer maior segurança jurídica na matéria, com base no artigo 3º da Lei nº 8.443/1992,[607] o Tribunal de Contas da União

---

[606] DIDIER JUNIOR, Fredie; BOMFIM, Daniela Santos. A colaboração premiada como negócio jurídico processual atípico nas demandas de improbidade administrativa. *Revista de Direito Administrativo & Constitucional*, Belo Horizonte, ano 17, n. 67, p. 105-120, jan./mar. 2017.

[607] Este é o conteúdo do dispositivo: "Art. 3º Ao Tribunal de Contas da União, no âmbito de sua competência e jurisdição, assiste o poder regulamentar, podendo, em conseqüência,

editou a Instrução Normativa nº 74, de 2015,[608] que disciplina o papel de fiscalização do Tribunal sobre os acordos de leniência firmados pela Administração Pública federal com base na Lei nº 12.846/2013. A referida instrução está sendo impugnada na ADI 5294, proposta pelo Partido Popular Socialista (PPS), ainda pendente de julgamento, embora já conte com manifestação da Procuradoria-Geral da República pelo não conhecimento e, eventualmente, pela improcedência da ação direta.[609]

Para o deslinde dessa controvérsia, o parâmetro inicial a ser adotado deve ser a consideração de que as atribuições de controle conferidas aos Tribunais de Contas possuem sede na Constituição Federal e, portanto, não podem ser obstadas pela legislação ordinária.[610] Nesse

---

expedir atos e instruções normativas sobre matéria de suas atribuições e sobre a organização dos processos que lhe devam ser submetidos, obrigando ao seu cumprimento, sob pena de responsabilidade".

[608] TCU, Instrução Normativa nº 74, de 11 de fevereiro de 2015. Dispõe sobre a fiscalização do Tribunal de Contas da União, com base no art. 3º da Lei nº 8.443/1992, quanto à organização do processo de celebração de acordo de leniência pela administração pública federal, nos termos da Lei nº 12.846/2013. Disponível em http://www.tcu.gov.br/Consultas/Juris/Docs/judoc/IN/20150213/INT2015-074.doc. Acesso em: 24 out. 2018.

[609] O cerne do fundamento exposto pela PGR pela improcedência da mencionada ADI pode ser resumido no seguinte trecho da manifestação do órgão: "A Constituição atribui ao TCU (...) prerrogativa de realizar, por iniciativa própria, inspeções e auditorias de natureza contábil, financeira, orçamentária, operacional e patrimonial em unidades administrativas dos Poderes Legislativo, Executivo e Judiciário e demais órgãos e entidades do poder público e de sustar execução de atos administrativos ilícitos (art. 71, IV e X). A lei orgânica confere-lhe competência para solicitar elementos indispensáveis ao exercício de suas funções institucionais (art. 2º, parágrafo único) e para acompanhar convênios, acordos, ajustes e instrumentos congêneres (art. 41, I, b). As normas devem ser entendidas de modo a abranger processos de celebração de acordos de leniência, porquanto pressupõem (...) prática de atos potencialmente lesivos ao patrimônio público. (...) Atém-se o ato questionado a regulamentar atribuições institucionais do TCU e de órgãos e autoridades administrativas responsáveis pelo sistema de controle interno da administração pública federal, em conformidade com preceitos constitucionais e da legislação infraconstitucional que regem a matéria, sem extrapolar limites da competência regulamentar do órgão de controle".

[610] Tratando do tema à luz dos acordos de leniência firmados pela Controladoria-Geral da União, Benjamin Zymler e Francisco Sérgio Maia Alves apontam que "[a] celebração de acordos de leniência pelo Ministério da Transparência, Fiscalização e Controladoria-Geral da União não afeta as competências do TCU de apurar a responsabilidade financeira, imputar débito e aplicar sanções às pessoas jurídicas que tenham dado causa a prejuízo ao erário. Como é cediço, as atribuições do TCU têm sede constitucional, motivo pelo qual não é possível uma lei ordinária limitar o exercício da função de controle externo ou alterar a divisão de competências estabelecida pelo poder constituinte. Dito isso, é preciso interpretar a função sancionatória da CGU como instrumental ao controle orçamentário e financeiro atribuído ao TCU, em especial, à competência de julgar as contas dos responsáveis e apurar os prejuízos causados ao erário. Afinal, segundo o art. 74, inciso IV, da Constituição, compete ao sistema de controle interno 'apoiar o controle externo no exercício de sua missão institucional', o que impõe a necessidade de atuação harmônica e articulada da função de controle" (ZYMLER, Benjamin; ALVES, Francisco Sérgio Maia.

sentido, os acordos de leniência estão sujeitos a controle externo pelos TCs, para aferição de sua legalidade, economicidade e legitimidade, nos termos do artigo 71 da Constituição Federal.[611]

Fixada a inafastabilidade do controle pelos Tribunais de Contas em relação aos acordos de leniência, deve-se definir se aqueles se encontram, de alguma maneira, vinculados ao conteúdo de tais acordos quando do exercício de suas competências, em especial, na aplicação de sanções cuja atribuição de aplicá-las seja conferida às Cortes de Contas, tais como a declaração de inidoneidade para participar de licitações e a inabilitação para o exercício de cargo, emprego ou função pública, sobre as quais se discorreu no item 5.1.3.

No ponto, inicialmente, deve-se apontar que, por força do artigo 16, §3º, da Lei nº 12.846/2013, o acordo de leniência não exime a pessoa jurídica da obrigação de reparar integralmente o dano causado, de sorte que eventual acordo não impedirá que o Tribunal de Contas determine a citação do colaborador, exerça o controle das contas que prestar à Corte e fixe a extensão de eventual dano ao erário que tenha causado, impondo-lhe a obrigação de ressarcimento.[612] Isso se coaduna com o artigo 37, §5º, da Constituição Federal, que confere especial proteção ao erário, distinguindo nitidamente a aplicação das sanções decorrentes de atos lesivos ao patrimônio público do seu respectivo dever de indenizar, como já assentado pelo STF ao decidir, em sede de repercussão geral, que é imprescritível a pretensão de ressarcimento de dano ao erário oriundo de ato de improbidade administrativa.[613]

Acordos de Leniência e o papel do TCU. *Interesse Público*, Belo Horizonte, ano 20, n. 107, p. 157, jan./fev. 2018).

[611] Como já assentado pelo Tribunal de Contas da União, ao tratar dos acordos de leniência firmados pela Controladoria-Geral da União: "Cabe ao TCU, respaldado em suas atribuições constitucionais e na Instrução Normativa/TCU 74/2015, verificar a legalidade, a legitimidade e a economicidade dos acordos de leniência firmados por empresas com base na Lei Anticorrupção (Lei 12.846/2013), assim como, na avaliação de cada caso concreto, eventual afronta ao interesse público ou inobservância de princípios basilares da Administração Pública" (TCU, Acórdão 1207/2015, Plenário, relator ministro Augusto Nardes, julgado em 20.05.2015).

[612] Como, inclusive, assentado pelo Tribunal de Contas da União através do seguinte enunciado: "O TCU pode deixar de aplicar medida cautelar de indisponibilidade de bens a responsáveis que tenham firmado acordo de colaboração premiada com a Polícia Federal e o Ministério Público Federal, subsistindo, no entanto, a obrigação de ressarcimento ao erário, uma vez que o acordo de colaboração premiada não pode obstar a adoção dos procedimentos necessários ao ressarcimento do dano por parte do agente colaborador" (TCU, Acórdão nº 1.831/2017, Plenário, relator ministro Benjamin Zymler, julgado em 23.08.2017).

[613] STF, RE 852475/SP-RG, Plenário, relator ministro Alexandre de Moraes, julgado em 08.08.2018.

Na seara federal, o Tribunal de Contas da União, em diversos acórdãos, vem reconhecendo que os acordos de leniência firmados perante a Controladoria-Geral da União, com base na Lei nº 12.846/2013, possuem aptidão para trazer repercussões, em alguma medida, sobre os processos em trâmite perante a Corte no exercício de suas atribuições constitucionais e legais.

Nesse sentido, o Tribunal entendeu que poderá reduzir a multa, aplicada com base no artigo 57 da Lei nº 8.443/1992, considerando a colaboração prestada como atenuante da pena.[614] E, embora não haja previsão legal de sobrestamento dos processos sancionatórios instaurados perante o TCU em razão de pedido de celebração de acordo de leniência perante a CGU, a Corte já entendeu pela possibilidade de realizar tal sobrestamento, com vistas a permitir a obtenção de maiores subsídios para suas investigações.[615]

Além disso, o colaborador, naturalmente, fornecerá provas – ou, de modo mais técnico, meios de obtenção de prova – aos órgãos competentes, os quais demonstram a prática dos ilícitos cuja colaboração se presta a desvendar. Coloca-se, assim, a seguinte questão: em que medida a utilização das informações fornecidas pelo colaborador na instrução de processos sancionatórios perante os órgãos de controle se choca com a sua legítima expectativa de não ser prejudicado em razão da colaboração prestada?

A relevância de tal indagação reside no fato de que, embora atenuada ou afastada a responsabilidade do colaborador perante o órgão interno de controle com o qual celebrou o acordo de leniência, remanesce a possibilidade de, ainda assim, ser instaurado processo no Tribunal de Contas com fulcro na Lei nº 8.443/1992.

O TCU, na matéria, vem entendendo pela viabilidade de utilização das provas apresentadas pelo colaborador para instaurar procedimentos em face de outros agentes públicos ou particulares responsáveis pelo ato ilícito ou investigar outros fatos que não aquele objeto da

---

[614] TCU, Acórdão 483/2017, Plenário, relator ministro Bruno Dantas, julgado em 22.03.2017: "Além do nível de gravidade dos ilícitos, da materialidade envolvida, do grau de culpabilidade do agente e das circunstâncias do caso concreto, o TCU pode considerar na dosimetria da pena, como fatores atenuantes, o fornecimento de informações que venham a contribuir com as apurações e o reconhecimento da participação nos ilícitos".

[615] TCU, Acórdão 483/2017, Plenário, relator ministro Bruno Dantas, julgado em 22.03.2017: "O TCU, com fundamento no art. 157, *caput*, do Regimento Interno, pode sobrestar a apreciação da matéria e, consequentemente, a aplicação da sanção de inidoneidade até que as empresas que celebraram acordo de leniência firmem novo compromisso junto ao Ministério Público Federal no intuito de contribuir com as apurações do processo de controle externo".

colaboração, deixando de aplicar sanções ao colaborador a partir da efetiva relevância da colaboração prestada.[616] Tal entendimento compatibiliza adequadamente tanto o interesse dos órgãos de controle, qual seja, o de obtenção de informações relevantes, quanto o dos colaboradores, que não terão utilizadas contra si provas que forneceram. Assim, mantém-se a atratividade da celebração de acordos de leniência.

5.3 A função regulatória do Estado e sua interface com os Tribunais de Contas

À semelhança das controvérsias e das dificuldades geradas pela atuação expansiva dos Tribunais de Contas em áreas tradicionalmente permeadas por avaliações de mérito administrativo, também a interface entre o controle externo financeiro e o exercício da função regulatória do Estado vem suscitando amplos debates, que se associam, basicamente, à possibilidade de as Cortes de Contas controlarem as atividades finalísticas das agências reguladoras.

Apesar de a atuação técnica de órgãos e de entidades integrantes da administração pública não ser exatamente uma novidade no país,[617] é fora de dúvida que houve uma intensificação desse fenômeno a partir da criação e do desenvolvimento das agências reguladoras ao longo da década de noventa. Essas entidades surgiram no quadro da implementação de um novo modelo de administração pública,[618] idealizado

---

[616] TCU, Acórdão nº 1.214/2018, Plenário, relator ministro Benjamin Zymler, julgado em 30.05.2018: "A fim de preservar a incolumidade do acordo de leniência e da delação premiada, pode o TCU, com base na aplicação analógica do art. 17 da Lei 12.846/2013 e do art. 4º, caput e §2º, da Lei 12.850/2013, deixar de sancionar o colaborador com a penalidade especificada no art. 46 da Lei 8.443/1992, protegendo assim sua legítima expectativa de não ser prejudicado pelas provas que ele mesmo forneceu. Nada obsta a que o Tribunal utilize os elementos de prova fornecidos pelo colaborador, em razão daqueles institutos, para exercer suas atribuições sobre outros responsáveis e/ou apurar novos fatos".

[617] A esse propósito, observa Alexandre Santos de Aragão: "É comum associar-se o surgimento das agências reguladoras ao movimento de desestatização verificado no Brasil principalmente a partir da década de noventa. Todavia, antes das agências reguladoras independentes que começaram a ser criadas no bojo do Programa Nacional de Desestatização – PND, já havia sido criada uma série de órgãos e entidades reguladores, tais como o Conselho Monetário Nacional – CMN, Banco Central do Brasil, o Instituto do Açúcar e do Álcool – IAA, o Instituto Brasileiro do Café – IBC e a Comissão de Valores Mobiliários – CVM. Nenhum deles, contudo, tinha ou tem o perfil de independência frente ao Poder Executivo afirmado pelas recentes leis criadoras das agências reguladoras e pela jurisprudência do Supremo Tribunal Federal" (ARAGÃO, Alexandre Santos de. *Agências Reguladoras e a Evolução do Direito Administrativo Econômico*. Rio de Janeiro: Forense, 2002. p. 265).

[618] Esse novo modelo de administração pública é fortemente influenciado pelo denominado princípio da subsidiariedade, como sublinha Marcos Juruena Villela Souto: "O surgimento

a partir da diminuição da intervenção direta do Estado na economia e na convivência social, com a paralela exacerbação de sua *função regulatória*[619] reforçada ou independente,[620] densificada mediante a criação de entidades autônomas para o exercício de funções normativa, judicante e executiva.

Como forma de assegurar credibilidade ao novo modelo de regulação estatal da economia – incluindo neste conceito os serviços públicos delegados a particulares –, atribuiu-se às agências reguladoras

---

do Estado-regulador decorreu de uma mudança na concepção do conteúdo do conceito de atividade administrativa em função do princípio da subsidiariedade e da crise do Estado bem-estar, incapaz de produzir o bem de todos com qualidade e a custos que possam ser cobertos com o sacrifício da sociedade. Daí a descentralização de funções públicas para particulares. (...). O que se propõe, em obediência ao princípio da subsidiariedade, é que o Estado se concentre na execução daquilo que é essencial, transferindo funções que podem ser desenvolvidas com maior eficiência pelos particulares, seja em regime de livre iniciativa, seja em regime de direito público (serviços públicos universais), ambas sob regulação estatal; nas palavras de Gaspar Ariño Ortiz, trata-se de privatizar (no sentido deste trabalho, melhor seria usar 'desestatizar') atividades que não satisfazem necessidades primordiais, operando-se uma transferência de titularidade (melhor diria 'execução') pública para a privada, sem escapar à regulação estatal" (SOUTO, Marcos Juruena Villela. *Direito Administrativo Regulatório*. Rio de Janeiro: Lumen Juris, 2002. p. 32-33).

[619] Para o conceito de função regulatória do Estado, veja-se a doutrina de Diogo de Figueiredo Moreira Neto: "Cabe aqui, traçar conceptualmente o desenho das instituições jurídicas que passaram a desempenhar no Direito Administrativo contemporâneo essas funções homeostáticas com certos setores críticos da convivência, social e econômica, de modo a proporcionarem o máximo de eficiência na solução de problemas, aliando, na dosagem necessária para cada hipótese, as vantagens da flexibilidade negocial privada com o rigor da coercitividade estatal. A essa atividade dos subsistemas de harmonização é que se denomina de função reguladora, uma expressão que não obstante o étimo, que a aproxima da voz vernácula regra, é, na verdade, um híbrido de atribuições de variada natureza: informativas, planejadoras, fiscalizadoras e negociadoras, mas, também, normativas, ordinatórias, gerenciais, arbitradoras e sancionadoras. Esse complexo de funções vai cometido a um único órgão regulador, para que este defina especificamente o interesse que deverá prevalecer e ser satisfeito nas relações sujeitas à regulação" (MOREIRA NETO, Diogo de Figueiredo. *Direito Regulatório*. Rio de Janeiro: Renovar, 2003, p. 107).

[620] Sobre o assunto, é interessante a distinção apresentada por Vital Moreira e Fernanda Maçãs entre administração independente e administração autônoma. No primeiro caso, a independência administrativa revela-se por ausência de controle hierárquico e pela direção da entidade por pessoas técnicas que detenham um mandato a termo, cuja atuação tem por finalidade o interesse público. Já o "conceito de administração autônoma consolidou-se na teorização jurídico-constitucional e jurídico-administrativa mais recente para significar uma categoria de entes colectivos públicos que visam ser expressão directa de comunidades territoriais ou de outras comunidades ou formações sociais (por exemplo, corporações profissionais) dotadas de interesses próprios e distintos dos interesses prosseguidos pelo Estado. Não é isso evidentemente que está em causa nas AAI [Autoridades Administrativas Independentes]. Pelo contrário, enquanto as entidades que integram a administração autônoma visam representar e a prosseguir os interesses específicos dos seus membros, aquelas visam sobretudo fazer valer o interesse público geral independentemente dos interesses particulares dos sujeitos à sua jurisdição, e se necessário contra eles" (MOREIRA, Vital; MAÇÃS, Fernanda. *Autoridades Reguladoras Independentes*: Estudo e Projeto de Lei-Quadro. Coimbra: Coimbra Ed., 2003. p. 30-31).

CAPÍTULO 5 | 325

A ARQUITETURA FUNCIONAL DOS TRIBUNAIS DE CONTAS: EXTENSÃO E ALCANCE DAS COMPETÊNCIAS DE CONTROLE...

um *regime jurídico especial* que lhes reconhece autonomia administrativa e financeira, bem assim independência para poder atuar livre de injunções políticas frente aos segmentos regulados e ao próprio poder concedente.[621]

Pois bem. Nada obstante a crise regulatória a que se assiste atualmente, especialmente em função do "aparelhamento" das agências, é inevitável que a atuação cada vez mais presente e intensa de tais entidades nos assuntos de interesse geral levante problemas relacionados aos limites do controle a que se submetem as próprias agências reguladoras, sobretudo na perspectiva da atuação do Poder Judiciário[622] e dos Tribunais de Contas.

Antes de expor o alcance da matéria, é necessário assentar um pressuposto quanto à natureza jurídica das decisões emanadas das agências reguladoras. Embora pratiquem atos regulatórios técnicos com vertentes *normativa* (para regular mercados e prestadores de serviços públicos), *judicantes* (arbitrando conflitos entre concedentes e concessionários, usuários e concessionários ou mesmo entre concessionários) e *executivas*, as decisões regulatórias não perdem a essência

---

[621] Como de conhecimento geral, as agências reguladoras foram criadas no Brasil sob a estrutura jurídico-administrativa de autarquias (artigo 5º, inciso I do Decreto-Lei nº 200/67). São, portanto, pessoas jurídicas de direito público interno, integrantes da administração pública indireta, às quais se reconhece um regime especial que as diferencia das autarquias convencionais. Sobre o regime jurídico especial das agências reguladoras, confira-se, por todos, a doutrina de Luís Roberto Barroso: "A instituição de um regime jurídico especial visa a preservar as agências reguladoras de ingerências indevidas, inclusive e sobretudo, como assinalado, por parte do Estado e de seus agentes. Procurou-se demarcar, por esta razão, um espaço de legítima discricionariedade, com predomínio de juízos técnicos sobre as valorações políticas. Constatada a necessidade de se resguardarem essas autarquias especiais de injunções externas inadequadas, foram-lhes outorgadas autonomia político-administrativa e autonomia econômico-financeira. No tocante à autonomia político-administrativa, a legislação instituidora de cada agência prevê um conjunto de procedimentos, garantias e cautelas, dentre as quais normalmente se incluem: (i) nomeação dos diretores com lastro político (em âmbito federal a nomeação é feita pelo Presidente da República, com aprovação do Senado); (ii) mandato fixo de três ou quatro anos; e (iii) impossibilidade de demissão dos diretores, salvo falta grave apurada mediante devido processo legal. (...). No que toca à autonomia econômico-financeira, por sua vez, procura-se conferir às agências reguladoras, além das dotações orçamentárias gerais, a arrecadação de receitas provenientes de outras fontes, tais como taxas de fiscalização e regulação, ou ainda participações em contratos e convênios, como ocorre, por exemplo, nos setores de petróleo e energia elétrica" (BARROSO, Luís Roberto. Agências Reguladoras. Constituição, Transformações do Estado e Legitimidade Democrática. *In*: MOREIRA NETO, Diogo de Figueiredo (Coord.). *Uma Avaliação das Tendências Contemporâneas do Direito Administrativo*. Rio de Janeiro: Renovar, 2003. p. 174-178).

[622] Para aprofundar o tema na perspectiva do poder Judiciário, veja-se: GUERRA, Sergio. *Controle Judicial dos Atos Regulatórios*. Rio de Janeiro: Lumen Juris, 2005.

administrativa.[623] E assim, por serem atos administrativos, ainda que adotados com base em discricionariedade técnica, não se encontram imunes ao controle externo.

A questão, todavia, é alvo de intenso desacordo doutrinário. Os autores que vislumbram a impossibilidade de controle das atividades finalísticas[624] das agências reguladoras pelos Tribunais de Contas invocam, como fundamento de sua posição, os seguintes argumentos centrais: (i) haveria sobreposição de funções, permitindo-se a substituição da atuação técnica das agências pelo entendimento técnico-político das Cortes de controle; e (ii) não há na Constituição de 1988 regra que autorize os Tribunais de Contas a substituírem-se ao administrador competente para adentrar no mérito da decisão regulatória, sob pena de violação à separação de poderes.[625]

Como se percebe, as objeções levantadas ao controle externo de políticas públicas, já enfrentadas no tópico anterior, são integralmente reproduzidas nessa discussão, com a única diferença de que, neste momento, o debate volta-se para a implementação da política regulatória pelo Estado. E, da mesma forma como se expôs anteriormente, o entendimento que restringe, aprioristicamente, a competência das Cortes de Contas para o controle das atividades finalísticas das agências reguladoras também não parece ser o mais adequado para conciliar a atuação regulatória e o sistema de *accountability* financeira do Estado. Como antes, o debate deve passar não pela pertinência do controle, mas sim pela delimitação de seu alcance, com a fixação de seus limites

---

[623] Neste sentido, veja-se: CUELLAR, Leila. *As Agências Reguladoras e Seu Poder Normativo*. São Paulo: Dialética, 2001. p. 62.

[624] Diversamente do que ocorre em relação às atividades finalísticas, quanto às atividades-meio das agências reguladoras há razoável consenso doutrinário de que elas são passíveis de controle externo pelos Tribunais de Contas, envolvendo a análise de editais de licitações e os respectivos contratos, registros de aposentadorias, atos de admissão de pessoal, dentre outros pertinentes à rotina administrativa de qualquer autarquia.

[625] Esse entendimento restritivo das competências dos Tribunais de Contas é compartilhado por: VILELLA SOUTO, Marcos Juruena. *Direito Administrativo Regulatório*. Rio de Janeiro: Lumen Juris, 2002. p. 370; e JUSTEN FILHO, Marçal. *O Direito das Agências Reguladoras Independentes*. São Paulo: Dialética, 2002. p. 588-589. A essa mesma conclusão chegou Luís Roberto Barroso ao proferir, na qualidade de Procurador do Estado do Rio de Janeiro, o Parecer nº 05/98 – LRB, no qual afirma: "Este, portanto, o limite da ingerência do Tribunal de Contas. Nada, rigorosamente nada, no texto constitucional o autoriza a investigar o mérito das decisões administrativas de uma autarquia, menos ainda de uma autarquia com característica especial de uma agência reguladora. Não pode o Tribunal de Contas procurar substituir-se ao administrador competente no espaço que a ele é reservado pela Constituição e pelas leis. O abuso é patente. Aliás, nem mesmo o Poder Legislativo, órgão que é coadjuvado pelo Tribunal de Contas no desempenho do controle externo, poderia praticar atos dessa natureza."

e de suas possibilidades, sempre atentando-se para as vicissitudes da atuação técnica das entidades regulatórias independentes.[626]

Assim, em linha de princípio, as Cortes de Contas devem seguir padrões de autocontenção, reconhecendo, com humildade e prudência, que não lhes compete formular escolhas regulatórias em substituição às agências, particularmente quanto a aspectos técnicos próprios e específicos do segmento regulado.[627] Ao mesmo tempo, porém, não há qualquer fundamento constitucional para que as agências reguladoras

---

[626] A concepção que admite o controle da atuação finalística das agências reguladoras pelos Tribunais de Contas é perfilhada, dentre outros, por Alexandre Santos de Aragão. Segundo o autor, "Não há duvidas de que as agências reguladoras, como autarquias que são, devem prestar contas aos Tribunais de Contas quanto às verbas públicas por elas despendidas (art. 70, CF). O problema se coloca, não no controle das atividade-meio, que geram despesas ao Erário, mas sim no controle das atividades-fim das agencias reguladoras, mormente das de serviços públicos. Em outras palavras, podem os Tribunais de Contas controlar os atos de regulação que as agências expedem sobre os respectivos setores regulados? Mais especifica e exemplificativamente, podem controlar a autorização de aumento de tarifa ou do reequilíbrio econômico-financeiro de determinada concessão? Podem controlar a fiscalização ineficiente sobre as concessionárias? Ao nosso ver, o Tribunal de Contas pode realmente controlar tais atos de regulação, uma vez que, imediata ou mediatamente, os atos de regulação e de fiscalização sobre os concessionários de serviços públicos se refletem sobre o Erário. Por exemplo, uma fiscalização equivocada pode levar à não aplicação de uma multa; a autorização indevida de um aumento de tarifa leva ao desequilíbrio econômico-financeiro favorável à empresa, o que, entre outras alternativas, deveria acarretar na sua recomposição pela majoração do valor da outorga devida ao Poder Público etc." (ARAGÃO, Alexandre Santos. *Agências Reguladoras e a Evolução do Direito Administrativo Econômico*. Rio de Janeiro: Forense, 2006. p. 339-341). O mesmo entendimento é defendido por Benjamim Zymmler, nos seguintes termos: "Por intermédio das auditorias operacionais realizadas nas agencias reguladoras, TCU fiscaliza, entre outras questões, a execução dos contratos de concessão ou de permissão. Essa fiscalização poderia ensejar uma redundância das esferas de controle, visto que uma das principais atribuições das agencias é exatamente fiscalizar esses contratos. Para evitar que essa indesejável superposição de atividades ocorra, o Tribunal deve exercer uma fiscalização de segundo grau, buscando identificar se as agências estão cumprindo bem e fielmente seus objetivos institucionais, dentre os quais avulta o de fiscalizar a prestação de serviços públicos, sem se imiscuir indevidamente na área de competência privada das agencias" (ZYMMLER, Benjamin; ALMEIDA, Guilherme Henrique de La Rocque. *O Controle Externo das Concessões de Serviços Públicos e das Parcerias Público-Privadas*. Belo Horizonte: Fórum, 2008. p. 171-173).

[627] O princípio geral de deferência à política regulatória é também apontado no primoroso trabalho desenvolvido por José Vicente Santos de Mendonça a respeito do tema. Em suas palavras: "(ii) *Quanto à atividade-fim das agências reguladoras, vale o princípio geral da autocontenção por parte dos Tribunais de Contas: há fortíssima preferência prima facie pelas razões técnicas expendidas pela agência.* É o mecanismo usual de compatibilização entre separação de poderes, discricionariedade técnica e restrições ínsitas à atuação *ex ante*, de um lado, e dever de prestação de contas, princípio da eficiência e dever de controle operacional, por outro. Em princípio, valem as razões técnicas da agência quanto ao exercício de sua atividade-fim. Só não subsistem diante de fortíssimas razões contrárias" (MENDONÇA, José Vicente Santos de. *A propósito do controle feito pelos Tribunais de Contas sobre as agências reguladoras*: em busca de alguns *standards* possíveis. Artigo citado).

invoquem uma suposta imunidade ao controle e à fiscalização pelos Tribunais de Contas, seja como decorrência do princípio republicano, seja porque muitas de suas decisões finalísticas repercutem diretamente no patrimônio público, atraindo impositivamente a atuação do controle externo financeiro.[628]

Buscando sistematizar as hipóteses de incidência do controle externo financeiro em cotejo com os limites de sua intervenção, pode-se pensar, inicialmente, nos casos de *ilegalidade regulatória formal*, em que se justifica a realização de um controle mais intenso e amplo por parte das Cortes de Contas. Suponha, a título ilustrativo, uma decisão regulatória que, julgando pleito de revisão tarifária em contrato de concessão em decorrência de gratuidades conferidas a certa categoria de usuários, acolhe o pedido de revisão independente de análise técnica ou sem observância do contraditório e da ampla defesa em relação ao poder concedente. Parece evidente, nessa hipótese, que a decisão regulatória técnica sobre a equação econômico-financeira do contrato, com direta repercussão no campo financeiro, apresenta vício procedimental que inequivocamente torna legítima a atuação plena das Cortes de Contas. Da mesma forma, caso seja identificada ilegalidade flagrante ou literal na decisão regulatória, justificada estará a intervenção plena da Corte.

Situação diversa ocorre, porém, quando a decisão regulatória não ostenta qualquer vício procedimental ou de legalidade, hipótese em que incide a *regra geral de autocontenção das instâncias de controle*. Nesses casos, a atuação dos Tribunais de Contas deve se ater a critérios objetivos extraídos de inspeções e auditorias que permitam inferir, com elevado nível de precisão, que a decisão regulatória revelou-se equivocada ou que causou prejuízo ao erário. Não caberá à Corte,

---

[628] O argumento neoinstitucionalista resgatado por Monique Menezes é persuasivo e merece ser citado: "(...) a literatura neoinstitucionalista argumenta que o estabelecimento de instituições dotadas de autonomia para exercer a regulação de setores não elimina o envolvimento de instituições tradicionais existentes antes da reforma regulatória (JORDANA & SANCHO, 2004). As funções de atores tradicionais (ministérios, poder Judiciário, poder Legislativo, poder Executivo e instituições de *accountability* horizontal) são redefinidas, tornando-se o que Jordana e Sancho (idem) denominam de um 'produto' do legado de *path dependence*. No Brasil, o Tribunal de Contas sempre fiscalizou as empresas de utilidade pública por tratar-se de um regime de propriedade estatal. Esse controle centralizava-se nas dimensões jurídica, formal e financeira. Com a reforma do Estado, o TCU adaptou suas funções fiscalizadoras com base na Constituição de 1988, mantendo sua atuação nos setores de infraestrutura, que já eram fiscalizados. Desse modo, a reforma regulatória gerou um controle adicional não previsto por seus formuladores, a *accountability* horizontal da Corte de Contas, sobre os entes regulatórios" (MENEZES, Monique. O Tribunal de Contas da União, controle horizontal de agências reguladoras e impacto sobre usuários dos serviços. *Revista de Sociologia Política*, v. 20, n. 43, p. 109, out. 2012).

portanto, emitir juízo de valor sobre as decisões regulatórias adotadas com fundamento em discricionariedade técnica,[629] fórmula que permite ao ente regulador eleger uma dentre várias técnicas possíveis e aceitáveis para atingir o mesmo resultado, com custos aproximados ou justificados tecnicamente.

Há, ainda, dois aspectos afetos à atividade regulatória que merecem análise quanto à sua interface com o controle exercido pelos Tribunais de Contas. O primeiro diz respeito aos atos regulatórios normativos e abstratos editados pelas agências como projeção do fenômeno que se convencionou identificar por "deslegalização".[630] Nesses casos, tratando-se de atuação normativa exercida pela entidade reguladora, não há espaço de intervenção possível para as Cortes de Contas, competindo tal atribuição ao Poder Legislativo, com fundamento na norma do artigo 49, inciso V, da Constituição da República.[631]

O outro aspecto articula-se com as *omissões regulatórias*, campo em que, diversamente, deve ser amplo e intenso o controle por parte

---

[629] A professora espanhola Eva Desdentado Daroca elucida a noção de discricionariedade técnica a partir dos seguintes dados: "Em conclusão, a discricionariedade técnica outorga à Administração um poder, ainda que se trate de um poder diferente daquele que lhe atribui a discricionariedade administrativa, porque não é um poder para a apreciação do interesse público concreto, se não que unicamente para levar a cabo uma valoração de fatos, que se reserva com exclusividade à Administração e que os tribunais não podem suplantar. (...). As diferenças entre ambas podem ser resumidas da seguinte forma: 1) na discricionariedade técnica não há nunca ponderação nem eleição de interesses; 2) na discricionariedade técnica a Administração recorre a utilização de critérios técnicos; e 3) enquanto na discricionariedade administrativa convivem juízo e vontade, na discricionariedade técnica se realiza uma atividade de mero juízo em que a vontade não intervém de forma alguma" (DAROCA, Eva Desdentado. *Los problemas del control judicial de la discrecionalidad técnica:* un estudio crítico de la jurisprudencia. Madri: Civitas, 1997. p. 35-37).

[630] A respeito da técnica de "deslegalização" que fundamenta o poder normativo reconhecido às agências reguladoras, leciona Diogo de Figueiredo Moreira Neto: "Do mesmo modo que no caso dos dois tipos acima, a *deslegalização* foi também um instrumento contemplado pelo constituinte brasileiro de 1988, desde logo quando, no emprego do poder de dispor, no sentido de 'resolver em caráter definitivo', transfere a entes ou órgãos públicos, bem como a entes particulares, a função de *disciplinar por normas* certos setores. São exemplos de *deslegalização* pela própria Constituição: o art. 96, I, a, que desloca do Legislativo para o Judiciário o *dispor* sobre competência e funcionamento de seus respectivos órgãos; o art. 207, *caput*, que desloca do Legislativo para as universidades o *dispor* sobre matérias didático-científica e o art. 217, I, que desloca do Legislativo para as entidades desportivas, dirigentes e associações, o *dispor* sobre sua organização e funcionamento. A *deslegalização* pelo Congresso Nacional, através de lei, está Autorizada no *caput* do art. 48, que lhe dá competência para "*dispor* sobre todas as matérias de competência da União", com as exceções de exclusividade expressamente previstas" (MOREIRA NETO, Diogo de Figueiredo. *Direito Regulatório*. Obra citada, p. 121-123).

[631] Eis a dicção do dispositivo constitucional: "Art. 49. É da competência exclusiva do Congresso Nacional: (...); V – sustar os atos normativos do Poder Executivo que exorbitem do poder regulamentar ou dos limites de delegação legislativa".

dos Tribunais de Contas. Trata-se aqui, em essência, de controle incidente sobre a própria qualidade da função reguladora, constituindo propriamente dever do órgão de controle, tendo ciência a respeito da conduta omissiva, orientar e advertir os responsáveis. Nessas situações, afigura-se perfeitamente possível que os Tribunais de Contas adotem medidas cogentes para provocar a atuação da agência na matéria em relação a qual vinha se omitindo, cabendo a responsabilização pessoal dos gestores na hipótese de não atendimento infundado à decisão da Corte.

Por fim, não se ignora que a possibilidade de os Tribunais de Contas realizarem controle sobre a atividade típica das agências reguladoras também suscita as perplexidades e as dificuldades próprias da sobreposição de instâncias de controle, agravando o fenômeno a que anteriormente já se aludiu como *accountability overload*. A esse respeito, cumpre mais uma vez acentuar a importância da perspectiva dialógica e colaborativa para pautar a interação entre Cortes de Contas e agências reguladoras, proporcionando o intercâmbio de informações, a crítica construtiva de pontos de vista e o aprendizado interinstitucional. É fundamental que as próprias agências reguladoras assimilem os benefícios que podem ser gerados a partir dessa "perspectiva externa" dos Tribunais de Contas sobre o jogo regulatório, vislumbrando seus impactos positivos para o processo de tomada de decisão, para a redução da assimetria regulatória entre poder público e atores regulados e, principalmente, para favorecer a posição do usuário do serviço público.[632]

---

[632] Interessantíssimo estudo empírico acerca dos impactos do controle externo realizado pelo TCU sobre as agências reguladoras federais foi empreendido por Monique Menezes como parte de sua tese de doutorado. Após analisar em profundidade os resultados obtidos a partir de três auditorias promovidas pelo TCU sobre agências reguladoras, envolvendo a universalização do serviço de telecomunicações, o regime tarifário no setor de energia elétrica e o regime de concessões também do segmento de energia elétrica, concluiu a autora que a atuação do TCU aumenta a legitimidade da ação das agências autônomas, na medida em que torna o processo de decisão mais transparente e democrático. Do ponto de vista do usuário, o estudo indica que o poder de sanção do TCU tem contribuído para equilibrar a relação entre usuários e concessionárias, tendo em vista o aumento da representação das reivindicações dos cidadãos na arena regulatória. Em sua síntese, expõe a autora: "As análises em profundidade das auditorias do Tribunal de Contas da União demonstraram que as fiscalizações sobre as atividades fins das agências reguladoras têm contribuído para o aperfeiçoamento das regras regulatórias. A Corte de Contas mostrou-se um importante ator de controle horizontal das agências, evitando uma discricionariedade excessiva do ente regulatório na definição dos critérios da regulação. Sua atuação aumenta a segurança jurídica, já que questiona decisões das agências que não apresentam justificativas técnicas" (MENEZES, Monique. *O Tribunal de Contas da União, controle horizontal de agências reguladoras e impacto sobre usuários dos serviços*. Artigo citado, p. 123).

5.4 Estratégias de reforço da efetividade das decisões adotadas pelos Tribunais de Contas

Para finalizar o capítulo dedicado aos aspectos funcionais do controle externo financeiro, é necessário enfrentar uma problemática que, no atual estágio de evolução da *accountability* financeira no país, ainda se apresenta como fator de inibição à capacidade de afirmação das decisões adotadas pelos Tribunais de Contas. A abordagem busca apresentar alguns equívocos cometidos na delimitação do *enforcement* de tais decisões e pretende evidenciar a importância de serem pensadas estratégias para seu reforço.

A deficiência na matéria vincula-se, fundamentalmente, à *interpretação restritiva* da competência das Cortes de Contas para promoverem a execução de suas decisões, entendimento que vem sendo reafirmado pela jurisprudência do Supremo Tribunal Federal, desconsiderando-se os efeitos indesejados que produz para a tutela das finanças públicas.

Segundo previsão do artigo 71, §3º, da Constituição da República, as decisões do Tribunal de Contas da União – e, por simetria, dos Tribunais de Contas subnacionais – de que resulte imputação de débito ou multa terão eficácia de título executivo. Diante da relativa concisão do texto, instaurou-se divergência relativamente à possibilidade de o próprio Tribunal de Contas, seja diretamente ou por meio do Ministério Público que junto a ele atua, executar os valores decorrentes das decisões que proferir. Ultrapassada alguma controvérsia jurisprudencial inicial, o Supremo Tribunal Federal fixou o entendimento de que o Tribunal de Contas e o Ministério Público, inclusive aquele a ele vinculado, não possuem legitimidade para figurar no polo ativo da ação executiva. Esse ponto de vista, embora reconhecido em precedentes julgados há mais de uma década,[633]

---

[633] Reflete o posicionamento pacífico do STF a respeito da temática a decisão proferida em recurso extraordinário discutindo a declaração incidental de inconstitucionalidade de norma da Constituição do Estado de Sergipe que reconhecia legitimidade ao respectivo Tribunal de Contas para executar suas decisões. Vejam-se seus termos: "EMENTA: RECURSO EXTRAORDINÁRIO. TRIBUNAL DE CONTAS DO ESTADO DE SERGIPE. COMPETÊNCIA PARA EXECUTAR SUAS PRÓPRIAS DECISÕES: IMPOSSIBILIDADE. NORMA PERMISSIVA CONTIDA NA CARTA ESTADUAL. INCONSTITUCIONALIDADE. 1. As decisões das Cortes de Contas que impõem condenação patrimonial aos responsáveis por irregularidades no uso de bens públicos têm eficácia de título executivo (CF, artigo 71, §3º). Não podem, contudo, ser executadas por iniciativa do próprio Tribunal de Contas, seja diretamente ou por meio do Ministério Público que atua perante ele. Ausência de titularidade, legitimidade e interesse imediato e concreto. 2. A ação de cobrança somente pode ser proposta pelo ente público beneficiário da condenação imposta pelo Tribunal de

foi recentemente reafirmado em sede de repercussão geral, como se vê a seguir:

> Recurso extraordinário com agravo. Repercussão geral da questão constitucional reconhecida. Reafirmação de jurisprudência. 2. Direito Constitucional e Direito Processual Civil. Execução das decisões de condenação patrimonial proferidas pelos Tribunais de Contas. Legitimidade para propositura da ação executiva pelo ente público beneficiário. 3. Ilegitimidade ativa do Ministério Público, atuante ou não junto às Cortes de Contas, seja federal, seja estadual. Recurso não provido.[634]

Extrai-se da compreensão firmada pelo STF que, uma vez aplicada multa ou imputado débito, se não houver o adimplemento voluntário por parte do responsável, não poderá a própria Corte promover a respectiva execução. Em outros termos, falece ao Tribunal legitimidade para a atividade executiva, sendo competência do órgão de representação judicial do ente federativo beneficiário ajuizar a respectiva execução fiscal.[635]

Contas, por intermédio de seus procuradores que atuam junto ao órgão jurisdicional competente. 3. Norma inserida na Constituição do Estado de Sergipe, que permite ao Tribunal de Contas local executar suas próprias decisões (CE, artigo 68, XI). Competência não contemplada no modelo federal. Declaração de inconstitucionalidade, *incidenter tantum*, por violação ao princípio da simetria (CF, artigo 75). Recurso extraordinário não conhecido" (STF, RE nº 223.037/SE, Pleno, relator ministro Mauricio Correa, julgado em 02.05.2002).

[634] STF. ARE nº 823.347/MA, Plenário Virtual, relator ministro Gilmar Mendes, divulgado em 24.10.2014. Contrariamente, o Superior Tribunal de Justiça vinha admitindo, até então, a legitimidade extraordinária do Ministério Público Comum para, em caráter subsidiário, executar as decisões condenatórias proferidas pelos Tribunais de Contas, como forma de tutelar o patrimônio público. É representativo dessa orientação jurisprudencial o acórdão assim ementado: "PROCESSUAL CIVIL E ADMINISTRATIVO. RECURSO ESPECIAL. EXECUÇÃO DE TÍTULO EXTRAJUDICIAL. CERTIDÃO DE DÉBITO. TRIBUNAL DE CONTAS. MINISTÉRIO PÚBLICO. RESSARCIMENTO AO ERÁRIO. LEGITIMIDADE EXTRAORDINÁRIA. 1. De acordo com a jurisprudência desta Corte, o Ministério Público possui legitimidade extraordinária para, na defesa do patrimônio público, promover a execução de título executivo extrajudicial emanado do Tribunal de Contas Estadual, com o fim de ressarcir ao erário. 2. Recurso especial provido" (STJ. RESP nº 1.333.716/MG, 2ª Turma, relatora ministra Eliana Calmon, julgado em 15.08.2013).

[635] Fixada a legitimidade do chamado *ente beneficiário* para a cobrança de quantias decorrentes de decisões dos Tribunais de Contas, surgiu outra polêmica, desta vez concernente a quem efetivamente seria este ente prejudicado, considerando ser corriqueiro o exercício da função fiscalizatória, pelo Tribunal de Contas do Estado, por exemplo, sobre a legalidade, legitimidade e economicidade da atuação administrativa municipal, fiscalização esta que, muito comumente, acarreta a aplicação de multa ou imputação de débito. Uma solução para o impasse foi adotada em alguns votos proferidos pelo Superior Tribunal de Justiça, que buscou distinguir os casos de *imputação de débito* e de *aplicação de multa*. Segundo o entendimento firmado, no primeiro caso, o ressarcimento deve ser efetuado ao

Trata-se, a toda evidência, de entendimento fundamentado no tratamento constitucional dispensado à advocacia pública, minuciosamente delineado nos artigos 131 e 132 da CRFB,[636] os quais estabelecem a competência da Advocacia-Geral da União para a representação judicial da União Federal e, no plano estadual e distrital, a competência das Procuradorias estaduais. Disso resulta que a execução das decisões adotadas pelas Cortes de Contas acaba por ficar na dependência da movimentação de instância estatal diversa – que, embora exercendo atividade plenamente vinculada, não deixa de ser outro ator a intervir nessa dinâmica, gerando efeitos protelatórios desnecessários.

A inconsistência desse regime é apontada por Bruno Speck como o elo mais fraco do ciclo de *accountability* das finanças públicas contemporaneamente no Brasil.[637] Na mesma linha, Sergio Ferraz formula crítica contundente à jurisprudência do STF, que, segundo sua visão, subverte o sistema de controle ao submeter a ação concreta de uma instituição estatal independente ao *enforcement* por parte de outra instituição.[638]

---

ente público cujo patrimônio foi atingido e, portanto, em benefício do qual foi realizado o controle externo. Já no caso de aplicação de multa, o valor deve ser revertido em favor do ente em cuja estrutura federativa se encontra o órgão sancionador (STJ, EAg nº 1138822/RS, Primeira Seção, relator ministro Herman Benjamin, julgado em 13.12.2010). A matéria, contudo, ainda não foi pacificada pelo Supremo Tribunal Federal, aguardando posição final a ser adotada no Agravo em Recurso Extraordinário nº 641.896, originado do Estado do Rio de Janeiro. Na sessão plenária de 11.04.2013, foi reconhecida a repercussão geral do tema, nos seguintes termos: "LEGITIMIDADE – EXECUÇÃO DE MULTA APLICADA PELO TRIBUNAL DE CONTAS DO ESTADO – DANOS AO ERÁRIO MUNICIPAL – MATÉRIA CONSTITUCIONAL – RECURSO EXTRAORDINÁRIO – REPERCUSSÃO GERAL VERIFICADA. Possui repercussão geral a controvérsia acerca da legitimidade para promover a execução de multa aplicada pelo Tribunal de Contas estadual a agente político, por danos causados ao erário municipal – se do estado ou do município no qual ocorrida a irregularidade" (STF. ARE nº 641.896/RJ, Plenário Virtual, relator ministro Marco Aurélio, divulgado em 12.04.2013).

[636] Eis a redação dos dispositivos constitucionais: "Art. 131. A Advocacia-Geral da União é a instituição que, diretamente ou através de órgão vinculado, representa a União, judicial e extrajudicialmente, cabendo-lhe, nos termos da lei complementar que dispuser sobre sua organização e funcionamento, as atividades de consultoria e assessoramento jurídico do Poder Executivo". No plano estadual, a matéria encontra-se regulada pela norma do artigo 132, segundo o qual: "Os Procuradores dos Estados e do Distrito Federal, organizados em carreira, na qual o ingresso dependerá de concurso público de provas e títulos, com a participação da Ordem dos Advogados do Brasil em todas as suas fases, exercerão a representação judicial e a consultoria jurídica das respectivas unidades federadas".

[637] SPECK, Bruno W. *Auditing Institutions*. Artigo citado, p. 144.

[638] Segundo o autor: "Como atribuir então – e é isso que se tem feito – a uma instituição subordinada a um dos Poderes de Estado a execução da decisão proveniente de uma instituição independente? E, pior ainda, como fazer quando, por exemplo, o agente multado ou executado for o próprio Chefe do Executivo, de seu turno também Chefe da Advocacia Pública? A par disso, figure-se que os títulos executivos, resultantes das

De fato, esse entendimento já solidamente reconhecido pela jurisdição constitucional tem se apresentado como um entrave à efetividade das decisões adotadas pelas Cortes de Contas. Os marcadores históricos de recuperação das condenações em fase judicial de cobrança apontam para a debilidade desse mecanismo[639] e reforçam a necessidade

---

decisões dos Tribunais de Contas, são apenas um dentre os vários mananciais de outros títulos executivos, originários de outros segmentos estatais, a concluírem para a atuação judicial de cobrança, das Advocacias Públicas. O que acontece hoje: os débitos impostos pelos Tribunais de Contas são relegados para segundo plano, quando não mesmo desconsiderados por inspirações subalternas (...)" (FERRAZ, Sergio. A Execução das Decisões dos Tribunais de Contas: algumas observações. *In*: SOUSA, Alfredo José de (Org.). *O novo Tribunal de Contas*: órgão protetor dos direitos fundamentais. 3. ed. Belo Horizonte: Fórum, 2005. p. 220). A passagem transcrita menciona a "subordinação" dos órgãos de advocacia pública a um dos Poderes da República, mais precisamente ao Poder Executivo. Essa colocação, porém, merece algum temperamento, pois caminha-se gradativamente para o reconhecimento de um regime diferenciado para tais órgãos de forma a afastá-los de comprometimentos ou vinculações político-partidárias. Como expressão desse ponto de vista, invoca-se, por todos, a lição de Diogo de Figueiredo Moreira Neto: "Disso resulta que, para um *desempenho neutral de suas funções*, tal como rigorosamente previsto na Constituição, desde logo evidente por se tratar de uma das *funções essenciais à justiça* – e não de um órgão da estrutura administrativa do Poder Executivo, como o foi em regimes passados –, a *Advocacia Pública de Estado* necessita ser absolutamente independente de ingerências, que possam partir de quaisquer dos órgãos de governança pública, político-partidariamente comprometidos, só admitindo ser externamente controlada pelo Judiciário, sob provocação de entes ou órgãos para tanto legitimados. (...). Nem por outra razão, essa evolução institucional tornou absolutamente essencial que não se rompa essa unidade democraticamente forjada no conceito de que a Advocacia não constitui um órgão do governo, mas é um órgão da sociedade; ou seja, é imprescindível que os *advogados públicos* se tenham, acima de tudo, como advogados, pois sem esta vinculação, se perverteria a sua excelsa *função democrática*, deslocados que estariam, reduzidos a um status de meros agentes estatais, quiçá, por isso mesmo, proclives a se tornarem mais lassos, menos zelosos e, lamentavelmente, mais sujeitos à atração perversa da imensa gravitação própria do poder estatal. Por isso, é imprescindível que a Advocacia Pública mantenha e, até, sempre mais aprimore os avanços da Constituição de 1988, que sabiamente atribuiu a *qualificação essencial de advogados* aos exercentes das funções instituídas nos seus artigos 131 e 132" (MOREIRA NETO, Diogo de Figueiredo. *Novas mutações juspolíticas*. Obra citada, p. 390).

[639] Para aprofundar esses dados, consulte-se: MAFRA, Eric Botelho. A execução das decisões dos Tribunais de Contas e sua eficácia: uma revisão necessária. Disponível em: http://revista.tce.mg.gov.br/Content/Upload/Materia/1964.pdf. Acesso em: 09 mar. 2016. Outra importante fonte de informações a respeito do tema é a tese de doutorado defendida por Álvaro Guilherme Miranda, mais precisamente em seu tópico 4.4, onde consta levantamento realizado pelo autor para a identificação dos valores de multas e débitos efetivamente devolvidos ao erário após a condenação imposta por dez Tribunais de Contas subnacionais e pelo Tribunal de Contas da União ao longo do exercício de 2011. Após apresentar tais dados, afirma o autor: "As informações do TCU em seu Relatório de Atividades referentes ao exercício de 2011corroboram nossa tese de como os nexos institucionais fazem de determinadas situações do controle externo algo mais simbólico do que ações com resultados práticos, ocas tanto em termos de benefícios financeiros. Um desses 'nexos' (no caso, a falta dele) diz respeito à ausência de poder para executar seus próprios julgamentos". (MIRANDA, Álvaro Guilherme. *Desenho institucional do Tribunal de Contas no Brasil* (*1890 a 2013*): da legislação simbólica ao "gerencialismo público" do ajuste fiscal. Obra citada, p. 181-182).

de serem buscadas soluções que possam ampliar os indicadores e, simultaneamente, reduzir os custos inerentes ao tempo e ao esforço consumidos para compelir as instâncias legitimadas a promoverem a cobrança das multas e dos débitos imputados.

Embora a condução do assunto no ambiente da jurisdição constitucional pudesse, em um primeiro olhar, revelar-se mais promissora, o fato é que, atualmente, as chances de reversão do entendimento consolidado apresentam-se cada vez mais remotas, pois o posicionamento tradicional e restritivo da competência executiva das Cortes de Contas foi em momento muito recente reafirmado pelo STF em sede de repercussão geral.[640] Assim, no atual contexto, os avanços na matéria dependem mais fortemente de articulações na arena política que possam abrir caminhos para a definição legislativa da competência dos Tribunais de Contas para a execução de suas próprias decisões.

Em verdade, as dificuldades geradas pela jurisprudência do STF na matéria já foram diagnosticadas na esfera do Poder Legislativo, acarretando reações veiculadas por meio de propostas de alteração legislativa tendentes à "correção" da leitura constitucional realizada pelo Poder Judiciário. Nesse ponto, destaca-se a Proposta de Emenda à Constituição nº 25/2009, de autoria da senadora Marisa Serrano, apresentada com o objetivo de conferir nova redação aos artigos 71 e 75 da CRFB para reconhecer legitimidade ativa aos Tribunais de Contas para o ajuizamento das ações de execução relativas às suas próprias decisões sancionatórias e ressarcitórias. Por questões relacionadas à agenda parlamentar e suas prioridades, a PEC sequer chegou a ser apreciada pela Comissão de Constituição e Justiça, vindo a ser arquivada em 2014 ao final da legislatura.[641]

Diante do quadro exposto, vê-se que as perspectivas de que o problema seja endereçado com a atenção necessária não são animadoras, seja no plano jurisprudencial, seja no plano político. De maneira realista, portanto, considerando o cenário de curto e médio prazo, devem ser pensadas alternativas de alinhamento e aproximação entre os Tribunais de Contas e os órgãos fazendários de representação judicial mediante a celebração de acordos e de parcerias para a promoção de ações coordenadas que permitam o aprimoramento e o aumento da qualidade dos procedimentos judiciais de cobrança.

---

[640] STF. ARE nº 823.347/MA, Plenário Virtual, relator ministro Gilmar Mendes, divulgado em 24.10.2014.

[641] Disponível em: http://www25.senado.leg.br/web/atividade/materias/-/materia/91472. Acesso em: 09 mar. 2016.

A experiência bem-sucedida da cooperação entre o Tribunal de Contas da União e a Advocacia-Geral da União[642] pode servir de inspiração para as instituições congêneres, embora seja certo que essa estratégia torna-se mais complexa quando estão em jogo entes federativos diversos, especialmente em se tratando da relação entre os Tribunais de Contas e advocacia pública municipal. Em tais casos, não apenas a multiplicidade de órgãos, mas principalmente a debilidade orgânica e a precariedade estrutural de algumas procuradorias municipais são fatores que comprometem seriamente as possibilidades de êxito da ação conjunta.

Alternativas também vêm sendo desenvolvidas internamente pelos próprios Tribunais de Contas, mediante a implementação de rotinas e de sistemas de acompanhamento das execuções promovidas pelos órgãos estaduais e municipais de representação judicial.[643] Por intermédio de tais procedimentos, as Cortes acompanham e monitoram a atuação das instâncias da advocacia pública na execução de suas decisões. E, como já se referiu anteriormente, considerando que se trata de atividade vinculada, igualmente aqui incide o controle externo quanto ao seu efetivo cumprimento, podendo culminar com a responsabilização do agente eventualmente omisso ou inerte, e resultar, eventualmente, na caracterização de improbidade administrativa.

Essa dinâmica, evidentemente, está longe de se revelar a mais adequada em termos de efetividade da *accountability* financeira, uma

---

[642] Trata-se de Acordo de Cooperação Técnica firmado entre a Advocacia-Geral da União e o Tribunal de Contas da União tendo por objeto a conjugação de esforços tendentes a facilitar e acelerar o fornecimento de documentos e informações para o adequado cumprimento das determinações do TCU, bem como para conferir maior celeridade aos procedimentos que envolvam a cobrança de débitos ou multas. Segundo se pôde apurar, os indicadores de desempenho operacional que medem a eficácia da cobrança judicial das decisões do TCU avançaram desde então. Para aprofundar esses dados, veja-se CALDAS, Robson Nascimento. AGU e TCU: uma cooperação em defesa do patrimônio público. Disponível em: http://portal2.tcu.gov.br/portal/pls/portal/docs/2054730.PDF. Acesso em: 09 mar. 2016.

[643] Algumas experiências interessantes são narradas por Alvaro Guilherme Miranda em sua tese de doutorado, cabendo citar as iniciativas dos Tribunais de Contas dos Estados do Mato Grosso e de Tocantins, que criaram, respectivamente, o "Sistema de Auditoria Pública Informatizada de Contas" (APLIC) e o "Acompanhamento do Cumprimento de Decisões" (MIRANDA, Alvaro Guilherme. *Desenho institucional do Tribunal de Contas no Brasil (1890 a 2013)*: da legislação simbólica ao "gerencialismo público" doa juste fiscal. Obra citada, p. 176-177). A iniciativa do Tribunal de Contas do Estado do Rio Grande do Sul também é digna de nota: em 03 de setembro de 2015, celebrou termo de cooperação técnica com a Procuradoria-Geral do Estado (PGE) visando à apresentação a protesto, pela PGE, de título executivo decorrente de multa imposta e/ou débito fixado pelo TCE, dos quais seja credor o Estado do Rio Grande do Sul. Disponível em: http://www1.tce.rs.gov.br/portal/page/portal/tcers/institucional/parceiros_institucionais. Acesso em: 18 maio 2016.

vez que prolonga o ciclo de controle para além de sua finalidade primária. Além disso, em casos extremos, pode gerar a aplicação de uma sanção à autoridade omissa no âmbito da advocacia pública, sanção essa que, paradoxalmente, terá que ser executada por provocação daquela própria instância de representação judicial. Ainda assim, enquanto não houver espaço na agenda política para se repensar o regime de execução das decisões adotadas pelos Tribunais de Contas, os movimentos experimentais empreendidos para se incrementar a capacidade de *enforcement* devem ser amplamente incentivados, promovendo-se o compartilhamento e a difusão de seus eventuais resultados favoráveis.

CAPÍTULO 6

CONCLUSÃO

6.1 Síntese conclusiva

Por intermédio do presente trabalho buscou-se investigar o desenho institucional dos Tribunais de Contas no Brasil e identificar sua aptidão para o desempenho da *accountability* democrática das finanças públicas. O eixo central deste livro considera tais instituições como constitutivas do regime democrático e republicano. Paralelamente a essa qualificação, porém, reconhece a existência de fatores endógenos e exógenos que interferem diretamente no exercício dessa vocação, inibindo a efetividade do controle realizado pelas Cortes de Contas de forma a afetar sua credibilidade e integridade.

Longe, portanto, de se limitar a explorar os avanços e o lugar de destaque que o sistema de controle externo financeiro vem experimentando desde o marco da Constituição da República de 1988, este livro também buscou apurar a visão crítica a respeito da capacidade institucional dos Tribunais de Contas para a *accountability* horizontal, identificando seus aspectos de inibição e seus pontos de vulnerabilidade. Em outros termos, o trabalho desenvolvido teve como ponto de partida e de inquietação a ambivalência e as contradições entre o Tribunal de Contas que se tem e aquele que se deseja alcançar.[644] E, como

---

[644] VALLE, Vanice Regina Lírio do. Ampla defesa e defesa técnica nos Tribunais de Contas. *Fórum Administrativo – FA*, Belo Horizonte, ano 12, n. 140, p. 74, out. 2012.

ponto de chegada, o anseio de oferecer uma modesta contribuição que permita a melhor compreensão do perfil de tais órgãos e que colabore para uma reflexão mais sólida e consciente a propósito de pequenas alterações que podem impactar positivamente o controle das finanças públicas no país.

O estudo percorreu quatro capítulos centrais. Inicialmente, apresentou-se o quadro de referência teórico necessário para a caracterização dos Tribunais de Contas enquanto instâncias constitutivas e dinamizadoras da *accountability* democrática e do princípio republicano, voltando-se, ainda, para sua centralidade em prol do direito fundamental à boa administração pública. O capítulo seguinte adotou a perspectiva comparativa para recuperar os modelos de controle externo financeiro na experiência internacional e resgatar as transformações e variações graduais pelas quais passaram os Tribunais de Contas no país desde o seu surgimento no momento de transição da Monarquia para a República. O capítulo finaliza com a análise das principais controvérsias e dilemas que marcaram os debates sobre a matéria no processo constituinte, especialmente diante da necessidade de ajustar o perfil da instituição à nova conjuntura democrática.

Os outros dois capítulos sequenciais reconhecem a Constituição da República de 1988 como o marco crítico do desenvolvimento institucional dos Tribunais de Contas no Brasil, responsável por desencadear a afirmação, sem precedentes, de sua importância e posição estratégica no quadro das funções estatais. Do ponto de vista disciplinar e metodológico, os capítulos concentram-se majoritariamente na bibliografia produzida na área do direito constitucional e administrativo e analisam criticamente o aporte da jurisdição constitucional na temática.

No terreno da abordagem jurídica, o quarto capítulo volta-se para a análise estrutural das Cortes de Contas no contexto da Constituição da República de 1988, ao passo que o capítulo subsequente desenvolve as suas atribuições materiais. A perspectiva analítica e descritiva é associada ao esforço de identificação das disfunções e dos pontos críticos do sistema de controle externo, expressando preocupação com a necessidade de serem pensadas fórmulas para o seu aprimoramento.

Em síntese conclusiva, as principais ideias desenvolvidas ao longo desta obra podem ser condensadas nas proposições a seguir.

1. Do ponto de vista teórico, a institucionalização de mecanismos de prestação de contas dos governantes é pautada pelas discussões em torno da *accountability* democrática. O desenvolvimento desse debate no ambiente acadêmico cresceu ao longo dos anos noventa e, desde então, vem produzindo

expressivos desdobramentos conceituais. Destacam-se formulações teóricas da ciência política em que se notabilizam: (i) as categorias de *accountability* vertical e horizontal construídas por Guillermo O'Donnel; (ii) a concepção restritiva perfilhada por Scott Mainwaring; (iii) a centralidade da capacidade sancionatória para o conceito de *accountability*, intensamente explorada por Andreas Schedler; e, finalmente, (iv) a tipologia sistematizada por Ricardo Pelizzo e Frederick Stapenhurst, autores que, ao lado das dimensões clássicas de *accountability* – vertical e horizontal –, ainda identificam as dimensões social, diagonal e externa do fenômeno.

2. Os sistemas políticos contemporâneos adotam variados modelos de instituições de *accountability* horizontal. Especificamente no campo das finanças públicas, a importância recai sobre organismos de controle identificados pela literatura estrangeira como Instituições Superiores de Controle (ISCs) – *Supreme Audit Institutions*. O constitucionalismo brasileiro adota historicamente o modelo de Tribunais de Contas para o exercício dessa função, concebidos como órgãos que assistem tecnicamente o Poder Legislativo no controle externo da gestão pública financeira.

3. Além do fundamento teórico vinculado ao eixo democrático, as ISCs guardam também cumplicidade com a tradição republicana a partir de duas perspectivas complementares: (i) no quadro da teoria constitucional, em razão de reflexões em torno do princípio republicano e seu significado para as relações constituídas no espaço público; e (ii) no campo da filosofia política, através do resgate dos ideais republicanos como forma alternativa de endereçamento de uma série de problemas políticos contemporâneos – crise do padrão representativo de democracia, debilidades do esquema político-partidário, assimetrias decorrentes de práticas de corrupção etc.

4. A elaboração neorrepublicana do filósofo Philip Pettit e sua aposta institucionalista aproximam-se da defesa de estruturas de natureza jurídica e técnica como instâncias consultivas e decisórias da democracia. Alinhando-se ao fenômeno da "despolitização da democracia", o autor salienta o papel cada vez mais influente de corpos não eleitos e da tecnocracia no processo de formação da decisão pública. Dentre tais instituições – também identificadas por Pierre Rosanvallon

como "agências de democracia indireta" – destacam-se as cortes constitucionais, as agências reguladoras e as entidades de controle e supervisão. As ISCs, ao expressarem a *accountability* horizontal das finanças púbicas, contribuem para assentar o referencial de legitimidade democrática para além do momento eleitoral, prolongando-o no tempo de permanente contestabilidade e controle das decisões públicas.

5. Na perspectiva do direito constitucional, as ISCs materializam a responsabilidade republicana. É da sua essência que todo aquele que exerça qualquer parcela de poder público tenha como contrapartida a responsabilidade decorrente da investidura em poderes delegados. O dever de prestar contas é o dever republicano por excelência e, em sua densificação, a Constituição da República de 1988 disciplinou minuciosamente o denominado "controle externo financeiro", realçando a função exercida pelos Tribunais de Contas.

6. Assim como a tradição democrática e a ética republicana são os eixos teóricos do estudo dos Tribunais de Contas e instituições congêneres, o reconhecimento de um direito fundamental à boa administração pública aparece como diretiva a nortear e a dinamizar o seu funcionamento.

7. A difusão e o renovado interesse que essa noção tem despertado vinculam-se à sua consagração na Carta de Direitos Fundamentais da União Europeia, aprovada em dezembro de 2000. Sua apropriação pela doutrina publicista no Brasil conduz à identificação das seguintes dimensões constitutivas: (i) direito à administração pública comprometida com resultados; (ii) direito à administração transparente e imparcial; (iii) direito à gestão eficaz, eficiente e econômica dos recursos públicos; e (iv) direito à administração dialógica. O direito fundamental à boa administração sintetiza a pauta dos debates em torno do aprimoramento do controle externo financeiro atribuído aos Tribunais de Contas no país.

8. Na perspectiva analítica e comparativa a respeito das experiências estrangeiras de *accountability* financeira, concluiu-se que não existe um desenho que possa ser caracterizado como ótimo ou ideal. A obra examinou, em maior detalhamento, quatro exemplos estrangeiros que espelham a adoção de cada um dos blocos reconhecidos em macrocomparação e, como visto, todos apresentaram, em maior ou menor medida, dilemas e impasses.

9. O percurso comparativo sinalizou para a limitada influência do arranjo institucional da ISC como fator decisivo para incrementar o seu grau de efetividade. Além disso, quanto ao aspecto nevrálgico relativo à composição das instâncias decisórias, não foi identificada qualquer fórmula que rompesse significativamente com o padrão de indicação política compartilhada entre Executivo e Legislativo.

10. A narrativa da trajetória dos Tribunais de Contas ao longo do constitucionalismo brasileiro demonstra que a matriz europeia encontra-se fortemente assimilada por nossa tradição e que o modelo de ISC no país jamais experimentou uma grande ruptura em suas bases fundamentais. O curso da *accountability* horizontal das finanças públicas submeteu-se a uma lenta e gradual afirmação, sem clivagens drásticas. O resgate empreendido demonstrou, ainda, que o perfil das Cortes de Contas expressa as oscilações do regime político vigente, bem como sua permeabilidade à ingerência do Poder Executivo nos períodos autoritários.

11. Embora a Constituição de 1988 seja efetivamente o marco crítico do desenvolvimento institucional dos Tribunais de Contas, o olhar em retrospectiva do esforço realizado durante a Assembleia Nacional Constituinte revela que o resultado foi, em certa medida, até tímido, especialmente se comparado com fórmulas mais inovadoras que chegaram a ser pensadas ao longo do processo. Os aspectos que mais fortemente enfrentaram dificuldades e reviravoltas em sua definição foram os critérios de partilha inter e intrapoder de indicação dos membros do corpo deliberativo e o reconhecimento da garantia subjetiva da vitaliciedade.

12. Após alguns impasses federativos nos ordenamentos anteriores, a Constituição de 1988 instituiu um sistema nacional dos Tribunais de Contas, mediante o estabelecimento de uma normatividade sobre a fiscalização financeira que se irradia para Estados, Municípios e Distrito Federal. Essa vertente do federalismo nacional tem sido constantemente reforçada pelo Supremo Tribunal Federal, cuja construção jurisprudencial restringe as possibilidades de as unidades regionais e locais se afastarem do regime geral e inovarem em soluções para problemas comuns.

13. Já o controle externo das contas municipais apresenta uma particularidade importante e à qual pouco se confere relevo:

embora a competência para o seu exercício primário seja das Câmaras de Vereadores, ela depende do auxílio de órgão integrante da estrutura estadual. Em inúmeros assuntos, a atribuição da Corte estadual recai sobre as finanças municipais independente de qualquer intermediação do Poder Legislativo local, o que expande a possibilidade de os Municípios serem submetidos a uma tutela administrativa e política da esfera estadual, ainda que de maneira indireta e nem sempre ostensiva. Essa nota federativa recomenda que o exercício do controle externo das contas municipais seja manejado com redobrada cautela e prudência por parte dos Tribunais estaduais.

14. A inexistência de consenso quanto à natureza jurídica dos Tribunais de Contas no Brasil reflete a dificuldade de sua conciliação com uma teoria da separação funcional de poderes que se encontra desatualizada e ultrapassada. As instituições de *accountability* horizontal, contemporaneamente, desafiam a formulação clássica da divisão de funções estatais e demandam, para sua perfeita compreensão, uma aproximação teórica renovada. Com esse objetivo, cabe resgatar a teoria dos poderes neutrais, despojando-a das tendências autoritárias e antidemocráticas que lhe marcaram a origem. As notas que particularizam os "poderes neutrais" na paisagem institucional da atualidade e que guardam conexão com a função exercida pelos Tribunais de Contas são: (i) a legitimidade de sua autoridade repousa sobre a qualificação técnica (expertise) e a imparcialidade; (ii) o caráter não eletivo do provimento de seus titulares, afastando-os da dinâmica político-partidária; e (iii) o reconhecimento da independência que lhe assegure emancipação política.

15. A jurisdição constitucional no Brasil, especialmente na última década, contribuiu expressivamente para a afirmação institucional das Cortes de Contas, identificando-as como órgão constitucionais independentes e autônomos, que não guardam com qualquer dos poderes orgânicos do Estado relação de subordinação ou de hierarquia. O Supremo Tribunal Federal tem sido intransigente ao reconhecer garantias institucionais e subjetivas que resguardem a posição neutral e imparcial de tais órgãos.

16. Um dos aspectos mais sensíveis do desenho institucional dos Tribunais de Contas, cuja fragilidade e incoerência podem

balançar o seu reconhecimento como instituição neutral de democracia indireta, envolve os critérios de composição de suas instâncias deliberativas. A narrativa do livro demonstrou o histórico de resistência à implementação do modelo constitucional de partilha nas indicações na esfera subnacional, revelando que a heterogeneidade de suas organizações tem relação direta com a existência de forças externas dotadas de capacidade de influência a ponto de efetivamente dificultarem a concretização de um sistema de partilha intrapoder que lhes desagrada.

17. A politização das instâncias decisórias dos Tribunais de Contas é ainda facilitada pela fluidez e vagueza do texto constitucional quando estabelece os atributos para o provimento dos cargos de ministro e conselheiro. O emprego de conceitos jurídicos indeterminados, porém, não inviabiliza, em absoluto, a realização de controle a seu respeito. Nas hipóteses de nomeações situadas em zona de certeza negativa – em que a nomeação recai sobre indivíduo que seguramente não preenche os requisitos constitucionais –, a possibilidade de controle judicial é plena.

18. Os dois aspectos mais problemáticos atinentes aos requisitos para a nomeação de ministros e conselheiros são: (i) a exigência de "notório saber" em uma das ciências mencionadas no artigo 73, §2º, da CRFB, que vem sendo interpretada majoritariamente de maneira dissociada da exigência de qualificação profissional formal; e (ii) a aferição da "idoneidade moral e reputação ilibada", que tem sido desconstruído mediante argumentos vinculados à presunção de não culpabilidade. Nesse campo, que pode ser qualificado como o "calcanhar de Aquiles" do recrutamento dos membros dos Tribunais de Contas, há considerável margem de aperfeiçoamento a ser alcançado mediante simples avanço jurisprudencial, com o escrutínio mais rígido acerca dos requisitos constitucionais para o provimento dos cargos. O *self-restraint* nessa temática não contribui para o aperfeiçoamento do sistema de controle externo.

19. Ainda na linha de avanços que podem ser direcionados ao sistema de *accountability* financeira a partir de reavaliação da interpretação constitucional, destaca-se a incerteza quanto à posição institucional do Ministério Público que atua junto à Corte (MPC). A reiterada jurisprudência do STF sobre o

assunto, ao fixar o alcance da norma do artigo 130 da CRFB, revela-se absolutamente incoerente e contraditória, pois nega fisionomia institucional própria ao órgão e, paradoxalmente, ao mesmo tempo, supõe conferir aos seus membros garantias de índole subjetiva. Diante da relação simbiótica existente entre garantias institucionais e garantias subjetivas, o seu reconhecimento não pode ser realizado de maneira parcial, sob pena de simplesmente gerar incerteza e insegurança quanto à real identidade e essência do MPC, desestabilizando, portanto, o sistema de controle como um todo.

20. De acordo com o modelo previsto na CRFB, a intervenção dos Tribunais de Contas no ciclo de *accountability* das finanças públicas comporta divisão binária, que lhes reconhece o exercício de competências coadjuvantes – ou de suporte ao Poder Legislativo – em paralelo a competências autônomas. A mais relevante competência de suporte ao controle parlamentar consiste na emissão de parecer prévio a respeito das contas anualmente prestadas pela chefia do Poder Executivo. Trata-se de atribuição de natureza técnico-opinativa incidente sobre as denominadas contas de governo, ou seja, sobre os resultados gerais do exercício financeiro, com o exame detalhado a respeito de todos os aspectos da arrecadação de ingressos e da execução de despesas, retratando a situação financeira global do ente público.

21. O traço da natureza coadjuvante dos Tribunais de Contas também se faz presente em matéria contratual, coerente com uma percepção já cristalizada no constitucionalismo brasileiro segundo a qual a decisão sobre a sustação de contratos administrativos não deve se fundamentar exclusivamente em parâmetros de legalidade estrita. Nessa temática, privilegia-se inicialmente a fiscalização a cargo do órgão político, ao qual cabe avaliar, conforme critérios de conveniência e oportunidade, os benefícios e os prejuízos que poderão advir da sustação.

22. Apesar de o modelo de controle externo no país não priorizar a atuação da instituição de *accountability* como instância dotada de poder de veto, há situações em que esse tipo de intervenção conta com respaldo legal e jurisprudencial e, na prática, efetivamente implica significativa ingerência do órgão de controle sobre a atuação administrativa do Estado. Os dois campos de atuação dos Tribunais de Contas em que essa

característica se destaca associam-se ao poder geral de cautela e ao controle incidente sobre os editais de licitação, ambas hipóteses detalhadas pela legislação infraconstitucional e reafirmadas no âmbito da jurisdição constitucional.

23. Nada obstante a relevância da atuação administrativa em matéria de pessoal e sua repercussão para o cenário das finanças públicas, a forma como a Constituição de 1988 concebe a intervenção do órgão de controle nessa matéria é completamente anacrônica e inadequada, pois preserva uma atribuição predominantemente cartorária de registro que pouco contribui para a consolidação de uma cultura de controle voltado para a qualidade e para a performance da ação estatal. A função reservada aos Tribunais de Contas nesse aspecto pressupõe a análise individual e específica, um a um, dos atos administrativos de admissão de pessoal e de inativação de servidores, o que inevitavelmente se projeta para um volume inesgotável de processos administrativos e de rotinas burocráticas, consumindo tempo e energia que certamente seriam melhor aproveitados se dedicados a outras frentes de atuação.

24. Na realidade, esse assunto pode ser endereçado de maneira muito mais produtiva e eficaz se inserido no escopo de inspeções e auditorias, realizadas rotineiramente nos órgãos e entidades sujeitos à fiscalização. Apenas dessa forma é que se consegue obter verdadeiramente um retrato global a respeito da administração de pessoal em uma determinada estrutura administrativa, e é precisamente essa visão de conjunto que deve ser priorizada pelos organismos de controle.

25. Sob o influxo dos paradigmas modernos da Administração Pública, a atividade controladora do Estado vem sendo reorientada para a análise do desempenho e da performance das estruturas administrativas. É nesse contexto que assume especial relevância a competência atribuída às Cortes de Contas para realizarem inspeções e auditorias, nas quais acessam direta e concomitantemente a atuação estatal, fiscalizando *in loco* a implementação de medidas administrativas, sem filtragem de qualquer espécie.

26. As denominadas auditorias operacionais instrumentalizam exatamente a chamada *accountability* de *performance*. Seu enfoque prioritário não é a regularidade de determinada conduta em face de normas legais ou regulamentares

pré-estabelecidas; muito ao contrário, seu objetivo está na identificação de fatores e circunstâncias que podem estar comprometendo a implementação dos resultados legitimamente esperados pelos destinatários dos programas governamentais.

27. A marca distintiva entre as auditorias de conformidade e as auditorias de desempenho reside precisamente em que as primeiras são predominantemente adversariais, enquanto as segundas priorizam a lógica colaborativa e de cooperação. As auditorias de conformidade, ao se concentrarem na verificação da regularidade do comportamento do gestor público à luz das normas financeiras, contábeis, procedimentais etc., valorizam as consequências sancionatórias decorrentes dos erros e das irregularidades detectadas. As auditorias de performance seguem lógica diversa: valorizam o acerto, a busca pelo bom e satisfatório desempenho através do incremento de medidas cooperativas que tornam os atores do ciclo de *accountability* aliados e parceiros, e não adversários.

28. A matriz do controle externo financeiro na Constituição de 1988 estampa sua transcendência à apreciação da legalidade estrita da gestão pública ao se estender também ao controle de legitimidade e economicidade. No que tange ao controle de legalidade, o tema coloca em relevo a discussão quanto à subsistência do Enunciado nº 347 do STF, que autoriza os Tribunais de Contas, no exercício de suas competências constitucionais, a apreciarem a constitucionalidade de leis e atos normativos do poder público.

29. A postura que contesta o referido enunciado sumular inclina-se para o reconhecimento da supremacia judicial na tarefa hermenêutica da Constituição, evocando a necessidade de uma autoridade interpretativa centralizadora que possa fixar o seu sentido e alcance, em reforço à proeminência do Poder Judiciário na guarda da Constituição e no controle de constitucionalidade. Esse ponto de vista peca ao desconsiderar que o entendimento consolidado no Enunciado nº 347 do STF alinha-se à dinâmica dialógica da interpretação constitucional, combinando as perspectivas de variados atores de forma a se alcançar equilíbrio e maior amadurecimento em relação ao significado da Constituição.

30. A referência que a Constituição da República de 1988 faz à legitimidade e à economicidade como critérios informadores

do controle externo financeiro evoca imediatamente questões relacionadas à intervenção dos Tribunais de Contas em matérias sensíveis no campo das escolhas orçamentárias e da alocação de recursos para a implementação de políticas públicas. Em sistematização dos *standards* que devem guiar o exercício do controle externo financeiro nessa matéria, são propostas as seguintes diretrizes:

(vi) a postura das Cortes de Contas deve ser, usualmente, de deferência e respeito às decisões discricionárias e às soluções de mérito adotadas pela Administração Pública quanto à alocação de recursos públicos, aplicando-se, aqui, a regra geral de *autocontenção*;

(vii) deve ser enfatizada a função pedagógica e colaborativa dos órgãos de controle nesse campo, incorporando ao universo dos Tribunais de Contas ferramentas que favoreçam a interação construtiva e dialógica com as instâncias administrativas;

(viii) o descompasso entre as escolhas políticas projetadas na etapa de planejamento orçamentário e sua execução pela Administração Pública justifica que se excepcionalize a regra geral de autocontenção, autorizando-se que o controle a cargo dos Tribunais de Contas seja mais intenso, pautado na centralidade do orçamento;

(ix) quando a ilegitimidade da escolha administrativa for objetivamente aferível à luz dos dados extraídos das contas de governo e dos resultados de inspeções e auditorias, será possível à Corte de Contas atuar como *veto player*, inibindo, ainda que temporariamente, a ação administrativa;

(x) o eventual desacordo entre a visão do órgão de controle e a postura administrativa não autoriza que o Tribunal de Contas atue como administrador positivo, substituindo a decisão administrativa pela sua posição. Nesse caso, o descumprimento da determinação deliberada pela Corte resolve-se no âmbito de responsabilização do gestor, que se sujeita a sanções em sua esfera pessoal.

31. A possibilidade de os Tribunais de Contas realizarem controle sobre a atividade finalística das agências reguladoras suscita as perplexidades e as dificuldades próprias da sobreposição de instâncias de controle, agravando o fenômeno da *accountability overload*. A esse respeito, acentua-se novamente

a importância da perspectiva dialógica e colaborativa para pautar a interação entre Cortes de Contas e agências reguladoras, proporcionando o intercâmbio de informações, a contestação construtiva de pontos de vista e o aprendizado interinstitucional. É fundamental que as próprias agências reguladoras assimilem os benefícios que podem ser gerados a partir da visão externa dos Tribunais de Contas sobre o jogo regulatório, vislumbrando seus impactos positivos para o processo de tomada de decisão, para a redução da assimetria regulatória entre poder público e atores regulados e, principalmente, para favorecer a posição do usuário do serviço público.

32. A posição jurisprudencial que restringe a competência das Cortes de Contas para promoverem a execução de suas decisões apresenta-se como fator de inibição à efetividade da *accountability* das finanças públicas. Embora a condução do assunto no ambiente da jurisdição constitucional pudesse, em um primeiro plano, revelar-se mais promissora, o fato é que, atualmente, as chances de reversão do entendimento consolidado apresentam-se cada vez mais remotas, pois o posicionamento tradicional e restritivo da competência executiva foi em momento muito recente reafirmado pelo STF em sede de repercussão geral.

33. De maneira realista, portanto, considerando o cenário de curto e médio prazo, devem ser fortalecidas alternativas de alinhamento e aproximação entre os Tribunais de Contas e os órgãos fazendários de representação judicial mediante a celebração de acordos e de parcerias para a promoção de ações coordenadas que permitam o aprimoramento e o aumento da qualidade dos procedimentos judiciais de cobrança.

6.2 Encerramento

O cenário institucional exposto neste trabalho revela a existência de disfunções na atuação dos Tribunais de Contas de duas ordens distintas. Em alguns casos, os embaraços à efetividade do controle associam-se a práticas e fatores internos ao seu próprio ambiente institucional; em outros casos, os impasses decorrem de interferências externas, mais precisamente das relações travadas com os Poderes Executivo e Legislativo e de compreensões firmadas pelo Poder Judiciário. Há, portanto, fatores endógenos e fatores exógenos que repercutem criticamente sobre a efetividade do controle externo financeiro no Brasil.

As interferências externas envolvem precipuamente o modelo de recrutamento dos membros das instâncias decisórias. Como foi visto, acredita-se que expressivo aprimoramento pode ser obtido mediante simples avanço jurisprudencial, que perfilhe escrutínio mais rígido a respeito dos requisitos constitucionais exigidos para o provimento daqueles cargos. A aposta dirigida à contribuição do Poder Judiciário decorre da ausência de perspectiva quanto a iniciativas legislativas que busquem refletir, com profundidade, sobre o modelo de composição das Cortes de Contas. As proposições legislativas versando sobre o tema acabam recorrendo à fórmula do concurso público como a alternativa mais adequada para evitar a excessiva politização dos órgãos de controle externo, sem, contudo, amadurecer a reflexão em torno do seu perfil institucional.

Ainda no campo de avanços que podem ser produzidos a partir de revisões jurisprudenciais destacam-se as incertezas atinentes à posição institucional do Ministério Público de Contas – posição esta fortemente marcada por contradições e paradoxos – e a deficiência na capacidade de *enforcement* das decisões adotadas pelos Tribunais de Contas. Em ambos os casos, há sérias distorções geradas pela compreensão firmada pelo Supremo Tribunal Federal nos assuntos, razão por que, uma vez mais, reforça-se a importância de os temas serem revisitados pela jurisdição constitucional. Aqui, ao contrário do que ocorre no ponto relativo ao recrutamento dos membros – em que ao *self-restraint* judicial somam-se as práticas patrimonialistas do ambiente político –, a inibição para a maior efetividade da *accountability* decorre diretamente da interpretação constitucional.

Os impasses gerados pela pluralidade e pela superposição de agências de controle – *accountability overload* – é outro fator externo que deve ser endereçado quando se enfrentam os dilemas de adequação e ajuste dos Tribunais de Contas diante das exigências contemporâneas de boa administração pública. O culto ao controle muitas vezes desencoraja o gestor a pensar em soluções criativas para os problemas que enfrenta, tantos são os riscos que acaba por assumir. O excesso de controle, nesse sentido, pode caminhar na contramão da boa e eficiente administração. Para neutralizar esses efeitos adversos, devem ser privilegiadas ações concertadas e colaborativas entre as várias esferas de controle, fomentando o aprendizado e o intercâmbio institucional. As mais diversas instâncias de *accountability* precisam promover estratégias dialógicas que minimizem as contradições e as incoerências inevitavelmente produzidas quando múltiplos órgãos exercem autoridade sobre um mesmo campo de ação.

De outro lado, quanto aos fatores endógenos que repercutem criticamente sobre a efetividade do controle externo financeiro no país, destaca-se inicialmente a nota cartorária e formalista que ainda persiste na atuação de algumas Cortes de Contas, aliada a uma cultura fortemente sancionatória. O modelo de controle externo assentado em bases formalistas, burocráticas e repressivas encontra-se ultrapassado e não contribui para a concretização do direito fundamental à boa administração pública. Sua remodelagem passa pela importância das denominadas auditorias operacionais, em relação às quais deve ser conferido o papel de ferramenta precípua para o exercício da fiscalização financeira.

As auditorias operacionais voltam-se para a identificação de fatores e circunstâncias que interferem negativamente no desempenho da administração pública e, por seu intermédio, podem ser formuladas propostas de aperfeiçoamento visando a melhorar seu impacto na sociedade. Esse campo de atuação deve ser priorizado no ambiente institucional dos Tribunais de Contas precisamente porque rompe com a lógica burocrática e sancionatória, abrindo espaço para a busca do desempenho satisfatório da gestão pública por meio de medidas pedagógicas que tornam os atores do ciclo de *accountability* aliados e parceiros, e não adversários.

Por fim, e talvez esse seja o aspecto crucial para o fortalecimento da legitimidade da atuação dos Tribunais de Contas, é primordial que sejam pensadas estratégias para aproximá-los da sociedade civil, sujeitando-os, eles próprios, mais intensamente à *accountability*. Por uma questão de coerência, as Instituições Superiores de Controle devem ser as primeiras a se sujeitarem às exigências inerentes à prestação de contas quanto à extensão, ao conteúdo e à qualidade da atividade que exercem.

Nesse contexto, a interação com a sociedade civil deve liderar a pauta de reformulações internas ao funcionamento de tais instituições. O incremento dos níveis de transparência e visibilidade de suas ações é componente fundamental não apenas para o enfrentamento dos problemas relacionados à confiança e à credibilidade, mas também para intensificar o potencial da cidadania como protagonista do ciclo de controle da gestão dos recursos públicos. Tem-se, aqui, um processo de retroalimentação positiva entre Tribunais de Contas e cidadania que, inevitavelmente, está na base da vocação democrática da *accountability* das finanças públicas em prol do direito fundamental à boa administração.

Ao se cogitar do desenho institucional dos Tribunais de Contas no país, perfilhou-se uma abordagem de "pequena escala", que assume a maior parte condições iniciais da sua estrutura institucional, sem desconsiderar ajustes periféricos que podem ter profundas e significativas implicações para o seu desempenho. O reforço da sua vocação democrática e republicana não exige uma reestruturação de grande porte em suas características nucleares, mas passa necessariamente pelo enfrentamento de aspectos pontuais que ainda comprometem o reconhecimento de sua posição epicêntrica no sistema de controle financeiro. E é precisamente esse, a meu ver, o distanciamento que ainda marca o "ser" e o "dever ser" dos Tribunais de Contas no Brasil.

REFERÊNCIAS

ACKERMAN, Bruce. *A Nova Separação dos Poderes*. Tradução de Isabelle Maria Campos Vasconcelos e Eliana Valadares Santos. Rio de Janeiro: Lumen Juris, 2009.

AGUIAR DIAS, José; PINTO FALCÃO, Alcino. *Constituição Anotada*. Rio de Janeiro: José Konfino Editor, 1956. v. I.

AJENJO, José Antonio Fernández. *El control de las administraciones públicas y la lucha contra la corrupción*: especial referencia al Tribunal de Cuentas y a la Intervención General de la Administración del Estado. Pamplona: Thomson Reuters, 2011.

ALMINO, João. *Os democratas autoritários*: liberdades individuais, de associação política e sindical na constituinte de 1946. São Paulo: Brasiliense, 1980.

ALVES DE SOUZA, Luciano Brandão. A Constituição de 1988 e o Tribunal de Contas da União. *Revista de Informação Legislativa*, ano 26, n. 102, p. 173-184, abr./jun. 1989.

AMARAL, Diogo Freitas do. *Direito Administrativo*. Lisboa: Almedina, 1988. v. II.

ANDRADE MOTA, Ana Carolina Yoshida Hirano. *Accountability no Brasil*: os cidadãos e seus meios institucionais de controle dos representantes. 2006. Tese de Doutorado. Faculdade de Filosofia, Letras e Ciências Humanas – Departamento de Ciência Política da Universidade de São Paulo, São Paulo, 2006.

ARAGÃO, Alexandre Santos. *Agências Reguladoras e a Evolução do Direito Administrativo Econômico*. Rio de Janeiro: Forense, 2006.

ARAGÃO, Alexandre Santos. O controle da constitucionalidade pelo Supremo Tribunal Federal à luz da teoria dos poderes neutrais. *Revista de Direito da Procuradoria-Geral do Estado do Rio de Janeiro*, v. 57, p. 29-41, 2003.

ARATO, Andrew. Representation, Popular Sovereignty and Accountability. *In*: SMULOVITZ, C.; PERUZZOTTI, E. (Ed.). *Enforcing the rule of Law*: social accountability in the new Latin American democracies. Pittsburgh: University of Pittsburgh Press, 2006.

ARAUJO, Cícero. O Estado como parte da República. *DADOS – Revista de Ciências Sociais*, v. 55, n. 03, p. 569-606, 2012.

ARAUJO, Cícero. O processo constituinte brasileiro, a transição e o poder constituinte. *Lua Nova*, v. 88, p. 327-380, 2013.

ARGENTINA. *Constituição Nacional da República*. Disponível em: http://pdba.georgetown. edu/Constitutions/Argentina/argen94_e.html#title1firstdivisionch6. Acesso em: 07 jan. 2015.

ASSEMBLEIA NACIONAL CONSTITUINTE. *Anteprojeto da Comissão de Organização dos Poderes e Sistema de Governo*. Disponível em: http://www.camara.gov.br/internet/ constituicao20anos/DocumentosAvulsos/vol-104.pdf. Acesso em: 22 mar. 2015.

ASSEMBLEIA NACIONAL CONSTITUINTE. *Anteprojeto da Comissão do Sistema Tributário, Orçamento e Finanças*. Disponível em: http://www.camara.gov.br/internet/ constituicao20anos/DocumentosAvulsos/vol-145.pdf. Acesso em: 17 mar. 2015.

ASSEMBLEIA NACIONAL CONSTITUINTE. *Anteprojeto da Subcomissão do Poder Legislativo.* Disponível em: http://www.camara.gov.br/internet/constituicao20anos/ DocumentosAvulsos/vol-109.pdf. Acesso em: 22 mar. 2015.

ASSEMBLEIA NACIONAL CONSTITUINTE. *Anteprojeto do Relator da Subcomissão de Orçamento e Fiscalização Financeira.* Disponível em: http://www.camara.gov.br/internet/ constituicao20anos/DocumentosAvulsos/vol-151.pdf. Acesso em: 17 mar. 2015.

ASSEMBLEIA NACIONAL CONSTITUINTE. *Comissão de Sistematização. Anteprojeto de Constituição.* Disponível em: http://www.camara.gov.br/internet/constituicao20anos/ DocumentosAvulsos/vol-219.pdf. Acesso em: 27 mar. 2015.

ASSEMBLEIA NACIONAL CONSTITUINTE. *Comissão de Sistematização. Primeiro Substitutivo do Relator.* Disponível em: http://www.camara.gov.br/internet/ constituicao20anos/DocumentosAvulsos/vol-235.pdf. Acesso em: 27 mar. 2015.

ASSEMBLEIA NACIONAL CONSTITUINTE. *Comissão de Sistematização. Projeto de Constituição.* Disponível em: http://www.camara.gov.br/internet/constituicao20anos/ DocumentosAvulsos/vol-226.pdf. Acesso em: 27 mar. 2015.

ASSEMBLEIA NACIONAL CONSTITUINTE. *Comissão de Sistematização. Projeto de Constituição (A).* Disponível em: http://www.camara.gov.br/internet/constituicao20anos/ DocumentosAvulsos/vol-253.pdf. Acesso em: 31 mar. 2015.

ASSEMBLEIA NACIONAL CONSTITUINTE. *Comissão de Sistematização. Segundo Substitutivo do Relator.* Disponível em: http://www.camara.gov.br/internet/ constituicao20anos/DocumentosAvulsos/vol-242.pdf. Acesso em: 27 mar. 2015.

ASSEMBLEIA NACIONAL CONSTITUINTE. *Emendas ao Anteprojeto do Relator da Subcomissão de Orçamento e Fiscalização Financeira.* Disponível em: http://www.camara.gov. br/internet/constituicao20anos/DocumentosAvulsos/vol-152.pdf. Acesso em: 24 mar. 2015.

ASSEMBLEIA NACIONAL CONSTITUINTE. *Emendas oferecidas ao Substitutivo do Relator da Comissão da Organização dos Poderes e Sistema de Governo.* Disponível em: http://www. camara.gov.br/internet/constituicao20anos/DocumentosAvulsos/vol-102.pdf. Acesso em: 24 mar. 2015.

ASSEMBLEIA NACIONAL CONSTITUINTE. *Projeto de Constituição (B).* Disponível em: http://www.camara.gov.br/internet/constituicao20anos/DocumentosAvulsos/vol-299. pdf. Acesso em: 31 mar. 2015.

ASSEMBLEIA NACIONAL CONSTITUINTE. *Projeto de Constituição (B). Emendas Oferecidas em Plenário.* Disponível em: http://www.camara.gov.br/internet/constituicao20anos/ DocumentosAvulsos/vol-301.pdf. Acesso em: 31 mar. 2015.

ASSEMBLEIA NACIONAL CONSTITUINTE. *Substitutivo do Relator da Comissão da Organização dos Poderes e Sistema de Governo.* Disponível em: http://www.camara.gov.br/ internet/constituicao20anos/DocumentosAvulsos/vol-101.pdf. Acesso em: 24 mar. 2015.

ATALIBA, Geraldo. *República e Constituição.* 2. ed. São Paulo: Malheiros, 2004.

AVRITZER, L.; FILGUEIRAS, F. (Org.). *Corrupção e sistema político no Brasil.* Rio de Janeiro: Civilização Brasileira, 2011.

BANDEIRA DE MELLO, Celso Antonio. *Curso de Direito Administrativo.* 19. ed. São Paulo: Malheiros, 2006.

BANDEIRA DE MELLO, Oswaldo Aranha. *Princípios gerais de direito administrativo.* 2. ed. Belo Horizonte: Forense, 1979.

BARBALHO, João. *Constituição Federal Brazileira*: comentários. Rio de Janeiro: Litho-typographia, 1902.

BARBOSA, Ruy. *Commentários à Constituição Federal Brasileira*. São Paulo: Saraiva & Cia, 1934. v. VI.

BARBOSA, Ruy. *Relatório do Ministro da Fazenda*. Rio de Janeiro: Imprensa Oficial, 1891.

BARCELLOS, Ana Paula de. *A Eficácia Jurídica dos Princípios Constitucionais*. Rio de Janeiro: Renovar, 2002.

BARCELLOS, Ana Paula de. Constitucionalização das políticas públicas em matéria de direitos fundamentais: o controle político-social e o controle jurídico no espaço democrático. *Revista de Direito do Estado*, v. 01, n. 03, p. 17-54, jul./set. 2006.

BARRETO, Pedro Humberto Teixeira. *O sistema tribunal de contas e instituições equivalentes*: um estudo comparativo entre o modelo brasileiro e o da União Europeia. Rio de Janeiro: Renovar, 2004.

BARROSO, Luís Roberto. Agências Reguladoras. Constituição, Transformações do Estado e Legitimidade Democrática. *In*: MOREIRA NETO, Diogo de Figueiredo (Coord.). *Uma Avaliação das Tendências Contemporâneas do Direito Administrativo*. Rio de Janeiro: Renovar, 2003.

BARROSO, Luís Roberto. Da falta de efetividade à judicialização excessiva: direito à saúde, fornecimento gratuito de medicamentos e parâmetros para atuação judicial. *In*: *Temas de Direito Constitucional*. Rio de Janeiro: Renovar, 2009. v. IV, p. 217-256.

BARROSO, Luís Roberto. *O controle de constitucionalidade no Direito Brasileiro*. 5. ed. São Paulo: Saraiva, 2011.

BARROSO, Luís Roberto. Tribunais de Contas: algumas incompetências. *Revista de Direito Administrativo*, v. 203, jan./mar. 1996.

BARROSO, Magdaleno Girão. *O Brasil Constituinte e a Constituição de 1988*: um depoimento ao vivo para a História. Brasília: [s.n.], 1993.

BATEUP, Christine. *The Dialogical Promise*: assessing the normative potential of theories of constitutional dialogue. New York University School of Law: Public Law & Legal Theory Research Paper Series, Working Paper n. 05-24, Nov. 2005. Disponível em: http://ssrn.com/abstract=852884. Acesso em: 13 set. 2012.

BAUME, Sandrine. De l'usage des pouvoirs neutres. *Pouvoirs*, v. 143, n. 04, p. 17-27, 2012.

BEAUD, Olivier. La multiplication des pouvoirs. *Pouvoirs*, v. 143, n. 04, p. 47-59, 2012.

BEHN, Robert D. O novo paradigma da gestão pública e a busca da accountability democrática. *Revista do Serviço Público*, n. 49, p. 05-45, 1998.

BEHN, Robert D. *Rethinking democratic accountability*. Washington: Brooking Institution Press, 2001.

BELLAMY, Richard. The Republic of Reasons: Public Reasoning, Depoliticization and Non-Domination. *In*: BESSONS, D; MARTI, J.L. (Ed.). *Legal Republicanism*: National and International Perspectives. Oxford: Oxford University, 2009. p. 102-120.

BERCOVICI, Gilberto. Carl Schmitt, o Estado total e o guardião da Constituição. *Revista Brasileira de Direito Constitucional*, n. 01, p. 195-201, jan./jun. 2003.

BERLIN, Isaiah. Dois conceitos de liberdade. *In*: HARDY, H.; HAUSHEER, R. (Org.). *Isaiah Berlin*: estudos sobre a humanidade. São Paulo: Companhia das Letras, 2002.

BIGNOTTO, Newton (Org.). *Pensar a República*. Belo Horizonte: Ed. UFMG, 2000.

BINENBOJM, Gustavo. *A Nova Jurisdição Constitucional Brasileira*: legitimidade democrática e instrumentos de realização. 3. ed. Rio de Janeiro: Renovar, 2010.

BINENBOJM, Gustavo. *Uma teoria do direito administrativo*: direitos fundamentais, democracia e constitucionalização. Rio de Janeiro: Renovar, 2006.

BLANCO, Alejandro Vergara; URBINA, Francisco Zuñiga. Contrapunto sobre el rol de la Controladoría General de da República. *Revista Chilena de Derecho*, v. 35, n. 02, p. 393-398, mayo-ago. 2008. Disponível em: http://www.jstor.org/stable/41614206. Acesso em: 19 jan. 2015.

BLANCO, Ángel Sánchez. Marcos de mejora de la calidad de las administraciones públicas. *In*: RODRIGUEZ, C.M.A.; RODRIGUEZ, F.G. (Org.). *El derecho a una buena administración y la ética pública*. Valencia: Tirant lo blanch, 2011. *Kindle Edition*, posições 2.010-2.509.

BONAVIDES, Paulo. *Do Estado Liberal ao Estado Social*. 7. ed. São Paulo: Malheiros, 2001.

BONAVIDES, Paulo; ANDRADE, Paes de. *História Constitucional do Brasil*. Rio de Janeiro: Paz e Terra, 1991.

BOROWIAK, Craig T. *Accountability and Democracy*: the pitfalls and promise of popular control. New York: Oxford University Press, 2011.

BOUSTA, Rhita. Contribution à une définition de l'ombudsman. *Revue Française d'Administration Publique*, Paris, v. 123, n. 03, p. 387-397, 2007.

BOUSTA, Rhita. *Essai sur la notion de bonne administration em droit public*. Paris: L'Hartmattan, 2010.

BOUVIER, Michel (Org.). *La nouvelle administration financière et fiscale*. Paris: LGDL, 2011.

BOVENS, M.; SCHILLEMANS, T. Meaningful accountability. *In*: BOVENS, M.; SCHILLEMANS, T.; GOODIN, R. (Ed.). *The Oxford Handbook of Public Accountability*. Oxford: Oxford University Press, 2014. *Kindle Edition*, posições 17325-17568.

BOVENS, M.; SCHILLEMANS, T.; GOODIN, R. Public Accountability. *In*: BOVENS, M.; SCHILLEMANS, T.; GOODIN, R. (Ed.). *The Oxford Handbook of Public Accountability*. Oxford: Oxford University Press, 2014. *Kindle Edition*, posições 230-760.

BOVENS, Mark. Two concepts of accountability: accountability as a virtue and as a mechanism. *West European Politics*, v. 33, n. 5, p. 946-967, 2010.

BRANDÃO, Rodrigo. *Supremacia judicial* versus *diálogos constitucionais*: a quem cabe a última palavra sobre o sentido da Constituição? Rio de Janeiro: Lumen Juris, 2012.

BRESSER-PEREIRA, Luiz Carlos. *Democracy and Public Management Reform*: building the republican state. Oxford: Oxford University Press, 2004.

BRESSER-PEREIRA, Luiz Carlos. Uma nova gestão para um novo Estado: liberal, social e republicano. *Revista do Serviço Público*, ano 52, n. 01, p. 5-24, jan./mar. 2001.

BRITTO, Carlos Ayres. O Regime Constitucional dos Tribunais de Contas. *In*: SOUSA, Alfredo José de (Org.). *Novo Tribunal de Contas – órgão protetor dos direitos fundamentais*. 3. ed. Belo Horizonte: Fórum, 2005.

CAMBY, Jean-Pierre. La commission des finances: du contrôle à l' évaluation. *Revue Française de Finances Publiques*, n. 113, p. 45-52, fév. 2011.

CAMPOS, Anna Maria. *Accountability*: quando poderemos traduzi-la para o português? *Revista de Administração Pública*, n. 24, p. 30-50, fev./abr. 1990.

CAMPOS, Francisco. *Direito Constitucional*. Rio de Janeiro: Freitas Bastos, 1956. v. II.

CANOTILHO, José Joaquim Gomes. *Direito Constitucional e Teoria da Constituição*. 4. ed. Coimbra: Almedina, 1998.

CANOTILHO, José Joaquim Gomes. Tribunal de Contas como instância dinamizadora do princípio republicano. *Revista do Tribunal de Contas de Portugal*, n. 49, p. 23-39, jan./ jun. 2008.

CARDOSO, Sergio (Org.). *Retorno ao republicanismo*. Belo Horizonte: Ed. UFMG, 2004.

CARL, Sabine. Toward a Definition and a Taxonomy of Public Sector Ombudsmen. *Canadian Public Administration*, v. 55, n. 02, p. 203 *et seq.*, jun. 2012.

CARVALHO FILHO, José dos Santos. *Manual de Direito Administrativo*. 25. ed. São Paulo: Atlas, 2012.

CASSESE, Sabino. *Il diritto alla buona amministrazione*. 2009. Disponível em: http://www. irpa.eu/wp-content/uploads/2011/05/Diritto-alla-buona-amministrazione-barcellona-27-marzo.pdf. Acesso em: 08 set. 2014.

CHEEMA, G. Shabbir. *Building Democratic Institutions*: Governance Reform in Developing Countries. Bloomfield: Kumarian Press, 2005.

CHILE, Constituição Política da República do. Disponível em: http://www.constitution. org/cons/chile.htm. Acesso em: 15 jan. 2015.

CITTADINO, Gisele. *Pluralismo, Direito e Justiça Distributiva*: Elementos da Filosofia Constitucional Contemporânea. Rio de Janeiro : Lumen Juris, 1999.

COHEN, Alain-Gérard. *Contrôle interne et audit publics*. Paris: LGDJ, 2008.

COMA, Martín Bassols. El principio de buena administración y la función fiscalizadora del Tribunal de Cuentas. *In: El Tribunal de Cuentas en España*, 1982. v. 1, p. 263-286.

COMISSÃO PROVISÓRIA DE ESTUDOS CONSTITUCIONAIS. Anteprojeto de Constituição. *Diário Oficial da República Federativa do Brasil*. Suplemento Especial ao n. 185, 26 set. 1986. Disponível em: http://www.senado.gov.br/publicacoes/anais/constituinte/ AfonsoArinos.pdf. Acesso em: 16 mar. 2015.

CONSTANT, Benjamin. *Principes de politique*. Paris: Guillaumin, 1872. Disponível em: www.unmondelibre.org. Acesso em: 13 set. 2014.

CONSTITUIÇÃO DO BRASIL DE 1967. *Anais...* Disponível em: http://www.senado.leg. br/publicacoes/anais/pdf/Anais_Republica/1967/1967%20Livro%206.pdf. Acesso em: 11 mar. 2015.

CORRÊA, Izabela Moreira. Sistema de integridade: avanços e agenda de ação para a Administração Pública Federal. *In*: AVRITZER, L.; FILGUEIRAS, F. (Org.). *Corrupção e sistema político no Brasil*. Rio de Janeiro: Civilização Brasileira, 2011. p. 163-190.

COSTA, Antonio França da. Termo de ajustamento de gestão: busca consensual de acerto na gestão pública. *Revista TCEMG*, jul./set. 2014. Disponível em: revista.tce.mg.gov.br/ Content/Upload/Materia/2824.pdf. Acesso em: 21 fev. 2016.

CUELLAR, Leila. *As Agências Reguladoras e Seu Poder Normativo*. São Paulo: Dialética, 2001.

CUNHA, Daniela Zago. Controle de políticas públicas pelos tribunais de contas: tutela da efetividade dos direitos e deveres fundamentais. *Revista Brasileira de Políticas Públicas*, Brasília, v. 01, n. 02, p. 111-147, jul./dez. 2011.

CUNHA, Daniela Zago. Um breve diagnóstico sobre a utilização dos termos de ajustamento de gestão pelos Tribunais de Contas estaduais. *Interesse Público – IP*, ano 10, n. 51, set./out. 2009.

DAHL, Robert. *Poliarquia*: participação e oposição. Tradução de Celso Mauro Paciornik. São Paulo: Ed. Universidade de São Paulo, 1997.

DAROCA, Eva Desdentado. *Los problemas del control judicial de la discrecionalidad técnica*: un estudio crítico de la jurisprudencia. Madri: Civitas, 1997.

DE ARAUJO, José Cesar Manhães. *Controle da atividade administrativa pelo Tribunal de Contas na Constituição de 1988*. Curitiba: Juruá, 2010. p. 200 *et seq.*

DE ROURE, Agenor. *A Constituinte Republicana*. Rio de Janeiro: Imprensa Nacional, 1920. Volume Primeiro.

DEBRAY, Régis. *La república explicada a mi hija*. Edición en español en 1999. Disponível em: http://sanzavamuel.com.ar/download/jurisprudencia%20leyes%20y%20doctrinas/DOCTRINA%20NACIONAL/La%20Republica%20explicada%20a%20mi%20hija.pdf . Acesso em: 31 ago. 2014.

DESCAMPS, Florence. La cour dês comptes et le contrôle financier des administrations publiques: histoire d'une tentation, histoire d'une tentative (1914-1940). *Revue Française D'administration Publique*, v. 124, n. 04, p. 659-672, 2007.

DESCHEEMAEKER, Christian. *La Cour des comptes*. Paris: La documentation française, 2005.

DI PIETRO, Mari Sylvia Zanella. O direito administrativo brasileiro sob influência dos sistemas de base romanística e da common law. *Revista Brasileira de Direito Público – RBDP*, n. 16, ano 5, jan./mar. 2007.

DI PIETRO, Maria Sylvia Zanella. O papel dos tribunais de contas no controle dos contratos administrativos. *Interesse Público*, Belo Horizonte, ano 15, n. 82, nov./dez. 2013.

DIDIER JUNIOR, Fredie; BOMFIM, Daniela Santos. A colaboração premiada como negócio jurídico processual atípico nas demandas de improbidade administrativa. *Revista de Direito Administrativo & Constitucional*, Belo Horizonte, ano 17, n. 67, p. 105-120, jan./mar. 2017.

DÓRIA, A. Sampaio. *Direito Constitucional*. São Paulo: Max Limonad, 1960. v. 2º.

DOSIÈRE, René. Le contrôle ordinaire. *Pouvoirs*, v. 134, n. 03, p. 37-46, 2010.

DROMI, Roberto. *Modernización del control publico*. Madrid: Hispania Libros, 2005.

DUARTE, José. *A Constituição Brasileira de 1946*: exegese dos textos à luz dos trabalhos da Assembleia Constituinte. Rio de Janeiro: Imprensa Nacional, 1947.

DUHAMEL,O.; GUILLAUME, M.; ZALC, C. *Le contrôle parlementaire*. Paris: Éditions du Seuil, 2010.

DYE, K; STAPENHURST, R. *Pillars of Integrity*: The Importance of Supreme Audit Institutions in Curbing Corruption. Washington: The Economic Development Institute of the World Bank, 1998.

FAGUNDES, Seabra. Reformas essenciais ao aperfeiçoamento das instituições políticas brasileiras. *Revista de Direito Administrativo – RDA*, Belo Horizonte, dez. 2013. Edição comemorativa 2014. Disponível em: http://www.bidforum.com.be/bid/PDI0006. aspx?pdiCntd=98311. Acesso em: 21 out. 2014.

FALZONE, Guido. *Il dovere di buona amministrazione*. Milão: A. Giuffre, 1953.

FEARON, James D. Electoral Accountability and the Control of the Politicians: Selecting Good Types versus Sanctioning Poor Performance. *In*: PRZEWORSKI, A; STOKES, S.; MANIN, B. (Ed.). *Democracy, Accountability, and Representation*. New York: Cambridge University Press, 1999. p. 55-97.

FELDMAN, Jean-Philippe. Le constitutionnalisme selon Benjamin Constant. *Revue Française de Droit Constitutionnel*, n. 76, p. 675-702, 2008.

FEREJOHN, John. Accountability and Authority: toward a theory of political accountability. *In*: PRZEWORSKI, A; STOKES, S.; MANIN, B. (Ed.). *Democracy, Accountability, and Representation*. New York: Cambridge University Press, 1999. p. 131-153.

FERRARI, Sergio. *Constituição Estadual e Federação*. Rio de Janeiro: Lumen Juris, 2003.

FERRAZ, Anna Candida da Cunha. *Poder Constituinte do Estado-membro*. São Paulo: Ed. Revista dos Tribunais, 1979.

FERRAZ, Luciano. Modernização da Administração Pública e Auditorias de Programa. *Revista Brasileira de Direito Público – RBDP*, Belo Horizonte, ano 1, n. 02, p. 133-139, jul./ set. 2003.

FERRAZ, Luciano. Termo de Ajustamento de Gestão (TAG): do sonho à realidade. *Revista Brasileira de Direito Público – RBDP*, Belo Horizonte, ano 8, nº 31, p. 43-50, out./dez. 2010.

FIGUEIREDO, Argelina Cheibub. Instituições e Política no Controle do Executivo. *DADOS – Revista de Ciências Sociais*, v. 44, n. 04, p. 689-727, 2001.

FIGUEIREDO, Lucia Valle. Competência dos Tribunais Administrativos para Controle de Inconstitucionalidade. *Interesse Público*, Belo Horizonte, ano 6, n. 24, mar./abr. 2004.

FILGUEIRAS JÚNIOR, Marcus Vinicius. *Conceitos Jurídicos Indeterminados e Discricionariedade Administrativa*. Rio de Janeiro: Lumen Juris, 2007.

FILGUEIRAS, Fernando. República, Confiança e Sociedade. *DADOS – Revista de Ciências Sociais*, v. 50, n. 04, p. 863-897, 2007.

FISHER, Louis. *Constitutional dialogues*: interpretation as a political process. New Jersey: Princeton University Press, 1988.

FLEINER-GERSTER, Thomas. *Teoria Geral do Estado*. Tradução de Marlene Holzhausen. São Paulo: Martins Fontes, 2006.

FONTANA, Biancamaria. *The roots of a long tradition*. UNESCO Courier, jun. 1996. Disponível em: http://www.questia.com/read/1G1-18693530/the-roots-of-a-long-tradition. Acesso em: 14 jul. 2014.

FONTES, Helenilson Cunha. Controle e avaliação dos gastos públicos. *In*: DI PIETRO, M. S.; SUNDFELD, C. A. (Org.). *Direito Administrativo*. São Paulo: Editora Revista dos Tribunais, 2012. v. III, p. 767-784.

FOUQUET, Annie. L'évaluation des politiques publiques: concepts et enjeux. *In*: TROSA, Sylvie (Coord.). *Évaluer les politiques publiques pour améliorer l' action publique*: une perspective internationale. Paris: IGPDE, 2009. p. 21-33.

FREITAS, Juarez. *Discricionariedade administrativa e o direito fundamental à boa administração pública*. 2. ed. São Paulo: Malheiros, 2009.

FREITAS, Juarez. O controle de constitucionalidade pelo Estado-Administração. *A&C – Revista de Direito Administrativo & Constitucional*, Belo Horizonte, ano 10, n. 40, abr./jun. 2010.

FURTADO, José de Ribamar Caldas. Os regimes de contas públicas: contas de governo e contas de gestão. *Revista do Tribunal de Contas da União*, n. 109, p. 61/89, maio/ago. 2007. Disponível em: http://revista.tcu.gov.br/ojsp/index.php/RTCU/article/download/438/488. Acesso em: 13 out. 2015.

GAILMARD, Sean. Accountability and a principal-agent theory. *In*: BOVENS, M.; SCHILLEMANS, T.; GOODIN, R. (Ed.). *The Oxford Handbook of Public Accountability*. Oxford: Oxford University Press, 2014. *Kindle Edition*, posições 2.591-3.020.

GARCÍA DE ENTERRÍA, Eduardo. *As transformações da justiça administrativa*: da sindicabilidade restrita à plenitude jurisdicional. Uma mudança de paradigma? Tradução de Fabio Medina Osório. Belo Horizonte: Fórum, 2010.

GARCÍA DE ENTERRÍA, Eduardo; FERNANDEZ RODRÍGUEZ, Tomás-Rámon. *Curso de Derecho Administrativo*. Madrid: Civitas, 1997.

GARDBAUM, Stephen. O Novo Modelo de Constitucionalismo da Comunidade Britânica. *In*: BIGONHA, Antonio Carlos Alpino; MOREIRA, Luiz (Org.). *Legitimidade da Jurisdição Constitucional*. Rio de Janeiro: Lumen Juris, 2010. p. 159-221.

GIL, José Luis Meilán. Una construcción jurídica de la buena administración. *A&C – Revista de Direito Administrativo & Constitucional*, ano 13, n. 54, p. 13-44, out./dez. 2013.

GOMES, José Jairo. *Direito Eleitoral*. 11. ed. São Paulo: Atlas, 2015.

GOODHART, Michael. Accountable international relations. *In*: BOVENS, M.; SCHILLEMANS, T.; GOODIN, R. (Ed.). *The Oxford Handbook of Public Accountability*. Oxford: Oxford University Press, 2014.

GOODIN, Robert (Org.). *Teoría del diseño institucional*. Barcelona: Gedisa Editorial, 2003.

GRAÑA, François. *Diálogo social y gobernanza en la era del 'Estado mínimo'*. Montevideo: CINTERFOR-OIT, 2005.

GREILING, Dorothea. Accountability and trust. *In*: BOVENS, M.; SCHILLEMANS, T.; GOODIN, R. (Ed.). *The Oxford Handbook of Public Accountability*. Oxford: Oxford University Press, 2014. *Kindle Edition*, posições 15981-16357.

GUERRA, Sergio. *Controle Judicial dos Atos Regulatórios*. Rio de Janeiro: Lumen Juris, 2005.

GUIMARÃES, Fernando Vernalha. *O Direito Administrativo do Medo*: a crise da ineficiência pelo controle. Disponível em: http//www.direitodoestado.com.br/colunistas/fernando-vernalha-guimaraes. Acesso em: 31 jan. 2016.

GUIMARÃES, Juarez. Sociedade Civil e Corrupção: crítica à razão liberal. *In*: AVRITZER, L.; FILGUEIRAS, F. (Org.). *Corrupção e sistema político no Brasil*. Rio de Janeiro: Civilização Brasileira, 2011. p. 83-96.

GURZA LAVALLE, Adrian; VERA, Ernesto Isunza. A trama da crítica democrática: da participação à representação e à accountability. *Lua Nova*, n. 84, p. 95-139, 2011.

HABERMAS, Jürgen. *Direito e democracia* – entre facticidade e validade. Tradução de Flavio Beno Siebeneichler. Rio de Janeiro: Tempo Brasileiro, 1997. v. I.

HALACHMI, Arie. Accountability overloads. *In*: BOVENS, M.; SCHILLEMANS, T.; GOODIN, R. (Ed.). *The Oxford Handbook of Public Accountability*. Oxford: Oxford University Press, 2014. *Kindle Edition*, posições 14482-14838.

HAURIOU, Maurice. *Principes de droit public*. Paris: Éditions Dalloz, 2010.

HEILBRUNN, John. Anti-corruption Comissions. *In*: STAPENHURST, F; JOHNSTON, N.; PELIZZO, R. (Ed.). *The Role of Parliaments in Curbing Corruption*. Washington: WBI development studies, 2006. p. 135-148.

HONOHAN, Iseult. *Civic Republicanism*. London: Routledge, 2002.

HORTA, Raul Machado. Problemas do Federalismo. *In*: HORTA, R.M *et al*. *Perspectivas do Federalismo Brasileiro*. Belo Horizonte: Revista Brasileira de Estudos Políticos, 1958.

INTOSAI. *Declaração do México sobre a Independência das Entidades Fiscalizadoras Superiores*. 2007. Disponível em: http://www.intosai.org/fileadmin/downloads/downloads/4_documents/publications/span_publications/S_Lima_Mexico_2013.pdf. Acesso em: 30 jul. 2014.

JACQUE, Jean-Paul. Le droit à une bonne administration dans la charte des droits fondamentaux de l'Union Européenne. *Revue Française D'Administration Publique*, n. 137-138, p. 79-83, 2011.

JOHNSTON, Michael. A Brief History of Anticorruption Agencies. *In*: SCHEDLER, A.; DIAMOND, L; PLATTNER, M. (Ed.). *The Self-Restraining State*: power and accountability in new democracies. London: Lynne Rienner Publishers, 1999. p. 217-226.

JUSTEN FILHO, Marçal. *Curso de Direito Administrativo*. 7. ed. Belo Horizonte: Fórum, 2011.

JUSTEN FILHO, Marçal. *O Direito das Agências Reguladoras Independentes*. São Paulo: Dialética, 2002.

KEANE, John. *A Vida e a Morte da Democracia*. Tradução de Clara Colloto. São Paulo: Edições 70, 2010.

KENNEY, Charles D. Horizontal Accountability: concepts and conflicts. *In*: MAINWARING, S; WELNA, C. (Ed.). *Democratic Accountability in Latin America*. Oxford: Oxford University Press, 2003. p. 55-76.

KENNEY, Charles D. *Reflections on Horizontal Accountability*: democratic legitimacy, majority parties and democratic stability in Latin America. Disponível em: http://www3.nd.edu/~kellogg/faculty/research/pdfs/Kenney.pdf. Acesso em: 16 jul. 2014.

KOPPELL, Jonathan. Accountable Global Governance Organizations. *In*: BOVENS, M.; SCHILLEMANS, T.; GOODIN, R. (Ed.). *The Oxford Handbook of Public Accountability*. Oxford: Oxford University Press, 2014.

KRAMER, Larry D. *The People Themselves*: Popular Constitutionalism and Judicial Review. New York: Oxford University Press, 2004.

LAVIÉ, Humberto Quiroga. *La situación institucional de la Auditoria General de la Nación*. Disponível em: www.quirogalaviebras.com.ar/organizacion. Acesso em: 06 jan. 2015.

LEAL, Vitor Nunes. A divisão de poderes no quadro político da burguesia. *In*: CAVALCANTI, T.; MEDEIROS SILVA, C.; LEAL, V.N. *Cinco estudos*. Rio de Janeiro: Fundação Getúlio Vargas, 1955. p. 93-113.

LEAL, Vitor Nunes. *Coronelismo, Enxada e Voto*: o município e o regime representativo no Brasil. 3. ed. Rio de Janeiro: Nova Fronteira, 1997.

LEITE, Fabio Carvalho. *1891*: A Construção da Matriz Político-Institucional da República no Brasil. 2003. Dissertação de Mestrado apresentada ao Programa de Pós-Graduação em Direito da Pontifícia Universidade Católica do Rio de Janeiro. Disponível em: http://www.maxwell.lambda.ele.puc-rio.br/Busca_etds.php?strSecao=resultado&nrSeq=3880@1. Acesso em: 12 set. 2013.

LEMOS, Leany B.; POWER, Timothy J. Determinantes do Controle Horizontal em Parlamentos Reativos: o caso do Brasil. *Dados – Revista de Ciências Sociais*, v. 56, n. 02, p. 383-412, 2013.

LEWANDOWSKI, Enrique Ricardo. Reflexões em torno do princípio republicano. *Revista da Faculdade de Direito da Universidade de São Paulo*, v. 100, p. 189-200, jan./dez. 2005.

LIZANA, Eduardo Aldunate. La evolución de la función de control de la Controladoría General de la República. *Revista de Derecho da la Pontificia Universidad Católica de Valparaíso*. 2005. Disponível em: www.rdpucv.cl/index.php/rderecho/article/view/591/559. Acesso em: 15 jan. 2015.

LOEWENSTEIN, Karl. *Teoría de la Constitución*. Traducción y estudio sobre la obra por Alfredo Gallego Anabitarte. Barcelona: Editorial Ariel S.A, 1970.

LOPES, Alfredo Cecilio. *Ensaio sobre o Tribunal de Contas*. São Paulo: Gráfica São José, 1947.

LOPES, Julio Aurélio Vianna (Org.). *O papel republicano das instituições de Direito*: Judiciário, Defensoria Pública, Ministério Público e Tribunal de Contas. Rio de Janeiro: Fundação Casa de Rui Barbosa, 2010.

LOUREIRO, M.R.; TEIXEIRA, A.A.C.; MORAES, T.C. Democratização e reforma do Estado: o desenvolvimento institucional dos tribunais de contas no Brasil recente. *Revista de Administração Pública – RAP*, v. 43, p. 739-772, jul./ago. 2009.

LOUREIRO, M.R.; TEIXEIRA, A.A.C.; PRADO, O. Construção de Instituições Democráticas no Brasil Contemporâneo: transparência das contas públicas. *O&S*, v. 15, n. 47, p. 107-119, out./dez. 2008.

MAGALHÃES, Roberto Barcellos de. *A Constituição Federal de 1967 anotada*. Rio de Janeiro: José Konfino Editor, 1967. t. I.

MAGNET, Jacques. *La Cour des comptes*. 5e. éd. Paris: Berger-Levrault, 2001.

MAINWARING, Scott. Introduction: Democratic Accountability in Latin America. *In*: MAINWARING, S; WELNA, C. (Ed.). *Democratic Accountability in Latin America*. Oxford: Oxford University Press, 2003. p. 3-33.

MALLEN, Beatriz Tomás. *El derecho fundamental a una buena administración*. Madrid: Instituto Nacional de Administración Pública, 2004.

MANGABEIRA, João. *Em torno da Constituição*. São Paulo: Cia. Editora Nacional, 1934.

MANIN, Bernard. *Los principios del gobierno representativo*. Madrid: Alianza, 1999.

MARAVALL, José María. Accountability and Manipulation. *In*: PRZEWORSKI, A; STOKES, S.; MANIN, B. (Ed.). *Democracy, Accountability, and Representation*. New York: Cambridge University Press, 1999. p. 154-196.

MARTÍNEZ-COUSINOU, Gloria; ANDERSSON, Staffan. El control institucional de la corrupción: un marco analítico para su estudio. *Revista CLAD de Reforma y Democracia.* Caracas, n. 43, feb. 2009. Disponível em: http://old.clad.org/portal/publicaciones-del-clad/revista-clad-reforma-democracia/articulos/043-febrero-2009-1/. Acesso em: 11 set. 2014.

MASCARENHAS, Michel. *Tribunais de Contas e Poder Judiciário:* o sistema jurisdicional adotado no Brasil e o controle judicial sobre atos dos tribunais de contas. São Paulo: Conceito Editorial, 2011.

MAURER, Helmut. *Direito Administrativo Geral.* 14. ed. Tradução de Luís Afonso Heck. Barueri: Manole, 2006.

MAURÍCIO JÚNIOR, Alceu. *A revisão judicial das escolhas orçamentárias:* a intervenção judicial em políticas públicas. Belo Horizonte: Fórum, 2009.

MAZZILLI, Hugo Nigro. Os membros do Ministério Público junto aos Tribunais de Contas. *In: Licitações e Contratos Administrativos:* Uma visão atual à luz dos Tribunais de Contas. Curitiba: Juruá, 2007.

Mc.CUBBINS, M.; SCHWARTZ, T. Congressional Oversight Overlooked: Police Patrol versus Fire Alarms. *American Journal of Political Science*, v. 28, n.1, p. 165-179, 1984.

McCORMICK, John. *Machiavellian Democracy.* New York: Cambridge University Press, 2011.

MEDAUAR, Odete. *Direito Administrativo Moderno.* 18. ed. São Paulo: Ed. Revista dos Tribunais, 2014.

MEIRELLES, Hely Lopes. *Direito Administrativo Brasileiro.* 22. ed. atual. São Paulo: Malheiros, 1997.

MELO, M.; PEREIRA, C.; FIGUEIREDO, C. Political and Institutional Checks on Corruption: Explaining the Performance of Brazilian Audit Institutions. *Comparative Political Studies*, v. 42, issue 9, p. 1.217-1.244, 2009.

MELO, Marcus Andre. A Política da ação regulatória: responsabilização, credibilidade e delegação. *Revista Brasileira de Ciências Sociais*, v. 16, n. 46, p. 55-68, jun. 2001.

MELO, Marcus Andre. *O Controle Externo na América Latina.* Disponível em: www.plataformademocratica.org/Publicacoes/1794.pdf. Acesso em: 16 out. 2014.

MENDES, Conrado Hübner. *Direitos fundamentais, separação de poderes e deliberação.* 2008. Tese de Doutorado. Faculdade de Filosofia, letras e Ciências Humanas da Universidade de São Paulo. Departamento de Ciência Política da Universidade de São Paulo, São Paulo, 2008.

MENDES, Gilmar Ferreira. O Poder Executivo e o Poder Legislativo no controle de constitucionalidade. *Revista de Informação Legislativa*, Brasília n. 134, abr./jun.1997.

MENDES, Gilmar Ferreira. Tribunal de Contas – Provimento do cargo – Notório saber. *Revista de Direito Administrativo*, v. 197, p. 335- 342, 1997.

MENDOÇA DE AZEVEDO, Jose Affonso. *Elaborando a Constituição Nacional.* Brasília: Senado Federal, 2004.

MENDONÇA, José Vicente Santos de. A propósito do controle feito pelos Tribunais de Contas sobre as agências reguladoras: em busca de alguns *standards* possíveis. *Revista de Direito Público da Economia – RDPE*, Belo Horizonte, ano 10, n. 38, p. 147-164, abr./jun. 2012.

MENEZES, Monique. O Tribunal de Contas da União, controle horizontal de agências reguladoras e impacto sobre usuários dos serviços. *Revista de Sociologia Política*, v. 20, n. 43, p. 107-125, out. 2012.

MERKL, Adolfo. *Teoría General del Derecho Administrativo*. Granada: Editorial Comares, 2004.

MIAJAFOL, Miguel. Las tendencias actuales en los sistemas de control interno de las organizaciones: implicaciones para las administraciones públicas. *Documentación Administrativa*, n. 287, p. 207-238, 2010.

MIGAUD, Didier. Les commissions des finances et la Cour des Comptes. *Revue Française de Finances Publiques*, Paris, 113, p. 23-30. fev. 2011.

MILESKI, Helio Saul. *O controle da gestão pública*. 2. ed. Belo Horizonte: Fórum, 2011.

MIRANDA, Álvaro Guilherme. As complexas relações entre accountability e políticas públicas. *Revista TCE-RJ*, v. 09, p. 104-121, jan./dez. 2014.

MIRANDA, Álvaro Guilherme. *Desenho institucional do Tribunal de Contas no Brasil (1890 a 2013)*: da legislação simbólica ao gerencialismo público do ajuste fiscal. 2013. Tese de Doutorado. Instituto de Economia da Universidade Federal do Rio de Janeiro, Rio de Janeiro, 2013.

MIRANDA, Álvaro Guilherme. *Mudança institucional do Tribunal de Contas*: os oito modelos debatidos na Constituinte de 1988 para o sistema de fiscalização no Brasil. 2009. Dissertação de Mestrado. Instituto de Economia da Universidade Federal do Rio de Janeiro, Rio de Janeiro, 2009.

MIRANDA, Jorge. *Teoria do Estado e da Constituição*. Rio de Janeiro: Forense, 2002.

MOREIRA NETO, Diogo de Figueiredo. *Curso de Direito Administrativo*. 15. ed. Rio de Janeiro: Forense, 2009.

MOREIRA NETO, Diogo de Figueiredo. *Direito Regulatório*. Rio de Janeiro: Renovar, 2003.

MOREIRA NETO, Diogo de Figueiredo. Ensaio sobre o resultado como novo paradigma do Direito Administrativo. *In*: VILLELA SOUTO, Marcos Juruena (Coord.). *Direito Administrativo* – Estudos em homenagem a Francisco Mauro Dias. Rio de Janeiro: Lumen Juris, 2009. p. 03-18.

MOREIRA NETO, Diogo de Figueiredo. *Legitimidade e discricionariedade*: novas reflexões sobre os limites e controle da discricionariedade. 3ª ed. Rio de Janeiro: Forense, 1998.

MOREIRA NETO, Diogo de Figueiredo. *Novas mutações juspolíticas*: em memória de Eduardo García de Enterría, jurista de dois mundos. Belo Horizonte: Fórum, 2016.

MOREIRA NETO, Diogo de Figueiredo. Novos institutos consensuais da ação administrativa. *Revista de Direito Administrativo*, n. 231, p. 129-156, jan./mar. 2003.

MOREIRA NETO, Diogo de Figueiredo. *Poder, direito e Estado*: o direito administrativo em tempos de globalização. Belo Horizonte: Fórum, 2011.

MOREIRA NETO, Diogo de Figueiredo. *Quatro paradigmas do direito administrativo pós-moderno*. Belo Horizonte: Fórum, 2008.

MOREIRA, Vital; MAÇÃS, Fernanda. *Autoridades Reguladoras Independentes*: Estudo e Projeto de Lei-Quadro. Coimbra: Coimbra Ed., 2003.

MORENILLA, José María Souvirón. Sentido y alcance del derecho a una buena administración. *In*: RODRIGUEZ, C.M.A.; RODRIGUEZ, F.G. (Org.). *El derecho a una buena administración y la ética pública*. Valencia: Tirant lo blanch, 2011. *Kindle Edition*, posições 4.830-5.182.

MOTTA, Fabricio. O registro dos atos de aposentadoria pelos Tribunais de Contas. *Fórum de Contratação e Gestão Pública – FCGP*, Belo Horizonte, ano 12, n. 134, p. 09-19, fev. 2013.

NASSIF, Gustavo Costa. *O Ombudsman*: por uma democracia deliberativa para além do cosmopolitismo. 2012. Tese de Doutorado. Faculdade de Direito da Pontifícia Universidade Católica de Minas Gerais, Belo Horizonte, 2012.

NORRIS, Pippa. Watchdog Journalism. *In*: BOVENS, M.; SCHILLEMANS, T.; GOODIN, R. (Ed.). *The Oxford Handbook of Public Accountability*. Oxford: Oxford University Press, 2014.

O'DONNELL, Guillermo. Democracia delegativa? *Novos Estudos CEBRAP*, n. 31, p. 25-40, out. 1991.

O'DONNELL, Guillermo. *Democracia, agência e estado*: estudo com intenção comparativa. Tradução de Vera Joscelyne. São Paulo: Paz e Terra, 2011.

O'DONNELL, Guillermo. *Dissonances*: democratic critiques of democracy. Notre Dame: University of Notre Dame Press, 2007.

O'DONNELL, Guillermo. Horizontal Accountability: The Legal Institutionalization of mistrust. *In*: MAINWARING, S.; WELNA, C. (Ed.). *Democratic Accountability in Latin America*. Oxford: Oxford University Press, 2003, p. 34-54.

O'DONNELL, Guillermo. Notes on various accountabilities and their interrelations. *In*: SMULOVITZ, C.; PERUZZOTTI, E. (Ed.). *Enforcing the rule of Law*: social accountability in the new Latin American democracies. Pittsburgh: University of Pittsburgh Press, 2006. *Kindle Edition*, posições 4.425-4.556.

OLIVEIRA, Gustavo Justino de. Administração Pública brasileira e os 20 anos da Constituição de 1988: momento de predomínio das sujeições constitucionais em face do direito fundamental à boa administração pública. *Fórum Administrativo – Direito Público – FADM*, n. 95, ano 9, jan. 2009.

OLIVEIRA, João Elias (Coord.). Experiências brasileiras com ouvidorias e *ombudsman*. *In*: SPECK, Bruno Wilhelm (Coord.). *Caminhos da transparência*: análise dos componentes de um sistema nacional de integridade. São Paulo: Editora da UNICAMP, 2002. p. 73-98.

ORLANSKI, Dora. *Política y burocracia*: Argentina 1989-1999. 2001. Disponível em: http://bibliotecavirtual.clacso.org.ar/Argentina/iigg-uba/20100317022744/dt26.pdf. Acesso em: 08 jan. 2015.

OTERO, Paulo. *Legalidade e administração pública*: o sentido da vinculação administrativa à juridicidade. 2. reimp. Coimbra: Almedina, 2011.

PARREIRA DE CASTRO, José Ricardo. *Ativismo de Contas*: controle das políticas públicas pelos tribunais de contas. Rio de Janeiro: Jam Jurídica, 2015.

PEGORARO, Lucio. ¿Existe un derecho a una buena administración? Algunas consideraciones sobre el (ab)uso de la palabra 'derecho'. *In*: RODRIGUEZ, C.M.A.; RODRIGUEZ, F.G. (Org.). *El derecho a una buena administración y la ética pública*. Valencia: Tirant lo blanch, 2011. *Kindle Edition*, posições 239-622.

PELIZZO, Riccardo; STAPENHURST, Frederick. *Government Accountability and Legislative Oversight*. New York: Routledge, 2014.

PELIZZO, Riccardo; STAPENHURST, Frederick. *Legislative Oversight Tools*. New York: Routledge, 2011.

PEREIRA, Osny Duarte. *Constituinte*: anteprojeto da Comissão Afonso Arinos. Brasília: UnB, 1987.

PESSANHA, Charles. Controle externo: a função esquecida do Legislativo no Brasil. *In*: SCHWARTZMAN, S. *et al*. (Org.). *O sociólogo e as políticas públicas*: Ensaios em homenagem a Simon Schwartzman. Rio de Janeiro: Ed. FGV, 2009. p. 243-258.

PESSANHA, Charles. *External Oversight Institutions in Brazil and Argentina*. 2011. Disponível em: www.paperroomipsa.org/papers/paper-26152.pdf. Acesso em: 07 jan. 2015.

PESSANHA, Charles. *Fiscalização e Controle*: O Poder Legislativo na Argentina e no Brasil Contemporâneos. Axe VIII, Symposium 30, jun. 2010, Toulouse, France. Disponível em: https://halshs.archives-ouvertes.fr/halshs-00498846. Acesso em: 15 jan. 2015.

PESSANHA, Charles. *O congresso externo sob controle das contas do tribunal nacional*. 2003. Disponível em: http://www.insightinteligencia.com.br/21/PDF/0921.pdf. Acesso em: 09 mar. 2015.

PETTIT, Philip. Depoliticizing Democracy. *Ratio Juris*, v. 17, n. 1, p. 52-65, mar. 2004. Disponível em: http://ssrn.com\abstract=548093. Acesso em: 15 ago. 2014.

PETTIT, Philip. *Republicanism*: a theory of freedom and government. Oxford: Clarendon Press, 2002.

PETTIT, Philip. Varieties of public representation. *In*: SHAPIRO, I. *et al*. (Ed.). *Political Representation*. New York: Cambridge University Press, 2009. p. 61-89.

PILATTI, Adriano. *A Constituinte de 1987-1988*: progressistas, conservadores, ordem econômica e regras do jogo. Rio de Janeiro: Lumen Juris, 2008.

PILATTI, Adriano. O Princípio Republicano na Constituição de 1988. *In*: PEIXINHO, M.; FRANCO GUERRA, I.; NASCIMENTO FILHO, F. (Org.). *Os Princípios da Constituição de 1988*. 2. ed. Rio de Janeiro: Lumen Juris, 2006. p. 127-132.

POCOCK, John. *The Machiavellian Moment*: florentine political thought and the Antlantic Republican traditition. New Jersey: Princeton University Press, 1975.

POGREBINSCHI, Thamy. *Pragmatismo*: teoria social e política. Rio de Janeiro: Relume Dumará, 2015.

POLETTI, Ronaldo. *Constituições Brasileiras*: 1934. Brasília: Ministério da Ciência e Tecnologia, Centro de Estudos Estratégicos, 2001.

POLLITT, C. *et al*. *Desempenho ou legalidade?* Auditoria operacional e de gestão pública em cinco países. Tradução de Pedro Buck. Belo Horizonte: Fórum, 2008.

POLLITT, C.; SUMMA, H. Reflexive Watchdogs? How Supreme Audit Institutions account for themselves. *Public Administration*, v. 75, p. 313-336, Summer 1997.

PONTES DE MIRANDA, Francisco Cavalcanti. *Comentários à Constituição de 1937*. Rio de Janeiro: Pongetti, 1938. t. III.

PONTES DE MIRANDA, Francisco Cavalcanti. *Comentários à Constituição da República dos Estados Unidos do Brasil*. Rio de Janeiro: Guanabara, 1937.

POPE, Jeremy. *Confronting corruption*: the elements of a National Integrity System (TI Source Book). Berlim: TI, 2000.

POSNER, Richard. *Law, Pragmatism, and Democracy*. Cambridge: Harvard University Press, 2003.

POTTON, Jean-François. Résistance et pratique judiciaire à la Cour des Comptes. *Histoire de La justice*, n. 22, p. 33-40, 2012.

POWER, Michael. *The Audit Society*: Rituals of Verification. New York: Oxford University Press, 1997.

POWER, T.; TAYLOR, M. (Ed.). *Corruption and Democracy in Brazil*: the struggle for accountability. Indiana: University of Notre Dame Press, 2011.

PRAT, Michel-Pierre; JANVIER, Cyril. La Cour des comptes, auxiliaire de la démocratie. *Pouvoirs*, v. 134, n. 03, p. 97-108, 2010.

PRZEWORSKI, A; STOKES, S.; MANIN, B. (Ed.). *Democracy, Accountability, and Representation*. New York: Cambridge University Press, 1999.

PRZEWORSKI, Adam. *Democracy and the Market*: Political and Economic Reforms in Eastern Europe and Latin America. New York: Cambridge University Press, 1991.

PRZEWORSKI, Adam. *Qué esperar de la democracia*: límites y posibilidades del autogobierno. Tradução de Stella Mastrangelo. Buenos Aires: Siglo Veintiuno Editores, 2010.

PRZEWORSKI, Adam. Social Accountability in Latin America and Beyond. *In*: SMULOVITZ, C.; PERUZZOTTI, E. (Ed.). *Enforcing the rule of Law*: social accountability in the new Latin American democracies. Pittsburgh: University of Pittsburgh Press, 2006. *Kindle Edition*, posições 4.288-4.802.

QUEIROZ, Rholden Botelho de. Democracia, direitos sociais e controle de políticas públicas pelos Tribunais de Contas. *Revista Controle*, Fortaleza, v. 07, n. 01, p. 63-83, abr. 2009.

RIBEIRO, Darcy. *Aos Trancos e Barrancos*: como o Brasil deu no que deu. Rio de Janeiro: Ed. Guanabara, 1985.

RIBEIRO, Renato Jorge Brown. O problema central do controle da administração pode ser resumido ao debate sobre modelos? *Revista do Tribunal de Contas da União*, v. 33, n. 93, p. 55-73, jul./set. 2002.

ROCHA, Antonio Sergio. Genealogia da constituinte: do autoritarismo à democratização. *Lua Nova*, v. 88, p. 29-87, 2013.

RODRIGUEZ, C.M.A.; RODRIGUEZ, F.G. (Org.). *El derecho a una buena administración y la ética pública*. Valencia: Tirant lo blanch, 2011.

RODRIGUEZ-ARAÑA, Jaime. *El ciudadano y el poder público*: el principio y el derecho al buen gobierno y a la buena administración. Madrid: Editorial Réus, 2012.

RODRIGUEZ-ARAÑA, Jaime. El derecho fundamental a la buena administración en la Constitución española y en la Unión Europea. *Revista de Direito Administrativo e Constitucional*, ano 10, n. 40, p. 117-149, abr./jun. 2010.

RODRIGUEZ-ARAÑA, Jaime. Sobre El derecho fundamental a La buena administración y la posición jurídica del ciudadano. *A&C – Revista de Direito Administrativo & Constitucional*, ano 12, n. 47, jan./mar. 2012. Disponível em: http://www.bidforum.com.br/bid/PDI0006. aspx?pdiCntd=78305. Acesso em: 30 maio 2012.

ROLLAND, Patrice. Comment preserver les institutions politiques? La théorie du pouvoir neutre chez B. Constant. *Revue Française d' Histoire des Idées Politiques*, n. 27, p. 43-73, 2008.

ROSANVALLON, Pierre. *Counter-Democracy*: Politics in an Age of Distrust. Tradução de Arthur Goldhammer. New York: Cambridge University Press, 2008.

ROSANVALLON, Pierre. *Democratic Legitimacy*: Impartiality, Reflexivity, Proximity. Tradução de Arthur Goldhammer. New Jersey: Princeton University Press, 2011.

ROSE-ACKERMAN, Susan. El Derecho Administrativo y la legitimidad democrática: confrontando el poder ejetivo y el estado contractual. *Revista del CLAD Reforma y Democracia*, n. 43, feb. 2009. Disponível em: http://old.clad.org/portal/publicaciones-del-clad/revista-clad-reforma-democracia/articulos/043-febrero-2009-1/rose. Acesso em: 05 set. 2014.

ROSE-ACKERMAN, Susan. *Public Administration and Institutions in Latin America*. 2009. Disponível em: http://www.iadb.org/res/consultasanjose/files/summary_sp/public_administration_summary.pdf. Acesso em: 24 jun. 2014.

RUIZ, Gerardo; RUIZ, Rico. El derecho a una Buena administración. Dimensiones constitucional y estatutaria. *In*: RODRIGUEZ, C.M.A.; RODRIGUEZ, F.G. (Org.). *El derecho a una buena administración y la ética pública*. Valencia: Tirant lo blanch, 2011. *Kindle Edition*, posições 901-1.349.

SADDY, Andre. *Apreciatividade e discricionariedade administrativa*. Rio de Janeiro: Lumen Juris, 2014.

SANTISO, Carlos. Combattre la corruption et améliorer la gouvernance financière: les institutions financières internationales et le renforcement du contrôle budgetaire dans le pays en développement. *Revue Française d'Administration Publique*, n. 119, p. 459-492, 2006.

SANTISO, Carlos. *The political economy of government auditing*: financial governance and the rule of Law in Latin America and beyond. New York: Routledge, 2009.

SARLET, Ingo Wolfgang. *A eficácia dos direitos fundamentais*. 10. ed. Porto Alegre: Livraria do Advogado, 2008.

SARLET, Ingo Wolfgang; TIMM, Luciano (Coord.). *Direitos fundamentais e orçamento e reserva do possível*. Porto Alegre: Livraria do Advogado, 2008.

SARMENTO, Daniel. 21 anos da Constituição de 1988: a Assembleia Constituinte de 1987/1988 e a experiência constitucional brasileira sob a Carta de 1988. *Direito Público*, v. 1, n. 30, p. 07-41, 2009.

SCHEDLER, A.; DIAMOND, L; PLATTNER, M. (Ed.). *The Self-Restraining State*: power and accountability in new democracies. London: Lynne Rienner Publishers, 1999.

SCHMITT, Carl. *La Defensa de la Constitución*: estudio acerca de las diversas especies y posibilidades de salvaguardia de la Constitución. Prólogo de Pedro de Vega. Madrid: Tecnos, 1983.

SCLIAR, Wremyr. *Tribunal de Contas*: do controle na Antiguidade à instituição independente do Estado Democrático de Direito. 2014. Tese de Doutorado. Faculdade de Direito da Pontifícia Universidade Católica do Rio Grande do Sul, Porto Alegre, 2014.

SCOCA, Franco Gaetano. *Diritto Amministrativo*. Torino: G. Giappichelli Editore, 2008.

SÉGUIN, Philippe. La Cour, vigie des finances publiques. *Revue Française de Finances Publiques*, v. 100, p. 223-228, nov. 2007.

SHAPIRO, Ian. *The State of Democratic Theory*. New Jersey: Princeton University Press, 2003.

SHAPIRO, Ian; MACEDO, Stephen (Ed.). *Democratic Institutions*. New York: New York University Press, 2000.

SIAVELIS, Peter M. Disconnected Fire Alarms and Ineffective Police Patrols: Legislative Oversight in Postauthoritarian Chile. *Journal of Interamerican Studies and World Affairs*, v. 42, n. 1, p. 71-98, 2000. Disponível em: http://www.jstor.org/stable/166466. Acesso em: 19 jan. 2015.

SILVA, Almiro do Couto e. Poder discricionário no direito administrativo brasileiro. *Revista de Direito Administrativo*, n. 179/180, jan./jun. 1990.

SILVA, José Afonso da. *Curso de Direito Constitucional Positivo*. 15. ed. São Paulo: Malheiros, 1998.

SILVA, José Afonso da. O Ministério Público junto ao Tribunal de Contas. *Revista Interesse Público*, v. 26, jul./ago. 2004.

SILVA, Ricardo. Maquiavel e o conceito de liberdade em três vertentes do novo republicanismo. *Revista de Brasileira de Ciências Sociais*, v. 25, n. 72, p. 37-58, fev. 2010.

SILVA, Ricardo. Republicanismo neorromano e democracia contestatória. *Revista de Sociologia e Política*, v. 19, n. 39, p. 35-51, jun. 2011.

SIMÕES, Edson. *Tribunais de Contas*: controle externo das contas públicas. São Paulo: Saraiva, 2014.

SIQUEIRA CASTRO, Carlos Roberto. A atuação do Tribunal de Contas em face da separação de poderes do Estado. *Revista do Tribunal de Contas do Estado do Rio de Janeiro*, n. 38, out./dez. 1997.

SKINNER, Quentin. *As fundações do pensamento político moderno*. Tradução de Renato Janine Ribeiro e Laura Teixeira Motta. São Paulo: Companhia das Letras, 1996.

SMULOVITZ, C.; PERUZZOTTI, E. (Ed.). *Enforcing the rule of Law*: social accountability in the new Latin American democracies. Pittsburgh: University of Pittsburgh Press, 2006.

SMULOVITZ, C.; PERUZZOTTI, E. Societal and Horizontal Controls: two cases of a fruitful relationship. *In*: MAINWARING, S; WELNA, C. (Ed.). *Democratic Accountability in Latin America*. Oxford: Oxford University Press, 2003. p. 310-331.

SOUSA, Alfredo José de (Org.). *O novo Tribunal de Contas*: órgão protetor dos direitos fundamentais. 3. ed. Belo Horizonte: Fórum, 2005.

SOUTO, Marcos Juruena Villela. *Direito Administrativo Regulatório*. Rio de Janeiro: Lumen Juris, 2002.

SOUZA NETO, Claudio Pereira de; SARMENTO, Daniel (Coord.). *Direitos Sociais*: fundamentos, judicialização e direitos sociais em espécie. Rio de Janeiro: Lumen Juris, 2008.

SPECK, Bruno Wilhelm (Coord.). *Caminhos da transparência*: análise dos componentes de um sistema nacional de integridade. São Paulo: Ed. UNICAMP, 2002.

SPECK, Bruno Wilhelm. Auditing Institutions. *In*: POWER, T.; TAYLOR, M. (Ed.). *Corruption and Democracy in Brazil*: the struggle for accountability. Indiana: University of Notre Dame Press, 2011. p. 127-161.

SPECK, Bruno Wilhelm. Estratégia para melhorar o relacionamento entre Tribunais de Contas Estaduais com a Sociedade Civil. *Revista do Tribunal de Contas do Estado da Bahia*, p. 91-111, 2013.

STARK, David; BRUSZT, Laszlo. Enabling constraints: fontes institucionais de coerência nas políticas públicas no pós-socialismo. *Revista Brasileira de Ciências Sociais*, v. 13, n. 36, fev. 1998. Disponível em: http://www.scielo.br/scielo.php?script=sci_arttext&pid=S010 29091998000100002&lng=en&nrm=iso. Acesso em: 10 abr. 2016.

SULTANY, Nimer. The State of Progressive Constitutional Theory: The Paradox of Constitutional Democracy and the Project of Political Justification. *Harvard Civil Rights-Civil Liberties Law Review*, v. 47, p. 371-455. Disponível em: http://ssrn.com/abstract =2132397. Acesso em: 04 set. 2012.

SUNDFELD, Carlos Ari; CÂMARA, Jacintho Arruda. Controle das contratações públicas pelos tribunais de contas. *RDA – Revista de Direito Administrativo*, ano 2011, n. 257, maio/ ago. 2011.

TÁCITO, Caio. Revisão administrativa de atos julgados pelo Tribunal de Contas. *Revista de Direito Administrativo*, v. 53, p. 216-223, jul./set. 1958.

TAVARES, Ana Lucia de Lyra. Contribuição do direito comparado às fontes do direito brasileiro. *Prisma Jurídico*, São Paulo, v. 5, p. 59-77, 2006.

TORRES, Ricardo Lobo. A legitimidade democrática e o tribunal de contas. *Revista de Direito Administrativo*, n. 149, p. 31-45, out./dez. 1993.

TORRES, Ricardo Lobo. *Tratado de Direito Constitucional, Financeiro e Tributário*. 3. ed. Rio de Janeiro: Renovar, 2008. v. V: O Orçamento na Constituição.

TRANSPARÊNCIA BRASIL. *Quem são os conselheiros dos Tribunais de Contas*. Disponível em: http://www.atricon.org.br/wpontent/uploads/2014/04/TransparenciaBrasil_ TribunaisdeContas_Abril2014.pdf. Acesso em: 31 ago. 2015.

TROSA, Sylvie (Coord.). *Évaluer les politiques publiques pour améliorer l'action publique*: une perspective internationale. Paris: IGPDE, 2009.

TSEBELIS, George. *Veto Players*: how political institutions work. New Jersey: Princeton University Press, 2002.

TÜRK, Pauline. *Le contrôle parlementaire en France*. Paris: LGDJ, 2011.

TUSHNET, Mark. *Taking the Constitution Away from the Courts*. New Jersey: Princeton University Press, 1999.

TUSHNET, Mark. *Weak Courts, Strong Rights*: judicial review and social welfare rights in comparative constitutional law. Princeton: Princeton University Press, 2008.

UNDP. *A Guide to UNDP Democratic Governance Practice*. 2010. Disponível em:http://www. undp.org/content/dam/aplaws/publication/en/publications/democratic-governance/ dg-publications-for-website/a-guide-to-undp-democratic-governance-practice-/DG_ FinalMaster2-small.pdf. Acesso em: 28 ago. 2014.

URBINATI, Nadia. *Democracy Disfigured*: opinion, truth, and the people. Massachusetts: Harvard University Press, 2014.

VALLE, Vanice Regina Lírio do (Coord.). *Audiências públicas e ativismo*: diálogo social no STF. Belo Horizonte: Fórum, 2012.

VALLE, Vanice Regina Lírio do. Ampla defesa e defesa técnica nos Tribunais de Contas. *Fórum Administrativo – FA*, Belo Horizonte, ano 12, n. 140, p. 64-76, out. 2012.

VALLE, Vanice Regina Lírio do. *Direito fundamental à boa administração e governança*. Belo Horizonte: Fórum, 2011.

VALLE, Vanice Regina Lírio do. *Políticas públicas, direitos fundamentais e controle judicial*. Belo Horizonte: Fórum, 2009.

VERMEULE, Adrian. *Judging under uncertainty*: an institutional theory of legal interpretation. Cambridge: Harvard University Press, 2006.

VERMEULE, Adrian. *Mechanisms of Democracy*: Institutional Design Writ Small. New York: Oxford University Press, 2007.

VIBERT, Frank. *The Rise of the Unelected*: Democracy and the New Separation of Powers. Cambridge: Cambridge University Press, 2007.

WALINE, C.; DESROUSSEAUX, P.; BERTRAND, P. *Contrôle et évaluation des finances publiques*. Paris: La documentation française, 2009.

WANG, Vibeke; RAKNER, Lise. *The accountability function of supreme audit institutions in Malawi, Uganda and Tanzania*. Bergen: CMI reports, 2005. Disponível em: http://www.cmi.no/publications/file/2000-the-accountability-function-of-supreme-audit.pdf. Acesso em: 21 out. 2014.

WHITTINGTON, Keith. *Political Foundations of Judicial Supremacy*: the Presidency, the Supreme Court, and constitutional leadership in U.S. history. Princeton: Princeton University Press, 2007.

ZYMMLER, Benjamin; ALMEIDA, Guilherme Henrique de La Rocque. *O Controle Externo das Concessões de Serviços Públicos e das Parcerias Público-Privadas*. Belo Horizonte: Fórum, 2008.

ZYMLER, Benjamin; ALVES, Francisco Sérgio Maia. Acordos de Leniência e o papel do TCU. *Interesse Público*, Belo Horizonte, ano 20, n. 107, p. 157, jan./fev. 2018.

Esta obra foi composta em fonte Palatino Linotype, corpo 10
e impressa em papel Offset 75g (miolo) e Supremo 250g (capa)
pela Gráfica Laser Plus.